trotz Natur und Augenschein

trotz Natur und Augenschein

EUCHARISTIE – WANDLUNG UND WELTSICHT

Ulrike Surmann / Johannes Schröer (Hg.)

GREVEN VERLAG KÖLN

Inhaltsverzeichnis

Wandlung in Literatur

Hostie & Körper

Sakrament & Kirche

Grußwort

Joachim Kardinal Meisner

Unser Herr Jesus Christus hat sich der Welt hinterlassen, und zwar für alle Zeiten, bis zu ihrer Vollendung. Diese Hinterlassenschaft ist die heilige Eucharistie. Sie ist gar keine Sache oder Gegenstand, sondern sie ist seine Person, in die er sich verleiblicht hat. Christus hat sich am Gründonnerstag sakramental in die Gaben von Brot und Wein »entleibt«, um sich alle die, die von ihm essen und trinken, »einzuverleiben«. Seit dieser Stunde am Gründonnerstag ist eine Bewegung in der Kirche und in der Welt ausgelöst, die tiefe Spuren hinterlassen hat.

Der Mensch ist ja nicht reiner Geist, sondern er hat auch einen Körper. Und darum finden seine Überzeugungen, seine Lebensentscheidungen, sein Gottesglaube auch materiellen Ausdruck. Dafür stehen ja in der Welt unsere Kirchen, Kapellen und Klöster. Sie sind Materie gewordener Glaube an Jesus Christus. In den Kirchen zeigt die Eucharistie, die ja – das dürfen wir nie vergessen – der Herr selbst ist, ihre Spuren am deutlichsten an den Sakramentshäusern, also den Tabernakeln, am Altargerät, also Kelchen, Patenen und Monstranzen, aber auch in anderen Zeugnissen. Die edelsten Materialien wurden herangezogen, um das eucharistische Geheimnis zu dokumentieren: Gold, Silber, Edelsteine, Elfenbein, Pergament. Das Beste in unserer Welt ist gerade gut genug, um Zeugnis vom eucharistischen Herrn zu geben.

Aus Anlass des »Eucharistischen Kongresses« in Köln vom 5. bis 9. Juni 2013 hat unser Museum *Kolumba* eine Ausstellung dieser eucharistischen Zeichen der Vergangenheit konzipiert, um in der Gegenwart und für die Zukunft Zeugnis zu geben, dass die Kirche mit der Eucharistie steht und fällt. Sehr dankbar dürfen wir für diese Ausstellung sein, die mit sehr viel Sachverstand und großer Mühe aus vielen Museen, Kathedralen und Kirchen aus ganz Europa in Köln zusammengetragen wurde, um sie den Kongressbesuchern nahezubringen. Begleitend dazu erscheint dieses Buch, das gemeinsam mit unserem *domradio* erarbeitet wurde und die Bildfindungen des Mittelalters um sprachliche Bilder der Gegenwart ergänzt.

Gott ist in Jesus Christus Mensch geworden. Darum muss seine Gegenwart auch immer für uns Menschen zu sehen bleiben. Hier gilt für das *Kolumba*-Museum in den Tagen des Eucharistischen Kongresses die Einladung des Herrn: »Komm und sieh!«

Köln, im Februar 2013

Wandlung und Wirklichkeit

Stefan Kraus

In seiner 1980 erschienenen Erzählung *Die Lehre der Sainte-Victoire* berichtet der Schriftsteller Peter Handke, Paul Cézanne habe in einem seiner Briefe geschrieben, »›er male nicht nach der Natur‹ – seine Bilder seien vielmehr ›Konstruktionen und Harmonien parallel zur Natur‹«. Handke fährt fort, er habe bei Cézanne verstanden, dass sich die Gegenstände der Malerei mit dem Ende der Raumillusion zu einer einmaligen Bilderschrift reiner Farbe und Formen verschränkt hätten, »als seien diese Dinge die letzten«. Er beschreibt Cézannes Bilder als eigene und einzig verbliebene Wirklichkeit, in der alles im Einklang sei. Ihn beschäftige der Gedanke, ob die Dinge auf Dauer nur durch einen Glauben in diesem Verständnis »wirklich« bleiben könnten. So kommt Handke von dem Erleben der Bildwirklichkeit in den Gemälden eines Paul Cézanne zur Beschreibung eines »Bildes der Bilder«, das sich für ihn, der sich »nie als gläubig« habe bezeichnen können, als Kind ergeben hatte: »Dieses Bild war ein Ding, in einem bestimmten Behältnis, in einem großen Raum. Der Raum war die Pfarrkirche, das Ding war der Kelch mit den weißen Oblaten, die geweiht Hostien heißen, und sein Behältnis war der in den Altar eingelassene, wie eine Drehtür zu öffnende und zu schließende vergoldete Tabernakel. – Dieses sogenannte ›*Allerheiligste*‹«, so Peter Handke, »war mir seinerzeit das *Allerwirklichste*. Das Wirkliche hatte auch seinen wiederkehrenden Augenblick: sooft nämlich die durch die Worte der Wandlung sozusagen Gottes Leib gewordenen Brotpartikel mitsamt ihrem Kelch im Tabernakel geborgen wurden. Der Tabernakel drehte sich auf; das Ding, der Kelch, wurde, schon unter Tüchern, in die Farbenpracht seiner Stoffhöhle gestellt; der Tabernakel drehte sich wieder zu – und jetzt der strahlende Goldglanz der verschlossenen konkaven Wölbung. Und so sehe ich jetzt auch Cézannes ›Verwirklichungen‹«, so Handke, »(nur dass ich mich davor aufrichte, statt niederzuknien): Verwandlung und Bergung der Dinge in Gefahr – nicht in einer religiösen Zeremonie, sondern in der Glaubensform, die des Malers Geheimnis war.«*

Wandlung und Wirklichkeit sind die packenden Stichworte einer Verwandtschaft der Weltsicht von Liturgie und Kunst, die im Geheimnis der Eucharistie kulminiert. »Sehen kannst du's nicht, noch fassen; Starker Glaube wird's nicht lassen; trotz Natur und Augenschein«, mit diesen Versen umschreibt der Theologe Thomas von Aquin († 1274), hier in einer Übersetzung von Edith Stein († 1942), das Geheimnis der Wandlung von Brot und Wein in Leib und Blut Christi als zentrales Geschehen der Eucharistie. Liturgie ist nicht nur *repraesentatio* (Vergegenwärtigung), nicht nur *memoria* (Gedächtnis), vielmehr auch *applicatio* (Zuwendung) und vor allem *instauratio* (Erneuerung). Als *ars celebrandi* bedient sich die Liturgie der Ästhetik und damit notwendigerweise der gleichen Mittel von Sprache und Bild wie das Schauspiel und geht nach ihrem eigenen Verständnis doch weit darüber hinaus. In der Liturgie feiern, erinnern und vergegenwärtigen wir Geburt, Leben und Werk, Passion, Tod und Auferstehung Christi. Dazu ist sie angewiesen auf Sprache und Bilder, auf Musik und Gesang, auf die Bewegung der Menschen im Raum, auf ihre Gestik, auf Gewänder und Geräte. Es ist diese unauflöslich im Kunstwerk geborgene Spannung zwischen Sein und Erscheinen, die auch die Liturgie auszeichnet. Sie findet eine anschauliche Form für das im Kern nicht Darstellbare unserer Religion und genau hierin muss sich ihre künstlerische Qualität beweisen. Denn in der Liturgie wie in der Kunst findet eine Verwandlung statt, als einzig möglicher Entwurf für uns Menschen, im Sichtbaren das Unsichtbare erfahrbar zu machen und als Teil der materiellen Welt auf das Immaterielle hinzuweisen. Das Irdische und das Himmlische vereinigen sich, aus dem Sichtbaren, aus Brot und Wein, wird der unsichtbare Leib Christi. Gerade die Unsichtbarkeit hat seit dem frühen Mittelalter die Umsetzung in sichtbare Bilder provoziert, die als Ausstattung der kirchlichen Schriften, Geräte und Räume eine zentrale künstlerisch-theologische Funktion erfüllten. Das Ringen um solche heute vergessenen Bilder einer scheinbar unzumutbaren Vision, die den Gottessohn als *das* erlösende Leibgericht darstellt – darum geht es in diesem Buch, das anlässlich der Sonderausstellung von Kolumba, dem Kunstmuseum des Erzbistums Köln, zum *Nationalen Eucharistischen Kongress* erscheint.

Wir verdanken die Ausstellung der Initiative von Joachim Kardinal Meisner, der auch die Schirmherrschaft übernahm und Robert Kleine, dem Stadtdechanten von Köln, die administrative Koordination zur Realisierung von Ausstellung und Buch überantwortete. Deren Finanzierung wäre ohne die Unterstützung von Markus Bosbach, dem Leiter der Hauptabteilung Seelsorge, sowie Hermann-Josef Johanns, dem Projektleiter des Kongresses, nicht möglich gewesen. Gerd Bales, zuständig für Administration und Controlling, gilt diesbezüglich unser besonderer Dank. – Fast alle von uns angefragten Werke wurden von den Leihgebern zur Verfügung gestellt, darunter prominente Museen, Kirchenschätze und Bibliotheken zwischen Rom, Segovia, Paris, London und Berlin. In anderen Fällen konnten bislang wenig bekannte Werke im Besitz von Kirchengemeinden entdeckt werden, die der für sie ungewohnten Leihgabenanfrage kooperativ zustimmten und damit ebenso dazu beitrugen, dass die Versammlung der Kostbarkeiten von Fronleichnam bis Mariä Himmelfahrt in Köln zu sehen ist. Sie alle sind im Buch abgebildet und erläutert, ergänzt um jene Werke, deren Größe, Zustand oder Bedeutung am historischen Ort eine Ausleihe verhinderte.

Die ungewöhnliche, weil allen Sparten modernen Marketings zuwiderlaufende Verbindung literarischer und kunstgeschichtlich-theologischer Texte, die in diesem Band versammelt sind, verdanken wir dem Aufeinanderzugehen der beiden Herausgeber: Ulrike Surmann, die es für das Kolumbateam übernahm, in nur eineinhalbjähriger Vorbereitungszeit Buch und Ausstellung zu konzipieren und zu bearbeiten, sowie Johannes Schröer, der zeitgenössische Autoren bat, ihre Gedanken um die Eucharistie und den Begriff der Wandlung kreisen zu lassen. Beide bewiesen ihre Befähigung in der Auswahl und in der Betreuung unserer Wunschautoren, die ausnahmslos zugesagt haben und wissenschaftlich fundierte, aufschlussreiche wie nachdenklich heitere, in jedem Fall lesenswerte Beiträge zu der komplexen Materie lieferten. Sie wurden unterstützt durch Ines Dickmann, die mit hoher Professionalität das in der Kürze der Zeit zu bewältigende Lektorat und die Bildredaktion des Buches betreute, sowie durch Bärbel Messmann, die für die Unterschiedlichkeit der Texte zwischen nur zwei Buchdeckeln eine verbindliche Form fand. Damian van Melis ging für den Greven Verlag Köln gemeinsam mit uns das Wagnis ein, dieser belletristisch-wissenschaftlichen Melange eine Chance auf dem ansonsten wohlsortierten Buchmarkt einzuräumen.

In ihrer ungewöhnlichen Verbindung entsprechen Struktur und Inhalt des Buches nun dem eingangs geschilderten Wesen der Eucharistie, gleichzeitig Rückbesinnung und Erneuerung zu sein und damit ebenso an unsere Tradition wie an die unerwarteten Kontexte unserer Gegenwart heranzuführen. Denn selbst der Beistand der Schriftsteller ist bereits in der Tradition eines Nachdenkens über die Eucharistie verankert, und das nicht nur, weil die Worte der Wandlung selbst eine literarische Qualität für sich beanspruchen können. In der 1414/15 entstandenen *Mettener Armenbibel*, die uns die Bayerische Staatsbibliothek für die Dauer der Ausstellung zur Verfügung stellt, findet sich eine ganzseitige,
Abb. S. 90
großformatige Illustration zur Eucharistie. Dort führt die Hostienelevation des Priesters am Altar in einer vertikalen Staffelung über Christus, der sein Blut in den Kelch hinein ergießt, zum Heiligen Geist und weiter zu Gottvater, der Muttergottes und der Versammlung der Heiligen. Diese zentrale Szene der Eucharistie ist von einer Rahmung umgeben, in der sich zwanzig Medaillons aneinanderreihen. Darin finden sich Büsten von Heiligen und anderen Autoritäten, die das Geschehen kommentieren. Nur im unteren Rahmen, gleichsam als weltliches Fundament, finden sich drei als *Poetae* bezeichnete Personen, die offenbar in der Funktion von Zeugen auftreten und als Schriftsteller daran erinnern, dass nur die präzise und authentische Feier der Eucharistie die Gegenwart Christi erlangen kann. »Priester am Tische Christi«, heißt es dort in einer der Inschriften, »denk gut darüber nach, was Du tust. Entweder wird Dir Leben gegeben oder ewiger Tod bereitet.«

* Den Hinweis auf die Textstelle bei Peter Handke verdanke ich Prälat Josef Sauerborn, dem Künstlerseelsorger des Erzbistums Köln.

Die Eucharistie und das Bild

Ulrike Surmann

»Ohne Bilder können sowohl die Wellen des Taufwassers und die heilige Salbung empfangen werden, Weihrauch aufsteigen, Lampen die heiligen Stätten erleuchten und die Konsekration des Leibes und Blutes des Herrn bewirkt werden, ohne Gefäße jedoch niemals. [...] In Gefäßen also wird Gott das Opfer dargebracht, nicht in Bildern.«[1]

Zugegeben, die im Auftrag Karls des Großen (747/48–814) gegen Ende des 8. Jahrhunderts verfassten sogenannten *Libri Carolini,* aus denen diese Zitate stammen, stehen den Bildern innerhalb der Kirche von vornherein ablehnend gegenüber und sind daher in ihren Aussagen einseitig. Der Autor, wahrscheinlich Theodulf von Orleans (750/60–821), wendet sich darin gegen die Bilderverehrung der byzantinischen Kirche, die gerade auf dem Konzil von Nicäa (787) neu definiert worden war, und erläutert sehr ausführlich, was Bilder *nicht* sind.[2] Die Nachwirkung dieser Abhandlung war gering, doch machen die Zitate zwei bis heute aktuelle Konstanten innerhalb des Komplexes Kunst und Kirche sehr deutlich: Zum einen sind Bilder für den Vollzug der Liturgie eigentlich nicht notwendig, zum anderen scheint es problematisch zu sein, den Charakter von Bildern innerhalb der Liturgie zu bestimmen. Eine Kirche, zumal eine mittelalterliche Kirche, kann man sich aber ohne Bilder nicht vorstellen: Wände, Fenster, Altäre und Gewänder sind von Darstellungen überzogen. Sie erzählen vom Leben Christi und der Heiligen, geben Ansprechpartnern für die Gebete der Gläubigen eine Gestalt, definieren Orte innerhalb der unbestimmbaren Weite des Kirchenbaus, dokumentieren Stiftungen sowie das damit verbundene Gebetsgedenken und vergegenwärtigen den unsichtbaren Raum der Sakramente – einen Raum, der durch die Gegenwart Gottes geprägt ist. Der Themenwahl einiger dieser zuletzt genannten Bilder, nämlich derjenigen, die von dem eucharistischen Geschehen am Altar ausgehen, gilt unser hauptsächliches Interesse. Sie erfahren seit der karolingischen Zeit eine enorme Verbreitung und feiern einen fast ungebrochenen Triumphzug bis zu den umfassenden Zerstörungen in den Bilderstürmen der Reformation. Diese Zeit zwischen den Anfängen des Bildes innerhalb der Liturgie und dessen Neubestimmung infolge der Kirchenaufspaltung soll im Folgenden schlaglichtartig beleuchtet werden.

Abb. S. 42, 53

Der Kirchenraum ist bekanntlich kein Präsentationsraum für die Bilder, sondern er dient in erster Linie dem Vollzug der Liturgie – er definiert den Ort, an dem zu bestimmten Zeiten und Anlässen der Gottesdienst, und zwar vor allem die heilige Messe, gefeiert wird. Der Ablauf einer solchen Feier ist durch den von alters her überlieferten Ritus in seiner Form festgelegt. Er beginnt mit dem Wortgottesdienst, an den sich die Opfermesse (Eucharistiefeier) anschließt, wie es schon in den frühen liturgischen Handschriften beschrieben wird: »Da ist zum ersten der Einzug [des Priesters] gemäß der Ordnung für Festtage oder einfache Tage. Danach folgt das Kyrie und auch das Gloria in excelsis Deo wird gesprochen […]. Wenn aber die Litanei vorgeschrieben ist, werden weder das Gloria noch das Alleluja gesungen. Bald darauf folgt ein Gebet, danach die Lesung […]. Es schließt sich der Gradualgesang an oder das Alleluja. Dann wird das Evangelium vorgelesen. Dann folgen die Gabenbereitung und das Gebet über der Hostie. Dieses Gebet beendend sagt der Priester mit lauter Stimme: Von Ewigkeit zu Ewigkeit.«[3] Mit dem folgenden Wortwechsel wird der Höhepunkt der Messe, das Hoch- oder Kanongebet zur Wandlung von Brot und Wein, eingeleitet, das auf die Worte Christi beim letzten Abendmahl zurückgreift. Lukas berichtet in seinem Evangelium, dass Christus den Jüngern das gebrochene Brot und den Kelch mit dem Wein reichte und den Vorgang so erläuterte (Lk 22,19–20): »Das ist mein Leib, der für euch hingegeben wird. Tut dies zu meinem Gedächtnis. […] Dieser Kelch ist der Neue Bund in meinem Blut, das für euch vergossen wird.« Die Worte fordern nicht nur zur Erinnerung an das historische Geschehen des Abendmahls und der Kreuzigung auf, sie stellen auch eine unauflösbare Verbindung vom Brot zum Leib und vom Wein zum Blut Christi her, für die beim vierten Laterankonzil (1215) unter dem Pontifikat Innozenz' III. im sogenannten Transsubstantiationsdogma folgende Fixierung gefunden wird: »Eine einzige ist die umfassende Kirche der Gläubigen. Außerhalb von ihr wird niemand gerettet. In ihr ist Jesus Christus zugleich der Priester und das Opfer. Sein Körper und sein Blut sind im Altarsakrament wahrhaftig enthalten in der Gestalt von Brot und Wein. Verwandelt durch die göttliche Macht wird das Brot zum Körper und der Wein zum Blut, damit wir zum Vollzug des Geheimnisses der Einheit von dem seinen erhalten, was er von dem unseren erhalten hat.«[4] Um dieses Verständnis des eucharistischen Sakramentes ist seit dem frühen Mittelalter gerungen worden, und die nun verbindliche, wenn auch nicht unumstrittene Formulierung hat weitreichende Folgen für die Bedeutung und Verehrung der konsekrierten Elemente. Sie rücken in das Zentrum des kirchlichen Selbstverständnisses: Der die Messe zelebrierende Priester handelt *in persona* Christi; durch göttliches Handeln verwirklichen seine Gesten, Bewegungen und Worte die Gegenwart des Gottessohnes in den eucharistischen Gaben, stellen die Einheit der Kirche in Christus her und eröffnen so die Möglichkeit der Erlösung.

Die in der liturgischen Feier als authentisch erfahrene Einheit von erinnerter Vergangenheit, eucharistischer Gegenwart und eschatologischer Zukunft ist gebunden an den Ritus, dem die inneren Bilder der *memoria* auf der einen und der Heilserwartung auf der anderen Seite quasi hinterlegt sind. Deren Anspruch auf Wirklichkeit ist gekoppelt an denjenigen der Liturgie und geht weit über das hinaus, was ein »äußeres« Bild nach mittelalterlichem Verständnis zu vermitteln vermag, das laut Papst Gregor dem Großen (590–604) vor allem der Belehrung und der Andacht dienen soll.[5] Bisweilen verschwimmen jedoch die Grenzen zwischen dem der bildenden Kunst zugewiesenen Wirkungskreis und dem Authentizitätsanspruch der Liturgie. Da gibt es zum einen die nicht von Menschenhand gemalten und somit autorisierten Bilder Christi (zum Beispiel die *vera icon* und die *imago pietatis*), zum anderen die bisweilen mit Begriffen aus der Welt des Theaters beschriebene Inszenierung der Liturgie.[6] Darüber hinaus ist das Geschehen am Altar nicht auf die inneren Bilder beschränkt. Vielmehr stehen dem Priester in Sakramentar und Missale, auf Kelch und Patene (kleiner Teller für die Hostie), Palla (zum Abdecken des Kelches) und Bursa (Tasche für das Korporale) sowie anderen Bildträgern vielfältige Darstellungen zur Verfügung, die die inneren Bilder nach außen tragen und das Handeln des Zelebranten legitimieren, lenken, spiegeln, kommentieren und ergänzen. Diese Darstellungen sind an den Priester adressiert, der Gemeinde bieten sich dagegen die Bewegungen, Gewänder, Klänge und Gerüche des Ritus innerhalb des mit Wandmalereien zum himmlischen Reich geformten Chorraumes als authentisches Bild der Gegenwart Gottes. Das ändert sich erst im Verlauf des 13. Jahrhunderts. Zwar empfangen die Gläubigen nach wie vor nur selten die heilige Kommunion – im Frühmittelalter drei Mal, danach nur noch ein Mal im Jahr sowie zu besonderen Anlässen[7] –, doch wächst infolge des Transsubstantiationsdogmas das Interesse an der Sichtbarkeit des Leibes Christi. Die *elevatio* (das Hochheben) der konsekrierten Hostie, später auch des Kelches mit dem Wein wird nun vorgeschrieben, sodass die Gemeinde durch das Sehen spirituell an der Kommunion teilhaben kann.[8] Damit wird allmählich der an die Wandlung gebundene Bilderkanon öffentlich. Die Schaulust der Gläubigen gilt vor allem dem Priester im Gestus der *elevatio*, dessen Darstellung sich als Bildtopos des klerikalen Selbstverständnisses durchsetzt,[9] doch verlässt schließlich die mit der Eucharistie verbundene Ikonografie seit dem 14. Jahrhundert die engen Grenzen des Altarraumes und erobert sich einen Wirkungskreis im Andachtsbild, auf Epitaphien, in der Legendenbildung und in der Allegorie.

LITURGIE UND MEMORIA

Die Themen der Bilder, die sich im Zusammenhang der Liturgie etablieren, sind eng mit den imaginierten Bildern verknüpft. Die Feier der Messe ist die Verwirklichung göttlicher Gegenwart, die sich im Moment der Wandlung in Hostie und Wein konkretisiert.

Diesen Moment beschreibt Papst Gregor der Große mit folgender Vision: »Denn welcher Gläubige könnte daran zweifeln, dass zur Stunde des Opfers auf das Wort des Priesters der Himmel sich öffne, dass die Chöre der Engel diesem Geheimnisse Jesu Christi beiwohnen, dass hier das Höchste mit dem Niedrigsten sich verbinde, das Irdische mit dem Himmlischen sich vereinige, aus Sichtbarem und Unsichtbarem Eines werde?«[10] Doch bleibt dieser Vorgang unsichtbar, seine Imagination ist ein Akt des Glaubens. Stattdessen entwickelt sich vor den Augen der Gemeinde und im Handeln des Klerus ein anderer Vorgang, den Innozenz III. kurz vor seiner Wahl zum Papst zu systematisieren versucht: »Zu dem Dienste selber aber ist viererlei erforderlich: Personen, Handlungen, Worte und Sachen. Der Personen sind dreierlei: die Feiernden, die Dienenden, die Umstehenden; es gehören dazu dreierlei Arten von Handlungen: Gebärden, Verrichtungen, Bewegungen; ferner drei verschiedene Ausdrucksweisen der Worte: Gebete, Gesänge, Lesungen; endlich dreierlei Sachen: Gewänder, Gefäße, Elemente [nämlich Wasser, Wein, Brot].«[11] In dem deutlich werdenden Spannungsfeld zwischen Imagination und Ritus entwickelt sich die Ikonografie der Eucharistie.

Die Anfänge der Geschichte eucharistischer Bilder reichen in die Zeit der vom fränkisch-karolingischen Hof ausgehenden Liturgiereformen des 8. und 9. Jahrhunderts zurück. Dabei geht es um die Vereinheitlichung und Verbreitung des korrekten römischen Ritus innerhalb des karolingischen Reiches, eine Entwicklung, die unter den nachfolgenden Ottonen mit der Formulierung des sogenannten Rheinischen Messordo zu einem vorläufigen Abschluss kommt. Dieser *ordo* beinhaltet eine Ergänzung des liturgischen Ritus durch zahlreiche Privatgebete des Priesters, die auf die geistige Reinigung des Zelebranten abzielen und der Messfeier als zusätzliche Ebene unterlegt sind.[12] Das wichtigste Instrument für die Etablierung einer verbindlichen Liturgie ist das Sakramentar als Textbuch des Priesters, das seit ottonischer Zeit von dem umfangreicheren Missale abgelöst wird. In diesem Textbuch lassen sich auch die ersten Bilder fassen, die zum einen bemüht sind, die Authentizität des Ritus zu belegen und ihn zu erläutern, zum anderen die Vergegenwärtigung des Textes und der Vita Christi zum Inhalt haben. Die Ver-
Abb. S. 43 wendung spätantiker Elfenbeintafeln auf dem Einband und die stilistische Anlehnung an spätantike Schrift- und Bildtypen sind Hinweise auf die Anciennität des Buches, die
Abb. S. 45, 47, 144 Einfügung von Autorenbildern sowie die Beschreibung des korrekten *ordo* in Schrift und
Abb. S. 41–42, 46, 53 Bild vermitteln die Verbindlichkeit der Form. Solche der Authentizität gewidmeten Bilderwelten gehören zur Frühzeit der Entwicklung, die mit der Etablierung des Ritus an Bedeutung verlieren oder ihre Funktion ändern.[13]

Die Bilder der Vergegenwärtigung haben sich dagegen über das gesamte Mittelalter und bis heute behaupten können. Sie konzentrieren sich im Wesentlichen auf die
S. 95–98 Präfation (Vorrede) und das Kanongebet, in dessen Formulierung der Erinnerungsauftrag des letzten Abendmahles eingegangen ist und in dessen Verlauf der Tod Christi präsent

wird. Schon in den frühesten Handschriften aus dem späten 8. Jahrhundert findet sich daher die Kreuzigung als Ergänzung zu den Worten *Te igitur, clementissime Pater,* mit denen Abb. S. 134 das Kanongebet beginnt.[14] Der Präfation ist dagegen häufig die Majestas zugeordnet, handelt es sich bei dem Gebet doch um einen Lobpreis Gottes, der mit den Worten *Vere* Abb. S. 136–137 *dignum et iustum est* einsetzt und in den *Sanctus*-Gesang einmündet. Dieser Gesang wird – wie es der Text der Präfation suggeriert – von Menschen und Engeln gemeinsam angestimmt. Es ist also ein Moment, wie Gregor der Große ihn so anschaulich geschildert hat: Der Himmel öffnet sich, das Höchste verbindet sich mit dem Niedrigsten, der Blick auf den zeitlos thronenden Gottessohn, den Adressaten des Gesangs, ist frei. Zusammen mit der nachfolgenden Kreuzigung wird ein Bogen gespannt, in dem die Zeit aufgehoben ist, Vergangenheit, *memoria* und die aus dem Glauben geborene Vision eins werden. Diese Aufhebung der Zeit kulminiert im Moment der Wandlung. Die über das ganze Mittelalter sehr einflussreiche Liturgieallegorese, als deren frühester Vertreter der karolingische Theologe Amalar von Metz († um 850) gilt, ordnet davon ausgehend die gesamte heilige Messe in diesen zeitlosen Raum ein. Deren Ablauf wird mit dem Leben Christi verknüpft, das zwischen Introitus und Schlusssegen von der Inkarnation bis zur Himmelfahrt und zum Pfingstereignis ausgebreitet wird. Christologische Szenen sind im Zusammenhang Abb. S. 75–79, 82–85 der Eucharistie – und möglicherweise nicht nur dort – daher immer auch ganz konkret mit dem liturgischen Geschehen zu verbinden.[15]

Die Kreuzigung ist jedoch der Anker eucharistischer Ikonografie, um den herum sich weitere Bilder gruppieren. Schon das Kanongebet selber deutet die Erweiterung des Themenrepertoires an, wenn es auf die Gaben Abels, Abrahams und Melchisedeks aus dem Buch Genesis verweist, die Gott »mit Wohlgefallen« aufgenommen habe: Abel opferte ein Lamm (4,4), Abraham seinen Sohn (22,1–19) und Melchisedek (14,18) brachte Abb. S. 145, 148, 161 Brot und Wein dar; sie erweisen sich als Präfigurationen des eucharistischen Opfers, das man in gleicher Weise von Gott akzeptiert wissen möchte. Dieses typologische Denken, das die Vollendung des Alten im Neuen Testament umkreist, erschließt weitere Bildthemen, die sich aus den Vor-Bildern der Kreuzigung ergeben, wie beispielsweise die Aufrichtung der Ehernen Schlange zur Errettung des jüdischen Volkes durch Moses Abb. S. 148, 154 (Num 21,8–9). In diesem Zusammenhang sind auch die wundersamen Geschichten des seit dem 2. Jahrhundert entstandenen *Physiologus* zu sehen, in denen die Natur aus biblischen Analogien heraus interpretiert wird; so schleichen sich Löwe, Pelikan und Phönix als Umschreibungen für Tod und Auferstehung Christi in das eucharistische Bild ein. Abb. S. 158, 174

DIE HOSTIE ALS BILD UND KÖRPER

Infolge des Transsubstantiationsdogmas erhalten die Liturgie und die eucharistische Frömmigkeit seit dem 13. Jahrhundert neue Impulse, die sich zum Beispiel in der Einführung des Fronleichnamsfestes äußern. Laut der Definition, mit der Thomas von Aquin die Wesensverwandlung der Hostie und des Weins beschreibt, bleibt deren Akzidenz (Eigenschaft) erhalten, die Substanz (Wesen) verändert sich jedoch.[16] Die Anforderung an den Glauben der Messgänger ist hoch: *Quod non capis / Quod non vides / Animosa firmat fides / Praeter rerum ordinem* (Sehen kannst du's nicht, noch fassen; Starker Glaube wird's nicht lassen, trotz Natur und Augenschein) heißt es in der von Thomas verfassten Fronleichnamssequenz *Lauda Sion*.[17] Man sieht also nichts, außer den Priester mit der emporgehobenen Hostie – Aden Kumler bezeichnet den Vorgang daher als »non-event«,[18] der dem Glauben und der Imagination viel Raum lässt. Doch dabei bleibt es nicht.

Im Zentrum der sich neu entfaltenden und nach neuen Formen verlangenden Verehrung des Herrenleibes steht das geweihte Brot, das nun bisweilen den engen liturgischen Rahmen der Messfeier verlässt, zum Beispiel wenn es in einer Prozession durch Abb. S. 310 die Stadt getragen oder auf dem Altar zur Anbetung ausgestellt wird. Das ist neu, denn ursprünglich ist es nicht üblich, mehr Brote zu konsekrieren, als für die eine heilige Messe notwendig sind. Lediglich das *viaticum*, das für die Krankenkommunion vorgesehene Brot, muss aufbewahrt werden; dazu benutzt man unterschiedliche Behältnisse, zum Abb. S. 313 Beispiel Pyxiden (Dosen), sogenannte Ziborien oder Gefäße in Taubenform. Gegen Ende des Mittelalters werden diese Hostienbehälter in aufwendigen Tabernakelarchitekturen geborgen.[19] Für die Prozessionen benutzt man anfangs einen Kelch oder eine Pyxis – die Hostie ist also nicht zu sehen –, doch wird im Verlauf des 14. Jahrhunderts zur Sichtbar- Abb. S. 311 machung des *corpus Christi* ein neues liturgisches Gerät entwickelt: die Monstranz (Schaugefäß).[20] Durch die Zurschaustellung wird die Hostie zu einem Bildzeichen für den, mit dem sie eigentlich identisch ist: Christus.[21] Im seinem Werk *Rationale Divinorum Officiorum* (Der geistliche Sinn der göttlichen Liturgie), einem Hauptwerk der allegorischen Messerklärung, versteht der Liturgiker Wilhelm Durandus († 1296) die runde Form der Hostie als Hinweis auf Christus: »Die Hostie wird in runder Form hergestellt, denn: ›Dem Herrn gehört die Erde und was sie erfüllt, der Erdkreis und seine Bewohner‹ [Ps 24,1], so dass gerade ihre Form jenen versinnbildlicht, der keinen Anfang und kein Ende hat, obgleich er Alpha und Omega ist, d. h. absoluter Anfang und Ende [Offb 1,8]. Zudem: Da die Form einer runden Figur von Punkt zu Punkt verläuft, so wird dadurch angedeutet, dass alles von ihm kommt und alles zu ihm zurückkehrt, weshalb der Psalmist sagt ›Du bist Abb. S. 312 von Treue umgeben‹ [Ps 89,9].«[22] Wegen der Bilder, die das Hostieneisen der Oblate einprägt – zum Beispiel Kreuzigung, Lamm Gottes, Majestas, *imago pietatis* und Christusmonogramm –, vergleicht Durandus sie mit einer Münze: »Das hier verwendete Brot wird in der Größe eines Denars geformt, zum einen weil das ›Brot des Lebens‹ für Denare ausgeliefert wurde, zum anderen, weil den Arbeitern im Weinberg ein und derselbe Denar als Lohn gegeben ist; […]. In dieses Brot wird oft der Name und das Bild unseres Herrschers eingeprägt, weil wir durch ihn in das Bild Gottes umgestaltet und unsere

Namen im Buch des Lebens verzeichnet werden. Einige bilden dort ein Lamm ab, weil der Geopferte das wahre Lamm ist, und dann auch aus dem Grund, weil es Ex 29 heißt: ›Folgendes sollst du auf dem Altar darbringen: du sollst ständig Lämmer opfern und Wein zum Trankopfer für das Lamm‹ [vgl. Ex 29,38–40].«[23] Zur gleichen Zeit wird die Ikonografie, die sich aus dem Geheimnis der Wandlung speist, vielfältiger, erzählerischer und – körperlicher.

Die Ikonografie spiegelt sich vor allem in den Darstellungen auf Patenen und Korporalienbehältnissen, weniger auf den Kelchen. Die Patene »ist das Gegenstück des Kelches und für das […] Brot das, was dieser für den […] Wein, mit dem Unterschied freilich, dass die Patene nicht in gleichem Maße unentbehrlich ist wie der Kelch, ein Unterschied, der sich aus der verschiedenen Beschaffenheit der beiden eucharistischen Elemente ergibt […].«[24] Zum *offertorium* (Gabenbereitung) wird sie unter das Korporale Abb. S. 302–303 geschoben als »Hinweis auf das Sichverbergen des Herrn vor seinem Leiden«.[25] Die Hostie wird dann während der Wandlung auf diesem Korporale (von *corpus* = Körper) abgelegt, einem weißen Tuch, das im Sinn der Messallegorese als das Grabtuch Christi gedeutet wird. Nach Gebrauch wird es in einem Kästchen oder einer Bursa aufbewahrt; zumindest Letztere wird bei der Eucharistiefeier als kleine Bildtafel auf dem Altar aufgestellt.[26]

Für die Ikonografie der Patenen und Korporalienbehältnisse ist die Berührung mit der geweihten Hostie ausschlaggebend. Ist vor dem 13. Jahrhundert noch die Hand Gottes Abb. S. 162 als Zeichen für das göttliche Wirken das wichtigste Bildmotiv auf den Patenen,[27] so behaupten sich danach verschiedene Bildformeln für Christus beziehungsweise den Leib Christi als das zentrale Thema des Figurendekors:[28] zum Beispiel das Lamm Gottes, die Abb. S. 162–173 Majestas, die Trinität, der »fleischgewordene« Gottessohn im Schoß Mariens oder – ganz selten – das Abendmahl und der *Schmerzensmann*.[29] Letztere sind als einzige der Bilder dem Fundus der Passionsthemen entnommen, der wiederum in unterschiedlicher Szenenauswahl im 15. Jahrhundert auf den Bursen und Kästchen für die Aufbewahrung des Korporales das zentrale Thema ist.[30] Als neues Motiv kommt die sogenannte *Gregorsmesse* Abb. S. 302–305 hinzu,[31] die im späten Mittelalter in den verschiedensten Medien geradezu inflationär den *Schmerzensmann* in die Welt der eucharistischen Wunder einführt. Damit kommt erstmals eine Bildquelle zum Zuge, die nicht allein auf *memoria* oder Typologie fußt. Dieses Bildthema erlangt mit der Ankunft der sogenannten *imago pietatis* (Bild des Erbarmens), einer Abb. S. 298 byzantinischen Mosaikikone aus der Zeit um 1300, in der römischen Kirche Santa Croce in Gerusalemme in den Jahren 1385/86 große Popularität.[32] Schon bald entwickelt sich davon ausgehend die Legende, dem heiligen Papst Gregor sei in einer Kirche der *Schmerzensmann* erschienen und er habe diese Erscheinung in dem Bild darstellen lassen, eine Legende, die sich in der Folge zu einer *Messe des heiligen Gregor* verwandelt, bei der Christus den Kelch mit seinem Blut füllt.[33] Mit diesem Thema verlassen wir den Altarraum und begeben uns in die Bilderwelt der authentischen Christusporträts, der eucharistischen

Wunderlegenden, der Heilig-Blut-Wallfahrten,[34] der weltlichen Dichtung[35] und nicht zuletzt der privaten Andacht, denn die *Gregorsmesse* gehört zur Ausstattung vieler kostbar geschmückter Stundenbücher.

SAKRAMENT UND KIRCHE

Die neuerliche Diskussion um die Transsubstantiationslehre, die mit der Verurteilung von Jan Hus (um 1369–1415) auf dem Konstanzer Konzil (1414–1418) einen dramatischen Höhepunkt erfährt, hat eine verstärkte Präsenz eucharistischer Themen in der bildenden Kunst zur Folge. Denn die Auseinandersetzung mit dem Thema bleibt nicht auf die Theologen beschränkt, sondern erfasst auch das Kirchenvolk. Der Kult um die Hostie nimmt sogar vielfach überhand; die Heilig-Blut-Verehrung und die immer dichter werdende Frequenz der Sakramentsprozessionen werden sowohl gefördert als auch heftigst kritisiert.[36] Antisemitismus bricht sich Bahn.[37] Schon seit dem 14. Jahrhundert bemühen sich die Gläubigen durch die Mitgliedschaft in Fronleichnamsbruderschaften und mit der Dedikation von Andachten, die vornehmlich am Donnerstag (dem Tag des letzten Abendmahles) stattfinden, um die Verehrung des eucharistischen Sakramentes.[38] Die zunehmende Stiftungstätigkeit der Laien bewirkt eine reiche Ausstattung der Kirchen mit Altarretabeln und Epitaphien, die häufig dort, wo die verschiedenen Anschauungen aufeinandertreffen, eine dezidierte Stellungnahme erkennen lassen. Die großformatigen Retabel gehören seit Ende des 14. Jahrhunderts zur Konvention der Altarausstattung. In dieser Frühzeit können sie auch zur Aufbewahrung der geweihten Hostien dienen; ihre christologischen und mariologisch-ekklesiologischen Darstellungen wird man generell zum eucharistischen Opfer in Bezug setzen können.[39] Im 15. Jahrhundert sind die Bilderfolgen von verschiedenen Faktoren abhängig und daher thematisch weit aufgefächert. Ein »Standardprogramm« gibt es nicht. Die künstlerischen Lösungen sind sehr individuell, selbst für die von den Fronleichnamsbruderschaften gestifteten Retabel: In Löwen wählen deren Mitglieder die Einsetzung des Sakramentes beim letzten Abendmahl als Thema des Hauptbildes, während in Lübeck die *Gregorsmesse* präferiert wird.[40] Dagegen erhält die Ikonografie der Epitaphien bisweilen einen geradezu programmatischen Charakter: Abb. S. 297, 303, 349, 354 *Gregorsmesse,*[41] *Eucharistische Mühle,*[42] *Keltertreter*[43] und der eucharistische *Schmerzensmann*[44] sind die neuen Themen, mit denen um den rechten Glauben gerungen wird.

Diese starke Fokussierung der Frömmigkeit auf die Eucharistie greift auch auf die private Andacht übcr. In Stunden- und Gebetbüchern finden sich vielfach Gebete, die während der Wandlung zur Verehrung des Sakramentes oder der Wunden Christi gesprochen werden sollen. Letztlich spiegelt sich darin eine Hoffnung auf die Heilswirkung der von der Kirche gespendeten Sakramente, deren Ursprung und Wirksamkeit im Leiden Christi verortet werden: »und sin liden und sin verdienen hat er in gegossen in die vii heiligen sacrament durch die wir behalten werdent […]«,[45] heißt es in einer Handschrift der privaten Andacht aus dem frühen 15. Jahrhundert, die dem Leiden Christi ge- Abb. S. 350 widmet ist.[46] Mit dem *fons pietatis* (Brunnen der Barmherzigkeit), der in der zweiten Hälfte Abb. S. 346 des 15. Jahrhunderts vor allem im franko-flämischen Raum belegt ist, wird ein Bild für diese Hoffnung der Gläubigen gefunden – ein Lebensbrunnen, der durch Leib und Blut des Gottessohnes gespeist wird.

Schon in den Anfängen der hier skizzierten Darstellungstraditionen wird das Sakrament der Eucharistie als Quelle kirchlichen Selbstverständnisses verbildlicht: personifiziert durch die Figur der *ecclesia*, steht die mit einer Siegesfahne charakterisierte Kirche in der Vorromanik unter dem Kreuz Christi oder unter dem Lamm Gottes und Abb. S. 146 fängt das Blut aus der Seitenwunde in einem Kelch auf.[47] Gegen Ende des Mittelalters sind daraus komplexe und sehr unterschiedliche Programmbilder geworden, so beispielsweise die *Eucharistische Mühle*, bei der sich die direkte Sukzession von der Inkarnation und Abb. S. 87, 354 den Evangelienberichten zur Transsubstantiation zu einer Allegorie verdichtet, oder der ikonografisch singuläre, bisweilen Jan van Eyck zugeschriebene *Lebensbrunnen*, der aus Abb. S. 341 einem unter dem Thron und dem Lamm Gottes entspringenden Paradiesfluss mit Wasser und Hostien gespeist wird.[48] Den kausalen Zusammenhang von Sündenfall und Eucharistie schließlich betont eine betörend einfache Bildformel in dem *Salzburger Missale*, das Berthold Furtmeyr in den Jahren 1482 bis 1489 illustrierte. Als Eingangsbild für das Mess- Abb. S. 344 formular zum Fronleichnamsfest wählt er den *Baum des Todes und des Lebens*:[49] Eva und *ecclesia* stehen unter dem Baum des Paradieses; die eine pflückt daraus die todbringenden Äpfel, die andere die lebensspendenden Hostien, während in der Initiale auf der gegenüberliegenden Seite zwei Engel die Monstranz mit einer Hostie präsentieren.

Alle diese Bilder entstehen zu einer Zeit, in der sich die Reformation anbahnt, die nun ihrerseits ihre Argumentation mit Bildern unterstreicht, darunter auch eine Allegorie von der *Göttlichen Mühle*, die 1521 erscheint und dem Dichter und Stadtvogt Martin Abb. S. 355 Seger aus Maienfeld († 1560) zuzuschreiben ist.[50] Der begleitende Holzschnitt verwendet das Bildschema der *Eucharistischen Mühle*, wandelt es aber sehr entscheidend ab: Christus selber leert aus einem Sack die Evangelistensymbole und den heiligen Paulus in den Trichter einer Mühle. Das Ergebnis des Mahlvorgangs – in einigen Auflagen des Drucks sind es vier Schriftbänder mit den Worten Stärke, Glaube, Liebe und Hoffnung – füllt Erasmus von Rotterdam († 1536) mit einer Schaufel nun seinerseits in einen Sack. Aus dessen Inhalt knetet Martin Luther (1483–1546) den Teig für seine Bücher, die dann an den Klerus verteilt werden. Der Papst und seine Begleiter verschmähen jedoch die geistige Nahrung. Darüber droht *Karsthans* (ein Bauer) mit dem Dreschflegel einem Vogel mit Schlangenschwanz, der einen Bann ausruft.[51] Bezeichnenderweise wird die Mühle von dem Wasser eines Baches in Gang gehalten. Der »Motor« der Exegese, der auch die Bilder der Eucharistie antrieb, wird nicht mehr benötigt.

Mit Blick auf das anfängliche Zitat aus der Zeit der Karolinger reibt man sich die Augen und fragt sich, wie es zu dieser Bilderflut kommen konnte. Gerade die Hostie und ihre Wandlung sind über die materielle Beschaffenheit und den Ritus hinaus in eine üppige Bilderwelt eingebettet, die die ganze Bandbreite semantischer Möglichkeiten nutzt. Die Hostie ist Zeichen und Bildträger sowie Anknüpfungspunkt für Assoziationen im Bereich der *memoria*, Typologie, Eschatologie und Allegorie. Darüber hinaus ist sie identisch mit dem, was sie bezeichnet. Auch der Ritus ist gleichzeitig Bild und Verwirklichung, steht außerhalb der zeitlichen Dimension und ist eingebunden in ein umfangreiches allegorisches und exegetisches Verweissystem. Nicht zu unterschätzen ist auch die »Bedeutungsoszillation des Begriffes *corpus Christi*, der gleichzeitig das Geheimnis der Kirche und des Altares bezeichnet. [...] Der Ausdruck ist zu genau für eine bloße Beschreibung und zu unpräzise für eine exakte Definition, außerdem auf einer anderen Ebene als ein Bild. Auer spricht daher [...] vom Leib-Modell: ›Zwischen dem *formalen Begriff* und dem *materialen Bild* gibt es nun eine Bestimmtheit, die irgendwie an den beiden teilhat und doch nicht mit einem von ihnen identifiziert werden kann.‹«[52] Möglicherweise ist es gerade diese begrifflich so gut wie unbestimmbare Komplexität, verbunden mit der sprachlichen Gratwanderung exegetischer und allegorischer Interpretationen, die die Notwendigkeit des Bildes nach sich zog.

1 *Opus Caroli regis contra synodum* II, 27 und 29; zitiert nach: Franz Weisshaar: *Liturgie und Bilder. Streit um missverstandene Positionen*, in: Uta Schedler / Susanne Tauss (Hg.): *Kunst und Kirche*, Osnabrück 2002, S. 165 – 166.

2 Dazu: Thomas F. X. Noble: *Images, Iconoclasm, and the Carolingians*, Philadelphia 2009.

3 *Ordo* zu Beginn des Sakramentars aus Fulda / Trier (Abb. S. 53).

4 Antonius García y García (Hg.): *Constitutiones Concilii quarti Lateranensis una cum Commentariis glossatorum* (Monumenta iuris canonici, Ser. A: Corpus Glossatorum, 2), Città del Vaticano 1981, S. 42; siehe auch Imkamp 1983, S. 176, Anm. 2; LThK, Freiburg 1965, Bd. 10, Sp. 312.

5 Ferdinand Piper: *Einleitung in die Monumentale Theologie. Eine Geschichte der christlichen Kunstarchäologie und Epigraphik* (Kunstwissenschaftliche Studientexte, 4), Mittenwald 1978 (ND), S. 192.

6 So bezeichnet der Theologe Honorius Augustodunensis († um 1157) im 12. Jahrhundert den Priester als *tragicus noster* (unser Tragöde) und sein Zeitgenosse, der englische Zisterzienserabt Aelred von Rievaulx († 1167), übt Kritik an der übermäßigen Dramatisierung der Messe. Honorius Augustodunensis: *Gemma animae* I, 83; Aelred von Rievaulx: *Speculum caritatis* I, 23; dazu: Schmitt 1992, S. 317.

7 Browe 2003, S. 19.

8 Browe 1933, S. 26 – 69.

9 Zum Beispiel in Handschriften des kanonischen Rechts; vgl. Kumler 2011.1, S. 107 – 113.

10 Gregor der Große: *4. Buch der Dialoge*, Kap. 60; Übersetzung von Theodor Kranzfelder; zitiert nach Anton von Euw: *Gregor der Große (um 540 – 604)*, in: *Imprimatur* N. F. 11.1984, S. 31.

11 Innozenz 1857, S. 2 – 3.

12 Jungmann 1952, S. 98 – 137; Angenendt 2002; Odenthal 2009.

13 Liturgische Szenen beschränken sich im späten Mittelalter im Wesentlichen auf die Elevation der Hostie oder die Austeilung der Kommunion, zum Beispiel als Initialschmuck zum Kanongebet (Abb. S. 157) oder in Zyklen der sieben Sakramente (Abb. S. 350). Eine seltene Ausnahme bildet die anglo-normannische *Theologische Sammelschrift* aus Paris (Abb. S. 65 – 72), bei deren Zyklus von Messbildern es sich wieder um eine didaktische Bilderfolge handelt.

14 Dazu: Suntrup 1980.

15 Dazu: Hardison 1965; Schnusenberg 1981; Surmann 1990; Wittekind 2004.

16 Thomas von Aquin: *Summa theologica*, 3. Buch, Frage 73 – 83; deutsche Übersetzung siehe Thomas 1938.

17 Zitiert nach Anselm Schott: *Das Messbuch der heiligen Kirche*, Freiburg 1953, S. 548.

18 Kumler 2011.2, S. 180.
19 Braun 1932, S. 280 – 347; Browe 2003, S. 383 – 393; Sanjosé Llongueras 2011.
20 Braun 1932, S. 348 – 411; Browe 2003, S. 399 – 400.
21 Dazu: Hörisch 1992, S. 105; Kumler 2011.1, S. 146.
22 Buch IV, Kap. 30, 8 (Durandus 2012, S. 156); vgl. Kumler 2011.2, S. 186.
23 Buch IV, Kap. 41, 8 (Durandus 2012, S. 220), vgl. Kumler 2011.2, S. 187.
24 Braun 1932, S. 197.
25 Jungmann 1952, Bd. 1, S. 155.
26 Erffa 1954.
27 Braun 1932, S. 234; Elbern 1964, S. 139 – 141.
28 Braun 1932, S. 232 – 242.
29 Sehr außergewöhnlich sind drei Patenen des 12. Jahrhunderts mit zugehörigen Kelchen im Kunsthistorischen Museum in Wien und im Diözesanmuseum von Gnesen (Elbern 1964, Abb. 125 – 127). Sie bringen zum einen das Abendmahl (Abb. S. 170), die Kreuzigung und die drei Frauen am Grabe zur Darstellung und entwerfen zum anderen ausführliche typologische und christologische Programme.
30 Erffa 1954, Sp. 229; Ines Schulte: *Kölner Tüchleinmalerei: Technologische, quellengeschichtliche und kunsthistorische Studie zu Kölner Tüchleinbildern der Zeit um 1450 bis um 1500*, Diss. Bonn 1995, S. 17 – 25. Als typisch kölnisches Thema findet sich in diesem Zusammenhang die *Marter der Makkabäerbrüder*, die als typologische Entsprechung zum Kreuzestod Christi und dem Leid Mariens verstanden werden muss (Abb. S. 294).
31 Braunschweig, Herzog Anton Ulrich-Museum; Trier, Diözesanmuseum (Schulte 1995 [wie Anm. 30], Abb. 3.4 und 4.4.17).
32 Ausst.-Kat. Köln 2005, S. 120 – 121; dazu auch Heike Schlie: *Erscheinung und Bildvorstellung im spätmittelalterlichen Kulturtransfer: Die Rezeption der Imago Pietatis als Selbstoffenbarung Christi in Rom*, in: Gormans 2007, S. 59 – 121.
33 Esther Meier: *Ikonographische Probleme: Von der »Erscheinung Gregorii« zur »Gregorsmesse«*, in: Gormans 2007, S. 39 – 57.
34 Kretzenbacher 1997; Wipfler 2003, S. 34 – 44; Kapustka 2006.
35 Burdach 1938; Jungmann 1952, S. 58 – 59; Rehm 1995.
36 Jungmann 1952, S. 170 – 172; Browe 2003, S. 410 – 413; Kapustka 2006.
37 Felix Escher: *Der Antijudaismus im späten Mittelalter*, in: Friederike Rupprecht (Hg.): *Von blutenden Hostien, frommen Pilgern und widerspenstigen Nonnen. Heiligengrabe zwischen Spätmittelalter und Reformation*, Berlin 2005, S. 15 – 32.
38 Browe 2003, S. 399 – 413.
39 Norbert Wolf: *Deutsche Schnitzretabel des 14. Jahrhunderts* (Denkmäler deutscher Kunst), Berlin 2002, S. 335 – 351.
40 Welzel 1991, S. 145 – 146.
41 Zum Beispiel *Epitaph der Dorothea Schürstab*, um 1475, Nürnberg, Germanisches Nationalmuseum (Peter Strieder: *Tafelmalerei in Nürnberg 1350 – 1550*, Königstein i. T. 1993, S. 188, Nr. 30).
42 Zum Beispiel die Tafel in Erfurt (Abb. S. 354); aber auch als Altarbild: *Mühlenaltar*, Doberan, Zisterzienser-Abtei (Wolfgang Erdmann: *Zisterzienser-Abtei Doberan. Kult und Kunst*, Königstein i. T. 1995, S. 72 – 74). Die Literatur zu dem Thema ist bei Wipfler 2003, S. 166 – 167, zusammengestellt.
43 Zum Beispiel *Epitaph in St. Lorenz zu Nürnberg*, 1479 (Thomas 1936 / 81, Taf. 16, Abb. 31).
44 Zum Beispiel *Epitaph für Paul Strauß*, Friedrich Herlin, 1469 (Abb. S. 297).
45 Nichols 1994.1, S. 13, Anm. 18; vgl. dazu auch Jungmann 1952, S. 170: »Dass die heilige Messe nicht bloß eine Verherrlichung Gottes darstelle, sondern Lebenden und Verstorbenen zum Heil gereiche, war schon die Überzeugung des christlichen Altertums. Nun tritt diese Seite des Opfers immer stärker in den Vordergrund; sie wird im ausgehenden Mittelalter zum Hauptthema der Predigt über die Messe. Es entstehen formelhafte Aufzählungen der Früchte, die insbesondere auch schon dem andächtigen Anhören der Messe zukommen.«
46 Karin Jänecke: *»Der spiegel des lidens christi«. Eine oberrheinische Handschrift aus dem Beginn des XV. Jahrhunderts in der Stadtbibliothek Colmar (Ms. 306)*, Hannover 1964.
47 Die Kreuzigung findet sich zum Beispiel auf den Elfenbeintafeln der Jüngeren Metzer Schule (Adolph Goldschmidt: *Die Elfenbeinskulpturen aus der Zeit der karolingischen und sächsischen Kaiser, VIII. – XI. Jahrhundert*, Bd. 1, Berlin 1914 [Nachdruck 1969], Abb. 85 – 86, 88 – 89), das Lamm Gottes in den ottonischen Sakramentaren aus Fulda, zum Beispiel im *Göttinger Sakramentar* (Göttingen, Niedersächsische Staats- und Universitätsbibliothek, 2° Cod. Ms. theol. 231 Cim.), fol. 9r und 111r (Winterer 2009, Taf. 7 und 35).
48 Madrid, Museo Nacional del Prado (Inv. 1151); zwei zeitgenössische Kopien in Segovia (Abb. S. 341) und Oberlin / Ohio (Inv. 1952.13); Elisa Bermejo Martínez: *La pintura de los primitivos flamencos en España*, Madrid 1980, S. 47 – 50, Abb. 1 – 5; Till-Holger Borchert: *Jan van Eyck und seine Zeit. Flämische Meister und der Süden 1430 – 1530*, Stuttgart 2002 (dt. Ausgabe), Abb. 23 – 24, S. 237; Till-Holger Borchert: *Jan van Eyck*, Köln 2013 (in fut.).
49 Pfändtner 2011, S. 107 – 109.
50 Rye-Clausen 1981, S. 140 – 141; Werner Hofmann (Hg.): *Luther und die Folgen für die Kunst*, Ausst.-Kat. Hamburger Kunsthalle 1983 / 84, München 1983, S. 184, Nr. 55.
51 Vgl. Rye-Clausen 1981, S. 147 – 148.
52 Imkamp 1983, S. 176.

Liturgie & Memoria

Eine liturgiegeschichtliche Skizze zur mittelalterlichen Messliturgie

Andreas Odenthal

Die Kölner Dombibliothek bewahrt unter der Signatur Cod. 88 eines der bedeutendsten Bücher für die Feier der Messe auf: ein sogenanntes Sakramentar, das als Rollenbuch für den Priester beziehungsweise Bischof konzipiert war. Im 10. Jahrhundert wurde der Kodex im Skriptorium des Klosters Fulda angefertigt und im Kölner Dom bis ins späte Mittelalter liturgisch verwendet, wie viele Nachträge belegen.[1] Von Interesse hierbei ist, dass Cod. 88 neben den vielen Formularen für die einzelnen Feiern im Laufe des Kirchenjahres die Grundform der römischen Messe schildert, nämlich die knappen Riten zur Abb. S. 53 Eröffnung, den Wortgottesdienst sowie schließlich das damalig einzige Eucharistiegebet römischer Prägung, den *Canon Romanus*. Dass man nominell die Grundordnung der Messe wie das Sakramentar insgesamt auf Papst Gregor den Großen (590–604) zurückführte, ist nicht in einem neuzeitlichen Sinne streng historisch zu verstehen: Es handelt sich vielmehr um die Legitimierung der in diesem Buch kodifizierten Liturgie als der typisch römischen und damit authentischen Form des Gottesdienstes.

Cod. 88 bietet vielfältige Zeugnisse tiefgreifender Veränderungen der Messliturgie, von denen einige im Folgenden dargestellt werden. Denn bei aller Kontinuität als Feier des Todes und der Auferstehung Christi ist die Eucharistiefeier von jeher vielfältigen Wandlungen, gar epochalen Umbrüchen unterworfen gewesen. Die geschichtliche Dimension des Christentums wie der Kirche erfordert Liturgiereformen, die den Glauben der feiernden Kirche unter den Bedingungen der »Zeichen der Zeit« (Gaudium et spes, 4) bedenken und gegebenenfalls reformieren. Eine der tiefstgreifenden Veränderungen des Eucharistieverständnisses und seiner Feiergestalt zeitigte sich gerade im Mittelalter: »Es ist in den zwei Jahrtausenden der Kirchengeschichte an keiner Stelle ein größerer Umbruch sowohl im religiösen Denken wie in den entsprechenden Einrichtungen erfolgt, als es in den fünf Jahrhunderten zwischen dem Ausgang der Patristik und dem Beginn der Scholastik der Fall ist«, so lautet die Wertung beim Altmeister der Liturgiewissenschaft, Josef Andreas Jungmann.[2] Diese Veränderungen in der Theologie der Eucharistiefeier, dem damit zusammenhängenden Verständnis des priesterlichen Dienstes wie den Auswirkungen in der Volksfrömmigkeit und Ikonografie sollen hier umrissen werden.

Gemäß dem Axiom, das Gesetz des Betens sei auch das Gesetz des Glaubens,[3] hängen die liturgischen Neuerungen mit veränderten Auffassungen der Eucharistie wie des Sakramentalen insgesamt zusammen. Hans Jorissen weist dazu auf den Abendmahlsstreit des 9. Jahrhunderts hin, der im Wesentlichen Ausdruck der Krise neuplatonischen Bilddenkens ist, welches noch die Patristik geprägt hatte.[4] Ohne allen Verästelungen der damaligen Auseinandersetzungen nachspüren zu können, lässt sich die zentrale Frage wie folgt bestimmen: Es ging darum, ob und inwieweit eine Identität des eucharistischen Leibes mit dem historischen Leib Christi bestehe. Man wollte also den Gedanken der wirklichen Gegenwart des Gekreuzigt-Auferstandenen retten, der durch das Aufweichen des die patristische Epoche prägenden, neuplatonisch gefärbten Symboldenkens gefährdet schien, dem man unterstellte, »nur noch« symbolisch, damit aber minder wirklich zu sein. Dass im »Bild« (*figura*)[5] der eucharistischen Gaben wie der rituellen Begehung des Kreuzesopfers der Gekreuzigt-Auferstandene und die Ursprungshandlung des Kreuzesgeschehens real präsent sind, war für die Vätertheologie adäquater Ausdruck kirchlicher Lehre. Doch dies konnte seit dem Frühmittelalter kaum mehr gedacht werden.

In einer neuen Betonung der Wirklichkeit musste die eucharistische Gegenwart Jesu Christi »realer« ausgesagt werden. Damit war ein erster Beweggrund gegeben, die Eucharistiefeier primär unter dem Aspekt sachhaft-dinglicher Gegenwart (Realpräsenz) zu sehen. Das Eintreten in den rituellen Vollzug samt dem dortigen Erspüren der Gegenwart des Gekreuzigt-Auferstandenen (Aktualpräsenz) trat eher zurück. Der weitestgehend auf einer philosophisch-theologischen Ebene geführte Streit hatte aber einen schwerwiegenden liturgischen Kernpunkt, nämlich die Frage nach dem Zeitpunkt einer »Wandlung« der eucharistischen Gaben in den Leib und das Blut Christi. Hierbei ging es um die Wertung des Einsetzungsberichtes, der Abendmahlsworte Jesu, im *Canon Romanus*. Allein die in den alten Sakramentaren zu findenden Kreuzzeichen *nach* den Worten Jesu, den *verba testamenti*, weisen darauf hin, dass das Zitieren der Abendmahlsworte Jesu ursprünglich nicht selbstredend als konsekratorisch verstanden werden musste. Vielmehr konnten die Abendmahlsworte als Legitimationsurkunde des eucharistischen Betens der Kirche dienen, wobei etwa im altgallischen Ritus oft nur die ersten Worte zitiert wurden, der Einsetzungsbericht aber nicht in vollem Umfang wiedergegeben wurde.[6] Erst die Gesamtheit des Eucharistiegebets, vor allem aber die den Geist Gottes herabrufenden (epikletischen) Momente garantierten die sakramentale Gegenwart des Gekreuzigt-Auferstandenen für die in seinem Namen versammelte Gemeinde. Lediglich bei Ambrosius von Mailand († 397) gibt es Anhaltspunkte für eine Bindung der Konsekration an die Herrenworte.[7]

Doch erst nach der ersten Jahrtausendwende wurde diese Vorstellung allgemein akzeptiert, wofür Reinhard Meßner gute Gründe vorgelegt hat, indem er auf die zeitgenössischen Messerklärungen mit ihrer Deutung der Kreuzzeichen des *Canon Romanus* nach den *verba testamenti* hingewiesen hat.[8] Das neue Verständnis, die Bindung der Konsekration an die Herrenworte und somit an eine Sakralformel, verändert die Eucharistiefeier und die Hermeneutik des *Canon Romanus* zutiefst. Dass die Gläubigen selbst zur vernunftgemäßen, geistigen Opfergabe, zur *oblatio rationabilis* (nach Röm 12,1), werden sollen, tritt vor der (geschichtlich wohl sekundären) Bitte um die Konsekration der Gaben *ut nobis corpus et sanguis fiant* (dass sie uns Leib und Blut werden) in den Hintergrund. Diese Sicht ermöglicht eine im frühen 13. Jahrhundert belegte Kennzeichnung des Konsekrationsmomentes, und zwar durch die Erhebung (Elevation) zunächst allein der konsekrierten Hostie, zeitlich später auch des Kelches.[9] Begleitende Glockenzeichen sowie der Weihrauch tun ihr Übriges, diesen Moment deshalb zu inszenieren, weil hier die entscheidende Wandlung vollzogen wird, die den Gläubigen ansonsten verborgen geblieben wäre, weil seit der Karolingerzeit der *Canon Romanus* zunehmend leise gesprochen wurde.[10]

Die Darstellung des Priesters in der Initiale zum Kanongebet im Kölner *Rennenberg-Kodex* aus dem 14. Jahrhundert zum Beispiel zeigt jenen entscheidenden Moment: die Erhebung der konsekrierten Hostie. Es ist eine epochale Veränderung, wenn anstelle des auf Christus selbst zurückgehenden Brotbrechens nun die Erhebung der konsekrierten Hostie zum entscheidenden Ritus der Messe avanciert: Im Zentrum stehen nicht mehr »der gemeinsame Lobpreis der großen Heilstaten Gottes in der Anaphora und die Kommunion, das gemeinsame Mahl zum Gedächtnis von Christi Tod und Auferstehung in Erwartung seiner Parusie, sondern nurmehr die ›Konsekration‹ von Brot und Wein zum Leib und Blut Christi durch den Priester«.[11] Damit einher geht auch eine Veränderung der Rolle des Priesters, der nun *in persona Christi* das Messopfer feiert.[12] Abb. S. 157

EINE NEUDEUTUNG DER MESSE ALS OPFER

Noch einmal zum neuplatonischen Bilddenken: Partizipiert das Abbild am Urbild, ist der Opfercharakter der Eucharistiefeier durch den Rückbezug auf das einmalige Kreuzesopfer Christi unmittelbar gegeben. Die Eucharistiefeier *ist* qua Ritualisierung die Vergegenwärtigung des einmaligen und unüberbietbaren Kreuzesopfers Christi. Die mittelalterlichen Messerklärungen mit ihren allegoretischen Zügen belegen indes die Krise solchen Denkens: Man tritt nicht mehr kraft des gedenkend-realisierenden (anamnetischen) Handelns der Kirche ins Mysterium Christi ein, sondern benötigt eine sekundäre Deutefolie. Die einzelnen Abschnitte der Messe werden zur Darstellung des Lebensweges Jesu: Der Introitus etwa steht für die Ankündigung Jesu durch die Propheten, der Schlusssegen für die Himmelfahrt Christi und die Sendung der Apostel.[13]

Zugleich kam es zu einer Neubestimmung des Opfercharakters, der jetzt auch zunehmend auf die isoliert betrachtete Gabendarbringung überging. Bedeutete *offerre pro* (darbringen für) zunächst, dass die versammelte Gemeinde »für« die Kirche vor Gott steht und opfert, weil sie die Kirche repräsentiert und realisiert, wurde daraus zunehmend ein stellvertretendes Handeln, ein Opfer für andere: Wir opfern als Kirche – nun stellvertretend – »Messfrüchte« für jemanden.[14] Dieses Opfern bezog sich, wie Arnold Angenendt aufgezeigt hat, vor allem auf die Umwandlung von Bußleistungen in Gebet und Gottesdienst.[15] Und seit der Karolingerzeit kam ein weiteres wichtiges Opferanliegen hinzu, nämlich die Messe für die Verstorbenen.[16] Es ist beachtenswert, dass die Einfügung der Verstorbenenbitte in den *Canon Romanus* erst zu dieser Zeit erfolgte und in den Sakramentarien noch nicht durchgängig aufgeführt wird.[17] Die *oblatio rationabilis,* die vernunftgemäße, geistige Opfergabe, von der der *Canon Romanus* spricht, war eigentlich die sich mit dem Kreuzesopfer Christi verbindende Selbsthingabe der Gläubigen – also eine Vergeistigung sehr archaischer Züge menschlichen Opferhandelns mittels einer Sachgabe.

Im Laufe des Mittelalters tragen sich solch archaische Züge wieder in die christliche Liturgie ein: Als »Sache« werden Leib und Blut Christi Gott dem Vater zur Sühne »geopfert«.[18] Zudem wird das Opferhandeln des Priesters isoliert, eine Beteiligung der Gemeinde ist eigentlich gar nicht mehr nötig, da die Funktion des Priesters die allein entscheidende geworden ist.[19] Davon zeugt die Ergänzung der Formulierung *qui tibi offerunt* (die dir opfern) im *Canon Romanus* durch die Wendung *pro quibus tibi offerimus* (für die wir dir opfern): Der Klerus übernimmt seit karolingischer Zeit die eigentlich entscheidende liturgische Rolle und steht stellvertretend für die Gemeinde.[20] Dies hat nicht geringe Auswirkungen auf das priesterliche Selbstverständnis.

PRIESTERLICHE MESSFRÖMMIGKEIT: DIE STILLGEBETE DES *ORDO MISSAE*

Die erwähnte Bindung der Konsekration an die Herrenworte führt zunächst zu ihrer dramatischen Ausgestaltung: Der Priester ahmt die Gesten Christi im Abendmahlssaal nach. Er nimmt das Brot, zeitlich versetzt bricht er es auch, erhebt die Augen zum Himmel, und zwar parallel zur Schilderung dieser Geste Christi.[21] Letzter Punkt in der Reihe ist die bereits erwähnte Elevation. Mit dieser rituellen Imitation Christi im Abendmahlssaal durch den Priester ist ein wichtiges Moment der seit der Spätantike zu beobachtenden Sacerdotalisierung des Presbyterates gegeben:[22] Der Priester definiert sich weniger von den Funktionen der Gemeindeleitung her, sondern eher als Mitglied eines Kultpersonals, das an einem heiligen Ort, einer Stifts- oder Domkirche mit Reliquienbesitz, Dienst tut.[23] Vor allem wird für das Kultpersonal das Motiv kultischer Reinheit bemüht, das pagan-religiösen Ursprungs ist und über die Kultvorschriften des Alten Testaments nun verstärkt ins Christentum hineinragt. Angenendt hat die Wurzeln dieses Motivs und seine Spannung zur Haltung Jesu dargelegt.[24] Damit zeigt sich zugleich die Spannung zwischen Religiosität, also der Prägung durch allgemein religiöse Momente, und Christianität, also der notwendigen Frage nach einem *proprium christianum.*[25] Mittelalterliche Liturgie und Frömmigkeit sind vor diesem Hintergrund als ein Amalgam pagan-religiöser Motive mit dem christlichen Proprium zu verstehen.

Die liturgischen Folgen aber sind mannigfach. Ein Beispiel: Angelus Häussling hat auf die Lesart einer Formulierung des *Ordo Romanus primus,* einer Beschreibung der feierlichen Papstmesse aus dem 8. Jahrhundert, hingewiesen.[26] Dort heißt es, der Papst erhebe sich nach dem *Sanctus* allein zum Beten des *Canon: […] surgit pontifex solus in canone.* Eine Lesart nun erweitert die Formulierung dahin gehend, der Papst erhebe sich, um in den *Canon* »einzutreten«: *[…] surgit pontifex solus et intrat in canonem.*[27] War ursprünglich nur gemeint, der Papst übernehme nun allein das Eucharistiegebet, ist die Wirkungsgeschichte der Textvariante phänomenal. Der *Canon Romanus* wird als ein eigener Raum des Betens verstanden, den zu betreten nur der Pontifex beziehungsweise der Priester »mit reinen Händen« würdig ist.[28] Der Canon wird zur *oratio periculosa,* zum gefährlichen Gebet, was sich bis in die nachtridentinische Liturgie durchgetragen hat.[29]

Von hierher versteht sich ein neues Paradigma der Messe, das sich ab der ersten Jahrtausendwende als prägend erweist: Der Messordo wird mit vielen Stillgebeten des Priesters überlagert, deren Thema die Bitte um eine *recte et rite,* richtig, würdig und vor allem »rein« gefeierte Eucharistie ist. Die Überlagerung der Messe durch solche still vollzogenen Apologien, also »Entschuldungsbitten« des Priesters, hat eine würdige Feier zum Ziel. Ein Musterbeispiel ist hier wiederum Cod. 88 der Kölner Dombibliothek. Neben der erwähnten knappen Schilderung der römischen Messe auf fol. 25r findet sich weiter vorne ein zweiter, parallel zu lesender Messordo, der aus Bitten um die Annahme des Opfers sowie Apologien besteht.[30] In diesem Gebet werden die Motive des priester- Abb. S. 52
lichen Selbstverständnisses deutlich. Er ist derjenige, durch dessen Hände die Opfergabe dargebracht wird, und zu diesem Zweck wird ihm eine besondere asketische Leistung abverlangt, die auf die kultische Reinheit abzielt. Die Apologie wird deshalb der Autorität des Ambrosius unterstellt, um die Veränderung des Messordo überhaupt legitimieren zu können. Cod. 88 ist damit ein Beispiel für die Entstehung einer Messform, die man nach dem Konzil von Trient als römische Messe ansah, die aber in Wirklichkeit ein Schmelzprodukt römischer, fränkischer und vermutlich altgallischer Elemente ist.

Dabei verweisen solche Apologien auf eine die gesamte mittelalterliche Frömmigkeit, auch die der Laien, prägende Haltung, nämlich das Bewusstsein der eigenen Sündhaftigkeit. Liturgisch äußerte sich dies darin, dass die Gläubigen nur noch wenige Male im Jahr am eucharistischen Mahl teilnahmen, meist sogar außerhalb der Feier der Messe. Damit aber mussten Ersatzformen her, und eine solche ist die Verehrung der Eucharistie außerhalb der Messe in Form der eucharistischen Anbetung.[31] Hierfür entsteht

Abb. S. 311 am ausgehenden Mittelalter ein eigenes liturgisches Gerät, die eucharistische Monstranz, die sich aus dem Reliquienkult entwickelt und nunmehr das Prozessionswesen prägt.[32] Die erste Fronleichnamsprozession dürfte dann einfach darin bestanden haben, dass man den Standard von Prozessionen, nämlich das Mitführen der *capsa* mit der Eucharistie und das Mitführen des *plenariums*, des Evangelienbuchs, auf den neuen Feiertag, den Fronleichnamstag, übertrug.[33] Nicht unerwähnt bleiben soll die Tatsache, dass die geringe Kommunionfrequenz des Spätmittelalters sich in den Kirchen der Wittenberger Reformation fortsetzte. Selbst Martin Luther ist es kaum gelungen, dagegen anzugehen.[34]

ZUSAMMENFASSUNG

Es sind folgende theologische Grundprobleme, die das Mittelalter nach dem Ausgang der Spätantike auf spezifische Weise zu lösen versuchte: Die Ungleichzeitigkeit der Glaubenden mit dem Christusereignis und damit verbunden die Frage nach der je neuen Teilhabe am Heilshandeln Gottes in Jesus Christus. Sie wird überlagert durch die Frage nach der materialen Präsenz des Göttlichen, näherhin des Gekreuzigt-Auferstandenen in der Eucharistie. Die damaligen Lösungen mit den daraus folgenden Entwicklungen dürften ambivalent zu bewerten sein. Einerseits kann man von einer »Krise der sakramentalen Idee« sprechen,[35] die nicht zuletzt einen weitgehenden Verzicht der Gläubigen auf den Kommunionempfang nach sich zog. Andererseits brachten die damaligen Fragestellungen eine neue und tiefe eucharistische Frömmigkeit und Innerlichkeit hervor, was sich unter anderem in hoher Kunstblüte zeitigte. Neben eucharistischer Monstranz und Sakramentshaus entstand das überaus reiche und bunte gottesdienstliche Leben des Spätmittelalters. Damit ist das Mittelalter paradigmatisch für die grundlegende Frage, wie das »Heil-von-Gott-her« immer wieder neu im Gottesdienst der Kirche für die Menschen erfahrbare Realität werden kann.

1 Vgl. Andreas Odenthal: *Zwei Formulare des Apologientyps der Messe vor dem Jahre 1000. Zu Codex 88 und 137 der Kölner Dombibliothek*, in: *Archiv für Liturgiewissenschaft* 37.1995, S. 25–44, hier S. 27–29.

2 Josef Andreas Jungmann: *Die Abwehr des germanischen Arianismus und der Umbruch der religiösen Kultur im frühen Mittelalter*, in: Ders.: *Liturgisches Erbe und pastorale Gegenwart. Studien und Vorträge*, Innsbruck [u. a.] 1960, S. 3–86, hier S. 3.

3 Vgl. Arno Schilson: s. v. *Lex orandi – lex credendi*, in: LThK, Bd. 6, Sp. 871–872.

4 Vgl. Hans Jorissen: s. v. *Abendmahlsstreit*, in: LThK, Bd. 1, Sp. 36–39. Ausführlich: Wolfgang Simon: *Die Messopfertheologie Martin Luthers. Voraussetzungen, Genese, Gestalt und Rezeption* (Spätmittelalter und Reformation, Neue Reihe 22), Tübingen 2003, S. 66–79.

5 So referiert Ambrosius folgende Textfassung des *Canon Romanus: Dicit sacerdos: »Fac nobis«, inquit, »hanc oblationem scriptam, rationabilem, acceptabilem, quod est figura corporis et sanguinis domini nostri Iesu Christi«* (Der Bischof spricht: »Mache uns dieses Opfer zu einem festgeschriebenen, geistigen und wohlgefälligen, das die Bild(wirklichkeit) des Leibes und Blutes unseres Herrn Jesus Christus ist«), in: Ambrosius: *De sacramentis / Über die Sakramente*, übersetzt und eingeleitet von Josef Schmitz CSSR (Fontes Christiani, 3), Freiburg i. Br. [u. a.] 1990, S. 148–149 (5.21). Mit *oblatio* dürfte hier das sich anhand der eucharistischen Gaben vollziehende Hineingeben der Gemeinde in das Opfer Christi gemeint sein, das zum »Bild« des Leibes und Blutes Christi und seiner Hingabe wird.

6 Vgl. Arnold Angenendt: *Lobpreis der Alten Liturgie?*, in: *Stimmen der Zeit* 135 / 228. 2010, S. 651–662, hier S. 652–653.

7 Vgl. den Überblick bei Hans Bernhard Meyer: *Eucharistie. Geschichte, Theologie, Pastoral* (Gottesdienst der Kirche, 4). Regensburg 1989, S. 114–115: »Die Worte Jesu im Einsetzungsbericht bezeugt er [Ambrosius] zum ersten Mal und auf lange Zeit als einziger im Westen als ›Konsekrationsworte‹ […] – allerdings nur im Zusammenhang mit der Klärung der Frage, wieso bei der Kommunion nicht gewöhnliches Brot, sondern der Leib Christi empfangen wird.«

8 Vgl. Reinhard Meßner: *Einige Probleme des Eucharistischen Hochgebets*, in: Ders. [u. a.] (Hg.): *Bewahren und Erneuern. Studien zur Messliturgie* (Innsbrucker theologische Studien, 42), Innsbruck / Wien 1995, S. 174–201.

9 Belege bei Jungmann 1962, Bd. 2, S. 256–262.

10 Indes gab es trotz aller Arkandisziplin bereits früh muttersprachliche Übersetzungen des *Canon Romanus*. Vgl. dazu Angelus A. Häussling: *Das Missale deutsch. Materialien zur Rezeptionsgeschichte der lateinischen Meßliturgie im deutschen Sprachgebiet bis zum Zweiten Vatikanischen Konzil 1: Bibliographie der Übersetzungen in Handschriften und Drucken* (Liturgiewissenschaftliche Quellen und Forschungen, 66), Münster 1984.

11 So Meßner 1993, S. 426–427.

12 Zu diesem in östlicher Tradition eher fremden Gedanken vgl. Albert Gerhards: *In persona Christi – in nomine Ecclesiae. Zum Rollenbild des priesterlichen Dienstes nach dem Zeugnis orientalischer Anaphoren*, in: Ders.: *Erneuerung kirchlichen Lebens aus dem Gottesdienst. Beiträge zur Reform der Liturgie* (Praktische Theologie heute, 120). Stuttgart 2012, S. 263–273. Vgl. auch Meßner 1993, S. 428–434 sowie S. 297, über die von der römischen verschiedene östliche Auffassung: Die »Konzeption der bildhaften Funktion des Priesters (Bischofs) als Ikone Christi und der Diakone als Ikonen der Engel ist nicht Folge einer bestimmten Amtstheologie, welche von der Idee einer ›sakramentalen Christusrepräsentation‹ bestimmt wäre, sondern nur im Kontext bestimmter gottesdienstlicher Aufgaben der Amtsträger (als Vollzieher der Riten) zu verstehen. Beim Vortrag der (nicht rememorativ gedeuteten) Anaphora ist der Priester Mund der Kirche, nicht Repräsentant Christi.«

13 Vgl. Angenendt 1997 (³2005), S. 499–503.

14 Vgl. Rupert Berger: *Die Wendung »offerre pro« in der römischen Liturgie* (Liturgiewissenschaftliche Quellen und Forschungen, 41), Münster 1964.

15 Vgl. hier zusammenfassend Andreas Odenthal: *»Ante conspectum diuinae maiestatis tuae reus assisto«. Liturgie- und frömmigkeitsgeschichtliche Untersuchungen zum »Rheinischen Messordo« und dessen Beziehungen zur Fuldaer Sakramentartradition*, in: Odenthal 2011, S. 16–49, hier S. 28–31.

16 Vgl. etwa Arnold Angenendt: *Pro vivis et defunctis. Geschichte und Wirkung einer Meßoration*, in: Angenendt 2004 (²2005), S. 385–395.

17 Vgl. Arnold Angenendt: *Missa specialis. Zugleich ein Beitrag zur Entstehung der Privatmessen*, in: Angenendt 2004 (²2005), S. 111–190, hier S. 153–169; vgl. auch Deshusses 1992, S. 90 (Nr. 13 bis).

18 Die mittelalterliche Vorstellungswelt ist durch eine vergröberte Rezeption der Satisfaktionslehre des Anselm von Canterbury bestimmt, die des Opfers deshalb bedarf, um dem zürnenden Gott Genugtuung zu bieten. Ohne die Problematik hier nur annähernd entfalten zu können, wird man sich dem Urteil Joseph Ratzingers in diesem Kontext anschließen dürfen: »Und man wendet sich mit Schrecken von einer Gerechtigkeit ab, deren finsterer Zorn die Botschaft von der Liebe unglaubwürdig macht« (Joseph Ratzinger / Benedikt XVI.: *Einführung in das Christentum*, München 1986, S. 231).

19 Vgl. Jungmann 1962, Bd. 2, S. 209–210.

20 Zum Ganzen Adolf Kolping: *Der aktive Anteil der Gläubigen an der Darbringung des eucharistischen Opfers. Dogmengeschichtliche Untersuchung frühmittelalterlicher Messerklärungen*, in: *Divus Thomas. Jahrbuch für Philosophie und spekulative Theologie* 27.1949, S. 369–380; 28.1950, S. 147–170, hier S. 147–157.

21 Es ist von nicht zu unterschätzender Bedeutung, dass nirgendwo in den *Ordines Romani*, den Beschreibungen römischer Liturgie vor der Jahrtausendwende, ein solches

Nachahmen der Gesten Christi erwähnt wird. Vgl. Andrieu 1961–1985, hier *Ordo Romanus* (OR) 1, 88–90 (Andrieu 2, S. 95–96); OR 5, 58–65 (Andrieu 2, S. 221–222); OR 6, 54–56 (Andrieu 1, S. 248); OR 10, 49–51 (Andrieu 2, S. 360); OR 15, 39–43 (Andrieu 3, S. 103–104); OR 17, 49–55 (Andrieu 3, S. 182).

22 Vgl. dazu Gregor Predel: *Vom Presbyter zum Sacerdos. Historische und theologische Aspekte der Entwicklung der Leitungsverantwortung und Sacerdotalisierung des Presbyterates im spätantiken Gallien* (Dogma und Geschichte, 4), Münster 2005.

23 Vgl. hier immer noch Häussling 1973.

24 Vgl. zur Problematik Arnold Angenendt: *Pollutio. Die »kultische Reinheit« in Religion und Liturgie*, in: *Archiv für Liturgiewissenschaft* 52.2010, S. 52–93.

25 Vgl. Gottfried Bitter: *Religiosität und Christianität. Religionspädagogische Überlegungen zu ihrem wechselseitigen Verhältnis*, in: Hermann Kochanek (Hg.): *Religion und Glaube in der Postmoderne* (Veröffentlichungen des Missionspriesterseminars St. Augustin, 46), Nettetal 1996, S. 129–149.

26 Vgl. Angelus A. Häussling: *Dokumente der Liturgiegeschichte – wie verstehen? Erwägungen über einen Satz des Ordo Romanus primus*, in: *Zeitschrift für Katholische Theologie* 107.1985, S. 24–30.

27 OR 1, 88 (Andrieu 1961–1985, Bd. 2, S. 95).

28 Vgl. Arnold Angenendt: *»Mit reinen Händen«. Das Motiv der kultischen Reinheit in der abendländischen Askese*, in: Angenendt 2004 ([2]2005), S. 245–267.

29 Zu Herkunft und Problematik dieses Begriffes vgl. Raymund Kottje: *Oratio periculosa – Eine frühmittelalterliche Bezeichnung des Kanons?*, in: *Archiv für Liturgiewissenschaft* 10.1967,1, S. 165–168; Balthasar Fischer: *»Oratio periculosa«. Eine altirische Bezeichnung für die Einsetzungsworte in der Messe*, in: Albert Gerhards [u. a.](Hg.): *Prex Eucharistica III: Studia. Pars prima: Ecclesia antiqua et occidentalis* (Spicilegium Friburgense, 42), Fribourg 2005, S. 237–240.

30 *Hanc beatus ambrosius orationem composuit, et eam antequam missam celebraret ueniam pro se postulando pro peccatis cantare solebat hoc modo dicens. Ante conspectum diuinae maiestatis tuae reus assisto, qui inuocare nomen sanctum tuum praesumo. Miserere mihi domine homini peccatori. Ignosce indigno sacerdoti, per cuius manus haec oblatio uidetur offerri. Parce peccatorum labe prae ceteris capitalium polluto. Et non intres in iudicium cum seruo tuo, quia non iustificabitur in conspectu tuo omnis homo uiuens, scilicet uitiis ac uoluptatibus carnis adgrauatus sum. Recordare domine quod caro sum. In tuo conspectu etiam caeli non sunt mundi, quanto magis ego homo terrenus et immundus sicut pannus menstruatae. Indignus sum iesu christe ut uiuam. Sed tu qui non uis mortem peccatoris, da mihi ueniam in carne constituto, ut per paenitentiae labores uita aeterna perfrui mereamur in caelis. Per te iesu christe qui cum patre et spiritu sancto uiuis et regnas in saecula saeculorum. Amen*, Textfassung hier nach Deshusses 1992, Bd. 3, S. 262 (Nr. 4373). Eine Lesart findet sich Cod. 88, fol. 11v–12r (Abb. S. 52).

31 Vgl. hier immer noch Browe 1933.

32 Vgl. Gia Toussaint: *Die Sichtbarkeit des Gebeins im Reliquiar – eine Folge der Plünderung Konstantinopels?*, in: Bruno Reudenbach / Gia Toussaint (Hg.): *Reliquiare im Mittelalter* (Hamburger Forschungen zur Kunstgeschichte, 5), Berlin 2005, S. 89–106.

33 Vgl. Andreas Odenthal: *Der älteste Liber Ordinarius der Stiftskirche St. Aposteln in Köln. Untersuchungen zur Liturgie eines mittelalterlichen kölnischen Stifts* (Studien zur Kölner Kirchengeschichte, 28), Siegburg 1994, S. 108–113.

34 Vgl. Dorothea Wendebourg: *Essen zum Gedächtnis. Der Gedächtnisbefehl in den Abendmahlstheologien der Reformation* (Beiträge zur historischen Theologie, 148), Tübingen 2009, S. 159.

35 So Ferdinand Pratzner: *Messe und Kreuzesopfer. Die Krise der sakramentalen Idee bei Luther und in der mittelalterlichen Scholastik* (Wiener Beiträge zur Theologie, 29), Wien 1970.

Memoriale Messdeutung in hochmittelalterlichen Bildwerken

Susanne Wittekind

»Sacrificium wird […] genannt, was durch ein geheimnisvolles Gebet geweiht wird zur Erinnerung an das göttliche Leiden, weshalb wir dies auf seinen Befehl als Leib Christi und Blut des Herrn heiligen, auch wenn es aus Früchten der Erde ist und zum Sakrament durch das unsichtbare Wirken des Geistes Gottes wird.«[1] Messkommentare und Bilder im Kontext der Eucharistie offenbaren eine Vielfalt unterschiedlicher Deutungsmöglichkeiten. Eher allegorische Auslegungen stehen neben solchen, die das Messgeschehen als erinnernden Nachvollzug und Vergegenwärtigung biblischer Ereignisse schildern und deuten. Um verschiedene Weisen solch memorativer Interpretationen der Eucharistie als Wiederholung, Erinnerung und Vergegenwärtigung geht es im Folgenden.

In Sakramentaren wird seit dem frühen Mittelalter der Opfertod Christi durch die Umdeutung von dem Initial des Kanongebetes *Te igitur* in ein Bild des Gekreuzigten betont, oftmals ergänzt um die *Maiestas Domini*. Seit dem 11. Jahrhundert aber treten andere Bildthemen hinzu. Dies gilt sowohl für Miniaturen zum Kanonbeginn als auch für den Bildschmuck eucharistischer Geräte *(vasa sacra)* und Tragaltäre. Ein neues Leitthema wird das historische Vorbild des eucharistischen Mahls, das letzte Abendmahl Christi, bei dem mit den Worten »Tut dies zu meinem Gedächtnis!« (Lk 22,19) die Feier des Sakramentes eingesetzt wird. Hinzu kommen die Vergegenwärtigung der Passion Christi einerseits, die Darstellung des Lebens Christi von der Inkarnation bis zur Himmelfahrt andererseits. Alle diese Bildthemen haben memorativen Charakter, denn sie verknüpfen den liturgischen Ritus mit Ereignissen des Lebens Jesu. Doch konzeptualisieren und reflektieren sie das Messgeschehen auf ganz unterschiedliche Weise. Eine besondere Rolle spielt dabei immer wieder die Erkenntnis der wahren Bedeutung des in der Liturgie erfahrbaren Heilsgeschehens, die Unterscheidung von äußerem und innerem Sehen bzw. Erkennen.

DIE ERINNERUNG AN DAS LETZTE ABENDMAHL

Das Emmaus-Mahl ziert die Stirnseite des kastenförmigen Tragaltars, den Bischof Bernward von Hildesheim (960–1022) Anfang des 11. Jahrhunderts herstellen ließ.[2] Nicht aus Abb. S. 78

eigener Kraft, sondern erst an der Art, wie er das Brot bricht und dankt, erkennen seine Jünger den auferstandenen Christus (Lk 24, 30–31) – erst im Vollzug des Mahls, das heißt der Eucharistie, wird er dem Gläubigen offenbar und gegenwärtig. Die Abendmahlsfeier geht dieser Szene auf der linken Langseite voran. Doch steht hier nicht die Einsetzung, sondern die Übergabe des Brotes an den Verräter Judas im Fokus (Joh 13,26). Über Eck wird so die in falscher Gesinnung eingenommene und todbringende Kommunion der heilspendenden warnend gegenübergestellt. An das Emmaus-Mahl schließt sich auf der rechten Langseite die Fußwaschungsszene an (Joh 13,1–12). Sie wurde von den Kirchenvätern als Vorbild reinigender Buße und demütiger Nächstenliebe interpretiert. Die Judasszene wie die Fußwaschung lenken das Augenmerk also auf die Selbsterkenntnis des erlösungsbedürftigen Sünders. Nicht das Abendmahl, sondern die Emmaus-Erzählung erweist sich als Sinnbild der Eucharistie.

Dagegen ist bei einem Hostienteller *(patena)* aus dem Stift St. Peter in Salzburg, der Abb. S. 170 stilistisch um 1160–1170 zu datieren ist, die Überlagerung von historischem Abendmahl und eucharistischem Nachvollzug in den Vordergrund gestellt. Er zeigt ebenso wie viele andere Patenen das Gotteslamm im Mittelpunkt. Doch hier wird das zentrale Medaillon umgedeutet zu einer Schale, die in der Mitte eines runden Tisches steht, um den sich die zwölf Apostel und Christus versammelt haben. Dargestellt ist jedoch wieder nicht die Einsetzung des Abendmahles selbst, sondern der vorangehende Moment, in dem Christus den Verrat durch jenen ankündigt, der mit ihm die Hand in die Schüssel taucht. Dies ist, wie der Betrachter im Gegensatz zu den aufgeregt durcheinander sprechenden Aposteln erkennt, Judas (Mt 26, 21–25). Die Inschrift, die um den Tisch herumläuft, ermahnt den Betrachter: »Tod bringt den Unwürdigen dieses Mahl und Heil den Guten. Der du das unverhüllte Fleisch im Zustand der Sünde empfängst, betrachte Judas!«[3] Mit Judas, seinem Verrat und Tod, werden, wie schon in karolingischen Messkommentaren üblich, all jene gleichgesetzt, die mit beschmutzten Herzen an der Eucharistie teilnehmen und diese dadurch frevelhaft entweihen.[4]

Der Bildschmuck der Patene bringt biblisch-historisches und sakramentales Geschehen zur Deckung. Das Paschalamm wird zum Welt erlösenden Gotteslamm, der Abendmahlstisch zum Hostienteller, die Apostelrunde ist erweitert um die Gläubigen, die an der Kommunion teilnehmen. Ausdrücklich wird in der äußeren Inschrift der scheinbare Widerspruch zwischen dem (Brot), das die Augen sehen, und der nur im Herzen erkennbaren, den Sündentod überwindenden Gnadenkraft (des in das Fleisch Christi gewandelten Brotes) thematisiert: »Hier wird gnadenvolles Leben gespendet, der schreckliche Tod durch dieses Brot vertrieben – Im Herzen wird erwogen, was dem Augenschein nach geleugnet wird – Es ist Fleisch, nicht Brot, wodurch die eitle Gesinnung wieder gutgemacht werden soll« *(Hic pia vita datur tetra mors hoc pane fugatur – Pectore tractatur quod visu rite negatur – est caro non panis qua mens reparetur inanis).*

Das Passionsgedenken als Leitidee der Liturgie ist bereits um 820 im Messkommentar *Liber officialis* Bischof Amalars von Metz († um 850) angelegt. Amalar erachtet die Liturgie, ähnlich wie die biblischen Schriften, als auslegungsbedürftige Zeichen göttlicher Offenbarung, zugleich aber als Quelle der Gotteserkenntnis. Dies betrifft die (gesungenen) liturgischen Texte ebenso wie die Handlungen und Gesten oder die Kleidung der beteiligten Personen.[5] Der Ablauf der Opfermesse (Eucharistiefeier) wird von Amalar mit dem Passionsgeschehen, von Christi Einzug in Jerusalem bis zur österlichen Auferstehung und Himmelfahrt, parallelisiert.[6] Seine Messauslegung wurde nicht nur in der liturgischen Kunst rezipiert,[7] sondern ist auch in zahlreichen Handschriften überliefert und Abb. S. 75–79 wurde in jüngeren Messkommentaren wieder aufgegriffen, insbesondere in dem um 1130 verfassten *Sacramentarium* des Honorius Augustodunensis († um 1157).[8] Andere Auslegungen der Liturgie, wie diejenige des Rupert von Deutz († 1129), deuten die Riten und Worte der Messfeier hingegen unter Heranziehung ganz unterschiedlicher alt- und neutestamentlicher Texte und Ereignisse. Gemeinsam ist ihnen das Anliegen, die festgeschriebenen liturgischen Handlungen mit spiritueller Bedeutung zu versehen. Ausdrücklich aber fordert Rupert in seinem 1111/12 abgeschlossenen Messkommentar, vor dem priesterlichen Stillgebet, der Eröffnung des *Canon missae,* der Passion Christi zu gedenken: »Denn die Sekret ist das Gedächtnis des Leidens des Herrn […], das in der Woche vor dem Osterfest in dieser Abfolge abgelaufen ist. […] Auf solche Weise wird im Kanon die wahre Gestalt, das wahre Bild all dieser Geschehnisse still vergegenwärtigt.«[9]

Bildlich realisieren dies zwei Miniaturen vom Ende des 11. Jahrhunderts in Auxerre.[10] Sie gehörten ehemals zu einem Sakramentar oder Missale und waren dem Abb. S. 82–83 Beginn der Opferhandlung vorangestellt. Gleichsam zur mentalen Einstimmung des Zelebranten auf die Eucharistie zeigt die erste Miniatur die Kreuzigung, gerahmt von Passions- und Auferstehungsszenen, während auf dem zweiten Bild die *Maiestas domini* mit den 24 Ältesten und dem apokalyptischen Gotteslamm erscheint. Die Passionsszenen setzen hier erst mit der Gefangennahme Christi, seiner Vorführung vor Pilatus und der Verleugnung Petri ein, am seitlichen Rand gefolgt von Geißelung, Verspottung und Dornenkrönung. Die Einsetzung des Abendmahles – und damit die historische Begründung der Eucharistie – wird ausgespart. Stattdessen rückt das Leiden des Menschensohns Christus in den drastischen und lebendigen Zeichnungen in den Fokus. Durch den Verweis auf den Bericht des Johannes (Joh 19,31–37), der die Erfüllung der prophetischen Weissagungen im Tod des Messias betont, wird darüber hinaus die heilsgeschichtliche Dimension der Passion aufgerufen. So wird zum Beispiel Christus der Essigschwamm auf einem Stab gereicht, um dessen Durst zu stillen, und damit die Prophezeiung aus Psalm 68,22 erfüllt. Die seitlich im Rahmen positionierten, mit Christus gekreuzigten Schächer werden gerade in dem Moment dargestellt, in dem ihre Beine zerschlagen werden. Allein Christus, dem Paschalamm, wird gemäß Exodus 12,46 kein Bein gebrochen, stattdessen aber die Seite mit der Lanze durchbohrt (Sach 12,10), sodass Blut und Wasser aus ihr herausfließen (1 Joh 5,6). Gerade diese Stelle wird in den Messerklärungen traditionell in Bezug auf die Vermischung von Wein und Wasser in der Opfermesse herangezogen.[11]

Im unteren Bereich der Kreuzigungsszene ist mit den aus den Gräbern steigenden Heiligen das Thema der Auferstehung angesprochen (Mt 27,52–53; 1 Petr 3,19). Dieses bestimmt auch die unteren Rahmenszenen mit der Grablegung Christi, Christi Erscheinung vor Magdalena sowie vor den Emmauspilgern mit anschließendem Mahl. Vor Beginn der Eucharistiefeier wird der zelebrierende Priester durch die Betrachtung dieser Seite während des Stillgebetes angehalten zur Reflexion des Passionsgeschehens, der Leiden Christi, der Größe seines Opfers und des göttlichen Heilsplans. Dem Betrachter ist dabei keine klare Leserichtung vorgegeben, sondern die Erzählung springt von links nach rechts, verzahnt die Rahmenszenen mit dem Hauptbild der Kreuzigung und erlaubt immer neue gedankliche Verknüpfungen zwischen dem historischen Heilsgeschehen und dem Gehalt der eucharistischen Feier.[12]

Die Passionsmemoria im Kontext der Messfeier wird im 12. Jahrhundert offenbar wichtig, auch oder gerade dort, wo sie textuell nicht vorgesehen ist. So wird die populäre Messdichtung *De mysterio missae* des Hildebert von Lavardin († 1133), Erzbischof von Tours, in einer wohl aus dem Kloster Weißenburg stammenden elsässischen Handschrift von insgesamt 17 meist doppelseitig arrangierten Miniaturen unterbrochen. Diese zeigen die Passion, Auferstehung und Erscheinung Christi sowie die Erlösung der Voreltern.[13] Der Abb. S. 84–85 Bildzyklus beginnt mit der Einsetzung des Abendmahles und der Fußwaschung. Der umlaufende leoninische Hexameter interpretiert die Mahlszene eucharistisch: »Das Lamm schlachtet das Lamm. Indem Gott diese Stücke verteilt, reicht er seinen eigenen göttlichen Leib dar und verwandelt den Wein zu Blut«. Andere Umschriften, so zu Christi Gebet am Ölberg und zur anschließenden Gefangennahme (fol. 5r), lassen Christus selbst in direkter Rede zu Wort kommen, sei es als Fürsprecher für die schlafenden Apostel (und Gläubigen) oder als Richter über Judas. Bei der Geißelungsszene (fol. 9r) schließlich wendet sich die Rahmeninschrift mit Christus direkt an den Betrachter, indem sie fragt: »Warum schaust du mich an? Für dich, Mensch, werde ich gegeißelt!«[14]

DIE VERGEGENWÄRTIGUNG DES LEBENS CHRISTI IN DER EUCHARISTIE

Rupert von Deutz erklärt im Prolog seiner Gottesdiensterklärung: »Diese Offizien haben nämlich jene Männer angeordnet und zum Gottesdienst für unseren Herrn Jesus Christus, der das Haupt der Kirche ist, eingerichtet, die die Geheimnisse seiner Menschwerdung, seiner Geburt, seines Leidens, seiner Auferstehung und seiner Himmelfahrt sowohl in ihrem tieferen Sinn erfasst haben als auch darauf bedacht gewesen sind, sie durch das Wort, durch die Schrift und die ihnen entsprechenden Zeichen *(signis)* gläubig und verständig zu verkünden.«[15] Rupert will in seinem Kommentar dieses auch der Eucharistiefeier eingeschriebene christliche Heilsgeschehen bewusst machen.

Liturgische *vasa sacra* des 12. Jahrhunderts unterstützen eine solche Vergegenwärtigung der grundlegenden, die Eucharistie ermöglichenden Heilstatsachen in Bildern und Inschriften. So zeigt der um 1200 entstandene Messkelch aus Iber in vier Medaillons Abb. S. 163 seiner Kelchschale *(cuppa)* die Verkündigung an Maria, die Geburt Christi, die Kreuzabnahme und die Auferstehung Christi.[16] In den Zwickeln sind Prophetenbüsten zu sehen, deren Spruchbänder diese Heilsereignisse ankündigen oder deuten. Angesichts des vom Kreuz abgenommenen Leichnams des Menschensohnes verweist Hosea auf Christi Überwindung des Todes in der Auferstehung mit den Worten: »Ich werde dein Tod sein, o Tod« (Hos 13,14). Inkarnation, Opfertod und Auferstehung des Gottessohnes werden in Bezug gesetzt zur himmlischen Herrschaft Gottes, des Pantokrators, den der zugehörige Hostienteller zeigt. Auf der Unterseite der Patene ist die Rechte Gottes eingraviert, die nach Hraban das Zeichen des Heiligen Geistes ist.[17] So erinnern die Bilder auf dem Kelch und der Patene aus Iber nicht allein an wichtige Heilsereignisse, sondern sie verdeutlichen zeichenhaft die Einheit der Trinität und ihr Wirken im *mysterium* der Eucharistie.

Einen anderen Akzent setzt das Bildprogramm auf dem Siegburger Gregorius- Abb. S. 79 Tragaltar (um 1170–1180). Auf der Deckplatte flankieren jeweils vier Szenen des Lebens Jesu die Schmalseiten des Altarsteins. Die umlaufende Inschrift verkündet: »Christi Kreuzaltar *(ara crucis)* hat Anteil an diesem Tische, denn auf ihm wird nach rechtem Religionsgebrauch *(rite)* das Opfer des Lebens gefeiert. Auf ihm wird der Tugenden unzerstörbares Gebäude errichtet. Hier wird das Haus gebaut, das Gott würdig ist.«[18] Das an diesem Altar im Opfer von Brot und Wein vergegenwärtigte Leben Jesu wird anhand wichtiger Stationen vorgestellt: die Inkarnation durch das Wirken des Heiligen Geistes (Verkündigung) und Christi Geburt, die Huldigung der Könige gegenüber dem künftigen Weltenherrscher und seine (An)Erkennung durch den blinden Hohepriester Simeon auf der einen Seite, gegenüber die göttliche Bestätigung der Gottessohnschaft Christi in der Taufe, Christi Demut und Aufruf zur *imitatio* in der Fußwaschung, sein Selbstopfer am blutroten Kreuz und die Botschaft von seiner Auferstehung durch den Engel am Grab. Die Bezeichnung *ara crucis* setzt Christi Selbstopfer am Kreuz und das eucharistische Opfer in Gestalt von Brot und Wein am Altar in eins. Der Altar und mit ihm die Eucharistie wird als Fundament der Kirche und der Gemeinschaft der Heiligen interpretiert, deren Bildnisse den Altarstein umgeben: die Apostel und heiligen Bischöfe an den Langseiten, die Märtyrer und heiligen Jungfrauen an den Schmalseiten.

Ähnlich wie die Inschriften der Patene aus dem Stift St. Peter in Salzburg oder der Messdichtung Hildeberts thematisiert auch die außen umlaufende Inschrift des Gregorius-Tragaltars das Verhältnis des äußeren Sehens und inneren Erkennens. Sie betont, dass erst der Glaube das auf dem Altar dargebrachte Hostienopfer vollende: »Was auf dem materiellen Altar geschieht, wird vollendet auf dem geistigen Altar des Herzens. Unter verhüllter Gestalt wird die sichtbare Hostie geopfert. Die reine Hingabe des Geistes bringt sie dar auf diesem Altar.«[19] Unterschieden werden das mit den Augen wahrnehmbare liturgische Handeln und der darin liegende innere, im gläubigen Herzen zu erfassende eucharistische Gehalt. Die Bilder am Altar erscheinen, ähnlich den liturgischen Handlungen der Messfeier, als *figura*, als äußerlich sichtbare und damit verhüllte Gestalt dessen, was im Herzen wahrhaft erkannt und mit den inneren Augen geschaut wird.

Sicard von Cremona († 1215) formuliert das Verhältnis zwischen äußerem und innerem Sehen in seiner um 1200 verfassten Liturgie-Erklärung *Mitralis* am Beispiel der Kanonminiaturen wie folgt: »In einigen Handschriften ist die Majestas des Vaters und das Kreuz des Gekreuzigten sogar gemalt, so dass wir gleichsam gegenwärtig Den sehen, den wir anrufen, und die vergegenwärtigte Passion den Augen des Herzens mitgeteilt wird.«[20] Die zunehmende Bebilderung und deutende Beschriftung des liturgischen Geräts im 12. Jahrhundert geht einher mit einem großen Interesse an der Eucharistiefeier und ihrer erklärend-deutenden Auslegung. Bilder wie Texte richten sich an die zelebrierenden Priester und Geistlichen und sollen helfen, das Geheimnis der Eucharistie besser zu erfassen und vom äußeren Sehen zum inneren Erkennen zu gelangen.

1 Hrabanus Maurus: *De institutione Clericorum* 1.32, hg. und übersetzt von Detlev Zimpel, Turnhout 2006, Bd. 1, S. 235: *Sacrificium dictum [...], quod prece mystica consecratur in memoriam dominicae passionis; unde hoc eo iubente corpus Christi et sanguine domini, quod dum sit ex fructibus terrae, sanctificamus et fit sacramentum operante invisibiliter spiritu Dei.*

2 Budde 1998, CD 1, S. 54–58, Nr. 6.

3 Fillitz 1998, S. 573–574, Nr. 278. Übersetzung nach Jitka Ehlers: *Formen intermedialer Text-Bild-Verbindung auf vasa sacra des 12. Jahrhunderts*, Magisterarbeit Köln 2011, S. 55–56 (*Mors est indignis hec cena salusque benignis / qui carnem nudam malus accipis aspice iudam*).

4 Vgl. Hrabanus Maurus (wie Anm. 1), 1.11, S. 226–227.

5 Suntrup 1978, S. 49–66; Wolfgang Steck: *Der Liturgiker Amalarius. Eine quellenkritische Untersuchung zu Leben und Werk eines Theologen der Karolingerzeit*, St. Ottilien 2000, S. 23–37.

6 Amalar, *Liber officialis III*, cap. 19–c.36 (Hanssens 1948, S. 314–371).

7 Surmann 1990, S. 97 – 98, 105.

8 Honorius Augustodunensis: *Sacramentarium seu de causis et significatu mystico rituum divini in Ecclesia officii liber* (PL 172, Sp. 737 – 806), hier zum Messordo cap. 85 – 90 (Sp. 789 – 796); Wittekind 2004, S. 66 – 71.

9 Rupert 1999, 2,5, S. 260 – 263.

10 Walter Cahn: *Romanesque Manuscripts. The twelfth Century* (A survey of manuscripts illuminated in France, 1), London 1996, Bd. 2, S. 14 – 15, Nr. 2.

11 Vgl. Hrabanus Maurus (wie Anm. 1), 1.31, S. 229.

12 In der Betonung und Erinnerung des Passionsgeschehens im Kontext der Eucharistie steht dieses Sakramentarblatt nicht allein. Ein prominentes Beispiel ist der Stabloer Tragaltar (Brüssel, Musées Royaux d'Art et d'Histoire, Inv. 1580), der im Auftrag Abt Wibalds um 1140 im Maasland geschaffen wurde. Siehe Wittekind 2004, S. 51 – 172.

13 Thurn / Wiener 1993. Die Textfolge weicht von der Edition in der *Patrologia Latina* (171, Sp. 1177 – 1196) teils ab. Das Gedicht, das nur wenige Passionsbezüge aufweist, wird marginal um Prosanotizen ergänzt, die allegorische, alt- und neutestamentliche Bezüge zum Messvollzug ergänzen. Die nachfolgende Übersetzung der lateinischen Bildbeischriften folgt Thurn / Wiener 1993, S. 22.

14 Thurn / Wiener 1993, S. 27; vgl. ebd., S. 23: »Diese meine Begleiter empfehle ich deiner Fürsorge, Vater, denn ich bin schon auf dem Weg zu dir. Blut schwitze ich; nimm mich auf, wenn mein Blut vergossen ist. – Was tust du, Judas? Warum missbrauchst du den Friedenskuss? Indem du den Herren auslieferst, erweist es sich, dass kein anderer als du der Verräter ist.« Vgl. den Dialog des Gekreuzigten mit Gott und seine Fürsprache für die im Bild ähnlich Judas am Strick neben Christus hängenden ›Schächer‹ auf fol. 13v: »Erhöre mich, lieber Vater, der ich am Kreuz hänge! – Was willst du mir sagen, mein Sohn? – Erbarme dich meiner Feinde!« Der Dialog des toten Christus mit Maria bei der Grablegung (fol. 16v) erklärt hingegen Tod und Priesteramt Christi; siehe Thurn / Wiener 1933, S. 31: »Warum weinst du, Mutter? – Weil dich das finstere Grab erwartet. – Trauere nicht! So muss der Mensch neu geschaffen werden. So werde ich mit der Kirche vermählt, so werde ich gesalbt als Priester meines Amtes walten.«

15 Rupert 1999, Bd. 1, S. 147.

16 Ausst.-Kat. Hildesheim 2001, S. 192 – 193, Nr. 4.30.

17 Hrabanus Maurus (wie Anm. 1), 1.30, S. 206 – 207.

18 *Ara crucis cristi mense communicat isti hac etenim rite sacratur victima vite. In qua structura virtutum non ruitura ponitur haec domino digna domus struitur;* Übersetzung nach Budde 1998, CD 2, Kat. 62, S. 54.

19 *Quidquid in altari tractatur materiali cordis in altari conpletur spirituali Hostia visibilis mactatur operta figura inmolat hanc pura devotio mentis in ara.*

20 Sicard von Cremona: *Mitralis. Der Gottesdienst der Kirche,* herausgegeben, eingeleitet und übersetzt von Lorenz Weinrich (CCcm 228 – CC in Translation, 9), Turnhout 2011, S. 252; PL 213, Sp. 13 – 433, hier Sp. 124C: *sed in quibusdam codicibus majestas Patris, et crux depingitur Crucifixi, ut quasi praesentem videamus quem invocamus, et passio quae repraesentatur, cordis oculis ingeratur.*

* Elfenbeintafel mit der Darstellung des Introitus Lothringen oder Trier, um 1000
Elfenbein; 33,3 × 11,4 cm; Cambridge, Fitzwilliam Museum, Inv. M 12-1904

* Elfenbeintafel mit der Darstellung des *Sanctus*-Gesangs Lothringen oder Trier, um 1000
Elfenbein; 33,3 × 11,4 cm; Frankfurt am Main, Liebieghaus Skulpturensammlung
(Dauerleihgabe der Universitätsbibliothek, Ms. Barth. 181)

Sakramentar aus Cambrai Cambrai, 812
Pergament; 295 × 103 mm
Cambrai, Médiathèque municipale, Cod. 164

fol. 35v – 36r —
Titel und Ordo

Diptychon mit dem heiligen Gregor und König David Anfang 6. Jahrhundert (?)
in karolingischer Zeit umgearbeitet; Elfenbein; je 36,5 × 14 cm
Monza, Museo e Tesoro del Duomo, Inv. 88

zu den Abbildungen
Seite 41–43

41 — Die beiden Elfenbeinreliefs stellen zwei Situationen aus dem Wortgottesdienst (Cambridge) und der sich anschließenden Opfermesse (Frankfurt) dar: den Einzug des Zelebranten und den Gesang des *Sanctus*. Auf der Tafel in Cambridge ist ein Erzbischof von fünf Diakonen und sieben Sängern der *schola cantorum* umgeben. In dem aufgeschlagenen Buch präsentiert er die Anfangsworte vom *Introitus*-Gesang des ersten Adventssonntages (Ps 25), mit dem das Graduale, das Gesangbuch für die Liturgie, einsetzt. Die Frankfurter Tafel ist heute auf ein Perikopenbuch für Erzbischof Balduin von Trier (1308–1354) montiert. Das Relief zeigt einen zelebrierenden Erzbischof hinter dem Altar, auf dem Kelch und Patene sowie zwei Bücher, das Evangeliar und das Sakramentar, zu erkennen sind. Letzteres ist bei der Seite mit dem Kanongebet aufgeschlagen. Auch auf dieser Tafel ist der Zelebrant von weiteren Klerikern umgeben, fünf Diakonen hinter ihm und fünf singenden Subdiakonen vor ihm. Die Engel auf dem bekrönenden Baldachin und der Chor verweisen auf den laut Präfation gemeinsam mit den *himmlischen Chören* angestimmten Gesang des *Sanctus,* der dem Kanongebet unmittelbar vorangeht. Das Bildprogramm der beiden Tafeln in Cambridge und Frankfurt steht in Zusammenhang mit demjenigen anderer Tafeln ähnlichen Formats, die das liturgische Geschehen im Sinne der Liturgieallegorese in Szenen aus der Heilsgeschichte umsetzen (vgl. Abb. S. 75).

42 — Das Sakramentar wurde von Bischof Hildoard von Cambrai (790–816) in Auftrag gegeben. Wahrscheinlich ist es die genaueste erhaltene Abschrift des Exemplars, das Papst Hadrian (772–795) für die Reformierung der fränkischen Liturgie nach Aachen gesandt hatte. Das schmale Format ist mehrfach für diese frühen liturgischen Handschriften überliefert, wohl bedingt durch die hochformatigen spätantiken Konsulardiptychen, die bisweilen als Einband verwendet wurden (vgl. Abb. S. 41, 76–77). Auf fol. 35v führt eine Reihe von Zierseiten in das Buch ein. Gleich zu Beginn wird nicht nur auf den heiligen Gregor als Autor des Textes verwiesen *(a sancto Gregorio papa romano editum),* sondern auch auf ein Urexemplar des Sakramentars, das dieser Abschrift zugrunde lag *(ex authentico libro bibliothecae cubiculi scriptum)*: Es sei aus dem authentischen Buch abgeschrieben, das in einem Raum der Bibliothek aufbewahrt wird. An diese Titulatur schließt sich der Messordo an (vgl. Abb. S. 53).

43 — Das auf dem Wachs der Innenseite als Schreibtafel zu nutzende Diptychon aus kostbarem Elfenbein entstand vermutlich im Auftrag des spätantiken Konsuls – daher die Bezeichnung »Konsulardiptychon« –, der sowohl stehend als auch thronend darauf dargestellt ist. Im 9. Jahrhundert wurde es auf den Buchkasten für ein karolingisches Graduale montiert, dessen Format auf die Tafeln abgestimmt ist. Die Bilder des Konsuls wurden in »Porträts« des heiligen Gregor und des alttestamentlichen Königs David umgearbeitet. Sie galten als die Autoren der Gradualgesänge: David als Verfasser der zugrunde liegenden Psalmen, Gregor als deren Bearbeiter. Die wiederverwendeten Tafeln verwiesen auf das ehrwürdige Alter der liturgischen Tradition, während die Porträts die Autorität der Autoren belegten.

* Einzelblatt mit den Päpsten Gregor I. und Gelasius I. Fulda, 3. Viertel 10. Jahrhundert
Pergament; 286 × 208 mm; Berlin, Staatsbibliothek zu Berlin – Preußischer Kulturbesitz
Ms. theol. lat. fol. 192 Fragm.

* *Raganaldus-Sakramentar* Tours, 844 / 45
Pergament; 338 × 245 mm; Autun, Bibliothèque municipale, Ms. 19 bis (S19)

fol. 1v — Schema von der Hierarchie der kirchlichen Ämter

fol. 5r — Papst
Gregor der Große

fol. 7v — Einleitung zur Präfation *Per omnia saecula saeculorum*

fol. 8r — Beginn der Präfation *Vere dignum*

zu den Abbildungen

Seite 45 – 49

45 __ Das Einzelblatt war ursprünglich das Titelbild eines Sakramentars, das wohl im 3. Viertel des 10. Jahrhunderts in der Schreibschule von Fulda entstand. Es zeigt die legendären Autoren der beiden wichtigsten Textredaktionen, die in der karolingischen Liturgiereform zu dem neuen Prototyp des Sakramentars zusammengeführt wurden: Papst Gregor I. (590 – 604) und Papst Gelasius I. (492 – 496). Die Titulatur dieser neuen Textversion nennt allerdings immer nur Gregor als Autor, was auch in den rund 150 Jahre später entstandenen Sakramentaren aus Fulda beibehalten wird. Bei der Illustrierung der zahlreichen Messbücher aus dieser Malschule scheint man aber deutlich machen zu wollen, dass man sich der unterschiedlichen Herkunft der Messformulare durchaus bewusst ist, denn dort treten beide Päpste immer gemeinsam auf. Auf dem Berliner Einzelblatt finden sich neben der namentlichen Bezeichnung der Figuren – nur Gregor wäre wegen der Taube auf seiner Schulter auch ohne Beschriftung eindeutig zu identifizieren gewesen – weitere Verse, die auf die göttliche Inspiration der Autoren verweisen. Über den Figuren lesen wir: »Gregor und Gelasius haben durch den göttlichen Hauch gleichen Sinnes die Messformulare vollendet«, und als Jesus-Christus-Monogramm zwischen ihnen: »Diese hier sind zwei Männer, die vor unserem Gott, der ein Gott des Erbarmens ist, stehen« (Kuder 1993). Auf ihren Schriftbändern sind die Anfänge von zwei Messformularen verzeichnet.

46 – 49 __ Das Sakramentar wurde in der Benediktinerabtei von Tours für Raganaldus, den Abt von Marmoutier, hergestellt. Die sehr genaue Datierung in die Jahre 844 / 45 ergibt sich aus der kurzen Amtszeit des Abtes. Die Handschrift ist eine der ältesten Abschriften nach dem römischen Sakramentar, das von Papst Hadrian (772 – 795) als Muster an den karolingischen Hof nach Aachen gesandt und dort überarbeitet worden war. Kennzeichnend für diese Textredaktion ist der sogenannte Alkuinische Anhang, beginnend mit dem Vorwort *Hucusque* (fol. 91v), in dem die Diskrepanzen zwischen der römischen Papstmesse und den fränkischen Bedürfnissen ausgeglichen wurden.

fol. 1v __ Gleich zu Beginn des Sakramentars wird in einer Miniatur die Hierarchie der kirchlichen Ämter erläutert. Sie steht – quasi als Zusammenfassung – den Weiheformularen für den niederen Klerus gegenüber. Die bei der Weihe überreichten Insignien stimmen mit den Gegenständen in den Händen der jeweiligen Kleriker überein. Das Bildfeld ist in zwei Register aufgeteilt: Im oberen Segment thront in der Mitte der Bischof mit einem aufgeschlagenen Sakramentar. Zu seiner Rechten sitzt ein Priester, auf der anderen Seite steht ein Diakon, ebenfalls mit Buch, wohl dem Evangelistar. In dem unteren Bildfeld bildet der Subdiakon mit Kelch und Kanne das erhöhte Zentrum. Er wendet sich dem Lektor mit dem Lektionar und dem Ostiarius (Küster) mit den Kirchenschlüsseln zu. Zu seiner Linken stehen der Exorzist mit seinem Textbuch und der Akolyth (Messdiener) mit einem Kerzenständer. Die beigegebenen Verse besagen, dass es dem Bischof obliege, die Amtswürden zu verleihen, und deren Träger verpflichtet seien, ihr Amt tadellos und unbestechlich auszuführen. Der Bischof habe darüber zu wachen, dass das göttliche Geheimnis nicht verschachert werde. Die vier Winde in den Ecken der Rahmenleiste und der Cherub am oberen Rand machen deutlich, dass diese Hierarchie nicht von Menschen erdacht wurde.

fol. 5r — Dem eigentlichen Textbeginn ist das »Porträt« Papst Gregors des Großen (590–604) vorgeschaltet. Möglicherweise befand sich ein solches Autorenbild auch in der von Papst Hadrian nach Aachen geschickten römischen Vorlage und gelangte so als Kopie in einige der frühen Abschriften. Die begleitenden Verse lauten: »Dies ist das Werk Gregors, des über alle Weltzonen hin berühmten, / des großen Gelehrten, des überragenden Meisters. / Möge er den Herrn bitten, gnädig aufzunehmen, was er geschrieben hat, / damit nicht unser Mühen hier vergeblich werde« (MGH, Nachtrag zu den *Poetae aetae Carolini*, Suppl. VI,1, S. 165). Auf der nachfolgenden Zierseite wird in antikischer *Capitalis* der Beginn des Sakramentars verkündet: *[…] a sancto Gregorio papa Romano editus* (das von dem römischen Papst Gregor herausgegeben wurde).

fol. 7v–8r — Der Präfation (Einleitung) zum Kanongebet ist ein kurzer Wortwechsel vorangestellt, beginnend mit den Worten *Per omnia saecula saeculorum* (Von Ewigkeit zu Ewigkeit). Im Raganaldus-Sakramentar ist dieser Wortwechsel von drei Szenen aus dem Leben Jesu umgeben: der Geburt und der Taufe Christi und dem letzten Abendmahl. Die Bilder verweisen auf den Charakter der Messliturgie als Gedächtnisfeier. Auf der gegenüberliegenden Seite setzt die Präfation ein: *Vere dignum et iustum est* (In Wahrheit ist es würdig und recht). Wie üblich sind die ersten beiden Worte zu einer sogenannten Ligatur verkürzt, bei der die Anfangsbuchstaben V und D so miteinander verbunden werden, dass sie kaum mehr zu lesen sind. Dabei bildet sich in der Mitte eine Senkrechte, durch die als Zeichen für die Abkürzung ein Querbalken gezogen ist. Das so entstehende Kreuz, das nach oben offene V und das rundum geschlossene D waren vielfach Gegenstand messallegorischer Ausdeutungen. »Das V, oben offen, unten geschlossen, repräsentiert die menschliche Natur Christi, die ihren Anfang im Schoß der Jungfrau Maria nimmt, aber ohne Ende ist, das D, rundum geschlossen, steht für die göttliche Natur in Christus ohne Anfang und Ende, das Kreuz der Ligatur für die Vereinigung des Göttlichen und Menschlichen im Kreuz und im Leiden Christi […]« (Suntrup 1980). Auf dem unteren Rand des Bildfeldes sind eine Patene und ein Kelch platziert. Sie schaffen eine Verbindung zu den liturgischen Realien, die neben dem Buch auf dem Altar gestanden haben.

* Fuldisches Sakramentar Fulda, 3. Viertel 10. Jahrhundert / Trier, 4. Viertel 10. Jahrhundert
Pergament; 276 × 230 mm; Köln, Erzbischöfliche Diözesan- und Dombibliothek, Cod. 88

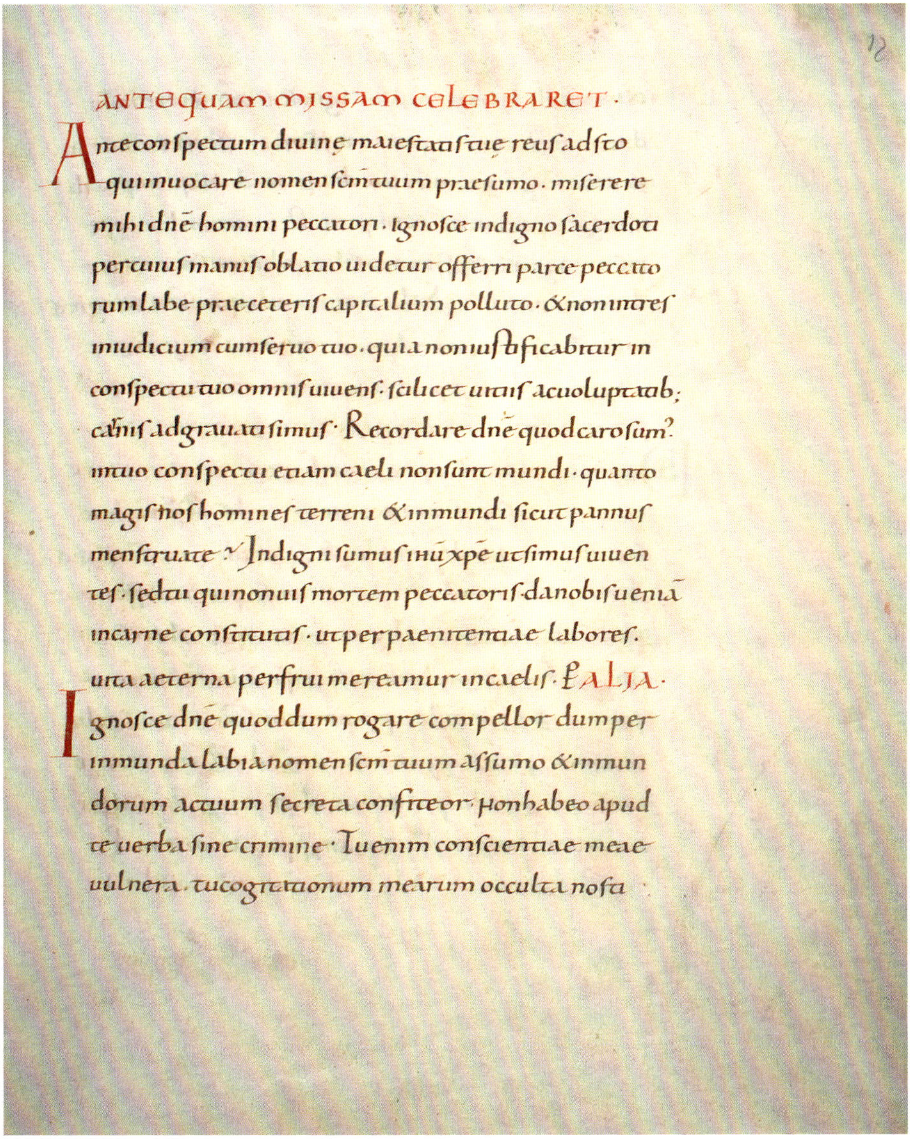
ANTEQUAM MISSAM CELEBRARET ·
Ante conspectum diuinę maiestatis tuę reus adsto
qui inuocare nomen scm tuum praesumo. miserere
mihi dne homini peccatori. ignosce indigno sacerdoti
per cuius manus oblatio uidetur offerri parce peccato
rum labe prae ceteris capitalium polluto. & non intres
in iudicium cum seruo tuo. quia non iustificabitur in
conspectu tuo omnis uiuens. scilicet uitiis ac uoluptatib;
carnis adgrauati sumus· Recordare dne quod caro sum?
in tuo conspectu etiam caeli non sunt mundi. quanto
magis nos homines terreni & inmundi sicut pannus
menstruatę. Indigni sumus ihu xpe ut simus uiuen
tes. sed tu qui non uis mortem peccatoris. da nobis uenia
in carne constitutis. ut per paenitentiae labores.
uita aeterna perfrui mereamur in caelis. ALIA.
Ignosce dne quod dum rogare compellor dum per
inmunda labia nomen scm tuum assumo & inmun
dorum actuum secreta confiteor non habeo apud
te uerba sine crimine. Tu enim conscientiae meae
uulnera. tu cogitationum mearum occulta nosti

fol. 12r — Stillgebet des Priesters um Vergebung seiner Sünden

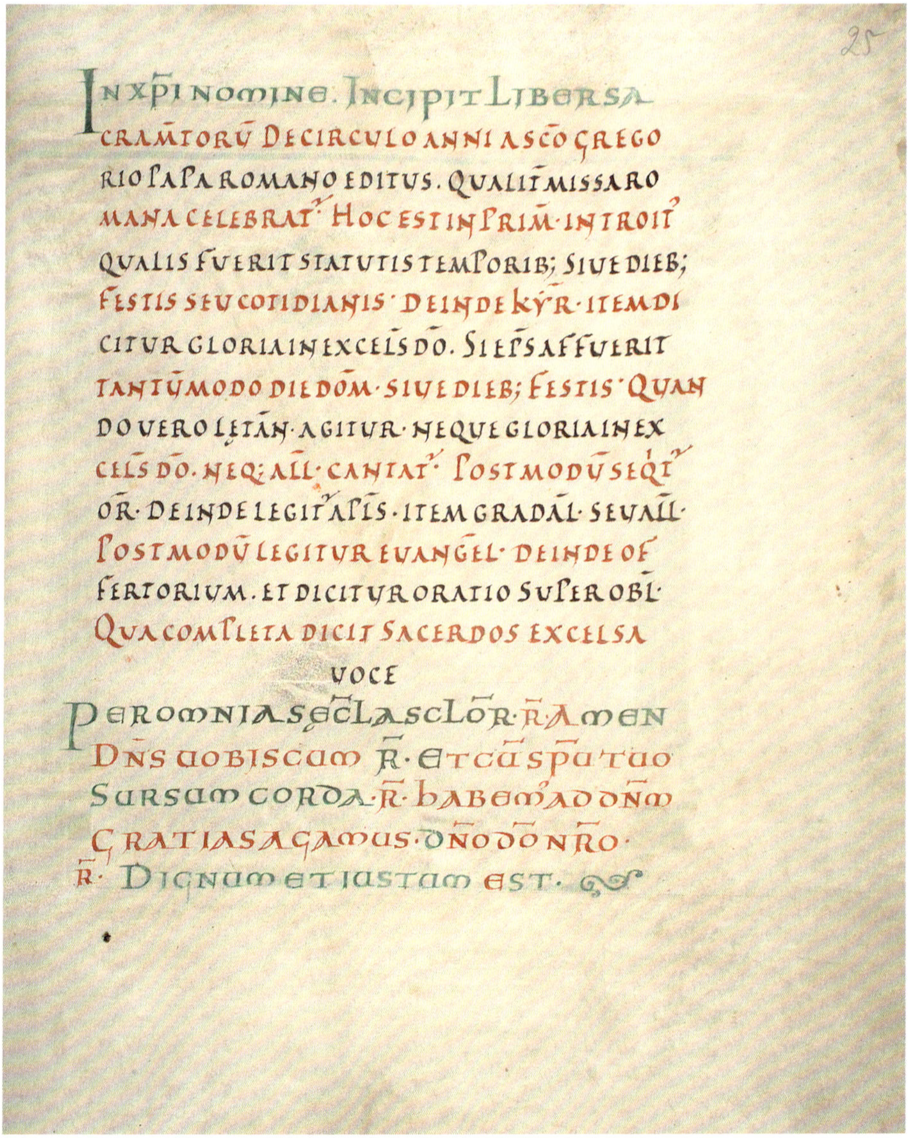

IN XPI NOMINE. INCIPIT LIBER SA
CRAMTORŪ DE CIRCULO ANNI A SCO GREGO
RIO PAPA ROMANO EDITUS. QUALIT MISSA RO
MANA CELEBRAT. HOC EST IN PRIM. INTROIT
QUALIS FUERIT STATUTIS TEMPORIB; SIVE DIEB;
FESTIS SEU COTIDIANIS. DEINDE KYR. ITEM DI
CITUR GLORIA IN EXCELS DO. SI EPS AFFUERIT
TANTŪMODO DIE DOM. SIVE DIEB; FESTIS. QUAN
DO VERO LETAN. AGITUR. NEQUE GLORIA IN EX
CELS DO. NEQ; ALL. CANTAT. POSTMODŪ SEQT
OR. DEINDE LEGIT APLS. ITEM GRADAL. SEU ALL.
POSTMODŪ LEGITUR EVANGEL. DEINDE OF
FERTORIUM. ET DICITUR ORATIO SUPER OBL.
QUA COMPLETA DICIT SACERDOS EXCELSA
VOCE
PER OMNIA SECLA SCLOR. R. AMEN
DNS VOBISCUM R. ET CŪ SPU TUO
SURSUM CORDA. R. HABEM AD DNM
GRATIAS AGAMUS DNO DO NRO.
R. DIGNUM ET IUSTUM EST.

fol. 25r — Ordo, der den Ablauf der Messfeier beschreibt

zu den Abbildungen
Seite 52–53

52, 53 — Das Sakramentar wurde wohl vor 975 in Fulda für eine Kölner Kirche hergestellt. Im Kernbestand handelt es sich um die Textredaktion, die auf Papst Gregor den Großen (590–604) zurückgeführt wurde. Doch sind den darin üblichen Formularen für die Messfeier als Folge der aktuellen Entwicklung des 10. Jahrhunderts Stillgebete des Priesters vorangestellt, in denen er um die Annahme des Opfers bittet und die eigene Unwürdigkeit thematisiert.

fol. 12r — Bei dem abgebildeten Gebet handelt es sich um eine Textvariante dieser hier in Übersetzung vorgestellten Apologie (Bitte um Entschuldigung). Sie wird dem heiligen Ambrosius († 397), Bischof von Mailand, zugeschrieben und von dem Priester vor Beginn der Messfeier still gebetet: »Diese Oration verfasste der selige Ambrosius und pflegte sie zu singen, bevor er die Messe feierte, um für sich Verzeihung der Sünden zu erbitten, indem er so sprach: Vor das Angesicht deiner göttlichen Majestät trete ich reumütig hin, der ich es wage, deinen heiligen Namen anzurufen. Erbarme dich, Herr, über mich sündigen Menschen. Verzeihe deinem unwürdigen Diener, durch dessen Hände diese Opfergabe dargebracht werden will. Bewahre den lasterhaften Fall der Sünder vor den übrigen der todbringenden Verbrechen. Und tritt nicht ins Gericht mit deinem Knecht, denn vor deinem Angesicht wird kein lebendiger Mensch gerechtfertigt, da ich nämlich durch Laster und Begierden des Fleisches beschwert bin. Gedenke, Herr, dass ich Fleisch bin. Vor deinem Angesicht sind auch die Himmel nicht rein, wie viel mehr bin ich irdischer und unreiner Mensch wie ein blutverschmierter Lappen. Ich bin unwürdig, Jesus Christus, dass ich lebe. Aber du, der du nicht den Tod des Sünders willst, gib mir Verzeihung, der ich im Fleisch geschaffen bin, dass wir durch die Mühen der Buße das ewige Leben in den Himmeln zu genießen verdienen. Durch dich Jesus Christus, der du mit dem Vater und dem Heiligen Geist lebst und herrschst in die Ewigkeiten der Ewigkeiten. Amen.« (Übersetzung Andreas Odenthal)

fol. 25r — Den korrekten Ablauf der Messfeier beschreibt der *ordo* zu Beginn der Handschrift: »Im Namen Christi beginnt das Buch der Sakramente durch den Jahreslauf, das von dem heiligen römischen Papst Gregor herausgegeben wurde, wie die römische Messe gefeiert wird. Da ist zum ersten der *Introitus* (Einzug) gemäß der Ordnung für Festtage oder einfache Tage. Danach folgt das *Kyrie* und auch das *Gloria in excelsis Deo* wird gesprochen, wenn der Bischof anwesend ist, nur an Sonn- und Feiertagen. Wenn aber die Litanei vorgeschrieben ist, werden weder das *Gloria* noch das *Alleluja* gesungen. Bald darauf folgt ein Gebet, danach die Lesung. Es schließt sich der Gradualgesang an oder das *Alleluja*. Dann wird das Evangelium vorgelesen. Dann folgen die Gabenbereitung und das Gebet über der Hostie. Dieses Gebet beendend, sagt der Priester mit erhobener Stimme: Von Ewigkeit zu Ewigkeit.« Mit dem folgenden Wortwechsel wird die Wandlung von Brot und Wein eingeleitet.

* *Expositio missae per figuras secundum Innocentium III. papam* Italien, 3. Viertel 13. Jahrhundert
Pergament; 232 × 151 mm; München, Bayerische Staatsbibliothek, Clm 28609

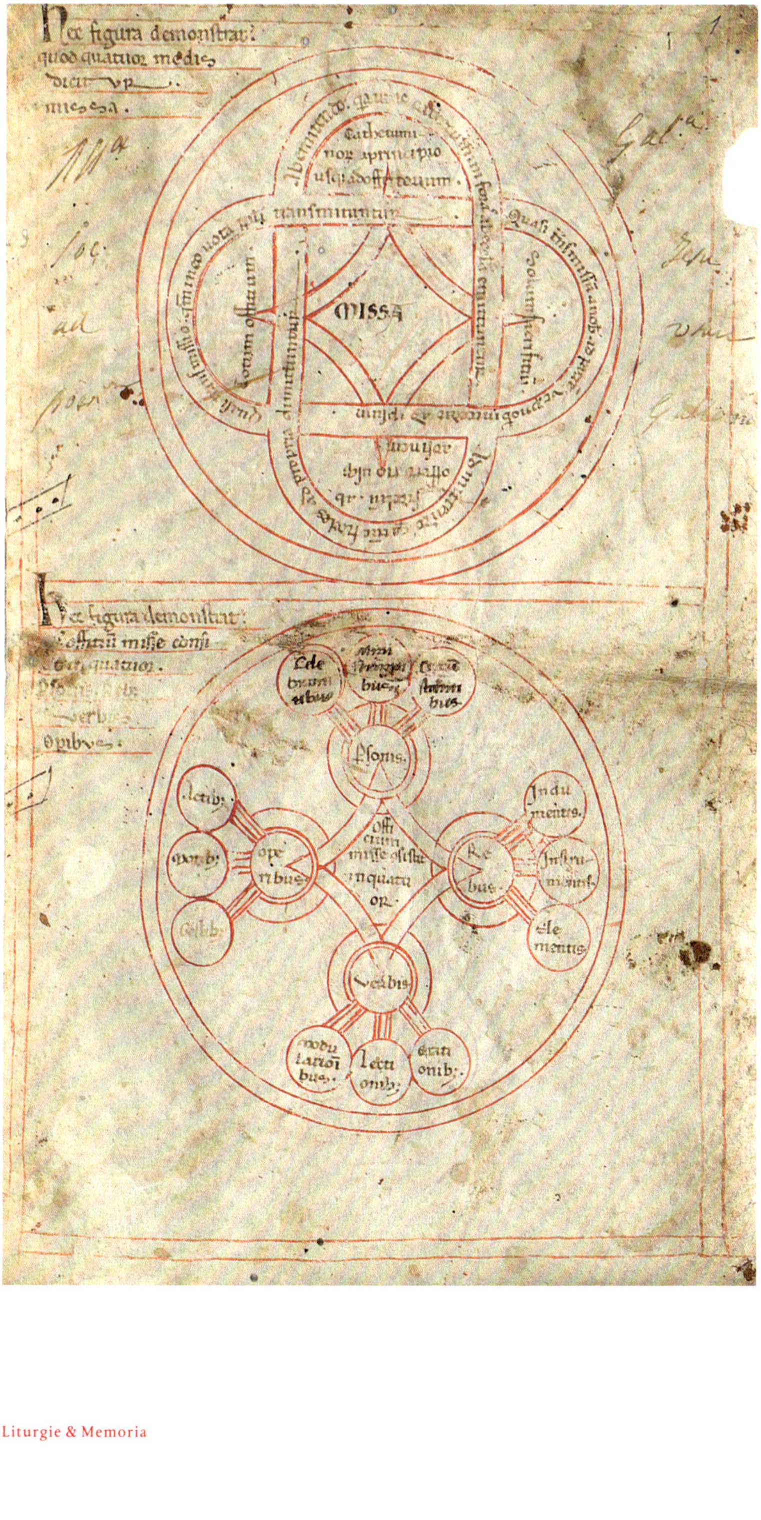

fol. 1r

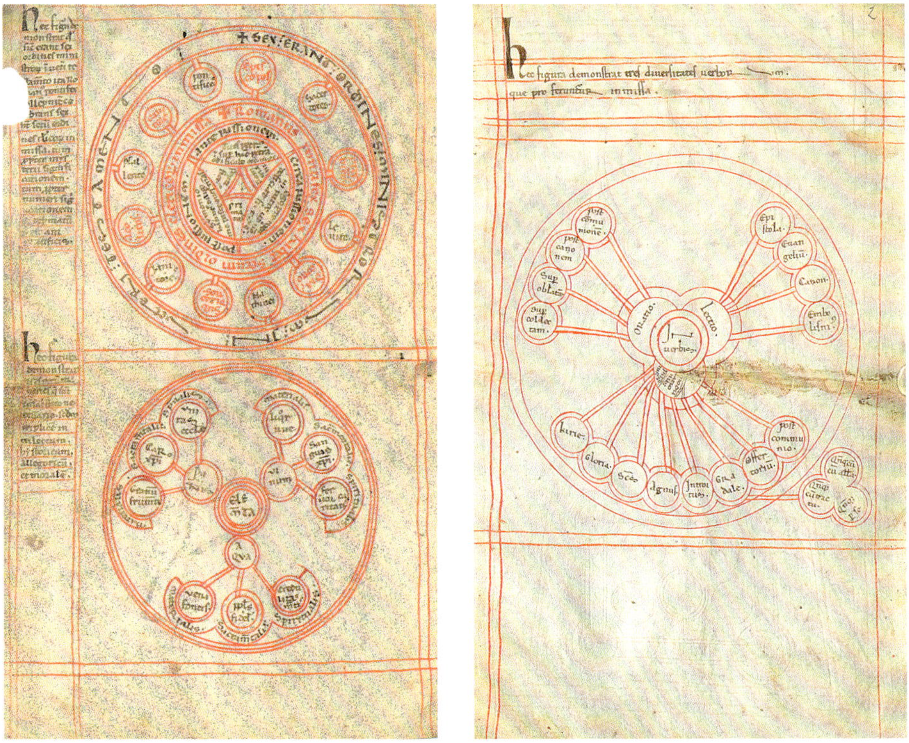

fol. 1v – 2r

fol. 2v – 3r

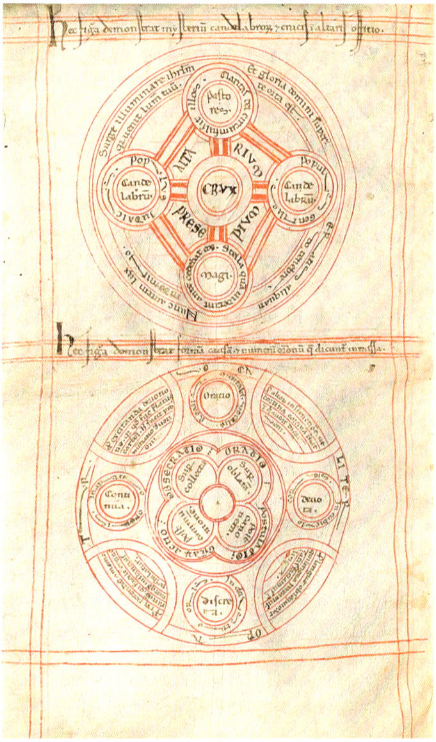

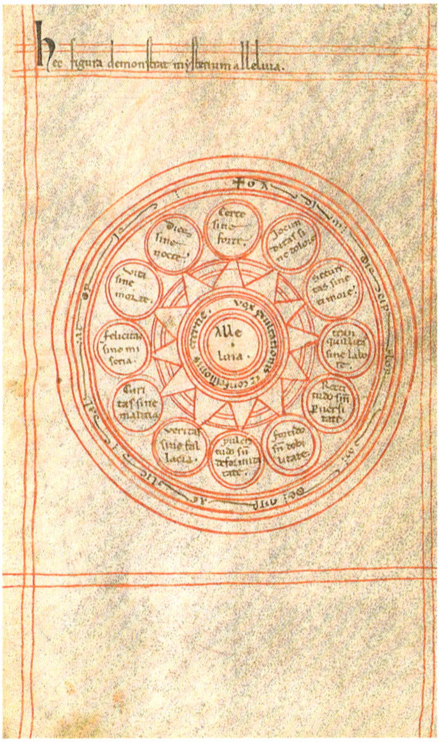

fol. 3v – 4r

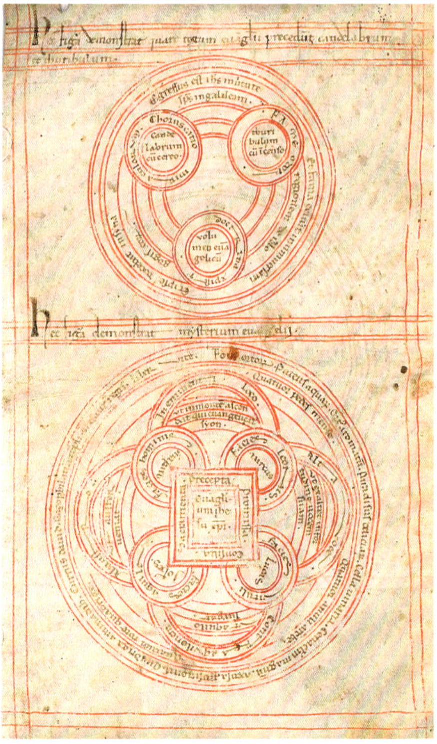

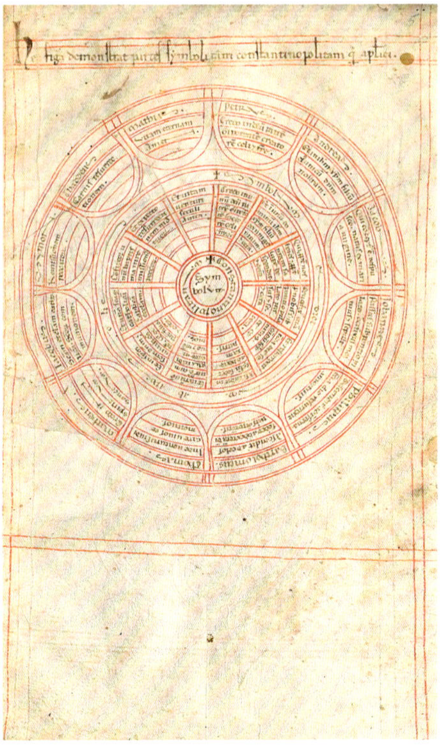

fol. 4v – 5r

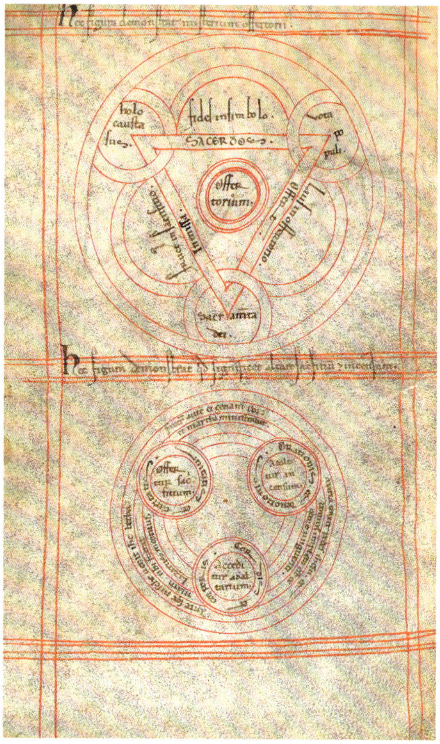

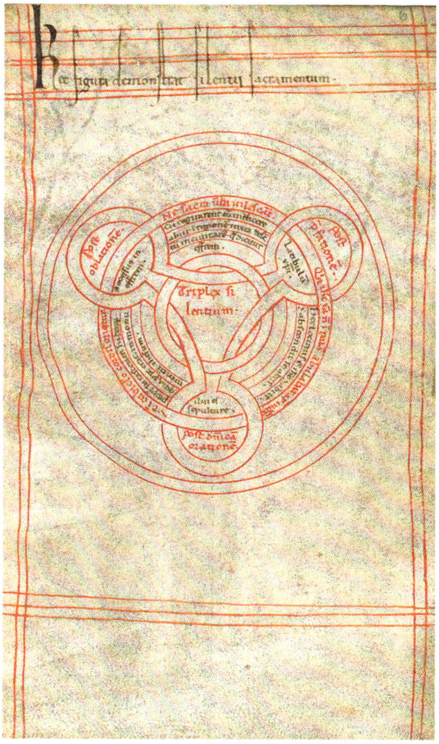

fol. 5v – 6r

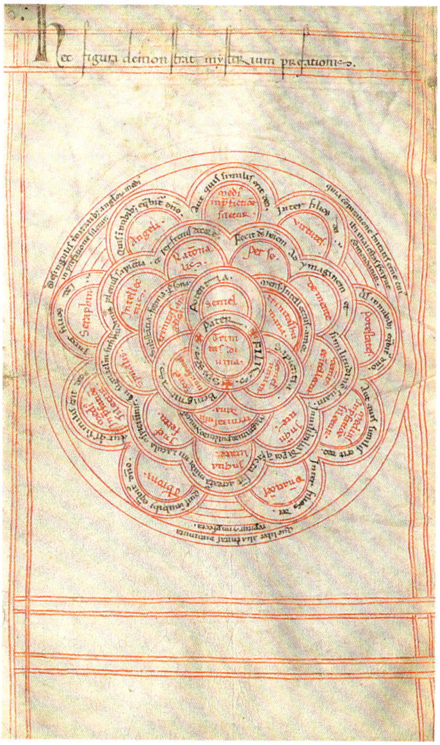

fol. 6v

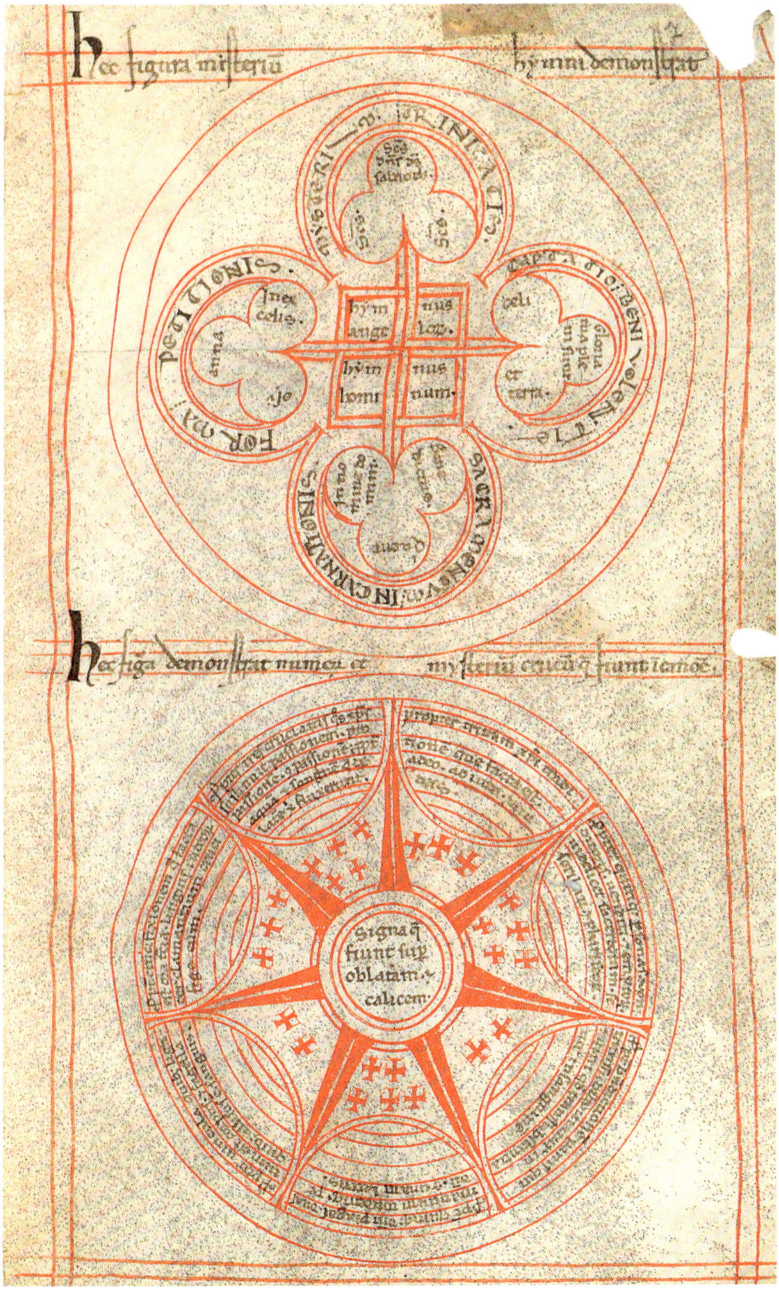

fol. 7r

fol. 7v – 8r

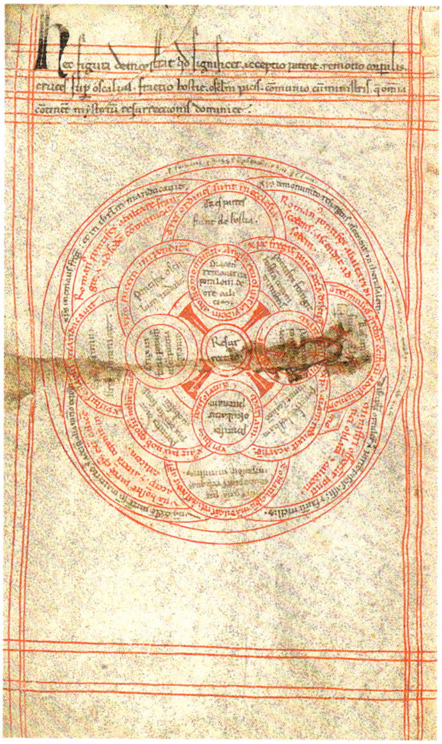

fol. 8v – 9r

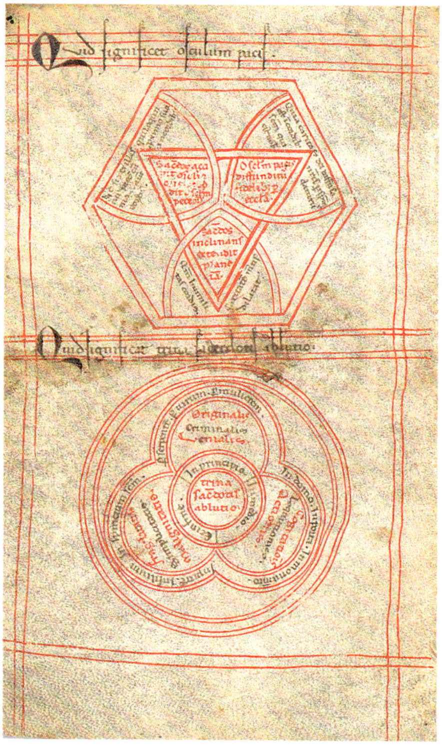

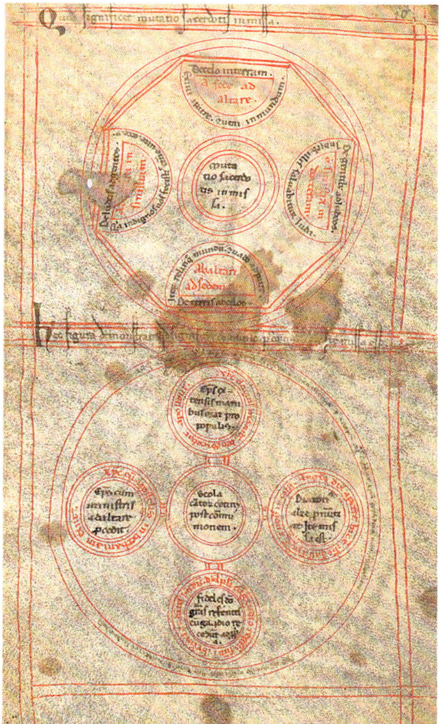

fol. 9v – 10r

zu den Abbildungen
Seite 55 – 62

55 – 62 __ Gegen Ende des 12. Jahrhunderts verfasste Kardinal Lothar von Segni, kurz darauf Papst Innozenz III. (1198 – 1216), eine Erklärung der päpstlichen Messfeier, die unter verschiedenen Titeln eine enorme Verbreitung erfuhr. Er selbst verweist auf seine Schrift als *De missarum mysteriis* (Vom Geheimnis der Messfeiern). Möglicherweise noch zu Lebzeiten des Papstes wurden dem Text vereinzelt Diagramme beigegeben, die den Inhalt der Schrift strukturieren und erläutern, in einigen Fällen – wie der hier abgebildeten Handschrift – ihn sogar ersetzen. Die grafische Umsetzung war vor allem für den Lehrbetrieb hilfreich, für die schnellere Erfassung des Inhaltes, konnte aber auch der Meditation dienen. Letztlich macht die große Menge der ursprünglich 42 Diagramme, von denen dieses Münchener Exemplar 27 enthält, die ungeheure Komplexität des Messgeschehens bewusst. Schon Lothars einleitende Worte lassen erkennen, dass sich die angestrebte Klarheit in der Gliederung für eine Übersetzung in Schemata anbietet: »Zu dem Dienste selber aber ist viererlei erforderlich: Personen, Handlungen, Worte und Sachen. Der Personen sind dreierlei: die Feiernden, die Dienenden, die Umstehenden; es gehören dazu dreierlei Arten von Handlungen: Gebärden, Verrichtungen, Bewegungen; ferner drei verschiedene Ausdrucksweisen der Worte: Gebete, Gesänge, Lesungen; endlich dreierlei Sachen: Gewänder, Gefäße, Elemente« (Innozenz 1857).

fol. 1r __ Aufteilung des Gottesdienstes in die Messe der Katechumenen *(introitus* bis *offertorium)* und Messe der Gläubigen *(offertorium* bis *postcommunio)* / Gliederung der Messfeier nach der Vierzahl.

fol. 1v __ »Diese Figuration zeigt, dass so wie es im Alten Testament sechs Weihegrade des Klerus gab, auch der Bischof von Rom beim Hochamt sechs Ränge von Klerikern bei sich hat, wegen der Bedeutung des Mysteriums, wegen der Bedeutung der Zahl und wegen des päpstlichen Primats« (Suckale 2012). Bei den Rängen handelt es sich um Bischof, Priester, Diakon, Subdiakon, Akolyth (Messdiener) und Sänger / Die drei Elemente Wasser, Wein und Brot werden in dreifachem Sinn gedeutet: im sakramentalen, im materiellen und im geistlichen.

fol. 2r __ Drei Arten von Worten: vier Gebete, vier Lesungen und acht Gesänge.

fol. 2v __ Prozession des Papstes von der Sakristei zum Altar. Der Text am unteren Rand stammt aus dem Hohelied (6,3): *Terribilis ut castrorum acies ordinata* (Schrecklich wie eine geordnete Heerschar), die Zeilen rechts und links des rechteckigen Baldachins sind aus dem Johannesevangelium (16,28): *Exivi a patre et veni in mundum* (Vom Vater bin ich ausgegangen und in die Welt gekommen). Der Baldachin symbolisiert die *Sacra scriptura* (Heilige Schrift), die Baldachinträger stehen für den vierfachen Schriftsinn (historisch, allegorisch, tropologisch und anagogisch).

fol. 3r __ Im Schema zum *Gloria in excelsis Deo* (Ehre sei Gott in der Höhe) wird der dreifache Friede thematisiert: zwischen Gott und Mensch, Engel und Mensch, Mensch und Mensch. Das Dreieck des Friedens wird verschränkt mit dem Dreieck der dreifachen Seinsweise: *temporalis* (in der Zeit), *spiritualis* (im Geiste), *eternalis* (in der Ewigkeit). / Die siebenfachen Grußworte *(salutationes)* in der Messe.

fol. 3v __ Das Kreuz *(crux)* vermittelt zwischen Altar *(altarium)* und Krippe *(presepium)*. Den beiden Kerzenleuchtern *(candelabrum)* rechts und links sind zwei Völker, das der Heiden *(populus gentilis)* und das der Juden *(populus judaicus)*, zugeordnet, die anderen beiden Tondi oben und unten erinnern an die Hirten *(pastores)* und die Heiligen Drei Könige *(magi)*. / Form, Anlass und Anzahl der Gebete, die in der Messe gesprochen werden.

fol. 4r — Das *Alleluja* ist von den zwölf Freuden des Paradieses umgeben, zum Beispiel »Tag ohne Nacht« *(dies sine nocte)* oder »Sicherheit ohne Furcht« *(securitas sine timore)*.

fol. 4v — Die Kerzen *(candelabrum cum cereo)* und der Weihrauch *(thuribulum cum incenso)*, die der Verkündung des Evangeliums vorangestellt sind / Das Evangelium ist in ein Quadrat eingeschrieben, dessen Rahmen die Worte *precepta, promissa, consilia, sacramenta* (Gebote, Verheißungen, Ratschläge, Sakramente) enthält. An den Ecken sind die vier Evangelisten und ihre Symbole angeordnet, gefolgt von Prophezeiungen des Alten Testaments und typologischen Verweisen.

fol. 5r — Das Glaubensbekenntnis *(symbolum Constantinopolitanum)* und die Zuordnung der einzelnen Glaubenssätze an die zwölf Apostel.

fol. 5v — Die Gabenbereitung *(laus in offertorio)* zwischen dem Glaubensbekenntnis *(fides in symbolo)* und dem Messopfer *(fructus in sacrificio)*, ergänzt um die Zustimmung des Volkes *(vota populi)*, das Sakrament Gottes *(sacramentum Dei)* und das Opfer des Dieners *(holocausta servi)* / Die Bedeutung des Opfers und des Weihrauchs bei der Messe, parallelisiert mit der Geschichte von der Salbung Christi in Betanien (Joh 12,1–3).

fol. 6r — Das dreifache Schweigen während der Eucharistiefeier *(post praefationem, post oblationem, post dominicam orationem)* parallelisiert mit der Stille im Leben Christi *(latibulum Christi, secessus in Effrem, quies sepulture)*.

fol. 6v — Das Geheimnis der Präfation ausgehend von der Dreizahl der Trinität *(trinitas divina)*, überleitend in die *trinitas angelica, trinitas humana* sowie *trinitas mundana* (der Engel, der Menschen und der Welt) und einmündend in die neun Chöre der Engel.

fol. 7r — Das von Menschen und Engeln zusammen gesungene *Sanctus*, dessen Text auf die vier Kleeblätter verteilt ist / Sieben Gruppen von Kreuzzeichen über Hostie *(oblatam)* und Kelch *(calicem)*.

fol. 7v – 8r — Schema der Zahl Sieben, ausgehend von den sieben Bitten des »Vater unser«, überleitend zu den sieben Gaben des Heiligen Geistes, den sieben Tugenden und Seligkeiten sowie – im äußeren Rahmen – den sieben Lastern und Völkerschaften Kanaans.

fol. 8v — »Diese Figuration zeigt, was der Empfang der Patene bedeutet, die Wegnahme des Korporales, die Kreuzzeichen über dem Kelch, die Brechung der Hostie, der Friedenskuss, die Kommunion mit den Dienern: Sie alle beziehen sich auf das Mysterium der Auferstehung des Herrn« (Suckale 2012).

fol. 9r — Die drei Bestandteile des *Agnus Dei*, dessen Text auf die drei Figuren verteilt ist (Lamm Gottes / du nimmst hinweg die Sünden der Welt / erbarme dich unser).

fol. 9v — Erklärung des Friedenskusses und der drei Handlungen, aus denen er besteht (Ablegen der Kasel, Austeilen und Empfangen des Friedenskusses) / Die drei Waschungen des Priesters während der Messe *(in principio, in medio et in fine)*.

fol. 10r — Die vier Ortsveränderungen des Priesters während der Messe: Gang zum Altar, Gang zum Priestersitz, Gang nach links und nach rechts / Der Abschluss der Messe nach der Kommunion bis zur Aussendung *(Ite missa est)*, begleitet vom Gesang der *schola cantorum*.

* Theologische Sammelschrift Meister des Queen Mary-Psalters
London oder East Anglia, um 1310–1325; Pergament; 205 × 125 mm
Paris, Bibliothèque nationale de France, Ms. fr. 13342

fol. 45r

Al·iij·foiz·Kyriel·
Pensetz la franchise dieu le piere a faire no' bien ⁊ sa pacience a soffrir nos maus ⁊ sa pite come il est prest a no' pdoner mes q̄ no' le voiloms prier.
Pensetz la humilite de Al·iij·foiz·xpeleyson· sa encarnacion ⁊ de sa nessance la debonerete de sa vie ⁊ de sa mort la douzor de sa resurection Et de sa assencion·

fol. 45v

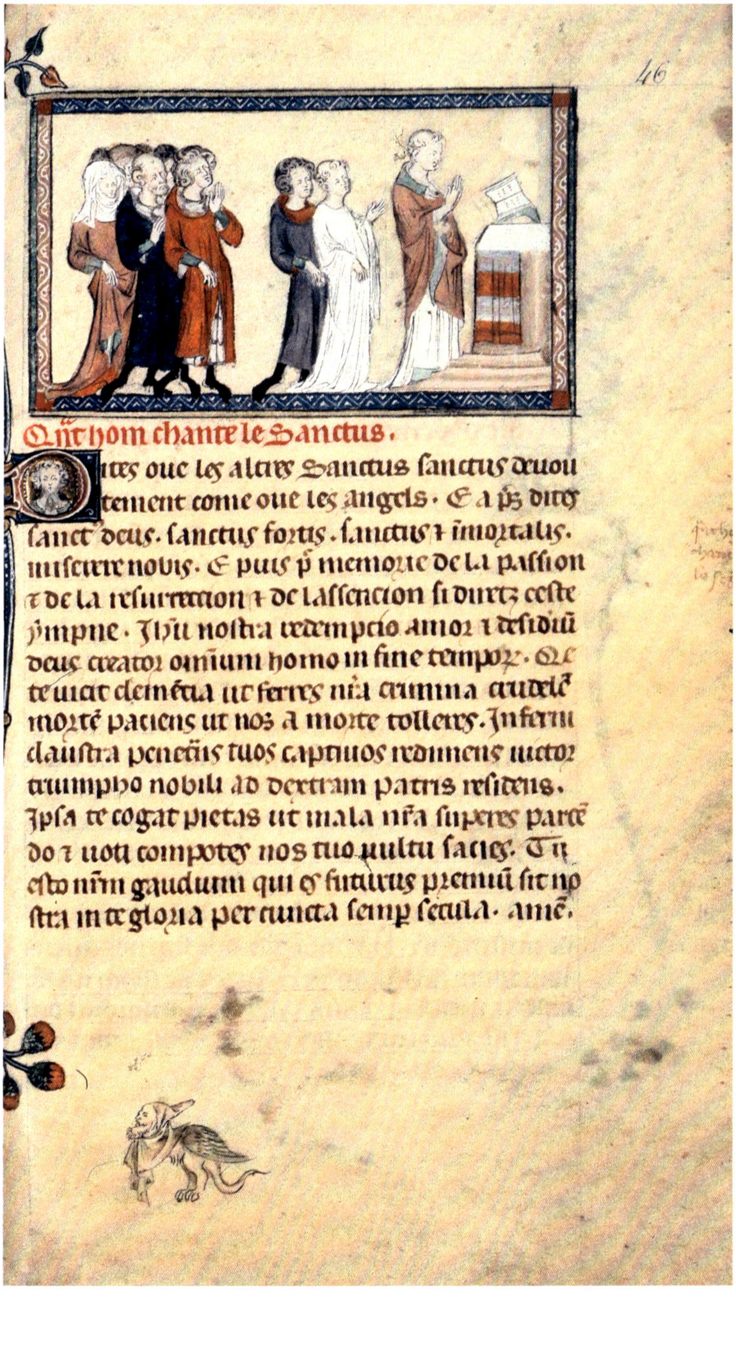
46
Quant hom chante le Sanctus.
Dites oue les altres Sanctus sanctus deuou
tement come oue les angels. E apres dites
Sanct deus. sanctus fortis. sanctus et inmortalis.
miserere nobis. E puis par memorie de la passion
et de la resurrection et de lassencion si dirrez ceste
ympne. Jhesu nostra redempcio amor et desiderium
deus creator omnium homo in fine temporum. Que
te uicit clemencia ut ferres nostra crimina crudelem
mortem paciens ut nos a morte tolleres. Inferni
claustra penetrans tuos captiuos redimens uictor
triumpho nobili ad dextram patris residens.
Ipsa te cogat pietas ut mala nostra superes parcen
do et uoti compotes nos tuo uultu saties. Tu
esto nostrum gaudium qui es futurus premium sit no
stra in te gloria per cuncta semper secula. amen.

fol. 46r

Qant v[ous] verrez lever le cors n[ost]re segnor.
Levez vos mains iointes iesqes a voz euz
et dites belement sanz noise. Dominus meus
et deus meus. Tu rex glorie xpe. Tu patris sempiter
nus es filius. Tu ad liberandum suscepturus ho
minem non horruisti uirginis uterum. Tu deuic
to mortis aculeo apruisti credentibus regna ce
lorum. Tu ad dexteram dei sedes in gloria patris.
Iudex crederis esse uenturus. Te ergo quesumus
famulis tuis subueni quos precioso sanguine re
demisti. Eterna fac cum sanctis tuis gloria mun
rari. Saluum fac populum tuum domine et benedic her
editati tue. Et rege eos et extolle illos usque in eternum.
Per singulos dies benedicimus te. Et laudamus no
men tuum in seculum et in seculum seculi. Dignare domine
die isto sine peccato nos custodire. Miserere nostri domi
ne miserere nostri. Fiat misericordia tua domine super nos quem
admodum sperauimus in te. In te domine speraui non con
fundar in eternum. Puis pa[...] [...]uenismes al diu
ihesu crist et lui recomandez [...] [...]ames et touz vos

fol. 46v

47
amis ⁊ toutes voz especiales besoignes si com
vostre qor vo a prendra.
A per omnia secula seculorum devant le pater noster.
Responez devoutement amen. Et dites vostre pater
noster. Et loez en silence aile ewangele ⁊ respo
nez amen ⁊ puis dites vostre pater noster mesmes ⁊ a la

fol. 47r

Al premer Agnus dei.
Vous prierez merci de ceo qe vo' auez pecche par les sept mortels pechez.
Al second Agnus dei.
Deuez prier de ceo qe vo' auez lesse le dis commandementz.

fol. 47v

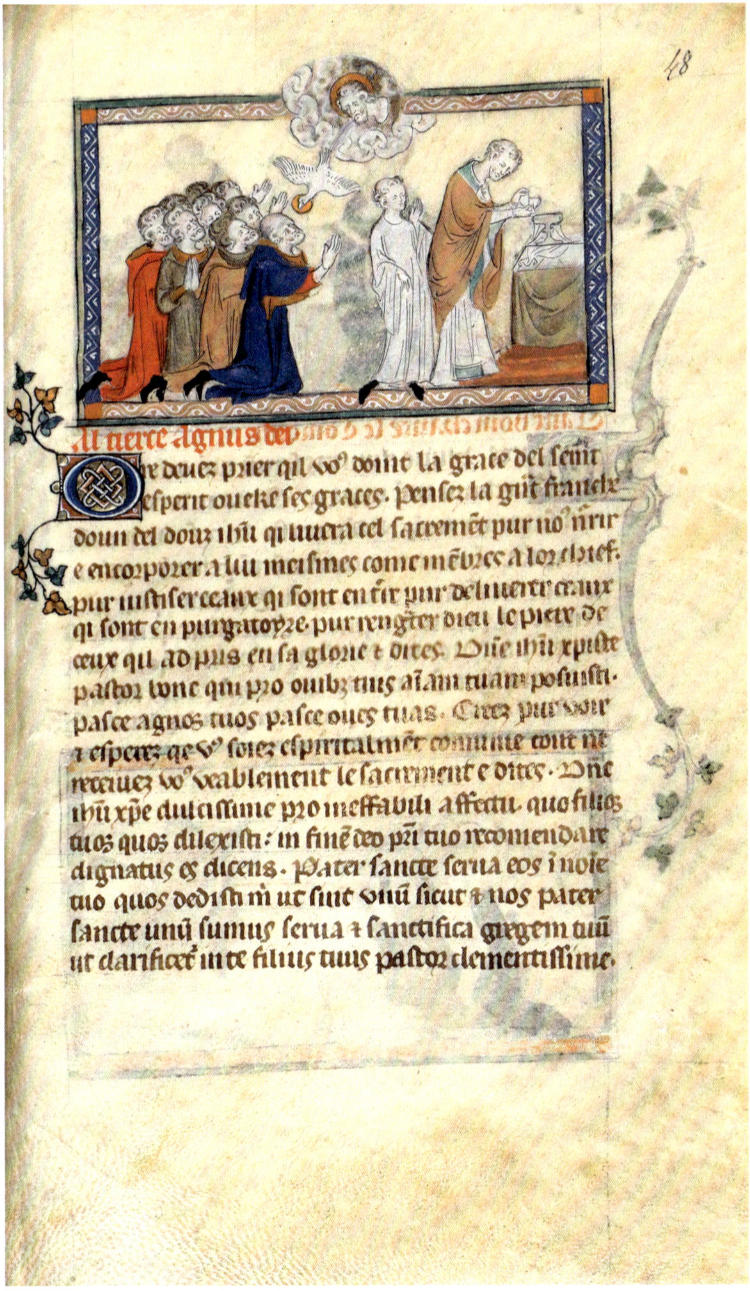
48
Al tierce agnus dei
Ore deuez prier qil vous doint la grace del seint
espirit oueke ses graces. Pensez la grant franchi
doun del douz ihesu qi liuera cel sacrement pur nous nurir
e encorporer a lui meismes come membres a lor chef.
pur iustifier ceaux qi sont en terre pur deliuerer ceaux
qi sont en purgatorie. pur rengracier dieu le pere de
ceux qil ad pris en sa glorie e dites. Domine ihesu xpiste
pastor bone qui pro ouibus tuis animam tuam posuisti.
pasce agnos tuos pasce oues tuas. Creez pur voir
e esperez qe vous soiez espiritalment communie tout ne
receiuez vous veablement le sacrement e dites. Domine
ihesu xpe dulcissime pro ineffabili affectu. quo filios
tuos quos dilexisti: in finem deo patri tuo recomendare
dignatus es dicens. Pater sancte serua eos in nomine
tuo quos dedisti mi ut sint unum sicut et nos pater
sancte unum sumus serua et sanctifica gregem tuum
ut clarificetur in te filius tuus pastor clementissime.

fol. 48r

Qant hom chante le Comoun.
Dites. Nunc dimittis seruũ tuũ dñe secũdũ
uerbum tuũ in pace. Quia uiderunt ocli
mei salutare tuũ. Qd' parasti ante faciem omñ
ium pplor. Lumen ad reuelacõnẽ gencium ⁊ glã m
plebis tue israel. Gloria pr̃i. Sic erat. Pur grãces
rendre a la trinite ⁊ pur le sacrement qe nous est
done. ⁊ puis oiez les oreysons qe prient qe le sacre
ment no' soit sauuable. Et adonk auez oie la
messe. ⁊ auez adonkes pmer conge de departir.

fol. 48v

zu den Abbildungen
Seite 65–72

65–72 __ Dieses kleine Buch wurde zu Beginn des 14. Jahrhunderts für einen oder mehrere anglonormannische Nutzer geschrieben. Es ist nicht mehr ganz vollständig (zugehörig: Oxford, Bodleian Library, Ms Douce 79), enthält heute aber noch eine Reihe von zum Teil fragmentierten Texten, die der Unterweisung im christlichen Glauben und der Andacht dienten. Dazu gehört ein Messtraktat mit der Überschrift *Ceo qe vous devez fere et penser a chascon point de la messe* (Was du machen und denken solltest zu jedem Zeitpunkt der Messe). Es geht also um das Verhalten und Denken des einzelnen Gläubigen in den zahlreichen, häufig stillen Momenten der Feier. Über acht Seiten wird die jeweilige liturgische Situation in streifenartigen Darstellungen visualisiert und teilweise von Bildern der Heilsgeschichte überlagert, die im beigegebenen Text als Gegenstand meditativer Betrachtung empfohlen werden.

fol. 45r __ Die beiden Miniaturen dieser Seite zeigen den Beginn der Messfeier. Oben ist das *Confiteor* (Schuldbekenntnis) des Zelebranten an den Stufen zum Altar visualisiert. In das Bild ist die Anweisung eingespiegelt, der Gläubige möge nach den Worten des Priesters *Misereatur vestri etc.* (Der allmächtige Gott erbarme sich euer) ebenfalls andächtig seine Schulden bekennen. Darunter ist der Geistliche in den Chorraum eingezogen. Hinter ihm und seinen Begleitern öffnet sich der Höllenschlund und entlässt die Gerechten des Alten Testaments. Das Bild erklärt sich durch die Anweisung darunter, die den Gläubigen nahelegt, während des *Introitus* (Einzugs) an die Hoffnung der Patriarchen und Propheten auf Erlösung durch Jesus Christus zu denken.

fol. 45v __ Die beiden Miniaturen dieser Seite sind den jeweils dreimaligen Rufen *Kyrie eleison* und *Christe eleison* (Herr / Christus, erbarme dich unser) gewidmet. Oben steht der Priester mit den Messdienern betend am Altar, während hinter ihm die knienden Gläubigen ihre betenden Hände Gottvater entgegenstrecken, der am Himmel in einer Wolke sichtbar wird. Der begleitende Text regt dazu an, an die Großzügigkeit der Liebe Gottes, seine Geduld im Leiden und seine Gnade zu denken, mit denen er den Menschen die Sünden vergibt. Das untere Bild stellt der Dreizahl der Bitten um das Erbarmen Christi drei Momente seiner Vita zur Seite: *Maria lactans*, die Kreuzigung und die Auferstehung Christi, mahnen doch die Worte darunter zur Erinnerung an seine Menschwerdung, sein sanftmütiges Leben, seinen Tod, seine Auferstehung und Himmelfahrt.

fol. 46r __ Mit dieser Miniatur beginnt in dem Traktat die Eucharistiefeier, der zweite Teil der Messe. Den Gesang des *Sanctus* (Heilig) stimmen alle stehend an, aber *devoutement* (andächtig / demütig) und *come les angels* (wie die Engel). Danach werden Passion, Auferstehung und Himmelfahrt Christi als Verheißung der künftigen Erlösung der Menschen in Erinnerung gerufen, dieses Mal mit dem Auferstehungshymnus *Ihesu nostra redempcio / amor et desiderium / deus creator omnium / homo in fine temporum* (Jesus, unsere Erlösung, / unsere Liebe und unser Verlangen, / Gott, Schöpfer der Welt / und Mensch bis zum Ende der Zeiten).

fol. 46v–47r __ Das Bild zur Wandlung erstreckt sich über zwei Seiten. Der Priester steht am Altar und hebt die Hostie empor, über die sich Blut aus der Seitenwunde des gekreuzigten Christus ergießt. Auch auf dem verhüllten Kelch am vorderen Rand der Altarplatte schlägt sich der Blutregen nieder – Vorbild (Christus), Abbild (Altarretabel), Brot und Wein werden eins in der Vision eucharistischer Andacht. Hinter dem Priester kniet ein Messdiener mit einer entzündeten Kerze. Auch die auf beide Seiten des Buches verteilte Gemeinde ist auf die Knie gesunken und hat die gefalteten Hände zum Gebet bis auf Augenhöhe erhoben, wie der Text vorgibt. Zwischen den beiden Gruppen erhebt sich der Kirchturm, dessen Glocke von dem Glöckner in heftige Schwingung versetzt wird, um den Höhepunkt der Messfeier öffentlich zu verkünden. Dem Gläubigen wird empfohlen, zur Wandlung einen Auszug aus dem *Te Deum* zu beten. Es schließen sich Fürbitten für die eigene Seele, alle Freunde und die Gemeinde an.

fol. 47r — Während der Priester mit erhobenen und leicht ausgebreiteten Händen am Altar steht, haben die Gläubigen und der Messdiener nur die Linke in einer Art Sprechgestus erhoben. Ein Pärchen in ihrer Mitte scheint gerade in einen außerliturgischen Dialog verstrickt zu sein und die Dame hinter ihm trägt ein Hündchen in der Armbeuge – möglicherweise Anzeichen dafür, dass nach dem heiligen Moment der Wandlung eine eher entspannte Atmosphäre herrscht, vielleicht aber auch ein ironischer Kommentar zum Fehlverhalten mancher Gottesdienstbesucher (Kumler 2011). Der begleitende Text setzt mit den abschließenden Worten des Kanongebetes ein: *Per omnia secula seculorum* (Von Ewigkeit zu Ewigkeit), auf die die Gemeinde mit einem *Amen* antworten soll. Dann folgt das gemeinsame Gebet *Pater noster* (Vater unser).

fol. 47v — Die beiden Bilder dieser Seite beziehen sich auf das liturgische Geschehen rund um den Gesang des *Agnus Dei* (Lamm Gottes). Der Priester nimmt in der ersten Miniatur die Hostie in die Hand, um sie zu brechen und dann in der zweiten Miniatur ein kleines Segment davon mit dem Wein im Kelch zu mischen. Die knienden Gläubigen befinden sich derweil in einem Zwiegespräch mit Gott, der in einer Wolke am oberen Bildrand erscheint. Bei der ersten der insgesamt drei Anrufungen des *Agnus Dei* soll der Gläubige um Vergebung für die begangenen Todsünden bitten, bei der zweiten soll er seiner Verfehlungen durch Nichtbeachtung der Zehn Gebote gedenken.

fol. 48r — Die Miniatur zur dritten Anrufung des *Agnus Dei* zeigt die Kommunion des Priesters. Unterdessen bitten die Gläubigen laut der schriftlichen Anweisung um die Gnade des Heiligen Geistes, gedenken der Spende des Sakramentes und bitten um Gerechtigkeit für die Lebenden, die Erlösung der Seelen im Fegefeuer und danken für diejenigen, die schon an der Glorie des Vaters teilhaben. Die Gemeinde wird aufgefordert, zu glauben und zu hoffen, dass sie durch die gemeinsam erlebte Kommunion spirituell verbunden ist, auch wenn sie nur – wie es üblich war – sehend an dem Mahl teilnahm. In den im Text zitierten lateinischen Gebeten wird das Bild des Guten Hirten entworfen, der seine Herde weiden möge.

fol. 48v — *Qant hom chante le Comoun* (Wenn man das Kommunionlied singt) ist der letzte Abschnitt dieses illustrierten Messtraktats überschrieben. In der Miniatur reinigt der Priester den Kelch, während die knienden Gläubigen – wie im Text vorgeschlagen – ihre Bitten an die Trinität richten, die in Form des *Gnadenstuhls* vor ihren Augen Gestalt angenommen hat. Als Gebet wird das *Nunc dimittis* (Nun entlässt Du, Herr, Deinen Diener nach Deinem Worte in Frieden) empfohlen. In der letzten Miniatur dieses Bilderzyklus wendet sich der Geistliche der Gemeinde zu, um die knienden Gläubigen mit dem Kelch, auf dem die Patene liegt, zu segnen.

* Elfenbeintafel mit Szenen aus der Jugend Christi Maasland / Lothringen, um 900 (?)
Elfenbein; 36,6 × 10,4 cm; London, British Museum, Inv. OA. 3065

Nicasius-Diptychon Maasland / Lothringen, um 900 (?)
Elfenbein; je 25,8 × 10,2 cm; Tournai, Trésor de la Cathédrale Notre-Dame

Tragaltar und Reliquiar Hildesheim, um 1000
Holzkern, Porphyr, Silberbleche graviert und teilweise vergoldet, Niello; 10,5 × 26 × 15 cm
Hildesheim, Dom- und Diözesanmuseum, Inv. DS 26

* *Gregorius-Tragaltar* Köln, um 1170–1180
Holzkern, Porphyr, Grubenschmelz, Bronzeguss; 16,4 × 37,5 × 23 cm
Siegburg, Schatzkammer der Pfarrkirche St. Servatius

zu den Abbildungen
Seite 75–79

75 — Die Elfenbeintafel aus dem Britischen Museum in London schmückte ursprünglich wahrscheinlich eine liturgische Handschrift oder sie wurde im Gottesdienst anderweitig eingesetzt. Die Rückseite weist eine Vertiefung zur Aufnahme von Wachs auf, das heißt, sie könnte – möglicherweise in einer Erstverwendung – zum Schreiben benutzt worden sein. Die reich mit Beschriftungen kommentierte Szenenfolge beginnt unten mit der Geburt Christi, über der sich die Verkündigung an die Hirten anschließt. Das dann folgende Mittelmedaillon ist vier Engeln vorbehalten. Ihnen ist durch eine Beischrift der Gesang des *Gloria in exselsis [!] Deo* (Ehre sei Gott in der Höhe) in den Mund gelegt. Den oberen Abschluss bilden zwei Szenen, in denen Johannes der Täufer im Mittelpunkt steht. Die eine zeigt ihn bei der ersten Begegnung mit Christus, bei der er mit den Worten *Ecce agnus Dei* (Seht das Lamm Gottes) den Messias erkennt, in der anderen findet die Taufe Christi statt. Das Programm ist über die Liturgieallegorese des Amalarius von Metz († um 850) als Darstellung des Wortgottesdienstes zu entschlüsseln: Während die im *Gloria* anklingende Freude an diejenige der Engel bei der Geburt Christi erinnert, wird der Gesang nach der anschließenden Lesung mit dem Dienst Johannes des Täufers parallelisiert.

76–77 — Das Plattenpaar aus dem Schatz der Kathedrale von Tournai wird ursprünglich wohl auf ein Sakramentar montiert gewesen sein. In Format und Komposition sind beide Tafeln spätantiken Konsulardiptychen im Medaillontypus verwandt; möglicherweise wurde ein solches hier auch wiederverwendet und überarbeitet. Die eine Tafel zeigt die Kreuzigung Christi zwischen Ecclesia und Synagoge, das von Engeln getragene Lamm Gottes sowie die Majestas Domini zwischen Engeln und Evangelistensymbolen. »Daher sind wir eingedenk [...] des heilbringenden Leidens, der Auferstehung von den Toten und der glorreichen Himmelfahrt Deines Sohnes [...] und bringen so Deiner erhabenen Majestät [...] ein reines Opfer dar [...]«, und weiter: »Dein heiliger Engel möge dieses Opfer zu Deinem himmlischen Altar emportragen vor das Angesicht Deiner göttlichen Majestät«, heißt es der Darstellung entsprechend im Kanongebet. Die Assistenzfiguren unter dem Kreuz sind nicht als Gegensatzpaar konzipiert, sondern sie repräsentieren Juden- und Heidenkirche, die in der Feier der Eucharistie zur Einheit gelangen (Amalarius). Die andere Tafel zeigt zwischen zwei Diakonen den heiligen Bischof Nicasius als *exemplum Christi* und schlägt damit die Brücke zwischen dem Heilsgeschehen und der Feier der Eucharistie.

78 — Das wohl um das Jahr 1000 in Hildesheim entstandene Kästchen wurde als Reliquiar und Tragaltar genutzt. Als Altarplatte fungierte der rote Porphyrstein des Deckels, der von einer in Silberblech gravierten Ranke umgeben ist. Deren Stamm legt sich um die Büsten von acht Propheten (?) und vier Evangelistensymbolen sowie die Hand Gottes (oben) und das *Agnus Dei* (unten). An einer der Langseiten sitzen Christus und die Apostel zum letzten Abendmahl an einem reich gedeckten Tisch. Doch ist hier nicht die Einsetzung des Sakramentes gezeigt, das »Tut dies zu meinem Andenken« (Lk 22,19), sondern die Ankündigung des Verrates durch Judas, dem Christus gerade ein Brot reicht und ihn damit entlarvt. Das Geschehen an der unteren Schmalseite scheint dagegen dem an dem kleinen Altar gefeierten eucharistischen Mahl viel näher zu stehen. Dort erscheint der bereits am Kreuz ver-

storbene Christus zwei Jüngern in Emmaus, die ihn erst erkennen, als er das Brot bricht und es segnet (Lk 24,30–31). Im Moment des Erkennens entzieht sich Christus und lässt die Jünger in dem Bewusstsein seiner Gegenwart zurück. Auf der zweiten Langseite schließt sich noch die Szene der Fußwaschung an, die dem zelebrierenden Priester ein Bild der (inneren) Reinigung und Demut vor Augen führt.

79 — Der Siegburger Tragaltar gehört zu einer Gruppe von Kölner Grubenschmelzarbeiten aus dem letzten Viertel des 12. Jahrhunderts. Die Zuweisung an den heiligen Papst Gregor ergab sich aus einer Notiz auf einem heute verlorenen Pergament, das an der Unterseite des Tragaltars befestigt war. In die Mitte der Deckplatte ist ein grüner Porphyr eingelassen, denn der Tisch, auf dem die Eucharistie gefeiert wird, soll laut den Richtlinien für die Ausstattung der Kirchen aus massivem Stein gefertigt sein. An den Wandungen des Tragaltars sind achtzehn ganzfigurige Propheten des Alten Bundes aufgereiht. Sie bilden die Basis für das liturgische Geschehen. Die Steinplatte auf der Oberseite wird an den Schmalseiten von Szenen aus dem Leben Jesu flankiert: Verkündigung und Geburt Christi, seine Anbetung durch die Könige sowie die Darbringung des Erstgeborenen im Tempel sind auf der einen Seite dargestellt; auf der anderen ereignen sich die Taufe Christi, die Fußwaschung beim letzten Abendmahl, die Kreuzigung Christi und die Verkündigung seiner Auferstehung durch den Engel an seinem leeren Grab. Heilige Apostel, Bischöfe, Märtyrer und Jungfrauen sind als »Gemeinschaft der Heiligen« in den rahmenden Bildfriesen vergegenwärtigt. Die beiden umlaufenden Inschriften besagen: »Christi Kreuzaltar *(ara crucis)* hat Anteil an diesem Tische, denn auf ihm wird nach rechtem Religionsgebrauch *(rite)* das Opfer des Lebens gefeiert. Auf ihm wird der Tugenden unzerstörbares Gebäude errichtet. Hier wird das Haus gebaut, das Gott würdig ist« und: »Was auf dem materiellen Altar geschieht, wird vollendet auf dem geistigen Altar des Herzens. Unter verhüllter Gestalt wird die sichtbare Hostie geopfert. Die reine Hingabe des Geistes bringt sie dar auf diesem Altar.«

Fragment eines Sakramentars oder Missales Tours, frühes 12. Jahrhundert
Pergament; 285 × 190 mm; Auxerre, Trésor de la Cathédrale St.-Étienne

Kreuzigung Christi

Majestas Domini

Hildebert von Lavardin, *De mysterio missae* Nordostfrankreich, 3. Viertel 12. Jahrhundert
Pergament; 181 × 130 mm; Würzburg, Universitätsbibliothek, Ms.p.th.q.50

fol. 2v — Letztes Abendmahl mit Einsetzung des Sakramentes

fol. 3r — Fußwaschung am Gründonnerstag

zu den Abbildungen
Seite 82 – 85

82 – 83 __ Die beiden leider nicht sehr gut erhaltenen Zeichnungen mit einer Kreuzigung und einer Majestas standen in Zusammenhang mit dem Kanongebet eines Messbuches, von dem sich nur diese beiden Blätter erhalten haben. Den Textfragmenten aus der Präfation auf der Rückseite des Kreuzigungsbildes ist zu entnehmen, dass die Kreuzigung wohl vor der Majestas angeordnet war, was sehr ungewöhnlich ist (Cahn 1996). Der Gekreuzigte wird flankiert von Longinus, der die Seite Christi mit dem Speer öffnete, und dem in Legenden als Stephaton benannten Soldaten mit einem Essigschwamm. Es ist keine historische Szene gemeint, denn Longinus trat erst nach dem Tod Christi auf, Stephaton aber davor. Oberhalb des Kreuzes verbergen die Gestirne trauernd ihr Gesicht, unterhalb öffnen sich die Gräber der Verstorbenen. Im Rahmen wird die Geschichte der Passion vom Gebet am Ölberg bis zur Erscheinung in Emmaus ausgebreitet. Die Majestas ist zu einer Vision gemäß der Schilderung in der Apokalypse erweitert und enthält zugleich mit der kleinen Scheibe in der rechten Hand Christi einen Verweis auf das eucharistische Brot. Möglicherweise liegt darin der Grund für die Vertauschung der beiden Bilder, durch die das Kanongebet auf die Majestas folgte. Der thronende Christus ist von den vier Wesen umgeben, in den Bildfeldern des Rahmens huldigen ihm die 24 Ältesten, wie es in der Offenbarung des Johannes beschrieben ist (Offb 4,1 – 11). Ihr Lobpreis gilt auch dem Lamm, das in einem Tondo oberhalb der Majestas erscheint. Es hat das Buch mit den Sieben Siegeln empfangen, die allein das Lamm zu öffnen in der Lage ist (Offb 5,1 – 14).

84 – 85 __ Bei dem sehr verbreiteten Traktat handelt es sich um ein allegorisches Lehrgedicht über das »Geheimnis der Messfeier«. Der um 1056 geborene Autor Hildebert wurde im hohen Alter Erzbischof von Tours, wo er im Jahre 1133 auch verstarb. Die Würzburger Handschrift enthält als einziges der vielen Textexemplare eine Folge von siebzehn Miniaturen mit Szenen aus der Passionsgeschichte. Sie illustrieren nicht eigentlich den Text, sondern stellen mit ihren erklärenden Beischriften eine zusätzliche Erläuterung der Messe dar. Während das Gedicht wegen der »Größe des Gegenstandes« auf eine allegorische Deutung des Kanongebetes verzichtet und mit dem Gebet Christi am Ölberg als Entsprechung zur Präfation endet, reicht der Bilderzyklus vom letzten Abendmahl bis zum Abstieg Christi in die Vorhölle. Beim Abendmahl (fol. 2v) wird als Speise die Hostie gereicht, also die Einsetzung der Eucharistie thematisiert. Die Umschrift lautet: »Das Lamm schlachtet ein Lamm. Indem Gott diese Stücke verteilt, reicht er seinen eigenen göttlichen Leib dar und wandelt den Wein zu Blut« (Thurn / Wiener 1993). Auf der gegenüberliegenden Seite (fol. 3r) schließt sich die Fußwaschung an, die schon bei den Kirchenvätern als Vor-Bild der Buße und Demut verstanden wurde. In Zusammenhang mit dem Text zielt die Miniatur auf die innere Haltung des Priesters oder Gläubigen bei der Feier der Eucharistie.

* *Mettener Armenbibel* Metten, 1414 / 15
Pergament; 485 × 345 mm; München, Bayerische Staatsbibliothek, Clm 8201

fol. 37r — Darstellung der Eucharistischen Mühle

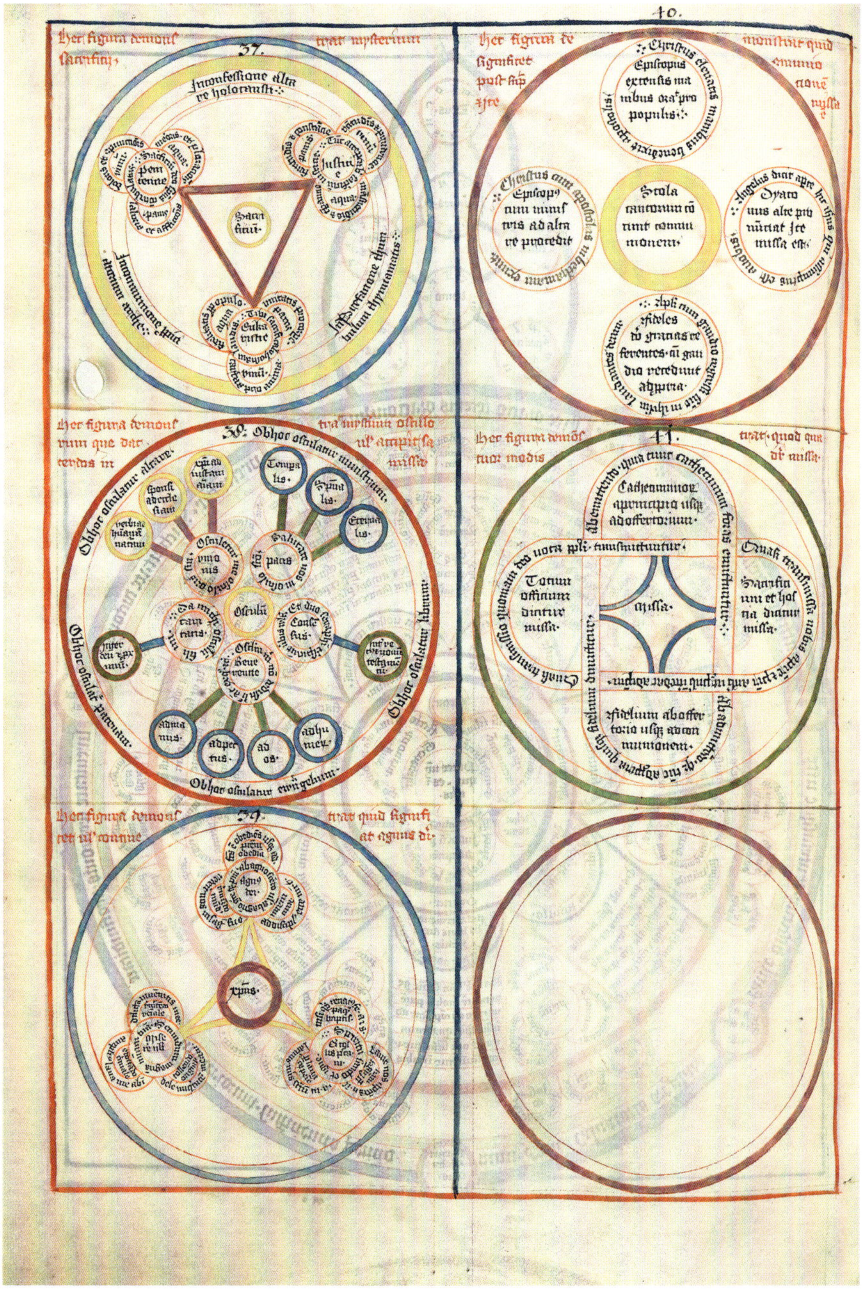

fol. 93v — Lothar von Segni, *De missarum mysteriis* (Schema 37 – 41)

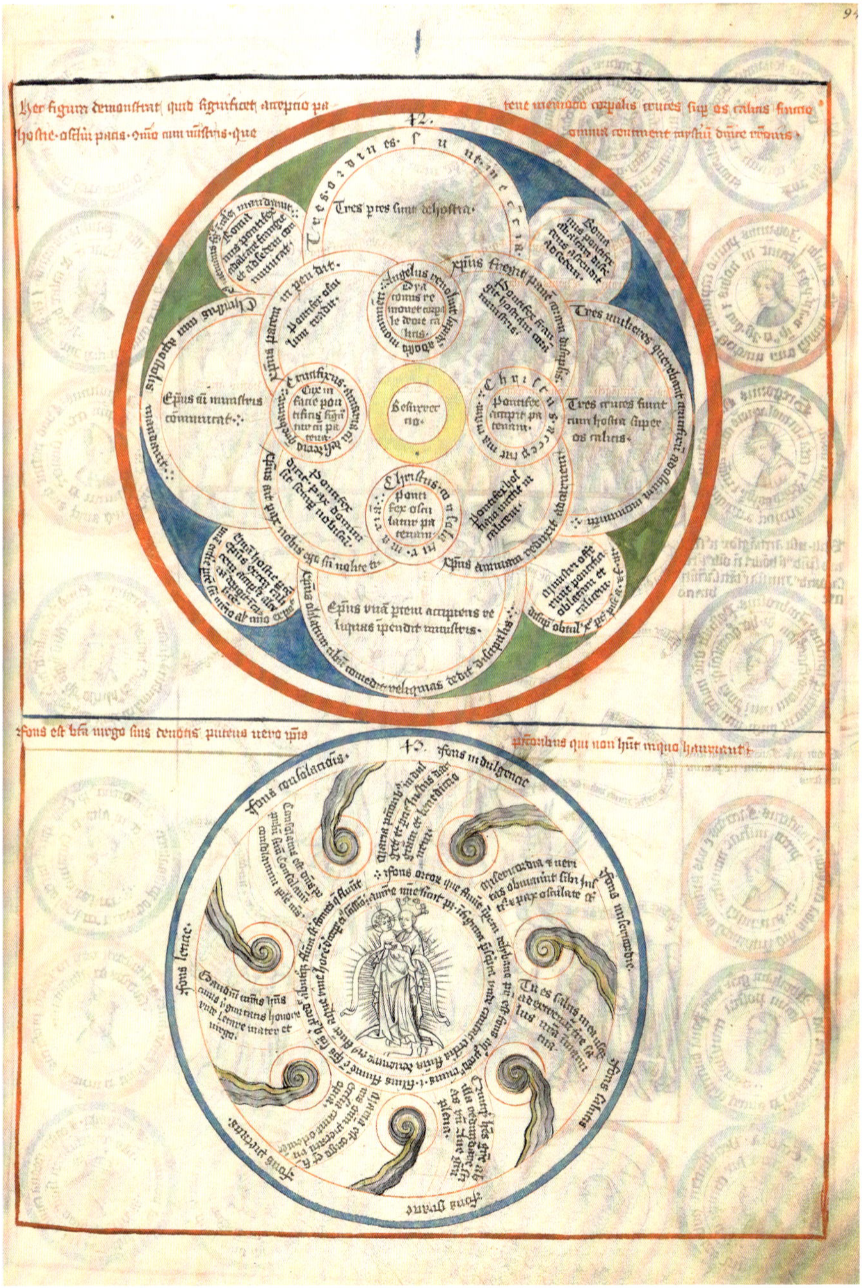

fol. 94r — Lothar von Segni, *De missarum mysteriis* (Schema 43 – 44)

fol. 94v — Darstellung des Messopfers

zu den Abbildungen
Seite 87–90

87–90 __ Dieses geistliche Kompendium wurde von dem Abt der Mettener Benediktinerabtei, Peter I. († 1427), in Auftrag gegeben. Es führt wichtige theologische Texte sowie autonome Lehrbilder zusammen, darunter so unterschiedliche Werke wie die Armenbibel, die der Handschrift ihren Namen verlieh, sowie die Diagramme zum Traktat *De missarum mysteriis* (Vom Geheimnis der Messfeiern) des Lothar von Segni (vgl. S. 55–64). Als Vorderdeckel des Einbandes wurde ein ca. fünfzig Jahre früher entstandenes Reliquiar wiederverwendet. Durch die Dicke des Deckels wird die Handschrift insgesamt ein wenig unhandlich, sodass wohl nicht von einer häufigen Benutzung ausgegangen werden kann. Vielmehr scheint es sich um einen geistigen Schatz zu handeln, eine *Summa* des christlichen Glaubens, vielleicht ein Glaubensbekenntnis des Auftraggebers.

fol. 37r __ Das Bild mit der Darstellung einer *Eucharistischen Mühle* ist wie eine Zäsur zwischen die Evangelien am Anfang des Buches und dem sich anschließenden *Liber de laudibus sanctae crucis* (Vom Lob der Heiligen Kreuzes) des Hrabanus Maurus († 856) eingefügt. Unterhalb einer Verkündigungsszene, die dem Moment der Menschwerdung des Gottessohnes Gestalt gibt, bildet eine Mühle das Zentrum des Bildes, die von den seitlich stehenden Aposteln angetrieben wird. Oberhalb haben die Symbolwesen der Evangelisten ihre Säcke, die das Wort Christi – die Evangelien – enthalten, in den Mühlentrichter entleert. Nach dem Mahlvorgang entlässt das Mahlwerk an seinem Auslassstutzen das betende Christkind in das Auffanggefäß – einen Kelch, der von den vier Kirchenvätern Gregor, Hieronymus, Augustinus und Ambrosius gehalten wird. Die zahlreichen auf den Schriftbändern vorzustellenden Kommentare wurden nicht ausgeführt.

fol. 93v–94r __ Gegen Ende des 12. Jahrhunderts verfasste der kurz darauf zum Papst (Innozenz III.) gewählte Lothar von Segni seine Abhandlung über die Messfeier (*De missarum mysteriis*). Die große Anzahl der erhaltenen Handschriften mit diesem Traktat belegt dessen weite Verbreitung; vereinzelt wurde der scholastisch strukturierte Text in Diagramme umgesetzt, die manchmal auch – wie in diesem Fall – für sich allein stehen. Die hier abgebildeten sieben Schemata drehen sich um das Geheimnis des Opfers sowie die drei Elemente Brot, Wasser und Wein (37), die Küsse, die zum Ablauf der Messe gehören (38), das Gebet *Agnus Dei* (39), den Abschluss der Messe nach der Kommunion (40), die Gliederung der Messfeier (41), die Feier der Eucharistie in Beziehung zur Auferstehung Christi (42) sowie die Gottesmutter als Quell der sieben Gnaden (Trost, Vergebung, Barmherzigkeit, Heil, Gnade, Frömmigkeit, Freude). Das letzte Diagramm (43) ist nur aus dieser einen Handschrift bekannt.

fol. 94v __ Die sehr komplexe Thematik der Miniatur ist der Feier der Eucharistie gewidmet und kann als substantielle Ergänzung zu dem Traktat *De missarum mysteriis* des Lothar von Segni verstanden werden. Es ist der Moment der Wandlung gezeigt, in dem der am Altar stehende Priester die Hostie emporhebt. Der Himmel, in dem Gottvater / Christus und Maria inmitten der himmlischen Chöre thronen, öffnet sich und entsendet zusammen mit der Geisttaube den auferstandenen Gottessohn. Aus seinen Fußwunden tropft das Blut zum einen in den Kelch und benetzt zum anderen die Hostie. Auf einem Schriftband bestätigt er mit den Worten *Hoc est enim corpus meum* (Das ist mein Leib) den Vorgang der Transsubstantiation. Seitlich schwebende Engel sind mit Weihwasser, Weihrauch und Kerzen zugegen, während die Gläubigen linkerhand und die *Schola cantorum* rechterhand auf die Knie gesunken sind. Mit zahlreichen Schriftbändern und Umschriften wird das Geschehen kommentiert, die von Robert Suckale (2012) transkribiert und übersetzt wurden. In den rahmenden Medaillons äußern sich Autoritäten – Engel, Apostel, Kirchenväter, Päpste, Propheten, Ecclesia und Synagoge sowie drei Dichter, die als Zeugen fungieren – zu drei wesentlichen Themenkomplexen der Messfeier: dem Geheimnis der Gottessohnschaft, dem Geheimnis der Eucharistie und dem Geheimnis der Priesterschaft (Suckale 2012). Mehrfach werden Fronleichnamssequenz und -hymnus des Thomas von Aquin zitiert: *Ecce panis angelorum / factus cibus viatorum* (Seht an das Brot der Engel, gemacht zur Speise der Wanderer) und *Tantum ergo sacramentum / veneremur cernui / et antiquum documentum / novo cedat ritui* (Ein so großes Sakrament verehren wir niedergebeugt, und das Alte Testament weicht vor dem Neuen). Aus den übrigen Kommentaren seien drei aus dem linken Rand herausgegriffen, die den angesprochenen Themenkreisen entsprechen. Im zweiten Medaillon von oben zitiert der Evangelist Johannes aus dem ersten Kapitel seines Evangeliums: *Verbum caro factum est […]* (Das Wort ist Fleisch geworden und hat unter uns gewohnt, und wir haben seine Herrlichkeit gesehen, die Herrlichkeit des einzigen Sohnes vom Vater, voll Gnade und Wahrheit). Darunter kommt Papst Gregor I. zu Wort: *Quis fidelium dubitare […]* (Wer von den Gläubigen kann daran zweifeln, dass in der Stunde des Opfers sich die Himmel öffnen und die Engel herniedersteigen.) Ohne Medaillon, doch mit Autorenangabe wird dann ein Satz des heiligen Bernhard eingeschoben: *Nulli archangelorum […]* (Keinem der Erzengel oder den anderen höheren Geistwesen, sondern Menschen, nicht allen, jedoch den Priestern, ist die Feier eines so großen Sakramentes aufgegeben), nicht ohne die in einem zweiten Einschub folgende Mahnung aus dem Buch Exodus (19,22): *Sacerdotes qui accedunt […]* (Die Priester, die sich dem Herrn nähern, müssen sich geheiligt haben, damit der Herr in ihre Reihen keine Bresche reißt).

Wandlung & Bild

CANON MISSÆ

Dominus vobiscum.
Et cum spiritu tuo.
Sursum corda.
Habemus ad Dominum.
Gratias agamus Domino Deo nostro.
Dignum et iustum est.

Der Herr sei mit euch.
Und mit deinem Geiste.
Empor das Herz.
Wir haben es beim Herrn.
Lasset uns danksagen dem Herrn, unsrem Gott.
Das ist würdig und recht.

Vere dignum et iustum est aequum et salutare nos tibi semper et ubique gratias agere Domine, sancte Pater, omnipotens aeterne Deus, per Christum Dominum nostrum. Per quem maiestatem tuam laudant angeli, adorant dominationes, tremunt potestates, caeli caelorumque virtutes ac beata Seraphim socia exsultatione concelebrant. Cum quibus et nostras voces ut admitti iubeas deprecamur supplici confessione dicentes:

Es ist in Wahrheit würdig und recht, billig und heilsam, dir immer und überall dankzusagen, Herr, heiliger Vater, allmächtiger ewiger Gott: durch Christus, unsern Herrn. Durch ihn loben die Engel deine Majestät, die Herrschaften beten sie an, die Mächte verehren sie zitternd, die Himmel und die himmlischen Kräfte und die seligen Seraphim feiern sie jubelnd im Chore. Mit ihnen lass, so flehen wir, auch uns einstimmen und voll Ehrfurcht bekennen:

Sanctus, sanctus, sanctus Dominus Deus sabaoth. Pleni sunt caeli et terra gloria tua. Hosanna in excelsis. Benedictus qui venit in nomine Domini. Hosanna in excelsis.

Heilig, heilig, heilig, Herr Gott der Heerscharen. Himmel und Erde sind erfüllt von deiner Herrlichkeit. Hosanna in der Höhe. Hochgelobt sei, der da kommt im Namen des Herrn. Hosanna in der Höhe.

Te igitur, clementissime Pater, per Iesum Christum Filium tuum Dominum nostrum supplices rogamus et petimus, uti accepta habeas et benedicas haec dona, haec munera, haec sancta sacrificia illibata. In primis quae tibi offerimus pro Ecclesia tua sancta catholica, quam pacificare, custodire, adunare et regere digneris toto orbe terrarum, una cum famulo tuo papa nostro illo.

Dich, gütiger Vater, bitten wir demütig und flehen zu dir durch Jesus Christus, deinen Sohn, unsern Herrn: nimm wohlgefällig an und segne diese Gaben, diese Geschenke, diese heiligen, makellosen Opfergaben. Wir bringen sie dir dar, vor allem für deine heilige katholische Kirche, schenke ihr den Frieden auf dem ganzen Erdkreis, behüte, einige und leite sie huldvoll mit deinem Diener, unserem Papst.

Memento, Domine, famulorum famularumque tuarum et omnium circum adstantium, quorum tibi fides cognita est et nota devotio. Qui tibi offerunt

Gedenke, Herr, deiner Diener und Dienerinnen und aller Umstehenden, deren Glauben und Opfergesinnung du kennst. Sie bringen dir dieses Lobopfer

hoc sacrificium laudis: pro se suisque omnibus, pro redemptione animarum suarum, pro spe salutis et incolumitatis suae tibi reddunt vota sua aeterno Deo vivo et vero.

dar für sich und alle die Ihrigen, damit ihre Seele gerettet und ihre Hoffnung auf Heil und Wohlfahrt gesichert werde; sie weihen dir, dem ewigen, lebendigen, wahren Gott ihre Gaben.

Communicantes et memoriam venerantes in primis gloriosae semper virginis Mariae genetricis Dei et Domini nostri Iesu Christi, sed et beatorum apostolorum ac martyrum tuorum Petri, Pauli, Andreae, Iacobi, Ioannis, Thomae, Iacobi, Philippi, Bartholomaei, Matthaei, Simonis et Thaddei, Lini, Cleti, Clementis, Xysti, Cornelii, Cypriani, Laurentii, Chrysogoni, Ioannis et Pauli, Cosmae et Damiani et omnium sanctorum tuorum, quorum meritis precibusque concedas, ut in omnibus protectionis tuae muniamur auxilio. Per Christum Dominum nostrum.

In heiliger Gemeinschaft ehren wir dabei vor allem das Andenken der glorreichen, allzeit reinen Jungfrau Maria, der Mutter Jesu Christi, unseres Herrn und Gottes, wie auch deiner heiligen Apostel und Blutzeugen Petrus, Paulus, Andreas, Jakobus, Johannes, Thomas, Jakobus, Philippus, Bartholomäus, Matthäus, Simon und Thaddäus, Linus, Kletus, Clemens, Sixtus, Cornelius, Cyprianus, Laurentius, Chrysogonus, Johannes und Paulus, Kosmas und Damian, und aller deiner Heiligen, ob ihrer Verdienste und Fürbitten gewähre uns in allem hilfreich deinen Schutz und Beistand. Durch Christus, unsern Herrn.

Hanc igitur oblationem servitutis nostrae sed et cunctae familiae tuae, quaesumus, Domine, ut placatus accipias diesque nostros in tua pace disponas atque ab aeterna damnatione nos eripi et in electorum tuorum iubeas grege numerari. Per Christum Dominum nostrum.

So nimm denn, Herr, wir bitten dich, diese Opfergabe huldvoll an, die wir, deine Diener, und deine ganze Gemeinde dir darbringen. Leite unsere Tage in deinem Frieden, bewahre uns gütig vor der ewigen Verdammnis und reihe uns ein in die Schar deiner Auserwählten. Durch Christus, unsern Herrn.

Quam oblationem tu, Deus, in omnibus, quaesumus, benedictam, ascriptam, ratam, rationabilem acceptabilemque facere digneris, ut nobis corpus et sanguis fiat dilectissimi Filii tui Domini Dei nostri Iesu Christi.

Gott, wir bitten dich, mach gnädig diese Gabe reichgesegnet. Lass sie ganz und gar dir gehören als ein vollgültiges, rechtes und dir wohlgefälliges Opfer, damit sie uns werde Leib und Blut deines vielgeliebten Sohnes, unseres Herrn Jesus Christus.

Qui pridie quam pateretur accepit panem in sanctas ac venerabiles manus suas elevatis oculis in caelum ad te Deum Patrem suum omnipotentem tibi gratias agens benedixit, fregit, dedit discipulis suis dicens: Accipite et manducate ex hoc omnes. Hoc est enim

Er nahm am Abend vor seinem Leiden Brot in seine heiligen und ehrwürdigen Hände, erhob die Augen gen Himmel zu dir, Gott, seinem allmächtigen Vater, sagte dir Dank, segnete es, brach es und gab es seinen Jüngern mit den Worten: Nehmet hin und

corpus meum. Simili modo, posteaquam cenatum est, accipiens et hunc praeclarum calicem in sanctas ac venerabiles manus suas, item tibi gratias agens benedixit, dedit discipulis suis dicens: Accipite et bibite ex eo omnes. Hic est enim calix sanguinis mei, novi aeterni testamenti, mysterium fidei, qui pro vobis et pro multis effundetur in remissionem peccatorum. Haec quotiescumque feceritis, in mei memoriam facietis.

esset alle davon. Das ist mein Leib. In gleicher Weise nahm er nach dem Mahle diesen wunderbaren Kelch in seine heiligen und ehrwürdigen Hände, dankte dir abermals, segnete ihn und gab ihn seinen Jüngern mit den Worten: Nehmet hin und trinket alle daraus. Das ist der Kelch meines Blutes, des neuen und ewigen Bundes, Geheimnis des Glaubens, das für euch und für viele vergossen wird zur Vergebung der Sünden. Tuet dies, sooft ihr es tut, zu meinem Gedächtnis.

Unde et memores sumus, Domine, nos tui servi sed et plebs tua sancta Christi Filii tui Domini Dei nostri tam beatae passionis nec non et ab inferis resurrectionis sed et in caelos gloriosae ascensionis offerimus praeclare maiestati tuae de tuis donis ac datis hostiam puram, hostiam sanctam, hostiam immaculatam, panem sanctum vitae aeternae et calicem salutis perpetuae.

Daher sind wir denn eingedenk, Herr, wir deine Diener, aber auch dein heiliges Volk, des heilbringenden Leidens, der Auferstehung von den Toten und der glorreichen Himmelfahrt deines Sohnes, unseres Herrn Jesus Christus, und bringen so deiner erhabenen Majestät von deinen Geschenken und Gaben ein reines Opfer dar, ein heiliges Opfer, ein makelloses Opfer, das heilige Brot des ewigen Lebens und den Kelch des immerwährenden Heiles.

Supra quae propitio ac sereno vultu respicere digneris et accepta habere, sicuti accepta habere dignatus es munera pueri tui iusti Abel et sacrificium patriarchae nostri Abrahae et quod tibi obtulit summus sacerdos tuus Melchisedech, sanctum sacrificium, immaculatam hostiam.

Schaue huldvoll darauf nieder mit gnädigem und mildem Angesichte und nimm es wohlgefällig an, wie du einst mit Wohlgefallen aufgenommen hast die Gaben Abels, deines gerechten Dieners, das Opfer unseres Patriarchen Abraham, das heilige Opfer und die makellose Gabe, die dein Hohepriester Melchisedech dir dargebracht hat.

Supplices te rogamus, omnipotens Deus, iube haec perferri per manus angeli tui in sublime altare tuum in conspectu divinae maiestatis tuae, ut quotquot ex hac altaris participatione sacrosanctum Filii tui corpus et sanguinem sumpserimus, omni benedictione caelesti et gratia repleamur. Per Christum Dominum nostrum.

Demütig bitten wir dich, allmächtiger Gott, dein heiliger Engel möge dieses Opfer zu deinem himmlischen Altar emportragen vor das Angesicht deiner göttlichen Majestät, lass uns alle, die wir gemeinsam von diesem Altar das hochheilige Fleisch und Blut deines Sohnes empfangen, mit allem Gnadensegen des Himmels erfüllt werden. Durch Christus, unsern Herrn.

Memento etiam, Domine, et eorum nomina qui nos praecesserunt cum signo fidei et dormiunt in somno pacis.
Ipsis et omnibus in Christo quiescentibus locum refrigerii lucis et pacis ut indulgeas deprecamur. Per Christum Dominum nostrum.

Herr gedenke auch der Namen derer, die uns mit dem Zeichen des Glaubens vorangegangen und im Frieden entschlafen sind.
Wir flehen dich an, gewähre ihnen und allen, die in Christus ruhen, in deiner Milde den Ort der Erquickung, des Lichtes und des Friedens. Durch Christus, unsern Herrn.

Nobis quoque peccatoribus famulis tuis de multitudine miserationum tuarum sperantibus partem aliquam et societatem donare digneris cum tuis sanctis apostolis et martyribus cum Ioanne, Stephano, Matthia, Barnaba, Ignatio, Alexandro, Marcellino, Petro, Felicitate, Perpetua, Agatha, Lucia, Agne, Caecilia, Anastasia et cum omnibus sanctis tuis, intra quorum nos consortium non aestimator meriti sed veniae, quaesumus, largitor admitte. Per Christum Dominum nostrum.

Auch uns Sündern, deinen Dienern, die auf deine überreiche Barmherzigkeit vertrauen, schenke in Gnaden Anteil und Gemeinschaft mit deinen heiligen Aposteln und Blutzeugen, mit Johannes, Stephanus, Matthias, Barnabas, Ignatius, Alexander, Marcellinus, Petrus, Felicitas, Perpetua, Agatha, Lucia, Agnes, Cäcilia, Anastasia und mit allen deinen Heiligen, wäge nicht, wir flehen zu dir, unser Verdienst, sondern schenke uns gnädig Verzeihung und nimm uns auf in ihre Gemeinschaft. Durch Christus, unsern Herrn.

Per quem haec omnia, Domine, semper bona creas, sanctificas, vivificas, benedicis et praestas nobis.

Durch ihn erschaffst du, Herr, immerfort alle diese Gaben, heiligest, belebest, segnest und gewährst sie uns.

Per ipsum et cum ipso et in ipso est tibi Deo Patri omnipotenti in unitate Spiritus sancti omnis honor et gloria per omnia saecula saeculorum. Amen.

Durch ihn und mit ihm und in ihm wird dir Gott, allmächtiger Vater, in der Einheit des Heiligen Geistes, alle Ehre und Verherrlichung, von Ewigkeit zu Ewigkeit. Amen.

Dieser Wortlaut des *Canon missae* entspricht der Textüberlieferung aus der Spätantike, auf die sich die beiden folgenden Autoren, Albert Gerhards und Alexander Arweiler, beziehen (siehe Leo Eizenhöfer / Irmgard Pahl: *Liturgia romana*, in: Gerhards [u. a.] 2005, S. 427–438).

http://www.uni-muenster.de/Kultbild/missa/messablauf/opfermesse/hochgebet/kanon/perips/index.html

Zum Lob und Ruhm seines Namens

DAS EUCHARISTIEVERSTÄNDNIS DER ALTEN KIRCHE NACH DER ÜBERLIEFERUNG DER EUCHARISTIEGEBETE

Albert Gerhards

OPFER DES LOBES – DIE WIEDERENTDECKUNG DER SINNGESTALT DER MESSE

Am Ende der Gabenbereitung der Messe, unmittelbar vor Beginn des Eucharistischen Hochgebetes, bittet der Priester die Umstehenden: »Betet, Brüder und Schwestern, dass mein und euer Opfer Gott, dem allmächtigen Vater, gefalle.«[1] Die Gemeinde antwortet mit dem *Suscipiat*, einer Bitte um Annahme des Opfers: »Der Herr nehme das Opfer an aus deinen Händen, zum Lob und Ruhm seines Namens, zum Segen für uns und seine ganze heilige Kirche.«[2] Der frühere Innsbrucker Liturgiewissenschaftler Josef Andreas Jungmann kommentierte den Vollzug: »Die Gebetsbitte geschieht also in dem Moment, wo die Gabenzurüstung beendet ist und der Priester nun an der Spitze und im Namen der Gemeinde mit ihrer Gabe vor Gott hintreten soll.«[3] Bemerkenswert ist die Bestimmung der Opferhandlung *ad laudem et gloriam nominis sui* (zum Lob und Ruhm seines Namens): Das Opfer der Kirche ist in erster Linie Lob Gottes, erst in zweiter Linie kommt es den Opfernden selbst und der ganzen Kirche *ad utilitatem* (zu Nutzen). Damit hält die Kirche einen in ihrer mittelalterlichen Überlieferung schon fast in Vergessenheit geratenen, in der altkirchlichen Ökumene noch selbstverständlichen Gedanken fest: Das Messopfer besteht wesentlich aus Lob und Dank (griechisch: *eulogia* und *eucharistia*).

Der westliche Traditionsstrang hat ansonsten den Gedanken der Sühne stärker forciert und dementsprechend im Zuge der mittelalterlichen Liturgieentwicklung die Unwürdigkeit der handelnden Personen, in erster Linie des Priesters, thematisiert.[4] Dies führte zu einer immer stärkeren Trennung von Priester und Gemeinde, insbesondere im Umfeld der Konsekration, der Gebetsfolge vom *Te igitur* nach dem *Sanctus* bis zur Doxologie, dem abschließenden Lobpreis vor dem Vaterunser: »Dieser Abschnitt wird nun, indem scheinbar dahingehende Andeutungen römischer Texte aufgegriffen werden, als Kanon […] erklärt, dem die *praefatio* als eine zwar feierliche, aber unwichtige ›Einleitung‹ vorausgeht, und dieser Abschnitt wird nun mit einem zweiten Schleier geheimnisvoller Unzugänglichkeit umgeben, indem er vom Priester nur mehr mit leiser Stimme gesprochen werden soll. Der Priester allein soll dieses innerste Heiligtum betreten, während das Volk, wie einst beim Rauchopfer des Zacharias, draußen steht und wartet und betet.«[5]

Auch im Kanon selbst wird eine charakteristische Änderung vorgenommen. Zum Gedenken der Lebenden im Eucharistischen Hochgebet gehört traditionell das Gebet für die Opfernden: »*Sie* bringen dir dieses Opfer des Lobes *(sacrificium laudis)* dar.« Wie Jungmann bemerkte, sind sie »nicht müßige Zuschauer und noch weniger profane Menge, sie sind vielmehr alle zusammen Träger des heiligen Tuns, mit dem wir vor Dir stehen.«[6] Ab dem 9./10. Jahrhundert heißt es aber: »*für sie* bringen wir dieses Opfer des Lobes dar, und sie selber weihen es dir für sich und für alle, die ihnen verbunden sind.«[7] Vermutlich hat »in der Zeit des aufsteigenden Stiftungs- und Stipendienwesens auch die Rücksicht darauf mitgewirkt, daß diejenigen, deren Namen zu nennen waren, sich oft nicht unter den Anwesenden befanden, so daß der Priester auch im engeren Sinn als deren Vertreter tätig war«.[8] Zwar bleibt der Gedanke des Mitopferns der Gläubigen daneben erhalten, wurde aber jahrhundertelang übersehen und erst im 20. Jahrhundert wiederentdeckt.[9]

DIE »ROLLE« DER GEMEINDE BEIM OPFER DES LOBES

Die Eucharistiefeier leitet ihren Namen ausgerechnet von dem Element her, das lange Zeit als »unwichtige Einleitung« angesehen wurde, von der Präfation: »Lasset uns *danken* dem Herrn, unserm Gott. Das ist würdig und recht. In Wahrheit ist es würdig und recht, dir zu *danken* […].« In den Abendmahlsüberlieferungen des Neuen Testaments ist jeweils vom Loben *(eulogein)* und Danken *(eucharistein)* die Rede. Lobpreis (Doxologie), Dank/Gedenken (Anamnese) einerseits und Bitte (Epiklese) andererseits bilden seitdem die Wesenselemente der Eucharistiegebete der Kirche. Nun sind die Abendmahlsworte in der römischen Tradition anders als in der byzantinischen und den meisten anderen ostkirchlichen Liturgien nicht in den ersten Abschnitt des Eucharistiegebetes eingefügt, also in den Dank, sondern in den zweiten Abschnitt, die Bitte. Aufgrund dieser strukturellen Vorgabe und im Zuge der weiteren Entwicklung erhielt der Einsetzungsbericht einen anderen Charakter: Statt Bestandteil des dankbaren Gedenkens zu sein, wurde er zur Konsekrationsformel; allein die Worte Jesu galten als wesentlich für das Zustandekommen des Sakramentes *(forma sacramenti)*,[10] und allein das Tun des Priesters zählte.

Die liturgiegeschichtliche Forschung entdeckte im 20. Jahrhundert den Reichtum der altkirchlichen eucharistischen Traditionen wieder. Die Liturgiereform hat einiges davon in die römische Liturgie übernommen. Dazu gehört insbesondere die Akklamation (Anrufung) der Gemeinde nach den Einsetzungsworten: »Deinen Tod, o Herr, verkünden wir, und deine Auferstehung preisen wir, bis du kommst in Herrlichkeit.« Sie unterbricht das Priestergebet des Kanons nicht nur hinsichtlich der Sprecherrolle, sondern auch des Adressaten: Jesus Christus statt Gott Vater.[11] Sie knüpft an die (meist in die 1. Person Singular gesetzte) Aussage im ersten Korintherbrief (11,26) an: »Denn sooft ihr von diesem Brot esst und aus dem Kelch trinkt, verkündet ihr den Tod des Herrn, bis er kommt.« Die Gemeinde vollzieht die Anamnese, wird damit zum Träger des Gedenkens. Der Liturgiewissenschaftler Achim Budde hat dies im folgenden Schema verdeutlicht. Es handelt sich um das Ende des Einsetzungsberichtes der koptischen Basilius-Anaphora, des Basilius dem Großen zugeschriebenen Eucharistiegebetes (Anaphora) der Kirche Ägyptens. Der Priester spricht zunächst »in der Rolle« Christi *(in persona Christi):*

[EINSETZUNGSBERICHT]

CHRISTUS »Wenn ihr Brot und Wein essen werdet,
werdet ihr meinen Tod verkünden.«

GEMEINDE Wir verkünden deinen Tod.

PRIESTER Indem wir seines Todes gedenken,
bringen wir Brot und Wein dar und bitten […][12]

[EPIKLESE]

Das Bekenntnis der Gemeinde ist die Mitte der Textkomposition: »Es bringt den Auftrag Christi zur Erfüllung und begründet damit den Übergang vom lobpreisenden Gedenken zum Nachvollzug des Mahles.«[13] Als Höhepunkt der Abendmahlserzählung bildet der Gedächtnisauftrag zugleich die Grundlage für seine Umsetzung in der unmittelbar folgenden Epiklese. Die Deuteworte werden hier also nicht konsekratorisch verstanden.[14]

Von größter Bedeutung ist auch die zweite der zentralen Akklamationen.[15] In der Basilius-Liturgie bildet sie das »Scharnier« zwischen dem anamnetischen und dem epikletischen Teil. Der Textzusammenhang lautet in der Übersetzung Buddes:

PRIESTER Indem wir also unsererseits gedenken seiner heiligen Leiden und seiner Auferstehung von den Toten und seines Aufstiegs in die Himmel und seines Sitzens zu deiner Rechten, Vater, und seiner zweiten Ankunft, die von den Himmeln her kommt, die furchtbar ist und voller Ruhm, bringen wir dir diese Gaben dar, die die deinigen sind, aus denen, die die deinigen sind, gemäß jeder Sache und wegen jeder Sache und in jeder Sache,

DIAKON huldigt Gott in Furcht und Zittern!

VOLK Wir lobsingen dir, wir preisen dich, wir dienen dir, wir huldigen dir,

PRIESTER und bitten dich, Herr, unser Gott, wir, deine Sünder und unwürdigen Knechte, wir huldigen dir durch die Zustimmung deiner Gütigkeit, damit dein Heiliger Geist herabkomme auf uns und auf diese Gaben da, die ausgebreitet sind, und sie reinige und sie wandle und sie offenbare als Heiliges deiner Heiligen.[16]

Auch hier ist die Gemeinde tonangebend, indem sie den tragenden Grundakt des Lobpreisens im Kontext der zentralen Bitte um Wandlung der Gaben durch den Heiligen Geist vollzieht.

DIE ZUSAMMENGEHÖRIGKEIT VON OPFER UND MAHL

Die dem Römischen Kanon an die Seite gestellten drei neuen Eucharistischen Hochgebete im Messbuch Papst Pauls VI. von 1970 enthalten in Abweichung von der römischen Tradition eine Geistepiklese, genauer: eine Bitte um Sendung des Heiligen Geistes. Im Unterschied zu den ostkirchlichen Traditionen ist diese aber aufgeteilt in eine »Wandlungs-« und eine »Kommunionepiklese«, wobei die Bitte um Wandlung der Gaben vor die Einsetzungsworte gesetzt wurde. Dies ist besonders auffällig im Fall des Zweiten Hochgebetes, das sich in weiten Teilen an das altkirchliche Eucharistiegebet aus der sogenannten Apostolischen Überlieferung anlehnt. Das Hochgebet weist dieselbe Struktur auf wie die späteren Anaphoren des antiochenischen Typs (Chrysostomus-, Basilius-Anaphora), kennt allerdings noch kein *Sanctus*.[17] Im Quellentext heißt es: »Auch bitten wir dich, deinen Heiligen Geist auf die Gabe der heiligen Kirche herabzusenden. Du versammelst sie zur Einheit […].«[18] Das zweite Hochgebet des Messbuchs formuliert: »Darum bitten wir dich: Sende deinen Geist auf diese Gaben herab und heilige sie, damit sie uns werden Leib und Blut deines Sohnes, unseres Herrn Jesus Christus.« [Es folgen Einsetzungsbericht, Anamnese und Darbringung.] »Wir bitten dich: Schenke uns Anteil an Christi Leib und Blut und laß uns eins werden durch den Heiligen Geist.«[19] Zur Begründung der Aufteilung der Epiklese berief man sich auf die römische Tradition, die seit dem Mittelalter den Abschnitt *Quam oblationem* im Römischen Kanon unmittelbar vor den Einsetzungsworten als Wandlungsbitte deutet: »Schenke, o Gott, diesen Gaben Segen in Fülle und nimm sie zu eigen an. Mache sie uns zum wahren Opfer im Geiste, das dir wohlgefällt: zum Leib und Blut deines geliebten Sohnes, unseres Herrn Jesus Christus.«[20] Damit nahm man jedoch in Kauf, dass die ursprüngliche Verbindung von Opfer (des Lobes) und Sakrament (Kommunionempfang) kaum mehr zu erkennen ist.

Der Innsbrucker Liturgiewissenschaftler Reinhard Meßner hat demgegenüber nachgewiesen, dass der Römische Kanon in seiner ursprünglichen Textaussage und -ausdeutung mit den orientalischen Traditionen übereinstimmt.[21] Durch die Festlegung der Grundstruktur neuer eucharistischer Hochgebete auf der Basis der späteren Deutung des Römischen Kanons (»sekundäre Kanonhermeneutik«)[22] wurde also eine Neuerung eingeführt, die erst jetzt den römischen Ritus von allen anderen altkirchlichen Riten grundlegend unterscheidet. Die Textentwicklung des *Canon Romanus* bildete jedoch schon im 1. Jahrtausend jene um die Abendmahlsworte geordnete symmetrische Struktur heraus, die eine »sekundäre Kanonhermeneutik« nahelegte:[23]

E1 Preisung (Danksagung) in Dialog / Präfation (wechselnd) / Sanctus

D1 Überleitung *(Te igitur)* und Annahmebitte

C1 1. Memento der Lebenden: Kirche, Papst, Bischof, Teilnehmende

1. Heiligenliste (*Communicantes,* mit anamnetischen Festeinschüben)

B1 1. Darbringungsformel *(Hanc igitur)*

1. »(Wandlungs-)Epiklese« ? *(Quam oblationem)*

A Einsetzungsworte (*Qui pridie*): Brot / Wein

[AKKLAMATION]

Anamnese (*Unde et memores,* geht über in:)

B2 2. Darbringungsformel *(Supra quae)*

2. »(Kommunion-)Epiklese« *(Supplices te rogamus)*

C2 2. Memento der Verstorbenen

Bitte für die Zelebranten *(Nobis quoque),* geht über in:

2. Heiligenliste

D2 Abschlusssegnung *(Per quem)*

E2 Preisung der Schlussdoxologie

Durch diese symmetrische Anordnung geriet die nach vorn, das heißt auf die Kommunion und letztlich auf die eschatologische Vollendung, gerichtete Dynamik des Gebetes aus dem unmittelbaren Blick. Dabei hat der *Canon Romanus* die ursprüngliche Sinnspitze stets weitertradiert, den Abschnitt *Supplices* (B2): »Wir bitten dich, allmächtiger Gott: Dein heiliger Engel trage diese Opfergabe auf deinen himmlischen Altar vor deine göttliche Herrlichkeit; und wenn wir durch unsere Teilnahme am Altar den heiligen Leib und das Blut deines Sohnes empfangen, erfülle uns mit aller Gnade und allem Segen des Himmels.«[24]

Das *Supplices,* die eigentliche (und einzige) Epiklese des *Canon Romanus,* wurde jedoch nicht mehr als Kern der eucharistischen Sprachhandlung erkannt. Damit ging einher, dass man der allgemeinen Gläubigenkommunion keinen theologisch bedeutsamen Stellenwert mehr zumaß. Allein die Kommunion des Priesters war für die Gültigkeit der Feier obligatorisch, die Gläubigen hatten sich mit der »Augenkommunion« während der Erhebung von Hostie und Kelch zu begnügen. Damit war für sie im Grunde das Ziel der Messe erreicht. Ihr Verbleiben wenigstens bis zur Kommunion des Priesters musste im Laufe der Zeit eigens eingeschärft werden. Dieser war in jener Perspektive in erster Linie der Konsekrator, der *in persona Christi* das Opfer darbrachte. Die ursprüngliche Sinn- und Feiergestalt der Messe, die von allen vollzogene Danksagung und eucharistische Tischgemeinschaft, hatte allenfalls eine zeremonielle Funktion, aber keine theologische Wertigkeit mehr.

Legt man die »primäre Kanonhermeneutik« zugrunde, erscheint das Wesen der eucharistischen Handlung in neuem Licht: Die Feier der Eucharistie ist in erster Linie preisendes Gedenken der Gabe Gottes im Vollzug des Gebetes und in sakramentaler Begegnung. Die Dynamik der Feier zielt im Eucharistischen Hochgebet der »Apostolischen Überlieferung« auf die Wandlung der Christusgläubigen in den einen Leib durch die Teilnahme an dem einen Brot und dem einen Kelch. Im *Canon Romanus* meint das Bild vom himmlischen Altar und der Erfüllung mit aller Gnade und allem Segen des Himmels durch den Empfang der eucharistischen Gaben im Wesentlichen dasselbe. Damit üben die Einsetzungsworte, die in der »Apostolischen Überlieferung« bereits ihren festen Platz haben, aber eine andere Funktion aus: Sie bestätigen in erster Linie die Identität und Kontinuität des kirchlichen Tuns mit dem Vermächtnis Jesu Christi im Sinne eines »prophetischen Einschubs«,[25] der unter Umständen auch fehlen kann.

Dies ist bei der noch aus vorkonstantinischer Zeit stammenden syrischen Anaphora der Apostel Addai und Mari der Fall. Der Text hat wohl ursprünglich außer einem indirekten Bezug auf die Einsetzung im Abendmahlssaal keine expliziten Einsetzungsworte gekannt.[26] Allerdings fand diese Erkenntnis kaum Beachtung,[27] sodass die Entscheidung des Vatikanischen Einheitsrates vom 20. Juli 2001, die Tradition des eucharistischen Betens der Assyrischen Kirche, die die Anaphora am häufigsten verwendet, als gültig anzuerkennen, allgemein überraschte.[28] In der Textfassung von Reinhard Meßner und Martin Lang lautet die Passage des Übergangs vom Gedenken zur Bitte (Epiklese):

> Und auch wir, Herr (dreimal), deine niedrigen und schwachen und armseligen Knechte,
> die wir versammelt sind und stehen vor dir in dieser Stunde
> und empfangen haben durch Überlieferung den Typos, der von dir (kommt),
> indem wir uns freuen und verherrlichen und erhöhen und gedenken und preisen
> und dieses große und schauererregende Mysterium
> des Leidens und des Todes und der Auferstehung
> unseres Herrn Jesus, des Messias, vollziehen.
> Und es möge kommen, Herr, dein heiliger Geist,
> und er möge ruhen auf dieser Darbringung (D: Seid in Ruhe) deiner Diener,
> und er möge sie segnen und er möge sie heiligen,
> dass sie uns sei, Herr, zur Vergebung der Verschuldungen
> und zum Nachlass der Sünden
> und zur großen Hoffnung auf die Auferstehung aus dem Haus der Toten
> und zum neuen Leben im Reich des Himmels
> mit allen, die wohlgefällig waren vor dir.[29]

Das Gebet gipfelt in der Epiklese auf: »Nach der Aussage der Epiklese der Anaphora gereicht die Eucharistie durch den in ihr wirksamen Geist Gottes den Kommunizierenden ›zum neuen Leben im Reich des Himmels‹.«[30] Wie dieses neue Leben im Reich des Himmels verwirklicht wird, zeigt die darauf folgende Schlussdoxologie: im eucharistischen Handeln der Kirche als Vorwegnahme des Reiches Gottes durch unaufhörliches Lobbekenntnis und in der Verherrlichung des Namens Gottes. Denn das Neue Leben besteht in Lobbekenntnis und Verherrlichung. Damit werden in Form einer Inklusion das Lobbekenntnis und die Verherrlichung Gottes zu Beginn (Präfation und *Sanctus*) wieder aufgegriffen.

Das »Opfer der Kirche« besteht demnach im Opfer des Lobes und in der Bitte um die Kommunionfrüchte. In der eucharistischen Handlung der Kirche, dem von Gott im Abendmahlssaal empfangenen Vorbild (*Typos*: Zeile 71), vollzieht sich das Mysterium von Leiden, Tod und Auferstehung Christi. Fruchtbar wird es für die Kommunikanten durch das Kommen des Geistes auf die Darbringung. In dieser theologischen Perspektive wird klar, warum der Text ohne Rezitation der Einsetzungsworte auskommt. Der Priester spricht hier nicht *in persona Christi* im Gegenüber zur Kirche, sondern vollzieht den priesterlichen Dienst des Lobes zusammen *mit* dem Hohenpriester Jesus Christus, er ist Stellvertreter Christi als Vorbeter der Kirche.[31]

ERGEBNIS

Als Ergebnis ist festzuhalten, dass die ostkirchlichen Anaphoren den Einsetzungsworten einen anderen Stellenwert geben als die theologische Tradition des Westens. Die orientalischen Zeugnisse weisen die Einsetzungsworte meist der preisenden Vergegenwärtigung der Heilstaten Gottes zu. Der eigentliche Vollzug der Heiligung und Wandlung wird mit dem folgenden epikletischen Teil verbunden, der Geist-theologisch bestimmt ist. Die ostsyrische Anaphora der Apostel Addai und Mari verzichtet dementsprechend auf den Abendmahlsbericht und begnügt sich mit einem Hinweis auf die Einsetzung.

Eine weitere wichtige Beobachtung betrifft die Tatsache, dass in den orientalischen Traditionen, insbesondere der ägyptischen, die Gemeinde Subjekt der entscheidenden Aussagen nach den Einsetzungsworten und an der Schnittstelle von Anamnese und Epiklese ist. Auch hier wird die Rolle des Priesters nicht im Gegenüber, sondern auf Seiten der Gemeinde definiert, selbstverständlich an exponierter Stelle. Offensichtlich handelt es sich um unterschiedliche Sichtweisen des priesterlichen Dienstes. Die östliche Sicht ist bestimmt durch eine umfassend trinitarische Theologie des Amtes, bei der die Kategorie der Beziehung eine tragende Rolle spielt, die in der Epiklese zum Ausdruck kommt.[32] Diese Sicht wahrt mit ihrem Geist-theologischen Ansatz die Vorrangigkeit des gnadenhaften Geschehens, bei dem die Kirche – Priester und Gemeinde – ganz Empfangende ist.

Die Texte und die Feiergestalt der Anaphoren machen es unmöglich, den priesterlichen Dienst anders als ein antwortendes Tun aus der Dynamik des eucharistischen Betens heraus zu verstehen: Indem wir gedenken, bringen wir dar und bitten *(memores – offerimus – et petimus)*. Das Eigentliche ist Gottes Werk, die Kirche antwortet mit der Darbringung »zum Lob und Ruhm seines Namens«.

1 *Messbuch für die Bistümer des deutschen Sprachgebietes. Authentische Ausgabe für den liturgischen Gebrauch. Kleinausgabe*, Köln [u. a.] [2]1986, S. 346. Es handelt sich hier um die dritte von drei Varianten der Einladung zum Gabengebet.

2 Ebd., S. 347.

3 Jungmann 1962, Bd. 2, S. 103. Die jetzige Textfassung des *Suscipiat* hat sich seit dem 11. Jahrhundert in Italien als alleinige Formel durchgesetzt und gelangte so ins *Missale Romanum* von 1570 (ebd., S. 111).

4 Vgl. den Beitrag von Andreas Odenthal (S. 25 – 32). Apologien (Selbstanklagen) gibt es allerdings auch in den liturgischen Traditionen des Orients.

5 Jungmann 1962, Bd. 1, S. 109.

6 Jungmann 1962, Bd. 2, S. 209.

7 *Messbuch* 1986 (wie Anm. 1), S. 463.

8 Jungmann 1962, Bd. 2, S. 209 f.

9 Vgl. zum neueren Forschungsstand: Gerhards [u. a.] 2005.

10 Vgl. Hoping 2011, S. 216 – 229.

11 Es handelt sich dabei um eine Anleihe aus dem Orient, den sogenannten Jerusalemer Typ; vgl. Albert Gerhards: *Akklamationen im Eucharistiegebet. Funktion und Gestalt im Liturgievergleich*, in: Hans-Jürgen Feulner [u. a.] (Hg.): *Crossroad of Cultures. Studies in Liturgy and Patristics in Honor of Gabriele Winkler* (Orientalia Christiana Analecta, 260), Rom 2000, S. 316 – 329.

12 Achim Budde: *Die ägyptische Basilios-Anaphora. Text – Kommentar – Geschichte* (Jerusalemer Theologisches Forum, 7), Münster 2004, S. 367.

13 Ebd.

14 Ebd., S. 376: »Im Gegenteil: Durch den Einsatz der Tempora [...], durch den Wortlaut der Epiklese [...], durch rubrikale Erläuterungen und durch äußere Quellen ist das Verständnis des Textes im Sinne der allgemeinen ostkirchlichen Eucharistieauffassung so klar wie selten sonst belegt.«

15 »Antiochenischer Typ«; vgl. Gerhards 2000 (wie Anm. 11).

16 Budde 2004 (wie Anm. 12), S. 159 – 161.

17 Vgl. dazu: Marcel Metzger: *La prière eucharistique de la prétendue Tradition Apostolique*, in: Gerhards [u. a.] 2005, S. 263 – 280. Die Traditio Apostolica wurde Hippolyt von Rom zugeschrieben (um 210), dürfte in Wirklichkeit jedoch wesentlich jüngeren Datums sein.

18 Georg Schöllgen / Wilhelm Geerlings: *Didache. Zwölf-Apostel-Lehre. Traditio Apostolica. Apostolische Überlieferung* (Fontes Christiani, 1), Freiburg [u. a.] 1991, S. 227.

19 *Messbuch* 1986 (wie Anm. 1), S. 484 – 486.

20 *Messbuch* 1986 (wie Anm. 1), S. 472.

21 Vgl. Reinhard Meßner: *Einige Probleme des eucharistischen Hochgebets*, in: Reinhard Meßner [u. a.] (Hg.): *Bewahren und Erneuern. Studien zur Meßliturgie. Festschrift Hans Bernhard Meyer* (Innsbrucker Theologische Studien, 42), Innsbruck [u. a.] 1995, S. 174 – 201; ders.: *Unterschiedliche Konzeptionen des Meßopfers im Spiegel von Bedeutung und Deutung der Interzessionen des römischen Canon missae*, in: Albert Gerhards / Klemens Richter (Hg.): *Das Opfer – biblischer Anspruch und liturgische Gestalt* (Quaestiones Disputatae, 186), Freiburg i. Br. [u. a.] 2000, S. 182 – 184; vgl. außerdem Bryan D. Spinks: *The Roman Canon Missae*, in: Gerhards [u. a.] 2005, S. 129 – 143; Josef Schmitz: *Canon Romanus*, in: Gerhards [u. a.] 2005, S. 281 – 310.

22 Deren Kernstück ist die Charakterisierung des *Quam oblationem* als »Wandlungsbitte« bzw. »Wandlungsepiklese«; vgl. Pius Bihlmeyer (Hg.): *Das vollständige Römische Meßbuch lateinisch und deutsch mit allgemeinen und besonderen Einführungen im Anschluß an das Meßbuch von A. Schott O. S. B.*, Freiburg, [3]1930, S. 545.

23 Vgl. Albert Gerhards / Benedikt Kranemann: *Einführung in die Liturgiewissenschaft*, Darmstadt [2]2008, S. 175.

24 *Messbuch* 1986 (wie Anm. 1), S. 475.

25 Die Formulierung geht auf den italienischen Theologen Cesare Giraudo zurück; vgl. Gerhards 1983.

26 Vgl. die Monografie von Anthony Gelston: *The Eucharistic Prayer of Addai and Mari*, Oxford 1992; dazu Reinhard Meßner / Martin Lang: *Die Freiheit zum Lobpreis des Namens. Identitätsstiftung im eucharistischen Hochgebet und in verwandten jüdischen Gebeten*, in: Albert Gerhards [u. a.] (Hg.): *Identität durch Gebet. Zur gemeinschaftsbildenden Funktion institutionalisierten Betens in Judentum und Christentum* (Studien zu Judentum und Christentum), Paderborn [u. a.] 2003, S. 371 – 411.

27 Vgl. Reinhard Meßner: *Grundlinien der Entwicklung des eucharistischen Gebets in der frühen Kirche*, in: Gerhards [u. a.] 2005, S. 3 – 41; Franz Dünzl: *Herrenmahl ohne Herrenworte? Eucharistische Texte aus der Frühzeit des Christentums*, in: Winfried Haunerland (Hg.): *Mehr als Brot und Wein. Theologische Kontexte der Eucharistie*, Würzburg 2005, S. 50 – 72.

28 Vgl. den Text im *L'Osservatore Romano* vom 26. 10. 2001. Dazu die Reaktionen aus dem deutschen Sprachraum: Martin Lang / Reinhard Meßner: *Österliches Beten. Das Zeugnis des ostsyrischen Hochgebets der Apostel Addai und Mari*, in: *Christ in der Gegenwart* 54.2002, S. 101 – 120; Klemens Richter: *Eine Ganz-*

heit. Eine römische Entscheidung zur Bedeutung der Einsetzungsworte im Hochgebet, in: *Gottesdienst* 37.2003, S. 22–23; Albert Gerhards: *In persona Christi – in nomine Ecclesiae. Zum Rollenbild des priesterlichen Dienstes nach dem Zeugnis orientalischer Anaphoren,* in: George Augustin [u. a.] (Hg.): *Priester und Liturgie. Festschrift Manfred Probst,* Paderborn 2005, S. 59–73, hier S. 61–63; Wiederabdruck in: Ders.: *Erneuerung kirchlichen Lebens aus dem Gottesdienst. Beiträge zur Reform der Liturgie* (Praktische Theologie heute, 120), Stuttgart 2012, S. 263–273; Winfried Haunerland: *Das eine Herrenmahl und die vielen Eucharistiegebete,* in: Haunerland 2005 (wie Anm. 27), S. 121–123. Von Anhängern der älteren Form der römischen Liturgie kamen kritische Stellungnahmen zur römischen Entscheidung; vgl. Uwe M. Lang (Hg.): *Die Anaphora von Addai und Mari. Studien zu Eucharistie und Einsetzungsworten,* Bonn 2007.

29 Meßner / Lang 2003 (wie Anm. 26), S. 402.

30 Ebd., S. 372; vgl. auch Albert Gerhards: *Liturgiewissenschaft und Liturgiereform. Ergebnisse und Anfragen in Bezug auf die Wort- und Raumgestalt der Eucharistie,* in: Martin Klöckener [u. a.] (Hg.): *Liturgie verstehen. Ansatz, Ziele und Aufgaben der Liturgiewissenschaft* (Archiv für Liturgiewissenschaft 50.2008), Fribourg 2008, S. 251–267, hier S. 258–267; Wiederabdruck in: Ders.: *Erneuerung kirchlichen Lebens* 2012 (wie Anm. 28), S. 142–155, hier S. 148–149.

31 Ein solches Opferverständnis in einem von der katholischen Kirche anerkannten Text wäre möglicherweise auch ökumenisch konsensfähig. Vgl. auch Albert Gerhards: *Liturgiewissenschaft: Katholisch – Evangelisch – Ökumenisch,* in: Michael Meyer-Blanck (Hg.): *Liturgiewissenschaft und Kirche. Ökumenische Perspektiven,* Rheinbach 2003, S. 63–86; Wiederabdruck in: Gerhards: *Erneuerung kirchlichen Lebens* 2012 (wie Anm. 28), S. 234–245.

32 Vgl. Michael Kunzler: *Liturgischer Leitungsdienst zwischen Ordination und Beauftragung. Die ostkirchliche Sicht,* in: *Liturgisches Jahrbuch* 46.1996, S. 169–170.

Poetik des römischen *Canon missae*

VORLÄUFIGE ÜBERLEGUNGEN EINES KLASSISCHEN PHILOLOGEN

Alexander Arweiler

DER LITURGISCHE TEXT UND DIE SPÄTANTIKE KULTUR DER SPRACHE

S. 95–98 Der Text des römischen *Canon missae* gehört zur Literatur der lateinischen Spätantike. Als solcher ist er eng an die antike und spätantike Sprachkultur gebunden, die mit einer heute nur noch schwer vorstellbaren Intensität alle Bereiche des öffentlichen Lebens durchzog. Die gesamte Schulausbildung beruhte auf der Analyse von Poesie und Kunstprosa, das Studium war vor allem eines der Rhetorik, der Theorie und Praxis des gelingenden Sprechens zu einem Publikum. Es ist bekannt, dass die christlichen theologischen Schriften, die Korrespondenz und die Vielfalt literarischer Textformen der Spätantike nur vor dem Hintergrund dieser Tradition der Sprachkultur verständlich werden.

Trifft dies auch auf liturgische Texte zu? Sie sind sakrale Gebrauchstexte, gedacht, um einen Gottesdienst in der rechten Weise zu gestalten, und sie sind daher an den Bedingungen zu messen, die eine Religion und ihre Theologie vorgeben. Die spätantiken liturgischen Texte sind aber auch Produkte der sie umgebenden und durchdringenden Sprachkultur, in der alle Aufmerksamkeit auf dem sachgerechten und guten Sprachgebrauch lag – von der Suche nach den passenden Wörtern zu deren richtiger Verbindung, von der Suche nach angemessenen Argumenten zur Gestaltung eines überzeugenden Gedankengangs. In einer solchen Kultur der sprachlichen Sorgfalt wäre es zumindest erstaunlich, wenn der *Canon missae* davon absichtlich ausgenommen worden wäre.

Zu den Forschern, die schon vor langer Zeit auf die sprachliche Verbundenheit des *Canon missae* mit der literarischen Tradition hingewiesen haben, gehören Anton Baumstark und Christine Mohrmann. Letztere hat den feierlichen Wortreichtum des *Canon missae,* die Häufung bedeutungsverwandter Wörter und das Bemühen um Wohlklang in den geschlossen komponierten Wortgruppen hervorgehoben. Weil das Gespräch mit einem Gott höchste Aufmerksamkeit erfordert, ist es nicht verwunderlich, dass schon vor den beiden Genannten der Philologe Eduard Norden, dem die maßgebliche Forschung zur lateinischen Kunstprosa zu verdanken ist, eben auch für antike Gebetstexte eine durchgängige Tradition aufzeigen konnte: eine Tradition, in der liturgische Sprache ausgezeichnet wurde durch Rhythmus, durch Gleichklang (Assonanz), parallele und überkreuzte Stellung aufeinander bezogener Worte, durch Übereinstimmung in Silben- und Wortzahlen (Isokolie), Figuren der Häufung, der Fülle und semantischen Verschiebung (zum Beispiel Metaphern, Mitbezeichnungen, Bilder).[1]

POETIK DES CANON MISSAE?

Kann man den *Canon missae* als Gedicht lesen? Für die Klassische Philologie hat Denis Feeney darauf aufmerksam gemacht, dass die Frage *Religion oder Literatur?* bei den vorhandenen römischen Texten falsch gestellt ist, weil sie mit den modernen Begriffen nicht einzufangen sind. Der selbstironische Aufsatztitel des amerikanischen Literaturwissenschaftlers Stanley Fish *(Wie man ein Gedicht erkennt, wenn man eines sieht)* verweist zudem auf das Problem, dass keiner der bekannten Ansätze bei bestimmten Eigenschaften (Ausdruck, Metrum, »Schönheit«) bisher eine befriedigende Definition von »Gedicht« (oder Kunst oder Literatur) erbracht hat.[2] Möglich wäre die pragmatische Lösung: Gedicht (Gebet, Kunstwerk) ist, was als solches behandelt werden kann. Besser handhabbar ist aber für unsere Frage der einflussreiche Vorschlag des Linguisten Roman Jakobson, der bei der poetischen Funktion von Sprache angesetzt hat:[3] Die poetische Funktion ist diejenige, die die Aufmerksamkeit auf den Text selbst lenkt, das poetische Zeichen ist »selbstreferenziell«. Sprachliche Kunstwerke wären demnach so aufzufassen, dass ihre Bedeutungen sich nicht in den Dingen erschöpfen, die dargestellt werden, sondern in ihrer konkreten Gestalt, im »Wie« der Darstellung zu suchen sind. Sie sind als Zweck, nicht als Mittel zu betrachten, in allen Elementen.

Bei einem Text wie dem *Canon missae* ist mindestens von einer doppelten Funktion auszugehen: Als liturgischer Gebrauchstext muss er den tatsächlichen Vollzug von sakralen Handlungen begleiten oder regeln oder diesen selbst ausmachen, als poetischer Text müsste er die Aufmerksamkeit auf die eigene konkrete Form und Redeweise lenken, im Sinn der Selbstreferenzialität also Gegenstand der Reflexion sein können. Weil er nun aber tatsächlich das letztgenannte Kriterium erfüllt – im Folgenden können dafür nur einige vorläufige Anhaltspunkte genannt werden –, ist der *Canon missae* ein poetischer Text. Ein Hinweis auf diese poetische Qualität findet sich in der Dichte der intertextuellen Bezüge – Zitate aus anderen Texten, Hinweise auf andere Schriften –, im kunstgerechten Gebrauch von Wort- und Gedankenfiguren, dem bemerkenswerten Satzbau und der Prägnanz des Ausdrucks. Entscheidend aber ist, dass der *Canon missae* mehrere Bedeutungsdimensionen erst sichtbar werden lässt, wenn die Aufmerksamkeit auf ihm ruht und nicht durch ihn hindurch geht. Ein Kunstwerk hält die Betrachter auf, es lässt sie nicht ziehen.

Sprachliche Kunstwerke können auch liturgisch verwendbar sein, liturgisch verwendbare Texte auch Kunstwerke, unabhängig von der Identität und Zahl der Verfasser, wohl aber abhängig von ihrer Form. Zur Form gehören in antiker Literatur alle Bereiche des Wohlklanges (der Euphonie), die Entsprechung zwischen jeweiliger Aussage und Situation und dem dazu passenden Stil, die Variation der Stilhöhen zwischen kunstgerecht hergestellter Einfachheit *(genus humile)* zur Erhabenheit *(genus sublime)*. Vom kleinsten Element über Wortwahl und Bildgebrauch bis zur Architektur umfangreicher Werke erfordert jeder Teil die Achtung, die ihm gebührt. Für eine Analyse, die die poetische Dimension beschreiben soll, ist es dabei nicht relevant, ob ein Text eine geschlossene lyrische Form hat, homogen ist oder einer spezifischen Gattung zuzuordnen ist.

Noch in den 1950er-Jahren waren die Widerstände gegen die rhetorisch-ästhetische Analyse liturgischer Texte stark. Zum Beispiel ist in der wichtigen Studie zur Genese des *pridie*-Teils im *Canon missae,* die der Liturgiewissenschaftler Edward Ratcliff unternahm, ganz offensichtlich, wie sehr sein Textverständnis von einem unversöhnlichen Gegensatz zwischen dem Authentischen, Echten, theologisch Relevanten auf der einen, dem Literarischen, Formalen und Künstlichen auf der anderen Seite bestimmt ist.[4] Das geschieht ohne Not, denn es kommt dem theologischen Interesse entgegen, wenn es frei ist von der (romantisierenden) Vorstellung eines ursprünglich Authentischen und statt dessen mit der Vorstellung vom Reichtum eines historisch gewachsenen, auf Poesie und Reflexion angelegten Textes arbeitet. Einem solchen Text verleihen alle Elemente des Stils und die intertextuellen Bezüge eine Tiefe, die kein nachträglicher Schmuck ist, sondern ein wichtiger Bestandteil der Aussage. Das Misstrauen gegen die Kunst, vor allem die der Sprache, und das Reden vom »bloß Rhetorischen, bloß Literarischen« ist Resultat einer Verkürzung in der Moderne, nicht einer Konzentration auf das Wichtige. Im Hinblick auf die Textwissenschaften reicht diese Moderne von ungefähr 1770 bis in die 1950er-Jahre: Erst die nachmoderne Wiederentdeckung der antiken und Entdeckung neuer Textdimensionen hat der modernen, auf Reduktion und Isolation einzelner Aussageinhalte beruhenden Behandlung von Literatur als »Fundgruben für Informationen« ein Ende gemacht.

ANNÄHERUNGEN AN DEN TEXT: DAS GANZE UND DIE TEILE

Teile des römischen *Canon missae* gehen mindestens auf das 4. Jahrhundert zurück.[5] Die reichen Traditionen hinter Wortlaut und Gedanken des Textes hat der Liturgiehistoriker Josef Andreas Jungmann in beeindruckender Ausführlichkeit erläutert.[6] Neben anderen Textversionen sind für den Vergleich wichtige Textpassagen des Kanongebetes in der Schrift *De sacramentis* erhalten, die dem Mailänder Bischof, Theologen und Literaten Ambrosius († 397) zugeschrieben wird. Der *Canon missae* wird in Sakramentaren und Handschriften genauso wie in der Forschung vornehmlich analytisch, also aufgelöst in selbstständige Untereinheiten, betrachtet. Dem Aufruf zur Aufmerksamkeit und zur Danksagung (*Sursum corda* = Erhebet die Herzen) folgen das Eröffnungsgebet *(praefatio)* und das *Sanctus;* dann schließen sich vom *Te igitur* bis zum *Per quem* je nach Zählung zwölf oder dreizehn oft isoliert voneinander betrachtete Abschnitte an. Nun sind diese aber nicht nur selbst mehrheitlich als jeweils zusammenhängende syntaktische Einheit gestaltet, was zu einer angesichts der Länge des *Canon missae* geringen Anzahl von Einzelsätzen führt. Vielmehr sind gerade die Übergänge zwischen den Einheiten oft verwischt. Wichtige Mittel der Verknüpfung sind logische Partikel und Konjunktionen sowie die Relativpronomina *qui, quae, quod,* die einerseits untergeordnete Relativsätze einleiten können, andererseits aber auch am Beginn eines neuen Satzes wie ein Demonstrativ- oder Personalpronomen stehen. In keinem Fall bietet sich eine starke Interpunktion an, wie sie in den meisten neueren Ausgaben zu finden ist. Bedenkt man zudem, dass das *Communicantes* keinen selbstständigen Satz bietet, sondern vor dem Einschub des *Memento* wohl das *Te igitur* fortsetzte[7] und dass sich auch *Qui pridie, Supra quae* und *Per quem* eng an das jeweils Voranstehende anschließen, wird das intensive Bemühen der Verfasser darum deutlich, nicht eine Reihe von Gebeten, sondern ein großes Ganzes zu schaffen.

Auf den ersten Blick ebenso wenig auffällige, aber wirksame Techniken der Verknüpfung sind die über den Text verteilten Anreden Gottes in nie gleichlautenden Variationen[8] und die Häufung von (sonst im Lateinischen viel seltener als im Deutschen gesetzten) Personal- und Possessivpronomina der ersten Person Plural[9] und der angeredeten zweiten Person Singular.[10] Oft stehen die Bezeichnungen von Sprechern und Adressat unmittelbar nebeneinander (zum Beispiel *nos tibi, nostros in tua*), sodass die erhoffte Nähe abgebildet und die spezifisch christliche Intimität des Dialoges mit dem gepriesenen Gott sinnfällig wird. Zugleich nehmen sich die Betenden ganz zurück, um Raum für die Größe des angesprochenen und handelnden Gottes zu geben: Im *Canon missae* sind sämtliche selbstständigen Prädikate der ersten Person stringent auf die Sprechhandlungen des Bittens und Darbringens bezogen, die zudem in wenigen Variationen mit denselben einfachen Verben ausgesagt sind.[11] Ähnlich restringiert sind die Partizipien, die Nebenhandlungen oder Qualitäten der Haupthandlung bezeichnen: *supplices* (flehentlich), *memores* beziehungsweise *memoriam venerantes* (im verehrenden Angedenken an), *communicantes* (gemeinsam betend) und *nobis sperantibus* (hoffend auf). Die durch Wortwahl erzeugte Konzentration wird durch wörtlich wiederholte, aber semantisch unterschiedlich gebrauchte Leitmotive wie das des Erinnerns *(memor, memoriam, memento)* unterstützt: Dasselbe Wort meint auf die Menschen bezogen ein Handeln aus Dankbarkeit, auf Gott bezogen eines der Gnade. Diesen Bewegungen der Konzentration entsprechen Bewegungen der Entfaltung und Anreicherung innerhalb der jeweiligen Aussagen. Variationen auf derselben syntaktischen Ebene gehören hierhin, genauso wie die ausführlichen Listen der Gestalten biblischer und christlicher Vergangenheit.

Von Anton Baumstark und Christine Mohrmann wurden bereits zahlreiche Verfahren der Reihung gleichartiger Satzglieder mit zwei, drei oder gar fünf Positionen vermerkt. Alle diese Figuren der Häufung, die von der antiken Rhetorik bis in die kleinsten Differenzierungen beschrieben werden,[12] stellen Fülle her. Allein im *Te igitur* finden sich hintereinander drei Doppel-, eine Dreier- und eine Viererreihe *(pacificare custodire adunare et regere)*. Stilistisch ist dies weniger der römischen Gebetstradition allein zuzuschreiben, sondern vielmehr dem umfassenderen Gebiet der feiernden Rede, der »Entfaltung« *(amplificatio)*, die den »hohen Stil« in verschiedenen Gattungen ausmacht. Solche Reihungen lenken im Sinne der Selbstbezüglichkeit des Poetischen die Aufmerksamkeit der Betenden auf das von ihnen oder stellvertretend für sie Ausgesprochene. Sie erzwingen ein Innehalten, ein Nachdenken über die Bedeutung der einzelnen Aussagen und machen den liturgischen Text zum Gegenstand der Kontemplation. Müßig ist Wiederholung daher nie, wie die durch Wiederaufnahme des Demonstrativs ausgezeichnete Trias bedeutungsverwandter, aber nicht gleicher Bezeichnungen für die Gaben im *Te igitur* zeigt *(haec munera, haec dona, haec sancta sacrificia illibata)*: Zusammengehalten durch das nachstehende Attribut *illibata* (makellos), besteht sie zwar aus sachbedingten und gängigen Bezeichnungen, die aber in den erhaltenen spätantiken Schriften kaum je in dieser Form und vergleichbarer Dichte zu finden sind. Eine solche sprachliche Sorgfalt verbindet den liturgischen Text mit dem Stil der feiernden Prosa in den Gattungen der Homilie und der auf kontemplative Lektüre angelegten Werke.[13]

DICHTE UND FÜLLE DES AUSDRUCKS

Wie aus der literarischen Tradition einzelnen Wendungen des *Canon missae* weitere Bedeutungsdimensionen zugewachsen sind, die seine poetische Kraft zukünftig näher beschreiben lassen dürften, kann hier nur in wenigen Stichworten angedeutet werden. Stil ist das Ergebnis von Auswahlprozessen, und es sind oft eher unauffällige Wendungen, die auch der Sprache des *Canon missae* charakteristische Eigenschaften verleihen.

Zu den Ausdrücken, die auf höhere Intensität zielen, gehört das mehrfach im *Canon missae* verwendete »in seiner Gänze, vollständig und mit Zustimmung annehmen, als Angenommenes anerkennen und halten« *(acceptum habere)* statt des einfacheren, ebenfalls verwendeten *accipere* (annehmen).[14] Die Verbindung des Partizips mit *habere* ist in den romanischen Sprachen zum Normalfall der Perfektbildung geworden, hier allerdings bezeichnet sie die Vollendung und Abgeschlossenheit einer Handlung oder eines Vorgangs. Sprach- und wortgeschichtlich verweisen uns die Belege auf juridisches Interesse an exakter Bezeichnung[15] und auf die alte römische Komödie des Plautus. In dieser wird die in Kunst verwandelte Alltagssprache der Figuren ebenfalls mit Ausdrücken gestaltet, die das Einfache zugunsten des Erlebens mit höherer Intensität zurückdrängen, aber auch selbst von juridischer oder parodistisch-juridischer Diktion geprägt sind. Die lateinischen Schriftsteller des 4. und 5. Jahrhunderts benutzen die Wendung ebenfalls gerne, nicht selten eben zur Intensivierung, zu erhöhter Präzision und zur Verschiebung der Aufmerksamkeit vom Vorgang hin zum Resultat desselben.[16]

Gleiches gilt für die unscheinbare Junktur *supplices rogare*, speziell für die (hier und sonst oft prädikative) Verwendung des *supplex* (flehentlich bittend).[17] Die Verbalhandlung wird einerseits hinsichtlich der Haltung der Bittenden emotional intensiviert. Sie ist im Sinne eines nachdrücklichen Bekenntnisses zur inneren Beteiligung der Sprecher aber auch Teil eines Argumentes: Weil die Bitte in aufrichtiger Demut vorgebracht und damit die Bedingung für ihre Erhörung erfüllt wird, darf gehofft werden, dass die verehrte Instanz ihrerseits mit Wohlwollen reagiert und das Zukommende oder aus Gnade zu Gewährende nicht verweigert. Andererseits ist *supplex* nicht nur verstärkend, sondern bringt auch mit der Vorstellung von einer körperlichen Geste der Verehrung eine szenische, anschauliche Qualität in den Ausdruck. An die Stelle einer Unterwerfung unter politische Herrscher und militärische Sieger tritt eine Handlung der angemessenen Gottesverehrung.[18] Im Unterschied zu eher dem technisch-theologischen Ausdruck gemäßen Worten gewinnt der *Canon missae* in diesen kurzen Passagen eine anschauliche Qualität, die vor allem die emotionale Beteiligung der Betenden unterstützt. Vergleichbar sind Stellen, an denen einzelne Wörter wie *dilectissimi* (innig geliebt) oder *placatus* (gnädig) affektive Aspekte einfügen, nicht zuletzt, um die theologisch bedeutsame Verbundenheit der Betenden mit Gott und der trinitarischen Personen untereinander in Erinnerung zu rufen.

Anschaulichkeit ist eine poetische Qualität, die es erlaubt, einzelne Aussagen auf zusätzliche Bedeutungsdimensionen hin zu erweitern. Sie findet sich in der Präfation, dem *Unde et memores, Supra quae* und anderen Passagen. Ihre Ausdrucksmöglichkeiten konnten die Verfasser des *Canon missae* der christlichen Literatur entnehmen, die selbst auf antiken Traditionen aufruhte. In der Begriffstrias der lobenden und Gott fürchtenden himmlischen Scharen *(potestates, dominationes, virtutes;* später: *angeli)* klingen Exegesen zu Paulus[19] und feiernde Passagen aus den Schriften von Hieronymus († 420), Augustinus († 430) und Rufin / Origenes († 254) an. Das Vokabular für das Fest in der Präfation *(exultatio, celebrare, laudare, adorare)* nimmt eine ähnliche Begriffsdichte in Predigten des Caesarius von Arles († 542), des Ambrosius († 397) über das Paradies und des Augustinus in den *Confessiones* auf. Die Verbindung *exsultatione concelebrare* ist allerdings eher charakteristisch für den (späteren) Psalmenkommentar Cassiodors († 585), hat also wenige Vorbilder. Juristische, politische (Herrschafts-) und panegyrische Dimensionen finden über terminologisch geprägte Wortverbindungen Eingang in den *Canon missae:* Die Junktur *admitti iubeas* der Präfation ist, auch in der hier gewählten ehrfürchtigen Bitte in Voranstellung vor *deprecamur,* eine offizielle Wendung (jemanden vorlassen) im Gerichtswesen,[20] den Gesetzestexten[21] und in Szenen, in denen es um Audienzen bei Herrschern oder Feldherren geht.[22] Die Anrede mit dem Abstraktum *maiestas tua* ist einschlägig geprägt in panegyrischen Kaisertitulaturen,[23] entspricht aber auch der feierlichen Gottesprädikation in biblischer und exegetischer Sprache.[24] Aus dem Streben nach Anschaulichkeit ist eine der besonders bildhaften Formulierungen für die erhoffte Zuwendung Gottes zu den Betern entstanden. In ihr sind Traditionen der Dichtung und hohen Prosa so verdichtet, dass weder die Konstruktion (mit *supra*) noch die ganze Junktur an anderer Stelle belegt zu sein scheint: *Supra quae propitio ac sereno vultu respicere digneris* (aus der Höhe mögest du auf sie mit wohlwollendem und heiterem Antlitz blicken).

Mehrfach werden panegyrisch-politische und spirituell-theologische Redeweise im *Canon missae* so eng verbunden, dass unterschiedliche Aspekte in einen einzelnen Ausdruck integriert sind. Die Anrede *clementissime pater* (gnädigster Vater) verbindet die affektisch-emotionale Rede des reuigen Sünders in den Psalmen, bei Hieronymus und Augustinus (in den *Soliloquia*) mit der verbreiteten Anrede des Kaisers als *clementissime imperator, Auguste, rex.*[25] Das Bild von Gott als Vater wird verbunden mit dem des Herrschers, dessen auszeichnende Tugend darin besteht, dort Milde walten zu lassen, wo Recht und Gesetz die Bestrafung erlauben oder fordern. Von anderer, nicht minder prägnanter Art ist die Selbstbezeichnung der Sprecher mit dem Abstraktum *servitus nostra* (unsere Knechtschaft = wir als deine Knechte) im *Hanc igitur:* Als Demutsformel steht es im Kontext der spätantiken Kommunikationsformen, theologisch ist es bei Ambrosius,[26] Augustinus und vor allem in Homilien zu einer stehenden Bezeichnung der Knechtschaft im Irdischen und der Erlösungsbedürftigkeit geworden. Es ist Konfession und Bitte in einem. Neben solchen prägnanten Ausdrücken bewirken auch Zusammenstellungen mehrerer Einzelwörter einen höheren Reichtum an Bezügen: Die geschlossene Überkreuzstellung der Paarungen *quorum tibi fides cognita est et nota devotio* (deren Glauben dir bekannt ist und deren Hingabe du kennst) im *Memento* lenkt die Aufmerksamkeit darauf, dass hier Formulierungen, die in der höflichen Sprache offizieller Korrespondenz geläufig waren, etwa in der Versicherung gegenseitiger Hochachtung, in neuem Kontext gebraucht werden.[27] Andere Formulierungen des *Canon missae* wurden in der Entwicklung der christlichen »Fachsprache« des 4. und 5. Jahrhunderts zu festen Termini geprägt, so zum Beispiel *signum fidei / signaculum fidei; sacrificium laudis; locus refrigerii* als Hinweis auf Abrahams Schoß.[28] Es sind oft die Psalmen und deren Exegese, insbesondere durch Ambrosius, der für viele Wendungen des *Canon missae* die erste, manchmal einzige Parallele bietet, die den Stil des sanften Ethos von Teilen des *Hanc igitur* oder *Memento etiam* ausmachen: *dormiunt in somno pacis* (im Schlaf des Friedens ruhen), *largitor veniae* (einer, der Vergebung schenkt),[29] *auxilio protectionis munire* (mit Deiner Hilfe uns schützend umgeben).

Innerhalb des großen Bogens, den das Gebet des *Canon missae* beschreibt, lassen sich so anhand einzelner Ausdrucksweisen sehr verschiedene Stilebenen ausmachen, die selbst wiederum von dem Willen geprägt sind, im je einzelnen Fall die angemessene, vertiefende Entsprechung eines Gedankens in der Sprache zu finden. Kontaminierende Ausdrucksweisen, in denen gängige oder formelhafte Wortverbindungen neu zusammengebracht werden, sind dabei ein mehrfach angewendetes Verfahren. Im seltenen, kunstvollen *pace disponere* (in Frieden ordnen) steht das Resultat der Verbalhandlung im Ablativ vorweg (zugrunde liegt vielleicht die biblische Junktur *testamentum pacis disponere*). Anstelle einer gängigen, auch im Deutschen geläufigen Konstruktion für den Ausdruck »ehrendes Angedenken pflegen« und »der Erinnerung würdig sein« (zum Beispiel *memoriae venerabilis*) wird im *Canon missae* das preziöse *memoriam venerare* gewählt, worin an die grammatische Stelle des semantisch erwartbaren Objektes der Verehrung, nämlich der Person, die Erinnerung an diese tritt (die Erinnerung ehren).[30]

Schon diese wenigen Hinweise auf Sprache und Komposition des römischen *Canon missae* dürften belegen, dass dieser ohne die unermüdliche Suche der spätantiken Schriftsteller und Gelehrten nach einer sich gegenseitig ergänzenden Verbindung von Gedanke und Ausdruck, von Aussage und Form nicht hätte entstehen können. Beim Ringen um das angemessene Wort und durch sukzessive Veränderungen kam es auch zu syntaktischen Brüchen und semantischen Überlagerungen, die von glättenden Übersetzungen im liturgischen Gebrauch oft verdeckt werden. Gerade sie machen aber den Text zu einem Dokument der Erfahrung, die spätantike christliche Gemeinden und Theologen mit den Formen liturgischer Feier gemacht haben. Die historische und literaturkritische Analyse kann daher eine oft weniger beachtete Form der Authentizität des *Canon missae* kenntlich machen: Die poetische, auf Selbstreferenzialität angelegte Dimension des liturgischen Textes widersetzt sich dem vereinfachenden Gebrauch und fordert zu einem innehaltenden, kontemplativen Nachvollzug ihrer Entstehung in der Zeit auf.

1 Eduard Norden: *Die antike Kunstprosa. Vom VI. Jahrhundert v. Chr. bis in die Zeit der Renaissance*, Leipzig 1898; ders.: *Agnostos Theos. Untersuchungen zur Formengeschichte religiöser Rede*, Leipzig / Berlin 1913; ders.: *Logos und Rhythmus. Rede zum Antritt des Rektorats der Friedrich-Wilhelms-Universität zu Berlin am 15. Oktober 1927*, Berlin 1928; Wiederabdruck in: Ders.: *Kleine Schriften zum klassischen Altertum*, hg. von Bernhard Kytzler, Berlin 1966, S. 533–551.

2 Stanley Fish: *How to Recognize a Poem When You See One*, in: Ders.: *Is There a Text in this Class? The Authority of Interpretive Communities*, Cambridge (MA) 1980, S. 322–337.

3 Roman Jakobson: *Poetik. Ausgewählte Aufsätze 1921–1971*, Frankfurt am Main 1979.

4 Zum Beispiel: Craddock Ratcliff: *The Institution Narrative of the Roman Canon Missae. Its Beginnings and Early Background* (Studia Patristica, 2), Berlin 1957, hier S. 65 und 78.

5 Vgl. B[ernard] Botte, in: RAC, Bd. 2, 1954, Sp. 843.

6 Jungmann 1962, Bd. 2, S. 127–340.

7 Leo Eizenhöfer: Te igitur *und* Communicantes *im römischen Messkanon*, in: *Sacris erudiri* 8.1958, S. 14–75.

8 Mit Ausnahme des attributlosen *Domine* [6 Mal], sonst: *sancte Pater, omnipotens aeterne Deus; maiestatem tuam; clementissime pater; tibi aeterno Deo vivo et vero; Deus; te Deum, patrem suum omnipotentem; praeclarae maiestati tuae; omnipotens Deus; divinae maiestati tuae; tibi Deo Patri omnipotenti.*

9 Wir, uns, unser (ca. 25 Mal).

10 Du, Dein, Dich etc. (ca. 40 Mal).

11 In der Reihenfolge ihres Vorkommens: *deprecamur* (praef), *rogamus ac petimus, offerimus, quaesumus, offerimus, rogamus, deprecamur.*

12 Heinrich Lausberg: *Elemente der literarischen Rhetorik. Eine Einführung*, München 1990 (10. Aufl.).

13 Vgl. zum Beispiel die Ausdrucksweise des Ambrosius in der Erklärung zu Psalm 118 (serm. 18,30): *ut intemerata gratiae spiritalis dona custodiat et sacrae remissionis munera inlibata atque inoffensa conseruet;* oder Cassian, Collationes 21,26. Seltener als vermutbar findet sich das Attribut »makellos«, zumeist mit einem ergänzenden Aspekt wie *integer* (zum Beispiel in der Predigt des Chromatius von Aquileia, serm. 10). Hier und im Folgenden genannte Parallelstellen sind über die Datenbank des Verlages Brepols recherchiert und nachprüfbar (www.brepolis.net).

14 Lactanz (*div. inst.* 4,11,8 und *epit. div. inst.* 43,5) zitiert aus *Malachiel propheta* (= Malachi) die Junktur im Kontext der Opfersprache *(sacrificium acceptum non habebo)*. So hat die Wendung *acceptum habere* zwar auch einen festen Platz in der Opferterminologie biblischer (und exegetischer) Provenienz (vgl. auch Cyprian von Karthago, *Ad Quirinum* 1,16, im selben Zitat aus Malachias; ebd. 3,20 und 3,101), der spätantike Kommentator Prophyrio benutzt den Terminus aber ebenso im sakralen nicht-christlichen Zusammenhang (*Porph. comm. in Carm saec.* v. 67 f.): *Sensus est: si* acceptas aras habet Apollo, *quae in Palatio dedicatae sunt, si propitius Romanos aspicit, melius saeculum in futurum tribuat.*

15 Daher in den *Digesten* zu finden, wenn auch nur an zwei Stellen.

16 Antik zum Beispiel bei Cicero, *div.* 2,76.

17 Baumstark 1948, S. 327 mit Anm. 40, hat eine beeindruckende Liste von fast ausnahmslos aus der Dichtung stammenden Stellen. Hinzuzusetzen wäre zum Beispiel aus dem *Carmen ad Flavium Felicem de resurrectione mortuorum* (v. 394) die Verwendung in einem Aufruf zur gottesfürchtigen Lebensführung im »neuen Leben« des Christen *(ac veniam primis supplices rogate delictis*, siehe dazu ebd. v. 396–397: *innocuasque manus precibus adtollite iustis / laudibus et faciles divinis reddite voces)*. Junktur auch bei *Dictys Ephemeris bello Troiani* 5,2; als Attribut zu *vox* finden sich *supplex* und *rogare* bezeichnenderweise in einer ovidischen Szene, in der die anderen Götter den Sonnengott anflehen, die Welt nicht in Dunkelheit vergehen zu lassen (*met.* 2,391 f.: *neve velit tenebras inducere rebus, / supplice voce rogant;* vgl. *met.* 6,30); im *Carmen contra paganos* (AL 3 ShB) 98: *supplex cum forte rogares.*

18 Den politischen Kontext zeigt zum Beispiel Cicero, *Rab. Post.* 5: *supplex erat rex, multa rogarat;* ebenso die Panegyrik des Claudian (*IV cons Hon.*, MGH p. 152,47; *Manl. Theod.*, MGH p. 186,291).

19 Zum Epheserbrief 1,19.

20 Ironisch gebrochen schon in einer Terenzkomödie: *Eunuchus* 617; vgl. Donat, *comm. zu Eun.* 619.

21 *Codex Theodosianus* 11,30,38; *Digesten* 4,2,14 und 48,10,1.

22 Hier vor allem Curtius Rufus (z. B. *Hist. Alex.* 7,8,9) und Nepos (z. B. *Vir. ill.* 3,4).

23 Zum Beispiel bei Vegetius *epit. milit.* 2,3,9, Ps. Quintilian *decl. min.* 377,11.

24 Vgl. wiederum den Kommentar des Ambrosius zu Psalm 118 (*serm.* 1,12 und 20,19), Vulg. Esther 13,11 sowie weitere Stellen aus den Schriften des Augustinus, Hieronymus, Leo und Cassiodor. Eine direkte Anrede Gottes mit dem Abstraktum wie in der Kaiserpanegyrik scheint allerdings nicht gängig gewesen zu sein.

25 Ambrosius, *De fide* 3,1; *De spiritu sancto* 1,1 und 1,3 (sowie in Briefen); ebenso in späterer Zeit bei Cassiodor und Facundus († nach 570), zum Beispiel *Pro defensione trium ad Iustinianum* 1,1 und 2,2. Zur Junktur vgl. auch Eizenhöfer 1958, S. 55–57.

26 Zum Beispiel *epist.* 7,39,5.

27 Zum Beispiel in Briefen des Augustinus, Fulgentius v. Ruspe, Gregor Magnus, Cassiodor.

28 Bei Dichtern wie Paulinus von Nola und mit *loca lucis* (wie bei Vergil, *Aen.* 6,760) verbunden auch mit der Ekphrasis des diesseitigen angenehmen Ortes, noch ausgeführt bei Gellius über die Villa des Herodes Atticus oder bei Cassiodor.

29 Die Junktur hat teilweise einen juridisch-technischen Klang (z. B. in Konzilsakten), findet sich aber vor allem in Homilien, u. a. des Petrus Chrysologus, und unter biblischem Einfluss.

30 Die Konstruktion statt üblicher Verbindungen von *memoratus, memorabilis* und *venerabilis* ist selten: Augustinus, *epist.* (CSEL 101) 20,12: *iudices enim dedit uenerandae memoriae papa Bonifatius;* ähnlich Gregor Magnus, *epist.* 5,54: *Et quoniam nostro hoc arbitrio commisistis ac multa bona de uenerandae memoriae quondam Maximiano episcopo referentes talem uobis ordinari deposcitis; epist.* 9,157: *illa, quae illic de causa uenerandae memoriae Gregorii episcopi Antiocheni sunt habita; epist.* 13,30: *a decessore uestro uenerandae memoriae Maximiano;* ebenfalls bei Quodvultdeus, *Lib. promissionum et praedictorum Dei*, pars 2,25: *uenerandae memoriae Augustini episcopi dicta inspiciat;* ebd. *pars* 3,34: *nobisque memorias sui martirii consecratas tradidit uenerandas* (allerdings hier in weniger auffälliger prädikativer Funktion: »hinterließ uns zur Verehrung«); Leo Magnus, *Tract.* 84,2: *illius memoriam iusto honore ueneramini, qui hoc die antiquam festiuitatem huius loci consecratione geminauit;* Gaudentius von Brescia, *tract.* 21,15: *Tam digni igitur memoriam sacerdotis debito affectu veneremur.* Dass es sich nicht um spätantike Kontamination handelt, zeigt der früheste und zugleich den Bezug zum hohen Stil festigende Beleg bei Tacitus in seiner Schrift über das Leben des Iulius Agricola 46,3: *praeceperim, sic patris, sic mariti memoriam venerari, ut [...].*

Illuminierte Wandlung: *Te igitur*-Initialen und Kanonbilder

Beatrice Kitzinger

Die Gebete und Messformulare für die Gottesdienste des liturgischen Jahres werden im frühen Mittelalter in Sakramentaren zusammengefasst. Um die Mitte des 12. Jahrhunderts sind sie weitgehend durch Missalien ersetzt, die nun zudem auch die nicht vom Priester vorzutragenden Gesänge und Schriftlesungen enthalten.[1] In beiden Formen spielt dieses Textbuch eine zentrale Rolle bei der »Inszenierung« des mittelalterlichen Gottesdienstes. Eine lothringische Elfenbeintafel im Frankfurter Liebieghaus aus dem 10. Jahrhundert mit Abb. S. 41 der Darstellung der Eucharistiefeier zeigt ein solches Sakramentar, das aufgeschlagen auf dem Altar liegt. Die Messe hat ihren Höhepunkt erreicht: das Kanongebet, in dem die Hostie als Leib Christi und der mit Wasser gemischte Wein als sein Blut konsekriert werden. Das kleine Elfenbeinbuch vor dem Zelebranten ist bei dem *Te igitur*-Gebet aufgeschlagen, mit dem der Kanon einsetzt: *Te igitur, clementissime pater, per Jesum Christum, filium tuum, dominum nostrum, supplices te (!) rogamus, ac petimus […].* (Dich, gütiger Vater, bitten wir demütig und flehen zu Dir durch Jesus Christus, Deinen Sohn, unseren Herrn […]).

So schmucklos die beiden Seiten in dem Elfenbeinbuch daherkommen, grundsätzlich ist der Beginn des Kanongebetes – und hier vor allem das anfängliche *Te igitur* – einer der wichtigsten Bildorte in den mittelalterlichen liturgischen Handschriften. Wie die Frankfurter Tafel zeigt, ist das Messbuch während der Wandlung im Zentrum des Geschehens platziert. Die überlieferten Kanonbilder machen deutlich, dass solche Sakramentare und Missalien nicht nur die Texte für die Zelebration der Messe bereitstellen, sondern auch deren Sinn interpretieren und verdeutlichen, indem sie theologisches Denken in eine sichtbare Form umsetzen. Reich bebilderte Messbücher kommentieren die Liturgie und schreiben das Handeln des Zelebranten in den Verlauf der christlichen Heilsgeschichte ein: Das illustrierte Kanongebet erinnert an die Kreuzigung Christi; es verknüpft geheiligte Vergangenheit mit deren ritueller Vergegenwärtigung, häufig mit einem besonderen Blick auf die Wiederkunft Christi und die Erwartung seiner himmlischen Herrschaft. Außerhalb der Messfeier repräsentiert das Messbuch immer noch die Liturgie in ihrer Gesamtheit (wobei viele wertvolle Bücher, soweit wir das heute beurteilen können, wohl selten benutzt wurden) – es verkörpert die Eigenheiten des lokalen

Ritus im Zusammenspiel mit einer theologischen Sicht, die Sinnhaftigkeit und Notwendigkeit der Messfeier in den Mittelpunkt stellt.

Der älteste in Sakramentaren erhaltene figürliche Schmuck trifft zeitlich mit der allegorischen Auslegung der Messe zusammen, die sich im späten 8. und frühen 9. Jahrhundert im fränkischen Reich entwickelt. Mit der zunehmenden Herausbildung eines textlichen Standards und einer den Inhalt strukturierenden Ordnung werden auch Ornament und Bild zu integralen Bestandteilen bei der Konzeption der kostbaren liturgischen Handschriften. Sie dienen dem besseren Auffinden wichtiger Kapitel und versuchen, das Abb. S. 132–133 Wesen der Liturgie durch die Bilder zu vermitteln. Im *Pamelius-Sakramentar* aus dem 9. Jahrhundert ist die Ausschmückung von einer reduzierten und eleganten Zweckmäßigkeit geprägt. Beginnend mit dem Vorwort *Vere dignum […]* (In Wahrheit ist es würdig und recht […]) sind die Gebete des Kanons, also des Herzstücks jeder Messe, isoliert an den Anfang der Handschrift gestellt und mit großen, kompliziert verschlungenen Initialen ausgezeichnet.[2] Die beiden ersten Buchstaben des *Te igitur* bilden eine Ligatur: Das »T« und das »E« überschneiden sich und sind durch Schlaufen in Form einer Acht miteinander verknüpft. In diesem Fall ist der Dekor zu Beginn des Kanons wohl nicht interpretierend zu verstehen, doch führt uns die Initiale zum Kern der Kanonbild-Tradition und damit mitten in die von theologischen Überlegungen beherrschte Sakramentar-Illustration.

DIE INITIALE UND DAS KANONBILD

Abb. S. 134 Das Sakramentar von Gellone, wohl im letzten Jahrzehnt des 8. Jahrhunderts in Meaux entstanden, ist die älteste erhaltene Handschrift, in der sowohl die aus der Exegese bekannten Interpretationen der Initiale »T« – in ihrer lateinischen, griechischen (Tau) und hebräischen (Tav) Form – als auch die Gleichsetzung mit dem Kreuz Christi in vollem Umfang visualisiert werden.[3] Seit dem 2. Jahrhundert deuteten die Theologen die Ähnlichkeit des »Tav« mit dem Kreuz im Hinblick auf die Vision Ezechiels (9,4), das Zeichen zum Schutz vor dem Engel des Todes im Buch Exodus (12,13) und zahlreiche aus dem Buchstaben entwickelte Zahlenauslegungen. Die Messallegoresen übertragen diese Beziehung von Buchstabe und Kreuz auf das *Te igitur*. Dass die Kanonworte ausgerechnet mit einem T beginnen, wird als Folge des Zusammenhangs von Buchstabe, Kreuz und eucharistischem Sakrament verstanden. Honorius von Autun († 1151) merkt dazu an: »[Das *Te igitur*] beginnt mit einem T, weil das T die Form des Kreuzes ausdrückt.«[4]

Die innovative Darstellung des Gekreuzigten zu Beginn des *Te igitur* im Sakramentar von Gellone ist aus der Buchstabendeutung und dem eucharistischen Kontext abgeleitet. Mit der Hervorhebung von Leib und Blut Christi beschreibt das Bild den inhaltlichen Kern des Sakramentes. Die beiden Engel betonen den Bezug zur Eucharistie, indem sie zum einen auf den vorangegangenen *Sanctus*-Gesang verweisen – in dem die irdische

Gemeinde in den Gesang der Seraphim einstimmt – und zum anderen durch die Vorwegnahme der sich später anschließenden *Supplices te rogamus*-Sequenz (Demütig bitten wir Dich [...]). Dieses Gebet enthält die an Gott gerichtete Bitte, sein »heiliger Engel« möge das Opfer vom irdischen zum himmlischen Altar emportragen. Das Bild identifiziert den historischen mit dem sakramentalen Leib Christi, wie auch das *Sanctus* den himmlischen und irdischen Chor vereinigt und das *Supplices te rogamus* ein Band zwischen himmlischem und irdischem Altar knüpft. Weiterhin ist die Darstellung als Gleichsetzung von geopfertem Leib und göttlicher Majestät des wiederkehrenden Christus zu verstehen: Christus erscheint als Lebender am Kreuz, als Sieger über den Tod. Er ist bereit, als Erlöser, aber auch als Richter am Ende der Zeiten aufzutreten. Das auffallend blaue Kreuz ist mit Gemmen oder Sternen besetzt, die der Darstellung einen eschatologischen Beiklang verleihen.[5] Das Sakrament verbindet in einem die Zeiten überspannenden Bogen die erste mit der erwarteten zweiten Ankunft Christi – so vermittelt es das Bild, das damit die Feier der Liturgie erklärt und rechtfertigt.

Die Darstellung des Gekreuzigten im Kanongebet des Sakramentars von Gellone verdeutlicht den Vorgang der Konsekration im Sinn der Eucharistielehre und beleuchtet gleichzeitig die Rolle des illustrierten Sakramentars bei der Messfeier. Die Gleichsetzung von Bild und Buchstabe – Letzterer als integraler Bestandteil des Sakramentars – ist ein wesentliches Moment in der Umsetzung der gestellten Aufgabe. Mit seiner blauen Farbe, dem gemmenartigen Schmuck und der Buchstabenform verdrängt die zeichenhafte Natur dieses Kreuzes dessen historische Realität als hölzernes Werkzeug des Todes Christi. Als ein Zeichen verkörpert das Kreuz alles das, wofür die Kreuzigung und der Triumph Christi über den Tod in der christlichen Heilsgeschichte stehen. Das Kreuzzeichen, das gleichzeitig ausdrücklich ein Buchstabe ist, bindet die Handschrift in die Theologie ein, die in dem Bild ausgedrückt ist, und stellt eine Verbindung zur eucharistischen Handlung auf dem Altar her. So wird das Manuskript beim Kanongebet zum Schauplatz der Interpretationen liturgischer Zeichen und Lehren, wobei der Ritus außerhalb des Buches und die Bilder im Buch sich in einem wechselseitigen Prozess gegenseitig beleuchten. Mit dem Sakramentar von Gellone beginnt die Tradition illuminierter Messbücher, die nicht nur dem Vollzug der Liturgie dienen, sondern auch den Ritus kommentieren und ihn in den Kontext des christlichen Denkens stellen. Dabei versinnbildlichen sie die Bedeutung der Messe auch dann, wenn das Buch nicht in Gebrauch ist.

KREUZ UND MAJESTAS

Die theologischen Aussagen der Bildargumentation im Sakramentar von Gellone betonen die Einheit von göttlicher und menschlicher Natur Christi sowie die Identifizierung seines Körpers mit dem eucharistischen Sakrament. Die Darstellung dieser beiden Aspekte und gleichzeitig die Visualisierung ihrer Verwirklichung in der Messfeier sind ein Hauptprinzip der Kanonillustration während des Mittelalters. Im Lütticher Missale aus dem 12. Jahrhundert werden die beiden unterschiedlichen, doch ineinandergreifenden Naturen Christi als Sterbender am Kreuz und als Herrscher im Himmel in zwei getrennten Bildern thematisiert.[6] Vor dem *Vere dignum* und dem *Sanctus* ist eine Majestas Domini eingefügt; Abb. S. 136 diese Ikonografie war in dieser Zeit weit verbreitet. Umgeben von den Symbolen der vier Evangelisten thront Christus in einer Mandorla. Die Miniatur verweist auf die himmlische Herrschaft Christi, häufig mit einem eschatologischen Beiklang: die vier Evangelistensymbole sind den apokalyptischen Visionen von Ezechiel (Ez 1,10) und Johannes (Offb 4,6–8) entlehnt und stehen für die zweite Ankunft Christi beim Jüngsten Gericht. Abb. S. 139 Das nächste Bild, die Kreuzigung, ist nun nicht mehr in die Initiale des *Te igitur* eingebunden, sondern steht dem Textanfang gegenüber. Die Verbindung des zeitlichen Leibes Christi mit dem eucharistischen wird durch die Ausweitung des Kreuzbildes zur historischen Szene auf Golgatha verdeutlicht, bei der Maria und Jesu Lieblingsjünger Johannes das Kreuz flankieren. Darüber hinaus wird der Sieg über den Tod thematisiert, denn die grüne Farbe des Kreuzes bezeichnet das zentrale Instrument der Passion als Baum des Lebens.

Im Unterschied zur klaren Trennung von Kreuz und Majestas im Lütticher Missale schafft die Kreuzinitiale im Sakramentar von Gellone eine enge Verbindung der Bildmotive, die für das Opfer und die zeitlos herrschende Majestät stehen. Eine ähnliche Fusion Abb. S. 135 der Bildelemente findet sich in der Initialzierseite eines im Kloster Lorsch entstandenen Sakramentarfragments aus der zweiten Hälfte des 9. Jahrhunderts in Erlangen,[7] doch liegt hier die Betonung eher auf der Majestas, die als Brustbild im Medaillon auftritt, als auf dem als Kreuz zu verstehenden Buchstaben, eher auf dem Zeichenhaften als auf der historischen Erzählung. In der narrativen Strategie und der Bildform ergeben sich Unterschiede: Zusammen mit der Miniatur im Gellone-Kodex macht die Initialzierseite in Erlangen deutlich, wie tief die Dualität von Kreuz und Thron im ersten Jahrhundert in der Sakramentarillustration verwurzelt war.

Weder das »T«-Kreuz noch die Majestas streben in Erlangen die erzählerische Kraft der Gellone-Initiale an (oder diejenige anderer hochmittelalterlicher Messbücher, wie zum Beispiel des Missales aus Lüttich, in denen die beiden Christusbilder wesentlich offensichtlicher als Bildpaar präsentiert werden). Vielmehr wirkt die Darstellung eher wie eine schematische Umsetzung des Themas. Zwei Kreise, ein kleiner mit grünem und ein großer mit blauem Grund, strukturieren die Komposition der Lorscher Zierseite so, dass der breite Akanthusrahmen des größeren Kreises die von zwei Säulen markierten seitlichen Grenzen des Bildes überschreitet und am oberen Rand jenseits des Bildfeldes wieder hervortritt. Die abstrakte doppelte Kreisform, bei der der größere über dem kleineren Kreis angeordnet ist, nähert die Darstellung an karolingische Majestas-Bilder an, auf denen der thronende Christus von einer Mandorla umgeben ist[8] – eine Bildtradition, der auch die Christusbüste in der Mandorla verpflichtet ist.

Am Fuß des Buchstabenkreuzes hat ein Engel die Arme ausgebreitet – eine Geste der Verehrung des Thronenden, die sich aus dem vorangegangenen *Sanctus*-Gesang ergibt und gleichzeitig ein Echo der Haltung Christi am Kreuz. Der Gekreuzigte selber ist in der Miniatur lediglich in der formalen Angleichung der »T«-Initiale an das Kreuz anwesend: Das Brustbild stellt den Herrscher mit dem Geopferten gleich. Durch seine quadratischen Endungen, auf denen die ersten Worte des Kanongebetes notiert sind, unterscheidet sich das »T« von dem kleineren »E« mit seinem Flechtwerkdekor. Es wirkt wie eine massive Arbeit, wie ein Kreuz aus Metall: Das Rupertuskreuz aus Bischofshofen etwa wäre hier als sehr verwandte Form zu nennen.[9] Solche frühmittelalterlichen Kreuze – als reales Objekt oder auch dargestellt im Bild – sind häufig mit einer Christusbüste auf dem Kreuzungspunkt der Balken versehen und thematisieren so die Verbindung der Majestas mit dem Gekreuzigten.[10] Gerahmt von der Architektur der Säulen bilden die zweifache Mandorla und das hervorgehobene »T«-Kreuz der Erlangener Miniatur eine schematische *Maiestas crucis,* bei der das quasi als Realie verstandene Kreuz für das liturgische Handeln der Kirche steht wie die Feier der Eucharistie für die Gegenwart Christi.

THEMA UND VARIATION

Gegen Ende des Mittelalters gehören Kreuzigung und / oder Majestas als Illustration des Kanons zur üblichen Ausstattung illuminierter Messbücher, auch wenn sie nicht unbedingt standardisiert sind. Ein spätes Gegenstück zu den frühen Sakramentaren, die bisher zur Sprache kamen, ist das Salzburger Missale von Berthold Furtmeyr aus den Jahren 1482 – 1489, das 22 völlig unterschiedliche Kanonbilder enthält.[11] Diese Bilder belegen Abb. S. 342 – 343 eine enorme Freiheit in der Gestaltung spätmittelalterlicher Kanonillustration. Furtmeyr übernimmt die Tradition der Kreuzigungsdarstellung als Gegenüber zum Textanfang mit einer separaten *Te igitur*-Initiale. Seine Kanonbilder entfalten die ganze Bandbreite der ikonografischen Möglichkeiten: Maria und Johannes als Assistenzfiguren in unterschiedlichen Posen, der Golgathahügel mit den Gebeinen Adams, ganze Kalvarienberge mit Maria Magdalena und begleitenden Frauen, schließlich das Kreuz aus Holz oder als goldener Lebensbaum. Die Variationen der *Te igitur*-Initialen sind sogar noch vielfältiger: Sie ersetzen nur selten das Kreuz, vielmehr dienen Furtmeyrs »T«s als Rahmen für Szenen, die mit der Kindheit Christi einsetzen, bis zur Passion reichen und auch apokryphe Motive wie *Christus im Elend* und eindeutig eucharistische Ikonografie wie *Christus in der Kelter* oder den *Schmerzensmann* einschließen. Die Verve und der Variantenreichtum von Furtmeyrs Bilderzählungen überliefern in ausgesprochen lebhafter Weise die historischen Ursprünge der Eucharistie. Dichte und Umfang des Bildprogramms bezeugen sowohl die nach wie vor interpretierende Funktion der Kanonbilder in der Feier des Sakramentes als auch die Entwicklungen in der Theologie der Eucharistie, die sich gegen Ende des 15. Jahrhunderts abzeichnen.

Abb. S. 156 – 157

Der Kölner *Rennenberg-Kodex*, für den Gebrauch an Festtagen im dortigen Klarenkonvent um die Mitte des 14. Jahrhunderts illustriert, fasst die Verbindung von Liturgie und Theologie durch das Bild in mehrfacher Hinsicht zusammen. Das nicht mit der Initiale verbundene Kanonbild zeigt eine Kreuzigungsszene mit Maria und Johannes, im architektonischen Rahmen umgeben von den vier Evangelistensymbolen, die die Tradition der Majestas-Darstellung in Erinnerung rufen. In liturgischer Umschreibung wird der Gekreuzigte in der Initiale des *Te igitur* verehrt: Dort ist ein Priester bei der Elevation der Hostie gezeigt. Unterhalb des Textes präsentiert ein kniender Engel ein goldenes Kreuz, das mit einem Dorn für die Verankerung in einem Kreuzfuß versehen ist, also gestaltet wie ein wirkliches Goldschmiedekreuz, das im *Introitus* dem Zelebranten vorangetragen und dann am Altar installiert wird.[12] Diese ganz verschiedenen Bildelemente, die alle Lesarten (historisch, gegenwärtig, zukünftig) ansprechen, flechten die im Kirchenraum sich entfaltende Liturgie außerhalb des Buches vollständig in die Welt innerhalb des Buches ein. Dieses oszillierende Verhältnis von liturgischem Wort, liturgischer Bilderwelt und liturgischer Aktion sowie deren theologischer Ausdeutung kulminiert in der Illumination des *Te igitur*.

1 Zur Unterscheidung liturgischer Bücher: Palazzo 1993.

2 Vor dem 9. Jahrhundert war das Kanongebet in das Kapitel mit den täglichen Messen weiter hinten im Sakramentar eingebunden. Im Missale ist der Kanon generell in der mittleren Lage der Handschrift platziert.

3 Zum »Tav / Tau«: Dölger 1958 und Dinkler 1962. Zur *Te igitur*-Illustration: Springer 1889; Ebner 1896; Suntrup 1980.

4 *Gemma animae* I.103: *Ideo autem per litteram T incipit, quia haec formam crucis exprimit.* (PL 172:577 CD).

5 Zur mittelalterlichen Kreuzestheologie und den Formen des Kreuzes: Beer 2005; zur Visualisierung der Kreuzestheologie: Haussherr 1963; zum Sakramentar von Gellone: Chazelle 2001; zum Sakramentar als liturgischem Raum: Winterer 2007.

6 Für die Tradition zweier getrennter Bilder, Majestas und Kreuzigung, zum Kanongebet gibt es schon im frühen 9. Jahrhundert einen prominenten Beleg: das sogenannte Krönungssakramentar in Paris (Paris, Bibliothèque nationale de France, ms. lat. 1141); Ausst.-Kat. Paris 2007, S. 116 – 119.

7 Exner 2011, S. 338 – 340 (Lit.). Aus Lorsch stammt auch ein großes Evangeliar aus dem Anfang des Jahrhunderts, das eines der frühesten Beispiele für die Majestas-Ikonografie in der Buchmalerei beinhaltet. Elemente dieses Bildtyps sind ebenfalls in die Erlangener Miniatur eingewoben. Matthias Exner stellte zwischen den Ornamentmotiven im Erlangener

Te igitur und dem Lorscher Evangeliar (Alba Iulia, Bibliotheca Documentara Batthyaneum, Ms. R. II. 1, und Biblioteca apostolica Vaticana, Ms. Pal. Lat. 50) enge Korrespondenzen fest, zum Beispiel zwischen den quadratischen Porträtbildern der Vorfahren Christi im Evangeliar (Alba Iulia, fol. 14r) und der Majestas-Büste in Erlangen, oder Gemeinsamkeiten wie den bartlosen Christustypus und die Haltung seiner Hand auf dem Buch (S. 340). Ich möchte noch den blauen Hintergrund der Rahmen um die Majestas als beiden ähnliches Motiv anführen und die Wiederholung einer ganz spezifischen Segensgeste, bei der Mittelfinger und Daumen sich berühren. Sie führt in die koptische und byzantinische Kunst des 6. Jahrhunderts zurück.

8 Vgl. das schon erwähnte »Krönungssakramentar« (Paris, Bibliothèque nationale de France, ms. lat. 1141, fol. 5r); siehe Anm. 6.

9 César García de Castro Valdés (Hg.): *Signum Salutis. Cruces de orfebrería de los siglos V al XII*, Oviedo 2008, S. 104–107. Vgl. auch die Kreuzigungsminiatur im insularen Evangeliar wohl des 8. Jahrhunderts aus Durham (Durham, Cathedral Library, MS A. II. 17, fol. 38a v; Carl Nordenfalk: *Insulare Buchmalerei. Illuminierte Handschriften der Britischen Inseln 600–800*, München 1977, Abb. 14).

10 Eine Porträtbüste Christi findet sich zum Beispiel auf dem Kreuz aus Antiochia (New York, Metropolitan Museum of Art; Castro Valdés 2008 [wie Anm. 9], S. 330–333) aus dem 6. Jahrhundert. Das »Desiderius-Kreuz« (Brescia, Museo Santa Giulia; Castro Valdés 2008 [wie Anm. 9], S. 111–117) aus der karolingischen Zeit trägt ein Majestas-Relief auf der Kreuzung der Balken. Darstellungen haben sich im Essener Evangeliar aus dem 9. Jahrhundert erhalten (Essen, Domschatz, Hs. 1; Ausst.-Kat. Paderborn 1999, S. 451–453) – auch ein Beispiel für die *Maiestas crucis* – und im Thomas-Evangeliar des 8. Jahrhunderts (Trier, Domschatz, Hs. 61; Nancy Netzer: *Cultural Interplay in the Eighth Century. The Trier Gospels and the Making of a Scriptorium at Echternach*, Cambridge / New York 1994).

11 Siehe Pfändtner 2011.

12 Häufig dient eine solche Wiederholung des Kreuzes bei spätmittelalterlichen Kanonseiten der Schonung der großen Miniatur, damit diese nicht durch das Küssen im Rahmen der Liturgie in Mitleidenschaft gezogen wird.

In figuris praesignatur[1]
Der typologische Bilderkreis für Eucharistie und Messopfer

Beate Braun-Niehr

TYPOS UND *ANTITYPOS* IM NEUEN TESTAMENT

Das Evangelium des Fronleichnamsfestes ist der Rede Jesu vom »Himmelsbrot« entnommen (Joh 6,22–59).[2] Seine Zuhörer in der Synagoge von Kafarnaum, die tags zuvor Zeugen der wunderbaren Brotvermehrung gewesen waren, konfrontierte Christus mit der Selbstoffenbarung: »Ich bin das lebendige Brot, das vom Himmel herabgekommen ist. Wer von diesem Brot isst, wird in Ewigkeit leben« (Joh 6,51). Ausdrücklich setzte Jesus seine Verheißung gegen die Erfahrung der Väter des Alten Bundes, die auf ihrem Weg durch die Wüste zwar das Manna gegessen hatten, dann aber starben (Joh 6,49–50 bzw. 6,58). Das Manna – jene Speise, die das wandernde Gottesvolk vor dem Verhungern bewahrte (Ex 16,4–31) – gilt fortan nach christlicher Auslegungstradition als *figura*, als *typos* für das von Christus gestiftete Sakrament der Eucharistie. Wie stets in typologischen Beziehungen übertrifft der neutestamentliche *antitypos* sein alttestamentliches Vor-Bild, seine Präfiguration.[3]

Hatte Jesus das »Brot vom Himmel« (Ps 78,24) nicht von sich aus in das Gespräch eingebracht, sondern auf einen Einwurf der Zuhörer reagiert (Joh 6,31), so benannte er den Evangelienberichten zufolge in zwei Voraussagen über seine Passion selbst das vorbildhafte Ereignis des Alten Bundes. Bei der nächtlichen Begegnung mit dem Pharisäer und späteren Anhänger Jesu, Nikodemus, gemahnte der Herr mit Blick auf seinen Tod am Kreuz an die Aufrichtung der Ehernen Schlange durch Mose (Num 21,8–9), die somit zur *figura* seiner Erhöhung am Holz des Kreuzes geworden ist (Joh 3,14–16). Analog erinnerte Jesus Schriftgelehrte und Pharisäer an den Aufenthalt des Propheten Jona »drei Tage und drei Nächte« im Bauch des Walfisches (Jona 2,1) und gab ihnen damit ein Zeichen für seine dreitägige Grabesruhe (Mt 12,39–40). Daran anknüpfend sieht typologische Deutung in Jonas Rettung eine Präfiguration der Auferstehung Christi. Typologisch argumentiert auch der Apostel Paulus, wenn er Christus als den »neuen Adam« vor Augen stellt: Durch dessen »gerechte Tat« sind Tod und Sünde, die durch den ersten Menschen in die Welt kamen, überwunden, sodass »in Christus alle lebendig gemacht werden« (Röm 5,12–21; 1 Kor 15,21–22). Dabei ist Christus, der am Kreuz »als unser Paschalamm geopfert« wurde (1 Kor 5,7),[4] nach dem Zeugnis des Hebräerbriefes nicht nur ein »makelloses Opfer« (Hebr 9,14), sondern zugleich der wahre Hohepriester des Neuen Bundes »nach der Ordnung Melchisedeks« (Ps 110,4; Hebr 5,6; 5,10; 6,20 und 7,1–18).[5]

TYPOLOGIE IN EXEGESE UND LITURGIE

Ausgehend von derartigen Gegenüberstellungen in den Schriften des Neuen Testaments entwickelten bereits die christlichen Theologen der Spätantike sowie die griechischen und lateinischen Kirchenväter die Typologie zu einem reich entfalteten System innerhalb der Bibelexegese, auf dem die Autoren des Mittelalters aufbauen konnten. Als grundlegend für das typologisch gedeutete Verhältnis des Alten zum Neuen Testament ist ein Wort Jesu aus der Bergpredigt anzusehen: »Denkt nicht, ich sei gekommen, um das Gesetz und die Propheten aufzuheben. Ich bin nicht gekommen, um aufzuheben, sondern um zu erfüllen« (Mt 5,17). Die Geschichte Gottes mit seinem auserwählten Volk Israel im Alten Bund wird so zur Heilsgeschichte vor dem mosaischen Gesetz *(ante legem)* und unter dem Gesetz *(sub lege)*. Sie findet erst im Neuen Bund, in der mit Christus anbrechenden Zeit der Gnade *(sub gratia)*, ihre Vollendung. Die alttestamentlichen Personen, Ereignisse und Institutionen, die als *typoi* auf das Leben und Sterben, die Auferstehung und das nachösterliche Wirken Jesu sowie auf seinen mystischen Leib, die Kirche, vorausweisen, unterwirft eine solche Geschichtskonzeption einer spezifisch christlichen Sinndeutung.[6] Der Konnex zwischen *typos* und *antitypos* lässt sich entweder in Analogien (zum Beispiel Eherne Schlange – Kreuzigung) oder in Antithesen (zum Beispiel Adam – Christus) fassen. Ergänzt wurde das typologische System außerdem durch der Natur entnommene Präfigurationen. Dabei stützte man sich auf den wahrscheinlich im späten 2. Jahrhundert entstandenen und im Mittelalter weit verbreiteten *Physiologus* sowie auf Enzyklopädien des 13. Jahrhunderts und gängige Naturtraktate, die allegorisierend Verhaltensweisen und Eigenschaften von Tieren, Pflanzen und Steinen auf Christus, Maria und die Kirche beziehen.[7]

Wie ein Katalysator für das typologische Verständnis des Messopfers dürfte die Aufnahme alttestamentlicher *figurae* in die Eucharistiegebete gewirkt haben, die erstmals mit der Nennung von Abel, Abraham und Melchisedek in einem durch Bischof Ambrosius von Mailand († 397) überlieferten Hochgebet fassbar wird.[8] Wie dort finden sich ihre Namen auch im römischen *Canon missae*[9] unmittelbar nach den Einsetzungsworten und dem mit der Darbringung der konsekrierten Opfergaben verbundenen Gedenken an Christi Tod und Auferstehung. In der anschließenden, an Gottvater gerichteten Bitte *Supra quae* heißt es: »Blicke versöhnt und gütig darauf nieder und nimm sie [d. h. die in

Leib und Blut Christi verwandelten eucharistischen Gaben] an wie einst die Gaben deines gerechten Dieners Abel, wie das Opfer unseres Vaters Abraham, wie die heilige Gabe, das reine Opfer deines Hohenpriesters Melchisedek.«[10] Die bis in die Zeit der alten Kirche zurückreichende, im Laufe der Jahrhunderte von Exegese, Katechese und Liturgieerklärung entwickelte Auslegungstradition lässt keinerlei Zweifel daran, dass Abel, Abraham mit seinem Sohn Isaak sowie Melchisedek als Präfigurationen des Opfers Christi sowie der von der Kirche in Jesu Auftrag gefeierten Eucharistie zu deuten sind.[11]

DAS MESSOPFER ALS *ANTITYPOS*

Dass in Werken der bildenden Kunst die Opfergaben der Protagonisten und die Darbringung selbst in den Blickpunkt gerückt werden, verwundert kaum. Auf solche Weise gelingt es mithilfe prägnanter Bildformeln, den Bezug zu dem in der Messfeier gegenwärtig gesetzten Opfer Christi visuell nachvollziehbar zu machen. Evident wird dies bereits in der 547 geweihten Kirche San Vitale in Ravenna.[12] Auf den Mosaiken des Presbyteriums opfert Abel ein Lamm (Gen 4,4)[13] und Melchisedek bringt vor einem Altar mit dem Kelch für den Wein einen Brotlaib dar (Gen 14,18 – 20),[14] während Abraham im Hain von Mamre drei Engel bewirtet (Gen 18,1 – 8) und sich in einer zweiten Szene anschickt, seinen Sohn Isaak zu töten (Gen 22,1 – 14).[15] Indem der Schwerpunkt der Darstellungen auf die Gaben und ihre Darbringung, auf Opfer und Mahlhalten gelegt wird, gehen die Mosaiken über eine bloße Illustrierung der Bibelstellen wie des Gebetes *Supra quae* hinaus.[16] Sie sind vielmehr als *typoi* des Opfertodes Jesu und des Messopfers zu interpretieren. Der zugehörige *antitypos* fehlt nur scheinbar. Denn jedes Mal, wenn am Altar von San Vitale Eucharistie gefeiert wird, steht den alttestamentlichen Präfigurationen ihre Erfüllung unter den Vorzeichen des Neuen Bundes in den vom Priester konsekrierten Gaben von Brot und Wein unmittelbar gegenüber.[17]

Seit dem frühen Mittelalter finden die im Gebet *Supra quae* genannten Vertreter des Alten Bundes – wenn auch selten – Eingang in die Illustration des Kanongebetes, zum ersten Mal in der *Te igitur*-Initiale des in Metz um 850 entstandenen Drogo-Sakramentars.[18] Aus dem direkten Bezug zum Messkanon und den in der Wandlung konsekrierten Gaben gelöst, gelangen Abel, Abraham und Melchisedek in die programmatischen Abb. S. 144 – 145 Eingangsbilder fuldischer Sakramentare der ottonischen Zeit, wo sie in Zusammenhang mit den »Porträts« der beiden legendären Sakramentarautoren, der heiligen Päpste Gregor und Gelasius, stehen.[19] Auf diese Weise wird die Kontinuität zwischen den Opfern des Alten Testaments und der von den beiden Päpsten begründeten eucharistisch-liturgischen Tradition ablesbar.

Ab der Mitte des 12. Jahrhunderts bestimmen typologische Konzepte zunehmend Werke der bildenden Kunst. Um die Beziehungen zwischen den Präfigurationen des Alten und ihren Erfüllungen im Neuen Bund anschaulich zu machen, bedient man sich einer breiten Palette visueller »Signale« von der nahezu identischen Bildformel für aufeinander bezogene alt- und neutestamentliche Darstellungen über die optische Hervorhebung bedeutsamer Motive bis zur Einbindung der Szenen in komplizierte Gliederungssysteme.[20] Die Zahl der *figurae* für die Passion Christi beziehungsweise die Eucharistie wird um zusätzliche Themen vermehrt, darunter die Kundschafter mit der Traube (Num 13,23),[21] die Eherne Schlange (Num 21,6–9), der Keltertreter (Is 63,2–3)[22] sowie Elija und die Witwe Abb. S. 148, 153–154 von Sarepta (1 Kön 17,8–24).[23] Wo Vor-Bilder für die Auferstehung Christi – etwa Jona und der Walfisch (Jona 2,1–11) oder Simson mit den Stadttoren von Gaza (Ri 16,1–3) – hinzukommen, gerät auch das Ostergeheimnis in den Blick.

Vielfach belegt sind typologische Bildprogramme an jenen liturgischen Geräten, die während der Eucharistiefeier am Altar verwendet wurden. Zu erinnern ist an die aus mehreren Emailtafeln zusammengefügten typologischen Kreuze,[24] an Kreuzfüße,[25] Tragaltäre,[26] Kelche und Patenen,[27] wo Tod und Auferstehung Christi durch immer wieder variierte Zusammenstellungen der bekannten *typoi* präfiguriert werden. Auf den beiden Kelchen aus der Mitte des 13. Jahrhunderts, die in Werben und Rathenow erhalten Abb. S. 164–167 blieben, stehen sich in leicht abgewandelter Auswahl der Szenen Altes und Neues Testament gegenüber.[28] Als heilsgeschichtliche Bildfolge zielt das Programm auf den *Schmerzensmann* und den *Gnadenstuhl* der zugehörigen Patenen und findet im Sakrament der Eucharistie als dem *antitypos* seine Erfüllung. Die direkte Einbeziehung des Messgeschehens in das typologische Verweissystem wird auch bei all jenen Patenen deutlich, die das Lamm Gottes ins Zentrum stellen. So zeigt die knapp 100 Jahre früher entstandene Patene aus St. Peter in Salzburg den Heiland mit den Jüngern um den Abendmahlstisch versammelt.[29] In der Mitte des Tafelrunds steht das *Agnus Dei* als Symbol für das Abb. S. 170 Opfer Christi, der sich als Paschalamm für die Seinen dahingegeben hat. Während der Messfeier liegt an dieser Stelle die geweihte Hostie: *typos* und *antitypos* kommen unmittelbar zur Deckung. Interessanterweise zeigt das Abendmahlsbild nicht die Einsetzung des eucharistischen Sakramentes, wie man es erwarten könnte. Vielmehr greift Christus zusammen mit Judas in die bereitgestellte Schale und kündigt damit dessen Verrat an, vergleichbar dem Hildesheimer Tragaltar aus dem 11. Jahrhundert und dem kurz vor 1400 Abb. S. 78 entstandenen großen Goldkelch Bischof Gerhards, ebenfalls in Hildesheim, wo dem Abb. S. 172 Verräter jeweils der Bissen gereicht wird. Vielleicht sollte die Szene die Selbstreflexion des Zelebranten anregen, wie es auch für das umfangreiche, sorgsam abgestimmte typologische Bildprogramm des Tragaltars von Stavelot (1140–1150) intendiert gewesen sein dürfte.[30]

Nicht allzu häufig begegnen alttestamentliche Präfigurationen in Illustrationen zum Eucharistischen Hochgebet der Sakramentare und Missalien. Je nach Auswahl der Motive akzentuiert die Bildaussage unterschiedliche Aspekte des Altarsakramentes. Im

Rahmen der vielfigurigen Kreuzigung, die ursprünglich zusammen mit einer Miniatur der Kreuzabnahme den Messkanon im Missale aus dem Erfurter Peterskloster einleitete, Abb. S. 148 finden sich zwei typologische Szenen.[31] Steht bei der Opferung Isaaks das Leiden und Sterben Jesu, sein Sühneopfer, im Vordergrund, so deutet die Aufrichtung der Ehernen Schlange auf die durch Christi Tod am Kreuz geschenkte Erlösung hin. Im Kanonbild des 1421 von Nicolaus von der Kra gestifteten Missales aus Fritzlar treten Tierallegorien an die Abb. S. 154, 158 Stelle alttestamentlicher Präfigurationen.[32] Der Pelikan im Nest über dem Kreuz, der seine Jungen mit dem lebenspendenden Blut aus seiner Brust nährt, symbolisiert die Liebe Christi zu der durch seinen Tod geretteten Menschheit.[33] Der Löwe unter dem Kreuz, der die totgeborenen Jungen mit seinem Atem zum Leben erweckt,[34] unterstreicht die Auferstehungshoffnung ebenso wie die Motive in den Medaillons zu Seiten des Querbalkens: der aus der Asche aufsteigende Phönix auf dem Altar[35] und der Strauß, der mithilfe seines »heißen« Blicks die von ihm gelegten Eier ausbrütet.[36]

TYPOLOGIE NICHT NUR FÜR DIE AUGEN DES KLERUS

Waren Bilder in liturgischen Handschriften oder an sakralen Geräten nur für den engen Kreis der an der Feier beteiligten Kleriker sichtbar, so erlaubten monumentale Darstellungen im Kirchenraum auch den Gläubigen Einblick in die durch die Zuordnung von *typos* und *antitypos* anschaulich gemachte Heilsgeschichte.[37] Meist sind es die geläufigen Präfigurationen, die in typologischen Bibelfenstern den neutestamentlichen Szenen – darunter Abendmahl, Kreuztragung und Kreuzigung – gegenübergestellt wurden.[38] Doch begegnen auch äußerst selten wiedergegebene Episoden wie das von Abraham ausgerichtete Gastmahl anlässlich der Entwöhnung Isaaks als *figura* des Abendmahles in dem um 1260 entstandenen, sogenannten älteren Bibelfenster des Kölner Doms.[39] Ebenso ungewöhnlich und der Opfertheologie des Hebräerbriefes verdankt ist die Darstellung des Allerheiligsten im Salomonischen Tempel (Ex 16,33–34; Hebr 9,3–4) auf der ehemaligen Amboverkleidung der Augustiner-Chorherrenstiftskirche Klosterneuburg, die 1181 von Nikolaus von Verdun geschaffen wurde.[40] Zusammen mit Melchisedek am Altar präfiguriert sie, dem dreigeteilten Geschichtsmodell *ante legem, sub lege* und *sub gratia* folgend, das Abendmahl.

Während Belege für typologische Darstellungen in Andachtsbüchern wie Privat- Abb. S. 181, 183 psalterien[41] oder Stundenbüchern sehr selten sind, gehören Abendmahl, Kreuztragung, Kreuzigung und Auferstehung mit ihren jeweiligen Präfigurationen selbstverständlich zu den umfangreichen Text-Bild-Zyklen der typologischen Handschriften des 13., 14. und 15. Jahrhunderts.[42] Mit relativ kurzen Erläuterungen und didaktisch konzipierten Zuordnungen mehrerer alttestamentlicher Begebenheiten zum neutestamentlichen *antitypos* dienten die *Biblia pauperum* (Armenbibel), das *Speculum humanae salvationis* (Spiegel des menschlichen Heils) und die *Concordantiae caritatis* (Konkordanzen über das Liebeswerk Gottes)[43] der Unterweisung, der Erbauung und auch der Predigtvorbereitung.[44] Im Darmstädter Heilsspiegel-Kodex wurden die vier auf ein Kapitel bezogenen Illustrationen nicht wie üblich in die Textspalten integriert. Zu einer Bilddoppelseite zusammengefasst, fördern sie vielmehr die andächtige Betrachtung.[45] Mit dem Mannaregen und der Begegnung von Abraham und Melchisedek stehen der Abendmahlsszene zwei Vor-Bilder gegenüber, die den Blick auf die eucharistischen Gaben lenken, während der dritte *typos*, das am Spieß zubereitete Paschalamm, auf den Opfercharakter der Messe hinweist.

Abb. S. 178–179

Auf den Flügeln des 1464–1468 von Dieric Bouts geschaffenen Retabels in der Sint-Pieterskerk in Löwen gruppieren sich um die Einsetzung des Abendmahles auf der Mitteltafel vier Präfigurationen, von denen drei (Mannalese, Melchisedek, Paschamahl) durch das *Speculum humanae salvationis* angeregt sein könnten.[46] Als vierter *typos* wurde die bis dahin ungebräuchliche Speisung des Elija durch einen Engel vor seiner Wanderung zum Gottesberg Horeb (1 Kön 19,4–8) in den typologischen Bilderkreis der Eucharistie aufgenommen. Wenn die Mitglieder jener Fronleichnamsbruderschaft, die das Retabel für den Corpus-Christi-Altar ihrer Kapelle in Auftrag gegeben hatte, dort zu Andachten und zur Messfeier zusammenkamen, mögen sie in Elija ein Vorbild für ihren eigenen Glaubensweg gesehen haben, auf dem sie sich Stärkung durch die himmlische Speise erhofften.

1 Aus der Fronleichnamssequenz *Lauda, Sion* des Thomas von Aquin: »Lang im Bild war's vorbereitet […]«.

2 Gemäß der Leseordnung für das Lesejahr A, Messlektionar, Bd. 1, Lesejahr A: Joh 6,51–58; im Formular der lateinischen Messe *Cibavit* des *Missale Romanum*, Missale Romanum: Joh 6,56–59; zusammenfassend zu den unterschiedlichen Interpretationsansätzen der Exegese: Hoping 2011, S. 49–56.

3 Der Essay möchte – bezogen auf den thematischen Rahmen der Ausstellung – an das Phänomen »Typologie« heranführen, wobei nur die wichtigsten der im Laufe der Zeit mit der Eucharistie verbundenen Präfigurationen schlaglichtartig an einigen ausgewählten Beispielen von der Spätantike bis ins ausgehende Mittelalter beleuchtet werden können. Vgl. den Überblick bei Lankheit 1973, Sp. 162–183, sowie die in den Anmerkungen genannten Spezialstudien. Den griechischen Ausdrücken *typos* (Plural: *typoi;* Grundbedeutung: Schlag, Gepräge, Form, Muster) bzw. *antitypos* wird hier der Vorzug vor dem latinisierten »Typus« gegeben, da dieses Wort als Fachterminus anders konnotiert ist; siehe mit der älteren Literatur Suntrup 2000, S. 307–308; ders.: *Einführung*, in: Douteil 2010, Bd. 1, S. XIX–XXXIV, besonders S. XXIV–XXVI.

4 Hoping 2011, S. 44, 48 und 67.

5 Hoping 2011, S. 72–74.

6 Vgl. Suntrup 1984, S. 469; Angenendt 1997, S. 169–173; Mohnhaupt 2000, S. 13–33; Suntrup 2000, S. 282–287; Christoph Dohmen / Erwin Dirscherl: s. v. *Typologie, biblisch-theologisch*, in: LThK, Bd. 10, Sp. 322–323.

7 Munscheck 2000, S. 56–62; Rudolf Suntrup: *Tierallegorese in den Concordantiae caritatis des Ulrich von Lilienfeld*, in: Bernhard Jahn / Otto Neudeck (Hg.): *Tierepik und Tierallegorese* (Mikrokosmos. Beiträge zur Literaturwissenschaft und Bedeutungsforschung, 71), Frankfurt am Main 2004, S. 165–186, besonders S. 179–186.

8 Hoping 2011, S. 132–134; vgl. Suntrup 1984, S. 469–470.

9 Seit der Liturgiereform des Zweiten Vatikanischen Konzils das erste der vier eucharistischen Hochgebete des heutigen Messbuchs; siehe Hoping 2011, S. 157–180 mit S. 478–482 (lat. Text und dt. Fassung).

10 Hoping 2011, S. 481 Abschnitt *Supra quae;* vgl. auch Jungmann 1962, Bd. 2, S. 282–287.

11 Rudolf Suntrup hat in einer facettenreichen Studie aus den Quellen die Vor-Bildhaftigkeit der Opfernden, ihres Schicksals, ihrer Opferhandlungen und ihrer Gaben für

Christi Sühnetod am Kreuz und für das Messopfer herausgearbeitet (Suntrup 1984, besonders S. 470–521). Hoping 2011, S. 174, gelten – wiewohl er von *typoi* spricht – »die Gesinnung, in der das Opfer dargebracht wird«, sowie »das Wohlwollen, mit dem das Opfer von Gott angenommen wird«, als *tertium comparationis.* Allerdings käme den drei alttestamentlichen Gestalten bei einer solchen Sicht lediglich die Funktion von Paradigmen für ein Gott wohlgefälliges Opfer zu. Zum Unterschied zwischen paradigmatischer und typologischer Interpretation von Abel, Abraham und Melchisedek im Gebet *Supra quae* vgl. Schrenk 1995, S. 30–32.

12 Grundlegend Schrenk 1995, S. 10–15, 58–63, Taf. 2–3. Zu Architektur und Ausstattung von San Vitale siehe jetzt Deborah Mauskopf Deliyannis: *Ravenna in Late Antiquity,* Cambridge [u. a.] 2010, S. 223–250, besonders S. 236–250 für eine Gesamtinterpretation der Mosaiken.

13 Suntrup 1984, S. 470–474.

14 Suntrup 1984, S. 475–477. Die sakramentale Deutung der einst dem siegreichen Abraham entgegengebrachten Gaben Melchisedeks ist seit dem frühen 3. Jahrhundert belegt. Vgl. auch Hoping 2011, S. 116.

15 Suntrup 1984, besonders S. 488–492, 503–504 und 509–513.

16 Vgl. dagegen Ravenna, Sant' Apollinare in Classe, südliche Apsiswand, wo im Opfermosaik Abel, Melchisedek und Abraham mit seinem Sohn um einen Altar versammelt sind: Schrenk 1995, S. 63–74, besonders S. 72, Taf. 18a.

17 Schrenk 1995, besonders S. 14 und 60. Eschatologisch überhöht werden die Erinnerung an die Opfer im Alten Testament und die sakramentale Gegenwart durch das von einer Fruchtgirlande medaillonartig umschlossene Bild des apokalyptischen Lammes im Zentrum des Chorgewölbes; siehe Elizabeth Saxon: *Art and the Eucharist: Early Christian to ca. 800,* in: Levy [u. a.] 2012, S. 93–159, hier S. 126–133, Abb. 11–12 (mit Ungenauigkeiten in der Beschreibung). Saxon sieht in den Lünettenbildern »the typological parallels to the Lamb of God« (S. 127); vgl. auch ebd., S. 144–147. Zwar ist für die Entstehungszeit der Mosaiken ein Bezug auf den zum Messordinarium gehörenden Gesang des *Agnus Dei* noch nicht gegeben. Als Begleitgesang zum Brotbrechen hat das *Agnus Dei* erst im ausgehenden 7. Jahrhundert in die römische Liturgie Eingang gefunden; vgl. Jungmann 1962, Bd. 2, S. 413–421. Doch mit dem apokalyptischen »Lamm, das geschlachtet wurde« (Offb 5,12), verbindet sich der Gedanke an das Paschalamm (Ex 12,3–11) und »das Lamm Gottes, das die Sünde der Welt hinwegnimmt« (Joh 1,29); vgl. Hoping 2011, S. 69–72, ebd. auch zur Mahlmetaphorik der Apokalypse.

18 Paris, Bibliothèque nationale de France, ms. lat. 9428, fol. 15v; Bräm 2002, S. 144–145; Reudenbach 2009, S. 464, Nr. 216 (Irmgard Siede) (Lit.).

19 Siehe zum Beispiel: Göttingen, Universitätsbibliothek, 2° Cod. Ms. theol. 231 Cim., fol. 1v; Elbern 1965, S. 63, Abb. 3; Winterer 2009, S. 393–396 und 404–405, Taf. 1.

20 Mohnhaupt 2000, S. 37–56, spricht von »visuellen Rekurrenzen«. Vgl. Suntrup 2000, S. 300–301, der die »Fülle sprachlich-stilistischer, grammatischer und poetischer Mittel« zum Ausdruck typologischer Bezüge an einem Beispiel aus dem *Speculum humanae salvationis* analysiert. Ohne Nachfolge blieb der um 1170–1180 in Regensburg-Prüfening entstandene *Dialogus de laudibus sanctae crucis* (Lob des Heiligen Kreuzes) mit elf ganzseitigen, in mehrere Felder unterteilten Federzeichnungen. Die in die Einzelszenen eingefügten, kleinen roten Kreuze verweisen auf die Typologien. Deren Bedeutung wird auf den ersten Seiten zusätzlich durch Beischriften erläutert; München, Bayerische Staatsbibliothek, Clm 14159, fol. 1r–6r; Elisabeth Klemm: *Die romanischen Handschriften der Bayerischen Staatsbibliothek. Teil 1. Die Bistümer Regensburg, Passau und Salzburg* (Katalog der illuminierten Handschriften der BSB in München, 3.1), Wiesbaden 1980, Bd. 1, S. 34–37, Nr. 35. Vgl. Suntrup 2000, S. 287–292.

21 Vgl. A. Thomas: s. v. *Kundschafter mit der Traube,* in: LCI, Bd. 2, Sp. 700–701.

22 Vgl. A. Thomas: s. v. *Kelter, mystische,* in: LCI, Bd. 2, Sp. 497–504.

23 Vgl. J. Paul / W. Busch: s. v. *Sarepta, Witwe von,* in: LCI, Bd. 4, Sp. 45–46.

24 Buschhausen 1979. Vgl. auch zu einem typologischen Kreuz in Brüssel Wittekind 2009, S. 219, Nr. 12 (Klara Katharina Petzel).

25 Peter Springer: *Kreuzfüße. Ikonographie und Typologie eines hochmittelalterlichen Gerätes* (Bronzegeräte des Mittelalters, 3), Berlin 1981, S. 179–185, Nr. 43, S. 193–201, Nr. 47. Vgl. auch Wittekind 2009, S. 220–221, Nr. 15–16 (Klara Katharina Petzel).

26 Zu den Bildprogrammen: Budde 1998, CD 1, S. 31–43; Wittekind 2004, S. 54–60 und 161–172.

27 Skubiszewski 1982. Vgl. auch zu einer Hostienpyxis in Cleveland: Wittekind 2009, S. 216–217, Nr. 9 (Klara Katharina Petzel).

28 Vgl. auch den Fuß des wohl in Niedersachsen um 1160–1170 geschaffenen Henkelkelchs aus Stift Wilten; Wien, Kunsthistorisches Museum, Kunstkammer, Inv. KK 8924; Skubiszewski 1982, S. 213/215; Fillitz 1998, S. 571–572, Nr. 276 (Hermann Fillitz).

29 Skubiszewski 1982, S. 228–230; Fillitz 1998, S. 573–574, Nr. 278 (Hermann Fillitz).

30 Brüssel, Musées royaux d'Art et d'Histoire, Inv. 1580; Wittekind 2004, S. 51–172.

31 Braun-Niehr 1996, S. 69 und 78–81. Das Blatt wurde im 15. Jahrhundert herausgelöst und zusammen mit dem neu geschriebenen *Canon missae* in der Mitte des Kodex eingebunden.

32 Klein 2007, S. 521, Nr. 250 (Beate Braun-Niehr).

33 S. v. *Pelikan*, in: LCI, Bd. 3, Sp. 390 – 392.

34 P. Bloch: s. v. *Löwe*, in: LCI, Bd. 3, Sp. 112 – 119.

35 J. Kramer: s. v. *Phönix*, in: LCI, Bd. 3, Sp. 430 – 432.

36 L. H. D. Van Looveren: s. v. *Strauß*, in: LCI, Bd. 4, Sp. 218.

37 Am Wechselburger Lettner fügen sich Abel und Kain mit ihren Opfergaben, Abraham und Melchisedek, die Opferung Isaaks und die Eherne Schlange in das reiche Bildprogramm ein, das seinen Bezugspunkt nicht allein in der bekrönenden Triumphkreuzgruppe findet, sondern auch in der am zugehörigen Kreuzaltar gefeierten Eucharistie; dazu: Elisabeth Hütter / Heinrich Magirius: *Der Wechselburger Lettner. Forschungen und Denkmalpflege*, Nachdruck der 1. Aufl., Weinheim 1984, S. 237 – 245; Klaus Niehr: *Die mitteldeutsche Skulptur der ersten Hälfte des 13. Jahrhunderts* (Artefact, 3), Weinheim 1992, S. 355 – 361, Nr. 131 (Lettner) und Nr. 132 (Triumphkreuzgruppe); Wittekind 2009, S. 353 – 354, Nr. 131 (Manuela Beer).

38 Wolfgang Kemp: *Sermo corporeus. Die Erzählung der mittelalterlichen Glasfenster*, München 1987, S. 56 – 116; Sabine Rehm: *Spiegel der Heilsgeschichte. Typologische Bildzyklen in der Glasmalerei des 14. bis 16. Jahrhunderts im deutschsprachigen Raum* (Europäische Hochschulschriften, Reihe 28: Kunstgeschichte, 349), Frankfurt am Main [u. a.] 1999.

39 Hiltrud Westermann-Angerhausen [u. a.] (Hg.): *Himmelslicht. Europäische Glasmalerei im Jahrhundert des Kölner Dombaus (1248 – 1349)*, Ausst.-Kat. Köln 1998 / 99, Köln 1998, S. 140, Nr. 11.1 – 2 (Ulrike Brinkmann).

40 Helmut Buschhausen: *Der Verduner Altar. Das Emailwerk des Nikolaus von Verdun im Stift Klosterneuburg*, Wien 1980; Arwed Arnulf: *Studien zum Klosterneuburger Ambo und den theologischen Quellen biblischer Typologien von der Spätantike bis 1200*, in: *Wiener Jahrbuch für Kunstgeschichte* 48. 1995, S. 9 – 41; Mohnhaupt 2000, S. 118 – 138.

41 Vgl. Wolfenbüttel, Herzog August Bibliothek, Cod. Guelf. 515 Helmst. und 521 Helmst.; Ausst.-Kat. Wolfenbüttel 2004, S. 134 – 137, Nr. 20 bzw. S. 169 – 173, Nr. 27 (Harald Wolter-von dem Knesebeck).

42 Die vom Bibeltext ausgehenden *Bibles moralisées* bleiben hier außer Acht; vgl. *Bible moralisée. Codex Vindobonensis 2554 der Österreichischen Nationalbibliothek*. Kommentar von Reiner Haussherr (Glanzlichter der Buchkunst, 2), Graz 1992; Christopher Hughes: *Typology and Its Uses in the Moralized Bible*, in: Hamburger / Bouché 2006, S. 133 – 150.

43 Douteil 2010; vgl. Martin Roland: *Konkordanz der Bildseiten der Handschriften von Udalricus Campiliiensis (Ulrich von Lilienfeld), Concordantiae caritatis*. Online zugänglich unter: http://www.univie.ac.at/paecht-archiv-wien/cc_html/cc-Konkordanztabellen-uebersicht.html (Januar 2013).

44 Für lateinische und volkssprachige Beispiele siehe Klein 2007, S. 521 – 524, Nr. 251 – 252 (Beate Braun-Niehr); vgl. Suntrup 2000, S. 301 – 305 *(Biblia pauperum)* und 292 – 301 *(Speculum humanae salvationis)*.

45 Margit Krenn: *Heilsspiegel. Speculum humanae salvationis. Handschrift 2505 der Universitäts- und Landesbibliothek Darmstadt*, Darmstadt 2006.

46 Welzel 1991, S. 75 – 91; Schlie 2002, S. 76 – 82, Anm. 278, knapp und mit unzutreffenden Deutungen zu den Typologien.

Pamelius-Sakramentar Köln (?), 870–875 und Köln, 891–896
Pergament; 30 × 244 mm; Köln, Erzbischöfliche Diözesan- und Dombibliothek, Cod. 137

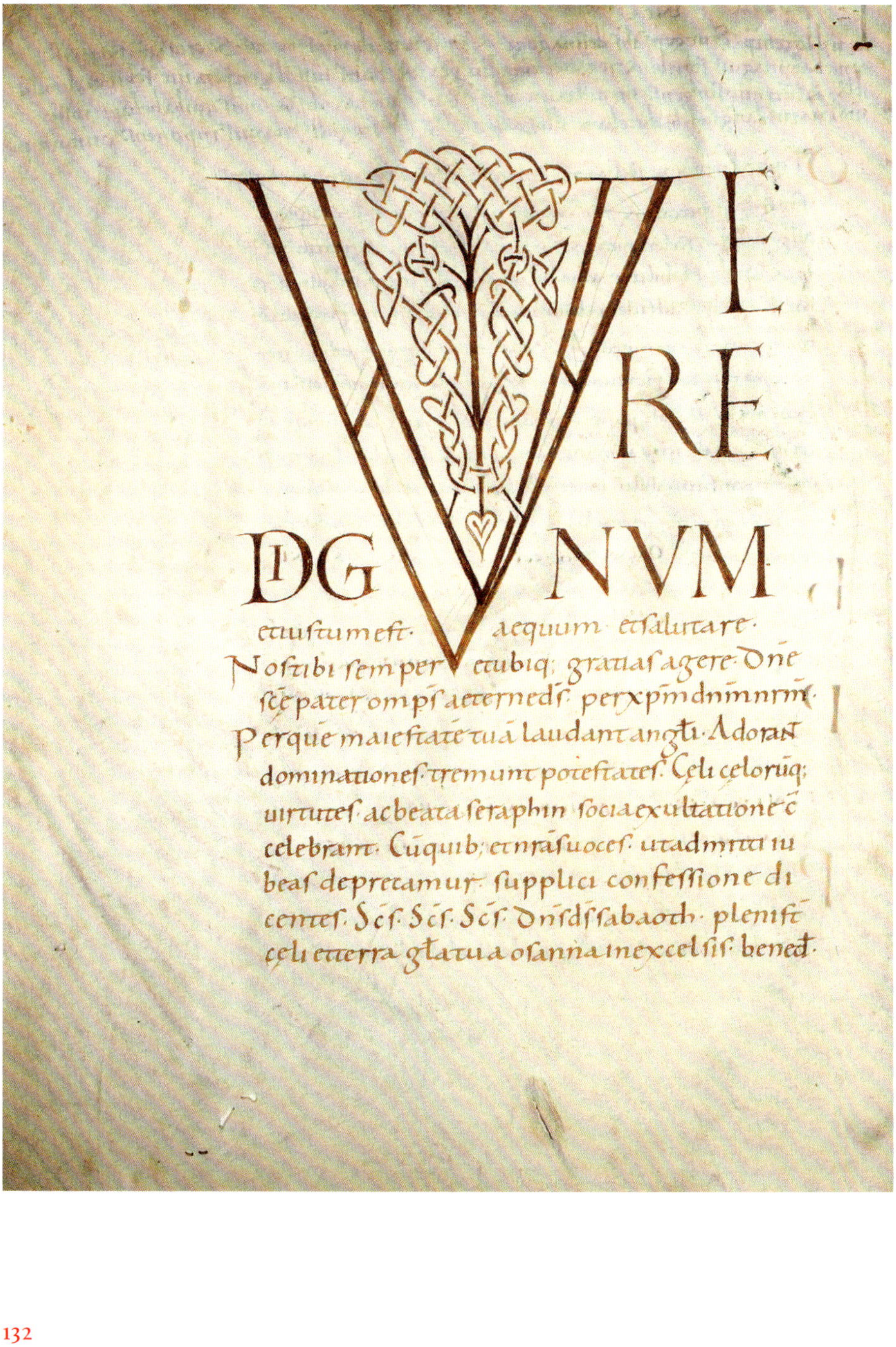

fol. 1v — Präfation und *Sanctus*

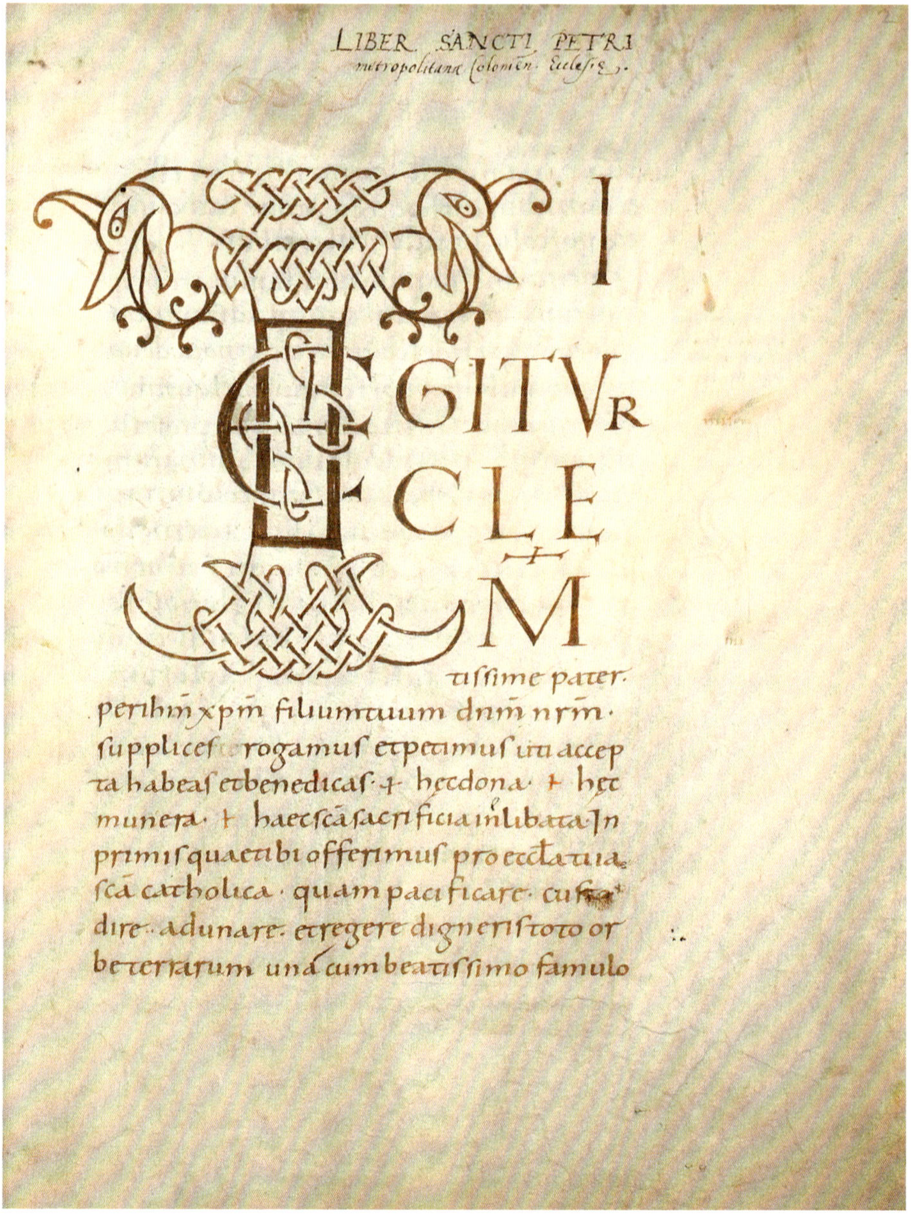

fol. 2r — Kanongebet *Te igitur*

Sakramentar von Gellone Diözese von Meaux oder Cambrai (?), Ende 8. Jahrhundert
Pergament; 300 × 180 mm; Paris, Bibliothèque nationale de France, Ms. lat. 12048

fol. 143v — Kanongebet *Te igitur*

Fragment eines Sakramentars Lorsch, 2. Hälfte 9. Jahrhundert
Pergament; 245 × 210 mm; Erlangen, Universitätsbibliothek Erlangen-Nürnberg, Ms. 2000

* Missale aus Lüttich Lüttich, 3. Viertel 12. Jahrhundert
Pergament; 243 × 159 – 170 mm; Köln, Erzbischöfliche Diözesan- und Dombibliothek, Cod. 157

fol. 17v — Majestas Domini

fol. 18r — Präfation
Vere dignum

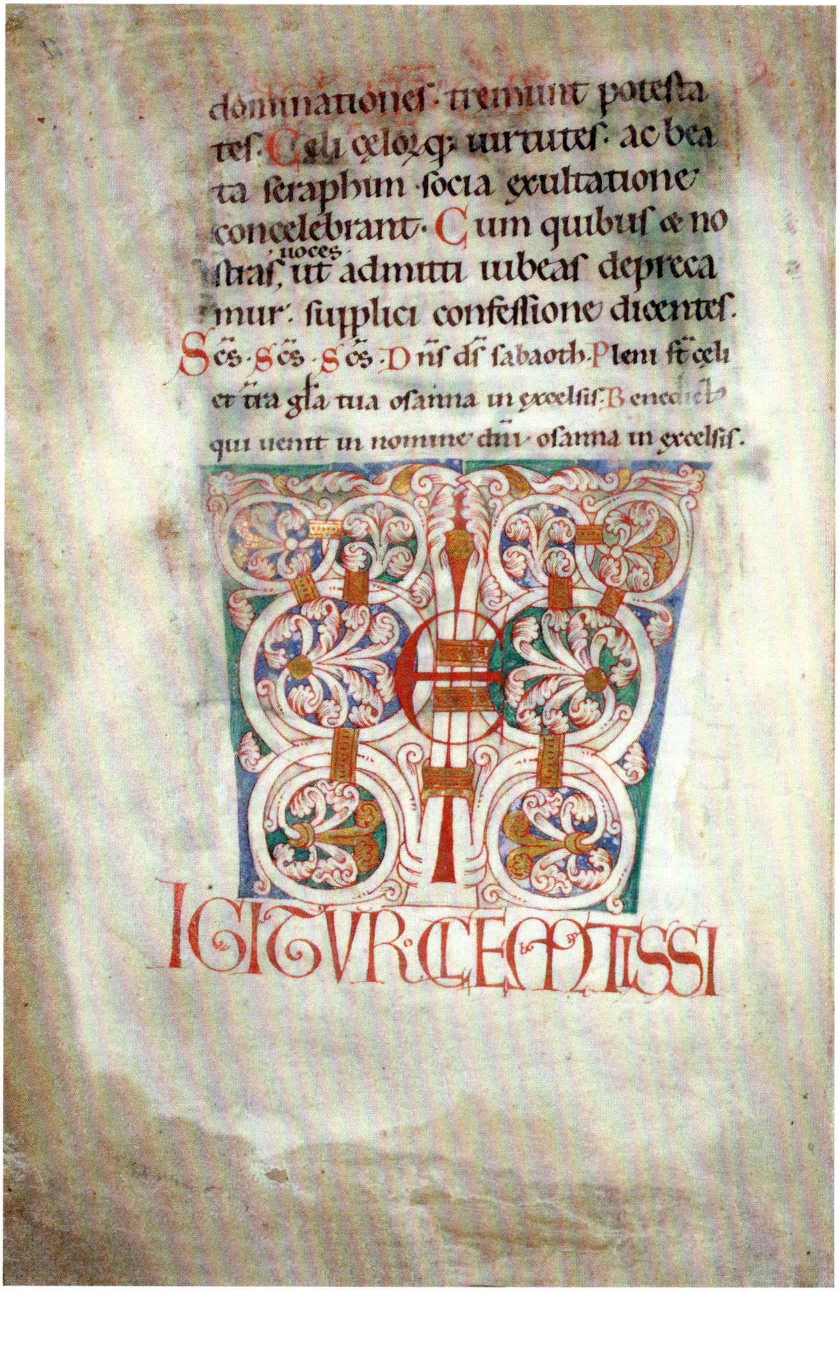

fol. 18v — Kanongebet *Te igitur*

fol. 19r — Kreuzigung Christi

zu den Abbildungen
Seite 132 – 139

132 – 133 — Die Handschrift ist nach dem Historiker Jakob Pamelius benannt, der 1571 eine Edition des Gregorianischen Sakramentars erarbeitete und sich dabei unter anderem auf diesen Kodex berief. Die rein ornamentale Ausschmückung im Stil der franko-sächsischen Buchmalerei beschränkt sich auf die Initialen des Kanongebets. In einigen Nachträgen angeführte Namen belegen, dass die Handschrift schon gegen Ende des 9. Jahrhunderts in Köln genutzt wurde.

fol. 1v — Präfation und *Sanctus:* »Es ist in Wahrheit würdig und recht, billig und heilsam, Dir immer und überall dankzusagen, heiliger Herr, allmächtiger Vater, ewiger Gott: durch Christus, unseren Herrn. Durch Ihn loben die Engel Deine Majestät, die Herrschaften beten sie an, die Mächte verehren sie zitternd. Die Himmel und die himmlischen Kräfte und die seligen Seraphim feiern sie jubelnd im Chore. Mit ihnen lass, so flehen wir, auch uns einstimmen und voll Ehrfurcht bekennen: Heilig, heilig, heilig [...].«

fol. 2r — Kanongebet: »Dich, gütiger Vater, bitten wir demütig und flehen zu dir durch Jesus Christus, deinen Sohn, unsern Herrn: nimm wohlgefällig an und segne diese + Gaben, diese + Geschenke, diese + heiligen, makellosen Opfergaben. Wir bringen sie dir dar, vor allem für deine heilige katholische Kirche: schenke ihr den Frieden auf dem ganzen Erdkreis; behüte, einige und leite sie huldvoll: deinen seligsten Diener, [unseren Papst (N.), unseren Bischof (N.), ...].«

134 — Das Sakramentar entstand zu einem Zeitpunkt, als sich die Vorgaben der Liturgiereform unter Karl dem Großen († 814) noch nicht vollständig durchgesetzt hatten. Schon kurz nach seiner Fertigstellung gelangte das Buch im Jahre 804 in die südfranzösische Abtei Gellone, nach der das Sakramentar benannt ist.

fol. 143v — Unter den zahlreichen Zierinitialen der Handschrift ist diejenige zum Kanongebet besonders hervorzuheben. Der Text beginnt mit dem Buchstaben T *(Te igitur)*, der durch die Figur Christi am Kreuz ersetzt ist. Durch die Wandlungsworte des Kanongebets wird das Kreuzesopfer Christi vergegenwärtigt, das in dem Bild dem zelebrierenden Priester präsent gehalten wird. Die *figura crucis*-Initiale tritt hier zum ersten Mal auf, bevor sie sich im 10. Jahrhundert langsam durchsetzt – entweder wie hier als Buchstabenersatz oder als selbstständiges Kanonbild (Abb. S. 139). Schon in diesem frühen Beispiel wird das Kreuzzeichen um zwei vom Himmel herabkommende Engel erweitert. Über ihnen ist der Gesang des *Sanctus* notiert, und zwar in griechischer Lautschrift. Er gilt als Gesang der Engel, in den die Menschen zusammen mit ihnen einstimmen.

135 — Das Fragment gehörte zu einem gregorianisch-hadrianischen Sakramentar, das im karolingischen Skriptorium des Klosters Lorsch entstanden ist (zugehörig: Augsburg, Universitätsbibliothek, Cod. I.2.4° 1). Folio 1r des Doppelblattes enthält Teile des Kanongebets, darunter die Initialzierseite zum *Te igitur*. Der Buchstabe T ist recht ungewöhnlich. Mit seinen rechteckigen Endungen gleicht er in der Form einem Goldschmiedekreuz, dem das E mit seiner typischen Flechtwerkornamentik hinterlegt ist. Auf der Kreuzung der Balken ist ein Brustbild des segnenden Christus platziert. Unterhalb des Kreuzes hat ein Engel seine Arme ausgebreitet und erinnert damit an die Haltung des gekreuzigten Christus – eine Haltung, die auch der Priester

während des Kanongebets einnimmt. Die Fortsetzung des Gebets: *igitur, clementissime pater* ist auf den rechteckigen Kreuzendungen notiert.

136–139 — Das für die Kathedrale Saint-Lambert in Lüttich geschriebene Messbuch beginnt mit dem sogenannten Rheinischen Messordo, der um das Jahr 1000 entwickelt wurde. Wie der sehr viel kürzere *Ordo missae* des Gregorianischen Sakramentars (vgl. Abb. S. 53) umfasst er die nicht veränderlichen Teile der Messe. In dieser Handschrift ist die Beschreibung des Messablaufs bereits mit dem ebenfalls feststehenden Kanongebet und weiteren Gebetstexten verwoben. Da weder die Gesänge noch die Lesungen der Messe aufgenommen sind, handelt es sich nicht um ein voll ausgebildetes Plenarmissale, sondern um eine dem Sakramentar verwandte Frühform. Der Bildschmuck beschränkt sich auf die Miniaturen zum *Vere dignum* und zum *Te igitur*.

fol. 17v–18r — Der in einer Mandorla auf einem Regenbogen thronende Christus ist von den vier Wesen der Vision Ezechiels von der Erscheinung Gottes (Ez 1,10) umgeben. In der Offenbarung des Johannes begleiten sie den zum Gericht wiederkehrenden Herrn mit dem Ruf »Heilig, heilig, heilig« (Offb 4,6–8), einem Lobgesang, der im *Sanctus* zum Abschluss der Präfation wiederkehrt. In seiner linken Hand hält Christus ein aufgeschlagenes Buch mit den Buchstaben Alpha und Omega (Offb 22,13), Anfang und Ende des griechischen Alphabets. Auf der gegenüberliegenden Seite beginnt die Vorrede zum Kanongebet mit der Initialligatur der Worte *Vere dignum*. Die mittelalterlichen Liturgiker sahen in dieser kunstvollen Verbindung der Buchstaben V und D »ein Sinnbild des gekreuzigten Gottmenschen Christus« (Suntrup 1980).

fol. 18v–19r — Zu Beginn des Kanongebets stehen sich der völlig in den Dekor des Rankenwerks »eingewachsene« Textbeginn und das Kreuzigungsbild gegenüber. Das *Te* ist kaum mehr als solches zu erkennen, die Fortsetzung *igitur clementissi […]* ist in Zierbuchstaben unter die Initiale geschoben und setzt sich auf der folgenden Seite unter dem Bild mit zahlreichen Abkürzungen fort: *[…] me pater per Iesum Christum filium tuum dominum nostrum*. Unter dem Kreuz Christi stehen Maria und Johannes – eine Anlehnung an die historische Kreuzigung – und darüber schweben Sonne und Mond, die wiederum das Allumfassende und damit Zeitlose des Geschehens verdeutlichen.

Sigebert-Sakramentar Sankt Gallen (?), um 1022–1036
Pergament; 300 × 220 mm
Berlin, Staatsbibliothek zu Berlin – Preußischer Kulturbesitz, Ms. theol. lat. fol. 2

fol. 8v __ Agnus Dei

fol. 9r — Messfeier

Sakramentar Fulda, nach 997
Pergament; 224 × 165 mm; Bamberg, Staatsbibliothek, Msc. Lit. 1 (olim A. II. 52)

fol. 12v — Porträt der beiden Päpste Gregor I. und Gelasius I.

fol. 13r — Alttestamentliche Präfigurationen der Eucharistiefeier

fol. 165v — Miniatur zum Allerheiligenfest

* Relief vom Einband eines Sakramentars Köln, um 1050
Elfenbein; 13,6 × 11,1 cm
Köln, Kolumba – Kunstmuseum des Erzbistums Köln, Inv. 1992/31

Missale monasticum Erfurt, um 1200
Pergament; 290 × 200 mm; Rom, Biblioteca Apostolica Vaticana, Vat. Ross. 181

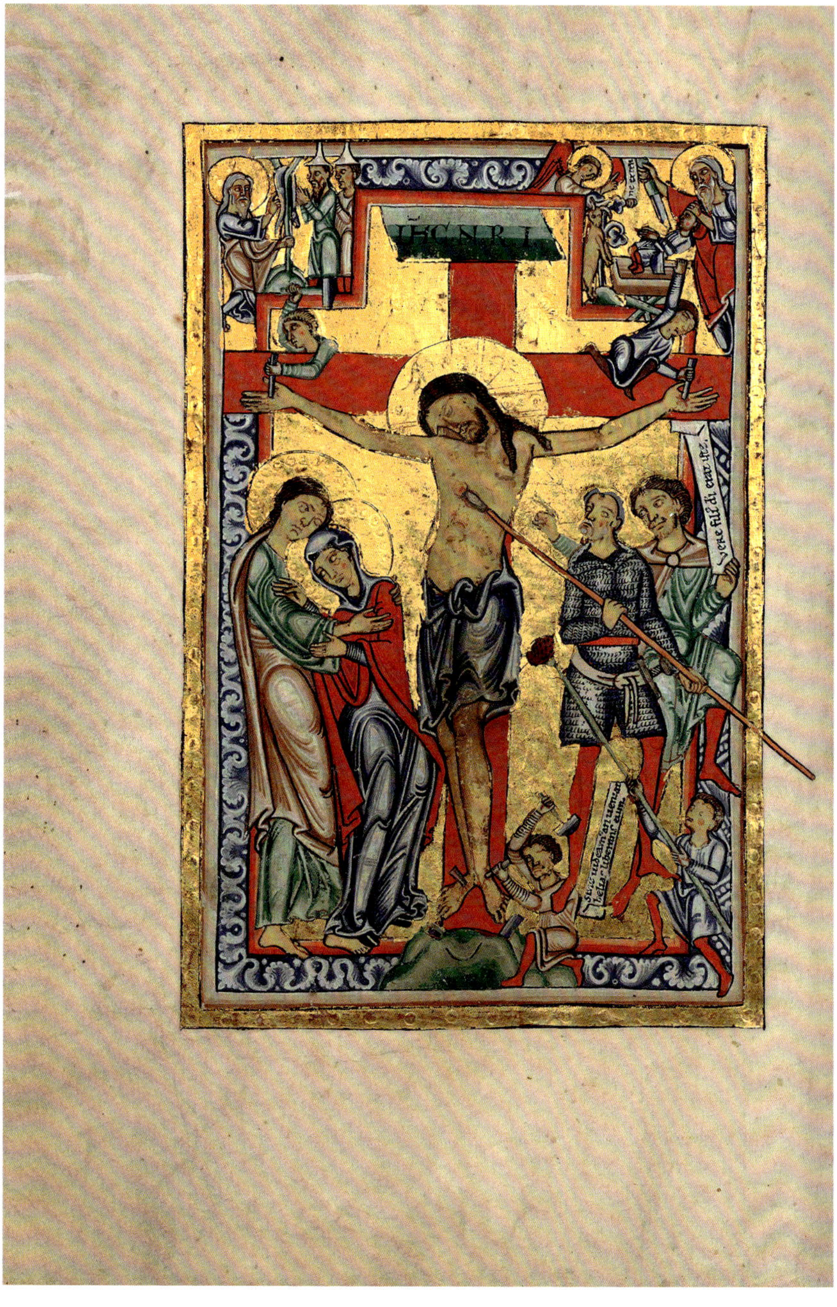

fol. 127bv — Kreuzigung Christi

fol. 18r — Kreuzabnahme Christi

zu den Abbildungen
Seite 142 – 149

142 – 143 — Das Sakramentar gehört zu einer Gruppe von neun Handschriften, die Bischof Sigebert (1022 – 1036) für den Mindener Dom stiftete. Von den insgesamt acht Miniaturen dieses Buches sind allein drei dem Kanongebet zugeordnet.

fol. 8v – 9r — Die Kreuzigung Christi steht wie üblich vor dem Anfang des Kanongebets, doch ist am Ende des Textes eine komplette Doppelseite einem geradezu programmatischen Bildprogramm vorbehalten. Das auf der Verso-Seite platzierte Lamm Gottes mit der blutenden Seitenwunde ist an dieser Stelle nicht ungewöhnlich, wird zu Beginn der Kommuniongebete doch das *Agnus Dei* angerufen, »das die Sünden der Welt hinwegnimmt«. Das Lamm ist mit seinen sieben Augen und Hörnern aber kaum mehr als solches zu identifizieren, denn es ist dem Motivschatz der Apokalypsenillustration entnommen und verweist auf die endzeitliche Wiederkehr des Gottessohnes. Umgeben von der Stadtmauer des himmlischen Jerusalem und den Evangelistensymbolen präsentiert es das Buch des Lebens.
Die umlaufenden Verse erläutern die Darstellung: »Siehe, der Sieger über den Tod, der Erneuerer des Lebens. Das Lamm öffnet die Siegel des wunderbaren Buches« *(Ecce triumphator mortis, vitae reparator + Agnus mirifici pandit signacula libri)*. Dem Lamm gegenüber empfängt Bischof Sigebert im Altarraum eines Kirchengebäudes den Kelch mit dem Blut Christi aus der Hand der Ecclesia. Wieder sind dem Bild Verse beigegeben: »Trink, Sigebert, die Gnadengaben des ewigen Lebens. Durch sie erfrischt dich deine Mutter [die Kirche] mit der Gnade« *(Hauri perpetuae, Sigeberte, charismata vitae + His tua clementer reficit te gratia mater)*.

144 – 146 — Der schöne Bamberger Kodex gehört als späte Handschrift in die Gruppe der acht ottonischen Sakramentare aus dem Benediktinerkloster in Fulda, die eine intensive und sehr bewusste Auseinandersetzung mit der Redaktion der Texte und deren Illustration belegen. So enthält auch dieses schon seit dem 11. Jahrhundert in Bamberg genutzte Sakramentar einen Bilderzyklus zu den Herren- und Heiligenfesten.

fol. 12v – 13r — Dem Beginn der Handschrift sind die beiden »Porträts« der heiligen Päpste Gregor und Gelasius in zwei Tondi vorgeschaltet, um auf die Autoren der Texte zu verweisen (vgl. Abb. S. 45). Auf der gegenüberliegenden Seite findet sich das einzige Bild zum Kanongebet: Dort opfert Abel sein Lamm (Gen 4,4), Melchisedek bringt seine Gabe dar (Gen 14,18 – 20) und Abraham ist bereit, seinen Sohn hinzugeben (Gen 22,1 – 14). Diese Opfer des Alten Testaments werden im Kanongebet angeführt in der Hoffnung, dass das in der Eucharistiefeier dargebrachte Opfer ebenfalls von Gott angenommen werde.

fol. 165v — Dem Allerheiligenfest ist ein Bild der Kirche beigegeben: Umgeben von den Chören der Engel, der Ältesten aus der Apokalypse (Offb 4,4), der Heiligen und gekrönten Mächte spendet das Lamm Gottes sein Blut, das von der Ecclesia in einem Kelch aufgefangen wird. Diese wiederum wird flankiert von Heiligen und Mönchen – ein Hinweis auf die Verwendung der Handschrift in einer klösterlichen Gemeinschaft.

147 — Um die Mitte des 11. Jahrhunderts scheint in Köln eine Schnitzwerkstatt bestanden zu haben, der wir eine Reihe von Elfenbeintafeln verdanken. Sie wurden für die Einbände von liturgischen Handschriften hergestellt, tragen also deren Inhalt durch das Bildprogramm nach außen. Das Relief aus der Sammlung von Kolumba führt in drei übereinander gestaffelten Bildzonen Christi Tod, Auferstehung

und Himmelfahrt vor Augen. Unten wird die Kreuzigung flankiert von Herodes auf der linken und dem Grabesengel auf der rechten Seite. Sie stehen stellvertretend für Passion und Auferstehung Christi. In der mittleren Bildzone erklimmt Christus vor dem staunenden Apostelkollegium eine Bergspitze und greift in die Wolkenbank über ihm, um die Himmelspforte zu öffnen. Im abschließenden Register thront er inmitten der Engelchöre als ewige Majestät, der alle Macht verliehen ist (Phil 2,9–11). Dieses kompakte Szenario verbildlicht das in der *Unde et memores*-Sequenz des Kanongebets angesprochene Gedenken an das »heilbringende« Wirken und Herrschen des Gottessohnes.

148–149 __ Das Missale wurde im hauseigenen Skriptorium für das Erfurter Peterskloster hergestellt. Es umfasst den Textbestand für die zweite Jahreshälfte von der Ostervigil bis zum Beginn des Advents, also auch das Kanongebet, das als Vergegenwärtigung von Christi Tod vor dem Fest der Auferstehung eingebunden war. Heute ist der ursprüngliche Text-Bild-Zusammenhang gestört, da das Kanonbild entfernt und vor einem neu geschriebenen Hochgebet an anderer Stelle wieder eingefügt wurde. Ursprünglich standen sich vor Beginn des *Te igitur* zwei Bilder gegenüber: die Kreuzigung und die Kreuzabnahme, die laut der Vorstellung der mittelalterlichen Messallegorese zu Beginn und am Ende des Kanongebets memoriert werden.

fol. 127bv __ Das Kreuzigungsbild fasst gleich mehrere zeitlich aufeinander folgende Momente zusammen: Die Annagelung, die Episode mit dem Essigschwamm – kommentiert auf einem Schriftband »Lass doch, wir wollen sehen, ob Elija kommt und ihm hilft« (Mt 27,49) –, den Lanzenstich ins Herz und die Erkenntnis des Hauptmanns »Wahrhaftig, das war Gottes Sohn« sowie die Trauer Mariens. In die oberen Bildecken sind zwei typologische Szenen eingefügt: die Anbetung der Ehernen Schlange (Num 21,4–9) und das Opfer Abrahams (Gen 22,1–14). Dem Anspruch der Vergegenwärtigung wird die Lanze des Longinus gerecht, denn deren Ende ragt in den Umraum des Bildfeldes, das heißt in die Wirklichkeit des Betrachters, hinein.

fol. 18r __ Auf der Recto-Seite folgte die Kreuzabnahme. Noch sind die Nägel nicht alle gelöst, da legt Joseph von Arimathia den von Johannes betrauerten Leichnam Christi in die Arme Mariens. Im Rahmen kommentieren sieben Bischöfe das Geschehen mit Auszügen aus dem Kanongebet.

Stammheim-Missale Hildesheim, um 1170 – 1180
Pergament; 282 × 188 mm; Los Angeles, The J. Paul Getty Museum, Ms. 64

fol. 85v — Majestas Domini

fol. 86r — Kreuzigung Christi

* Kanonbild aus einem Missale Hildesheim, Anfang 14. Jahrhundert
Pergament; 305 × 215 mm; Hildesheim, Dombibliothek, Hs 682b (Einzelblatt)

zu den Abbildungen

Seite 152–154

152–153 — Das für den Gebrauch in der Benediktinerabtei St. Michael in Hildesheim geschriebene Missale enthält unter anderem je eine Doppelseite mit Bildern zur Präfation und zum *Te igitur*. Vor dem Kanongebet stehen sich eine Majestas auf der Verso- und eine Kreuzigung auf der Recto-Seite gegenüber.

fol. 85v — Den wiederkehrenden Christus am Ende der Zeiten umgeben die vier Evangelistensymbole und vier Propheten: Baruch, Jeremias, Moses und Daniel. Auf ihren Schriftrollen sind Zitate aus ihren Schriften notiert, die auf Christus bezogen werden. Baruch: »Er hat den Weg der Weisheit ganz erkundet« (Bar 3,37), Jeremias: »Fürwahr, beim Herrn, unserm Gott, ist Israels Rettung« (Jer 3,23), Moses: »Er ist mein Gott, ihn will ich preisen« (Ex 15,2) und Daniel: »Seine Herrschaft ist eine ewige, unvergängliche Herrschaft« (Dan 7,14).

fol. 86r — Die Kreuzigung ist weniger als Szene aufgefasst, denn Maria und Johannes sind in eigenen Bildkompartimenten dargestellt, während das Kreuz von Longinus mit dem Speer und Stephaton mit dem Essigschwamm flankiert wird. Sol und Luna, Tag und Nacht markieren die Ecken des Bildes, die Personifikationen von Leben und Tod sind an die Enden der waagerechten Balken des Kreuzes gesetzt, über dessen oberem Ende eine den Rahmen sprengende Engelbüste erscheint. Das ganze Bild ist von Schriftrollen überzogen, die verschiedenen Figuren in die Hand gegeben sind. Über die Arme Christi ist ein an Hosea (13,14) angelehnter Text ausgebreitet, der sich auf die Auferstehung bezieht. Der Engel spielt auf die Erlösung an (Ijob 33,24). Ecclesia (oben links) erinnert an die Befreiung vom jüdischen Gesetz (Gal 3,13), Synagoge (oben rechts) an die Vorschrift dieses Gesetzes, jeden Hingerichteten unmittelbar beizusetzen (Dtn 21,23). Unterhalb des Kreuzes sind der Prophet Jesaja, ein Keltertreter und ein junger Mann in ein Gespräch über den Erlösungstod Christi in typologischen Textbildern vertieft (Jes 63,2–3; Ps 92,1).

154 — Das Einzelblatt war ursprünglich als Kanonbild in ein Missale eingebunden. Die Miniatur besetzte die Verso-Seite gegenüber dem Textbeginn *Te igitur*. Die leere Rückseite wurde wohl im 15. Jahrhundert für den Nachtrag einer Messe zu Ehren der heiligen Maria Magdalena genutzt, bevor man das Blatt entfernte und als Einbandspiegel für einen anderen Kodex verwendete. Das Bild ist durch die gebogenen Äste eines als Weinstock charakterisierten Lebensbaumes gegliedert, der gleichzeitig als Kreuz Christi fungiert. Seitlich des Gekreuzigten fängt die Figur der Ecclesia mit verhüllter Hand das Blut aus der Seitenwunde Christi in einem Kelch auf. Ihr gegenüber sinkt die Synagoge in sich zusammen und verliert dabei ihre Ehrenzeichen. Mit ihrer Linken packt sie den abgeschlagenen Kopf eines Ziegenbocks bei den Hörnern, wohl ein Verweis auf die Opfer des Alten Bundes. Hinter den beiden Personifikationen stehen Maria und Johannes und erinnern an den historischen Kontext des Geschehens. Die beiden Prophetenbüsten über ihnen zeigen auf das Nest eines Pelikans, das die Spitze des Baumkreuzes besetzt. Der Vogel belebt gerade seine Küken mit dem Blut aus seiner Brust. An der Wurzel des Baumes ist das Bild des Gekreuzigten in einer kleineren Version wiederholt. Wahrscheinlich wollte man dadurch das größere Bild schonen, denn die kleine Figur scheint durch Abküssen stark gelitten zu haben. Die beiden seitlichen Szenen der unteren Zone gehören in die Welt der Typologien: die Aufrichtung der Ehernen Schlange (Num 21) und der Keltertreter (Jes 63,3; Offb 19,15).

Rennenberg-Kodex Köln, St. Klara, um 1350 oder vor 1357
Pergament; 403 × 285 mm; Köln, Erzbischöfliche Diözesan- und Dombibliothek, Cod. 149

fol. 51v — Kreuzigung Christi

fol. 52r — Kanongebet *Te igitur*

* Missale des Nikolaus von der Krae d. J. Fritzlar (?), 1421
Pergament; 495 × 335 mm; Kassel, Universitätsbibliothek, Landesbibliothek und Murhardsche Bibliothek der Stadt Kassel, 2° Ms. theol. 114

fol. 153v — Kreuzigung Christi

fol. 154r — Kanongebet *Te igitur*

zu den Abbildungen
Seite 156–159

156–157 — Die im Kölner Klarissenkloster hergestellte Handschrift mit den Texten für die gleichbleibenden Teile der Messe *(Ordo missae)* wurde von dem Domdechanten Konrad von Rennenberg Mitte des 14. Jahrhunderts für den Gebrauch an Festtagen in Auftrag gegeben. Neben den still gesprochenen Gebeten des Priesters und den wechselnden Präfationen für das Kirchenjahr enthält der prachtvolle Kodex auch den *Canon missae,* beginnend mit zwei Zierseiten: dem Kanonbild mit der Darstellung der Kreuzigung Christi und der *Te igitur*-Seite.

fol. 51v — Der bereits verstorbene Gekreuzigte wird von Maria und Johannes betrauert, doch gleichzeitig wird diese historische Szene von goldenen Arkaden überhöht und zudem durch die beigegebenen Symbole in einen überzeitlichen Zusammenhang eingebunden: Sonne und Mond stimmen in die Trauer ein, die vier Wesen in den Eckmedaillons des Rahmens – hier als Evangelistensymbole gekennzeichnet – gehören zu einer apokalyptischen Endzeitvision.

fol. 52r — Auf der gegenüberliegenden Seite wird der Tod Christi im liturgischen Akt vergegenwärtigt: In der T-Initiale des Kanongebets erhebt der Priester die gewandelte Hostie, hinter ihm der Messdiener mit der Wandlungskerze, vor ihm der Altar mit Kelch und Patene. Der Text des Gebets wird von rot geschriebenen Anweisungen für die Handlungen des Priesters eingeleitet: Er möge sich demütig vor dem Altar verbeugen und, wenn er sich wieder aufrichtet, drei Kreuze über Wein und Brot schlagen.

158–159 — Im Vorderspiegel dieses Missales aus dem Jahr 1421 ist neben dem Entstehungsdatum auch der Stifter Nikolaus von der Krae vermerkt. Er war Dekan des Chorherrenstifts St. Peter in Fritzlar, in dessen Stiftskirche das Buch am Hochaltar verwendet wurde. In der Mitte der Handschrift – dort, wo sie sich besonders gut aufschlagen lässt – ist das Kanongebet platziert. Am Anfang steht, wie üblich, das Bild der Kreuzigung Christi. Die bekannte Ikonografie mit dem Gekreuzigten, Maria, Johannes und den häufig beigegebenen Evangelistensymbolen wird um die Gestalt des Stifters in Chorherrentracht erweitert, der am Fuß des Kreuzes kniet und durch sein Wappen (mit Krähe) identifiziert ist. Auf einem entrollten Schriftband liest man sein Gebet, in dem er um Erbarmen bittet. Quasi dem Stifter gegenüber liegen die Gebeine des ersten Menschen Adam am Boden, denn dessen Grab befand sich der Legende nach unterhalb des Kreuzes. Außergewöhnlich sind die vier kleinen Szenen, die die Enden der Kreuzbalken besetzen. Sie umschreiben Opfer- und Erlösungstat Christi sowie seine Auferstehung in Bildern aus der Tierwelt: Der Pelikan hackt mit dem Schnabel auf seine Brust ein, um mit dem austretenden Blut seine Küken zu beleben; zu Asche verbrannt, wird der mythische Vogel Phönix aus der Glut wiedergeboren; Straußenküken schlüpfen aus ihren Eiern, die der Elternvogel durch die Wärme seines Blicks ausgebrütet hat; drei Tage nach ihrer Geburt erweckt der Löwe seine totgeborenen Jungen durch den Hauch seines Atems zum Leben. Unter der Miniatur ist ein Pergamentstreifen mit der Fürbitte für Papst und Bischof aufgenäht. Ihre Namen wurden im 2. Drittel des 15. Jahrhunderts durch Rasur entfernt und durch die der aktuellen Amtsinhaber ersetzt. Auf der folgenden Seite schließt sich der Text des Kanongebetes an, dessen Initiale T zu einem Gehäuse umgebildet ist. Der Buchstabenstamm wird zum Werkzeug der Passion, denn er dient als Geißelsäule Christi.

* Kelchkuppa Köln, um 1165–1170
Silber, vergoldet, graviert, Niello; 6,3 cm, Ø 12,4 cm
Köln, Kolumba – Kunstmuseum des Erzbistums Köln, Inv. G 2

* Kelch und Patene aus Iber Hildesheim, um 1200
Silber, ziseliert und teilweise vergoldet, Niello
(Kelchfuß und -schaft 1670 erneuert); Kelch: 17,8 cm; Patene Ø 14,2 cm
Hannover, Museum August Kestner (Dauerleihgabe der Ev.-Luth. Kirchengemeinde Iber)

* Kelch und Patene aus Werben Niedersachsen (Magdeburg ?), 1251 – 1263 (?)
Silber, vergoldet, graviert, punziert, Niello; Kelch: 17 cm, Patene: Ø 17 cm
Werben, Ev. Kirchengemeinde St. Johannis

* Kelch und Patene aus Rathenow Niedersachsen (Magdeburg ?), 3. Viertel 13. Jahrhundert
Silber, vergoldet, graviert, gestanzt, Filigran; Kelch: 19 cm, Patene: Ø 20 cm
Rathenow, Ev. Kirchengemeinde St. Marien-St. Andreas

zu den Abbildungen
Seite 161 – 167

161 — Die kleine, annähernd halbkugelige Schale aus der Sammlung von Kolumba ist heute ein Fragment. Sie war Teil eines Kelches mit Schaft, Fuß und zugehöriger Patene. Ihr Bildprogramm ist wegen des fragmentierten Zustandes nur unvollständig zu lesen. Vier kreisrunde Medaillons definieren die Ansichtsseiten, die zwar auch einzeln, vor allem aber aufeinander bezogen verstanden werden können. Dem in herrscherlicher Frontalität thronenden zeitlosen Christus wenden sich in den beiden seitlichen Medaillons Melchisedek (Gen 14, 18 – 20) und Abel (Gen 4,4) als Opfernde zu – alttestamentliche Präfigurationen sowohl des historischen Opfertods Christi als auch seiner Vergegenwärtigung in der Messfeier, zugleich verehrende Assistenzfiguren der Majestät Christi. Isoliert von dieser in sich geschlossenen Szenerie thront auf der vierten Seite die Gottesmutter Maria mit betend vor dem Körper erhobenen Armen. Sie ist ohne Kind dargestellt und daher möglicherweise als Personifikation der Kirche zu verstehen, die sich in der gemeinsamen Feier der Eucharistie definiert, oder sie gibt das Patrozinium der Kirche an, für die dieser Kelch gefertigt wurde.

162 – 163 — Kelch und Patene aus Iber sind etwas später entstanden als die Kuppa aus der Sammlung von Kolumba in Köln (Abb. S. 161), bei der die Form der Schale und das System des Dekors vorgebildet sind: Vier Medaillons markieren die vier Ansichtsseiten des Kelches, in die Zwickel sind Figurenbüsten eingefügt. Das Bildprogramm unterscheidet sich jedoch. Die Kuppa aus Iber präsentiert Szenen der Heilsgeschichte: die Verkündigung der »Fleischwerdung« des Gottessohnes an Maria, die Geburt Christi, die Kreuzabnahme nach Christi Opfertod und seine Auferstehung. Die Zwickelfiguren erläutern das Geschehen, wobei das Zitat zur Kreuzabnahme über einen einfachen Kommentar hinausgeht: »Ich werde dein Tod sein, o Tod« (Hos 13,14). Der Kelchfuß ist heute verloren. Auch er wird Figurendekor getragen haben, denkbar ist ein typologisches Bildprogramm mit Szenen aus dem Alten Testament. Die Patene ist dem Bild des ewigen Herrschers, des *Pantokrator,* vorbehalten, der von den vier apokalyptischen Wesen beziehungsweise Evangelistensymbolen umgeben ist. Christus wird in dem Moment sichtbar, in dem die Hostie zur Konsekration von der Patene genommen wird. Nicht die *memoria* wir hier angesprochen. Sie ist das Thema des Kelches. Vielmehr weitet das Bild der Patene den in der Liturgie verdichteten Kosmos bis zur Wiederkehr Christi am Ende der Zeiten aus. Auf der Unterseite des Hostientellers ist die Hand Gottes als Zeichen göttlichen Wirkens eingraviert.

164 – 165 — Das Ensemble aus Kelch und Patene wurde wohl kurz nach der Mitte des 13. Jahrhunderts für die Kirche des Johanniterordens in Werben (Sachsen-Anhalt) – möglicherweise für die Verwendung an einem Marienaltar – hergestellt. Kuppa und Fuß des Kelches sind von einem typologischen Bildprogramm in acht Medaillons überzogen, das auf die Kreuzigung und das Messopfer verweist. Auf den runden Wandungen der Schale errichtet Moses die Eherne Schlange zur Rettung der Israeliten (Num 21,6 – 9), Elija bittet die Witwe in Sarepta, mit aufgesammeltem Holz ein Brot zu backen, und prophezeit ihr nimmer versiegende Vorräte (1 Kön 17,8 – 24). Schließlich opfert Abraham seinen Sohn Isaak und Abraham wird von dem Priesterkönig Melchisedek gesegnet – erstaunlicherweise mithilfe von Kelch und Patene der christlichen Liturgie, die in der Umschrift als »die zwei Geschenke des

Lebens« bezeichnet werden. Auf dem sanft ausschwingenden Kelchfuß schließen sich zwei weitere Szenen des Alten Testaments an. Sie sind als Vor-Bilder auf die Jungfräulichkeit Mariens bezogen, was auch die Umschriften mit Zitaten aus verschiedenen Marienliturgien bestätigen: Moses begegnet Gott in dem brennenden, jedoch nicht verbrennenden Dornbusch (Ex 3–4) und Gideon betet vor dem Vlies, das auf trockenem Boden liegend allein mit Tau benetzt ist (Ri 6,36–40). Zwei Bilder des Neuen Testaments ergänzen die Szenenfolge: die Verkündigung der Geburt Christi an Maria – also das Bild der Jungfräulichkeit – und die Kreuzigung Christi. Auf der wegen ihres Bildschmucks außergewöhnlichen Patene findet sich eine sehr frühe Darstellung der sogenannten *imago pietatis*, des halbfigurigen *Schmerzensmanns*, zwischen den griechischen Buchstaben Alpha und Omega. Als erster und letzter Buchstabe des griechischen Alphabetes stehen sie für den Anfang und das Ende. Die Umschrift besagt: »Hier wird Jesus verzehrt und verbleibt verzehrt unversehrt.«

166–167 __ Kelch und Patene aus dem brandenburgischen Rathenow sind mit dem Ensemble aus Werben stilistisch und ikonografisch eng verwandt, werden also wohl in derselben Werkstatt hergestellt worden sein. Im Bildprogramm ergeben sich jedoch kleine Differenzen. Wieder ist die Kelchschale mit Medaillons und Inschriften geschmückt, in die – zwischen halbfigurigen Engeln – typologische Szenen aus dem Alten Testament eingefügt sind. Das Opfer Abrahams aus dem Buch Genesis (22,1–14) verweist als *typos*, Vor-Bild, auf Gottvater, der seinen Sohn hingab. Die Aufrichtung der Ehernen Schlange aus dem Buch Numeri (21,8–9) ist *typos* für das Kreuz Christi als Zeichen für die Erlösung der Menschheit. Die Begegnung zwischen Abraham und Melchisedek, wieder aus dem Buch Genesis (14,18–20), ist als Kultzeremonie ein Hinweis auf das Messopfer. Diese Szenen stimmen mit Werben überein, als viertes Bild kommt der Sündenfall (Gen 3,1–6) hinzu: Adam und Eva essen die verbotenen Früchte vom Baum der Erkenntnis. Sie sind das Gegen-Bild zur Kreuzigung Christi, verspielten sie doch durch ihre Tat das Paradies, das Christus durch seinen Tod wiedergewann. Auf den Stanzreliefs des Fußes kommt das Neue Testament zu Wort: Geburt und Kreuzigung Christi sind einander gegenübergestellt sowie die thronende Maria mit Kind und die Majestas. Die Fläche zwischen den Reliefs beanspruchen die Evangelistensymbole, die in Werben den Kelchnodus besetzten. Die Patene schließlich zeigt die Dreifaltigkeit in der verdichteten Form des *Gnadenstuhls*, beschrieben in der Beischrift: »Der Vater auf dem Thron, der Sohn am Kreuz, in Gestalt eines Vogels der Heilige Geist.« Die Trinität war der Adressat des Gebets *Suscipe, Sancta Trinitas* (Heilige Dreifaltigkeit, nimm diese Opfergabe an), das zur Gabenbereitung vor der Wandlung gesprochen wurde (Bayer 1993). Das Bild präfiguriert die Annahme dieser Bitte: »Wenn die Hostie auf der Darstellung […] ruht, deckt sich der sakramentale Leib Christi mit dem Bild des Leibes des Sohnes, der von dem Vater zur Aussöhnung entgegengenommen wird« (Skubiszewski 1982).

Patene aus St. Peter in Salzburg Salzburg, um 1160–1170
Silber, vergoldet, graviert, punziert, Niello; Ø 27 cm
Wien, Kunsthistorisches Museum, Inv. KK 9983

* Patene Niedersachsen, 1220–1230
Silber, vergoldet, graviert, Niello; Ø 15 cm
Gronau, Ev. Pfarrgemeinde St. Matthäi

* Patene Lübeck oder Stockholm, 2. Viertel 14. Jahrhundert
Silber, vergoldet, graviert, Email; Ø 15,3 cm
Alunda, Alunda Kyrka

* Großer Goldkelch und Patene Bischof Gerhards Hildesheim (?), Ende 14. Jahrhundert
Gold und Silber, graviert; Citrin, Sardonyx, Topas, Granat; Kelch: 22,5 cm; Patene: Ø 18,8 cm
Hildesheim, Dom- und Diözesanmuseum, Inv. DS 14

* Kelch (sogenannter Nesterkelch) Westfalen, Frankreich oder Burgund, um 1400
Silber, vergoldet, graviert; 18 cm; Soest, Ev. St.-Petri-Pauli-Kirchengemeinde

zu den Abbildungen
Seite 170 – 173

170 oben — Zu der Patene aus dem Stift St. Peter in Salzburg gehört ein Kelch, der ebenfalls im Wiener Kunsthistorischen Museum aufbewahrt wird.
Den Kelch schmücken Figuren von den Fürsten der zwölf Stämme Israels und von zwölf Propheten des Alten Testaments. Verstanden als die 24 Ältesten der Apokalypse, sind sie auf das Lamm Gottes im zentralen Medaillon der Patene bezogen. Als Opfertier (lateinisch: *hostia*) steht das Lamm im Zentrum des letzten Abendmahls, dessen gedeckte Tafel das Tier kreisförmig umgibt. In gleichmäßigen Abständen haben sich die Apostel und Christus daran niedergelassen; ihre Köpfe füllen die Nischen der passförmigen Tellermulde. Zusammen mit Judas greift Christus in eine kelchartige Schale und entlarvt damit den künftigen Verräter (Mt 26,23). Mehrere Inschriften erläutern kurz, aber sehr umfassend das Geschehen: »Hier wird gnadenvolles Leben gespendet, der schreckliche Tod durch dieses Brot vertrieben. – Im Herzen wird erwogen, was dem Augenschein nach geleugnet wird. – Es ist Fleisch, nicht Brot, wodurch die eitle Gesinnung wieder gutgemacht werden soll« (am Außenrand) sowie »Tod bringt den Unwürdigen dieses Mahl und Heil den Guten. Der du das unverhüllte Fleisch im Zustand der Sünde empfängst, betrachte Judas!« (am Tischrand). Adressat dieser Warnung ist in erster Linie der Zelebrant. Die Inschrift um das *Agnus Dei* schließlich spricht das Heilsversprechen an, das dem Opfertod Christi und dessen Vergegenwärtigung – *hostia* und Hostie – gleichermaßen eigen ist: »Durch das Lamm wird die Welt von der Krankheit der Sünde erlöst.«

170 unten — Der Tellerboden der Patene aus Gronau enthält eine Vertiefung in Form eines Vierpasses, auf dessen Grund die Gottesmutter mit grandioser Linienführung eingraviert ist. In frontaler Haltung sitzt sie auf einem ein wenig unsicher konstruierten Thron und umfängt mit den Armen schützend ihren Sohn, der eher vor ihrem Körper zu schweben als auf ihrem Schoß zu sitzen scheint. Der gewählte Figurentypus entspricht demjenigen der *sedes sapientiae* (Thron der Weisheit): Die thronende Maria wird ihrerseits zum Thron Christi, in dem »alle Schätze der Weisheit und Erkenntnis verborgen« sind (Kol 2,3). Bei dieser Form des Marienbildes liegt der Schwerpunkt auf dem segnenden Christuskind als Herrscher, doch schwingt gleichzeitig die Inkarnation des Gottessohnes mit. Nur durch diese Menschwerdung sind der Opfertod und damit die Eucharistie möglich. Beides ist unmittelbar aufeinander bezogen: Das »Herabsteigen Gottes zur Erde in sakramentaler Gestalt ist eine Parallele zum Inkarnationswunder und eine Wiederholung desselben, das Menschwerden Gottes im Schoße der unbefleckten Jungfrau Maria« (Andersson 1956).

171 — Die Patene in Alunda entspricht einem Typus, der mehrfach in Schweden belegt ist. Der Dekor des mittleren Medaillons auf dem Schalenboden – in diesem Fall eine thronende Muttergottes mit Kind – ist dabei nicht festgelegt. Allen Patenen gemeinsam sind aber die vier kleinen Tondi auf den Fahnen, in die das Antlitz Christi sowie seine Hände und Füße mit den Wundmalen eingraviert sind. Liegt die Hostie in der Mitte, wird sie als Leib Christi zum zentralen Teil der Darstellung und auch ohne sie bleibt der Zusammenhang zwischen »Fleischwerdung«, also der Geburt Christi, und Opfertod durch die Bilder präsent. Auf der Unterseite der Patene ist das Lamm Gottes mit Siegesfahne ins Zentrum gerückt. Wann war es überhaupt zu sehen (vgl. auch Abb. S. 173)? Bei der Wandlung wurde die Patene nicht

benötigt, denn die Hostie lag zur Konsekration auf dem Korporale. Währenddessen war der Hostienteller zumeist halb darunter versteckt, wie man es auf vielen spätmittelalterlichen Darstellungen der *Gregorsmesse* sieht (Abb. S. 303). Doch war dieser Brauch nicht immer und überall üblich, wie man der Messallegorese des Wilhelm Durandus († 1296) entnehmen kann (Durandus 2012, Kap. 30). Alternativ konnte die Patene bis zum Ende des *Pater noster* dem Subdiakon übergeben werden – und zwar so, dass die Oberseite nach unten zeigte *(pars superior subtus posita)* – und manchmal scheint sie auch von diesem emporgehalten worden zu sein (Subes 2004). Bevor die Hostie wieder darauf zurückgelegt wurde, war die Patene zudem Instrument verschiedener Zeremonien (Kuss der Patene, Segen mit der Patene usw.), bei denen die Rückseite zur Geltung kommen konnte.

172 – 173 __ Der ungewöhnlich große Goldkelch und die zugehörige Patene entstanden im Auftrag des Hildesheimer Bischofs Gerhard vom Berge (1365 – 1398) für die Verwendung in seiner Domkirche. Nicht nur die gewählten Materialien – Gold, Halbedelsteine und antike geschnittene Steine –, sondern auch die Bilder und Inschriften bezeugen einen hohen Anspruch. Die Kuppa des Kelches ist von einer Darstellung des letzten Abendmahles umzogen. Christus und die Apostel sitzen an einem reich gedeckten Tisch, auf dem Flaschen aller Art, Schalen mit Fleisch und Brote von unterschiedlicher Form zu erkennen sind. Vor Christus steht ein Kelch mit einer Hostie als Verweis auf die Eucharistiefeier. Vor dem Tisch kauert Judas, dem Christus gerade ein Brot reicht und ihn damit als Verräter entlarvt. Die zugehörige Inschrift lautet: »Der König sitzt beim Abendmahl, umringt von der Schar der zwölf Jünger; er hält sich selbst in Händen, und er als Speise speist sich selbst.« Eine ganz ähnliche Formulierung findet sich auch im Hymnus *Pange lingua* des Thomas von Aquin, wo sie so interpretiert wird, dass sich Christus an seine Glieder, das heißt: die Kirche, hingibt (Wulf 1996).

Die Gravuren des Kelchfußes zeigen christologische Szenen, in der Auswahl möglicherweise bezogen auf die wichtigsten Feste des Kirchenjahres (Wolfson 1996): Verkündigung an Maria, Anbetung der Könige (Epiphanie), Darbringung im Tempel (Lichtmess), Kreuzigung, Auferstehung und Himmelfahrt Christi sowie die Ausgießung des Heiligen Geistes (Pfingsten). Auf den Fassungen des Citrins, der den Nodus bildet, sind sechs weibliche Märtyrerinnen eingraviert. Die antiken Gemmen und Kameen, die gleichmäßig über den Fuß verteilt sind, wurden trotz der Darstellungen antiker Götter allein aufgrund ihrer Kostbarkeit verwendet. Lediglich das Bild einer Hand, die an einem Ohrläppchen zupft, könnte wegen ihrer griechischen Umschrift der Memoria des Stifters gelten: »Denk an mich, schöne Seele« (Krug 1996).

Die zugehörige Patene ist auf der Innenseite lediglich mit der Hand Gottes im Kreuznimbus als Zeichen seines Wirkens versehen. Als kleines Emblem auf dem Rand platziert, bleibt sie auch dann sichtbar, wenn die Oblate die Mitte verdeckt. Auf der Rückseite des Hostientellers entfaltet sich dagegen eine apokalyptische Bildwelt. In einem zentralen Medaillon spendet das Lamm Gottes mit Kreuznimbus und Siegesfahne sein Blut in einen Kelch. Es ist von vier weiteren Medaillons mit den als Evangelistensymbole gekennzeichneten Wesen umgeben, so wie es die Apokalypse in ihrer Endzeitvision schildert (Offb 5). Vier in unterschiedlichen Haltungen schwebende Engel hüllen die Szene durch heftiges Schwenken ihrer Weihrauchfässer imaginär in Rauchschwaden. Wie auf dem Kelch, so wird auch hier die Darstellung in einer Umschrift erläutert: »Das Opfer, das gesiegt hat, löst die sieben Siegel. Um das Ostermahl mitzuessen, wirst du zum hohen Abendmahlssaal emporsteigen.« Der zweite Teil der Inschrift erklärt sich nur mit einem Blick auf die Messallegorese. Kurz nachdem der Diakon dem Priester am Altar die Patene mit der noch ungeweihten Oblate gereicht hat, stimmt dieser die Präfation zum Kanongebet an. Laut der grundlegenden Messauslegung des Amalarius von Metz († um 850) erinnert genau diese Situation an den Moment, in dem Christus in den Saal des letzten Abendmahles hinaufsteigt (Wulf 1996).

174 — Dieser außergewöhnliche Kelch ist nach den Vogelnestern benannt, die seinen Knauf besetzen. Die Tiere haben sich auf dem Eichenlaub eingerichtet, das aus der Architekturgliederung des Fußes hervorwächst. Ihre Deutung ergibt sich aus den wundersamen Naturgeschichten des spätantiken, noch im Mittelalter weit verbreiteten *Physiologus* (Naturforscher). Danach handelt es sich bei den Vögeln um ein Pelikanweibchen, das – in Analogie zum Erlösungsgedanken der Eucharistie – seine Brut mit dem eigenen Blut vom Tode erweckt, sowie einen Phönix, der sich – wie der von den Toten auferstehende Christus – wiedergeboren aus den Flammen erhebt, und einen Adler, der seine Sehkraft durch den Blick in die Sonne wiederherstellt und damit seinen Jungen ein Beispiel gibt. Um 1400 gab ein bis heute noch nicht identifiziertes Stifterpaar den Kelch in Auftrag, wohl ein Franziskanermönch (Ausst.-Kat. Münster 2012) und eine unverheiratete junge Frau, also vermutlich Geschwister. Beide knien in einer Darstellung auf dem Kelchfuß zu Seiten der *imago pietatis* und bitten auf ihren Schriftbändern um Erbarmen. Die Lokalisierung der ausführenden Werkstatt ist nicht eindeutig zu klären. Die hohe Qualität der Arbeit könnte auf die damals führenden Ateliers in Frankreich oder Burgund verweisen, ohne dass konkrete Vergleiche anzuführen wären. Das in diesem Zusammenhang und Umfang eher seltene Bildprogramm dagegen ist im westfälischen Umland belegt, sodass durchaus auch eine lokale Werkstatt in Erwägung zu ziehen ist (vgl. S. 158).

* *Speculum humanae salvationis* Westfalen oder Köln, um 1360
Pergament; 350 × 200 mm, Darmstadt, Universitäts- und Landesbibliothek, Hs 2505

fol. 28r — Abendmahl und Passahfest

fol. 29r — Mannalese und Abraham vor Melchisedek

zu den Abbildungen
Seite 178 – 179

178 – 179 — Das *Speculum humanae salvationis* (Spiegel des menschlichen Heils) ist ein Buchtypus, der sich vor dem Hintergrund der zunehmenden Passions- und Marienfrömmigkeit zu Beginn des 14. Jahrhunderts herausbildete und bald auch in volkssprachlichen Übersetzungen weite Verbreitung fand. Es gehörte zur beliebtesten Lektüre des späten Mittelalters. In Versdichtung wird darin von Menschwerdung, Leiden und Auferstehung Christi erzählt sowie der Anteil seiner Mutter am Erlösungswerk gewürdigt. Ähnlich wie bei der *Biblia pauperum* (Armenbibel) bestimmt typologisches Denken das weitgehend kanonisierte Bildprogramm: Jedem *antitypos* aus dem Neuen Testament sind drei Präfigurationen aus dem Alten Testament, die *typoi*, gegenübergestellt. Das Darmstädter *Speculum* ist um 1360 in Westfalen oder Köln entstanden und zählt damit zu den frühen Überlieferungszeugnissen. Es enthält die kurze Textfassung mit 34 Kapiteln zu hundert Versen und mit jeweils vier Illustrationen.

fol. 28v–29r — Kapitel 14 des Heilsspiegels ist der Eucharistie gewidmet, die als Gedächtnisfeier und Ausdruck der Liebe Gottes verstanden wird. Die zugehörige Bildgruppe zeigt als zentrale Darstellung aus dem Neuen Testament das letzte Abendmahl. An einem länglichen Tisch haben sich die Apostel versammelt; an Christi Brust lehnt der Lieblingsjünger Johannes. Von der Gruppe bereits isoliert, kniet Judas im gelben Gewand vor dem Tisch. Gezeigt ist der Moment, in dem Christus ihm ein Stück Brot in Form einer Hostie reicht, der ein Kreuz eingeritzt ist. Die Haltung des Judas lässt an den Empfang der heiligen Kommunion denken. Die Einsetzung des Sakramentes ist hier also mit der Ankündigung des Verrats verknüpft worden.

Im unteren Register ist dem Abendmahl das jüdische Passahfest gegenübergestellt (Ex 12). Alle Vorgaben des Herrn sind erfüllt: Das männliche Lamm steckt unversehrt auf einem Spieß; die Teilnehmer am Mahl sind angemessen gekleidet und führen einen Stab mit sich. Der typologische Bezug ergibt sich aus der Aufbruchsituation: So wie Gott das Passahmahl einsetzte, als er das jüdische Volk aus der ägyptischen Gefangenschaft herausführen wollte, so stiftete er das Sakrament der Eucharistie, um die Menschen zu befreien. Das Befolgen der Vorschriften beim Passahmahl ist Vorbild für den rechten Empfang der Kommunion.

Auf der gegenüberliegenden Seite folgt die Mannalese in der Wüste (Ex 16,13 – 23). Moses steht aufrecht in der Mitte unter einem Schriftband: *Iste est panis quem Dominus dedit vobis* (Das ist das Brot, das Gott Euch gegeben hat; nach Ex 16,4). Aus Wolkenbändern fällt Manna vom Himmel herab, das von vier Israeliten aufgesammelt wird. Die typologische Verknüpfung ergibt sich aus der Fürsorge Gottes für sein hungerndes Volk, das von der Hingabe seines Sohnes als Speise für die Gläubigen noch übertroffen wird.

Das untere Register ist unterschrieben mit *Melchisedech obtulit Abrahem panem et vinum* (Melchisedek brachte Abraham Brot und Wein dar; vgl. Gen 14,18 – 20). Der Priesterkönig Melchisedek gilt als Präfiguration Christi, der das Sakrament einsetzte, und als – freilich auch hier übertroffenes – Vorbild des christlichen Priesteramtes, durch das die Wandlung von Brot und Wein immer wieder neu vollzogen wird. Seine Begegnung mit Abraham ist in den Text des Kanongebets eingegangen und findet sich daher schon früh in den Illustrationen der Sakramentare und Missalien.

fol. 131r — Verteilung von Brot

fol. 134v — Würdige und unwürdige Teilnahme an der Kommunion

fol. 137v — Jüdisches Passahmahl

zu den Abbildungen
Seite 181–183

181–183 __ Das sowohl in der Zusammenstellung der Texte als auch im Bilderzyklus außergewöhnliche Stundenbuch wurde um 1430 für Katharina von Kleve (1417–1476), die Herzogin von Geldern und Tochter der Maria von Burgund, geschaffen. Der wohl in Nimwegen oder Utrecht tätige Maler ist den frühen Vertretern der altniederländischen Malerei verbunden – insbesondere dem Umkreis des Meisters von Flémalle und Jan van Eycks.

Zu den Offizien für jeden Wochentag, die das Stundenbuch der Katharina von Kleve enthält, gehören die Horen zum heiligen Sakrament. Sie sind dem Donnerstag zugeordnet, dem Tag des letzten Abendmahles. Typologisches Denken prägt die Kompilation der begleitenden Illustrationen, die einen einzigartigen Bilderzyklus zur Eucharistie bilden: Nach der verlorenen ersten Miniatur (Melchisedek und Abraham?) folgen zur Matutin die Verteilung von Brot (fol. 131r), zur Prim die Anbetung der Hostie durch Moses und den Evangelisten Johannes als Vertreter für den Alten und den Neuen Bund (fol. 133r), zur Terz der würdige und unwürdige Empfang der Kommunion (fol. 134v), zur Sext die Verehrung der Hostie durch den Alten und Neuen Bund, hier vertreten durch Aaron und Paulus (fol. 136r), zur Non die Mannalese (fol. 137v), zur Vesper das Mahl in Emmaus (fol. 139r), zur Komplet das Passahfest (fol. 140v) sowie zur Messe als ganzseitige Miniatur das letzte Abendmahl (fol. 142v) und zum Textbeginn der Alte und der Neue Bund bei der Messe, hier Moses und Paulus (fol. 143r).

fol. 131r __ Die Miniatur zur Matutin zeigt Joseph beim Verteilen von Korn während der Hungersnot in Ägypten. Die Szene ist durch das Spruchband über dem vornehm gekleideten Mann zu identifizieren, der hinter dem Kornsack steht: »Im ganzen Land gab es kein Brot« (Gen 47,13). Dem wird im Spruchband der Kopfbordüre gegenübergestellt: »Kommt, esst von meinem Mahl« (Spr 9,5). Auf das Neue Testament verweisen die beiden nimbierten Köpfe der Apostel Andreas und Paulus in den oberen Ecken der Miniatur. Andreas erinnert an die Speisung der Fünftausend: »Hier ist ein kleiner Junge, der hat fünf Gerstenbrote« (Joh 6,9), während sich Paulus auf die Eucharistie bezieht: »Ist das Brot, das wir brechen, nicht Teilhabe am Leib Christi?« (1 Kor 10,16).

fol. 134v __ Zur Terz teilt ein Priester die heilige Kommunion an zwei vor ihm kniende Männer aus. Während der vordere sich zum Empfang der Hostie bereithält, sieht man neben dem Ohr des hinteren Mannes einen kleinen Teufel. Angesprochen ist die würdige und unwürdige Teilnahme an der Kommunion, worauf sich auch die beigegebenen Zitate beziehen. Die beiden seitlichen Schriftbänder bringen dies am deutlichsten zum Ausdruck. Darin werden der Anwesenheit des Verräters Judas beim letzten Abendmahl die Worte Jesu gegenübergestellt: »Denn das Brot, das Gott gibt, kommt vom Himmel herab« (Joh 6,33).

fol. 140v __ Vor dem Auszug nach Ägypten haben sich Israeliten um einen Tisch versammelt, um das Passahlamm und ungesäuertes Brot zu essen. Die beiden Kopfbüsten in der Miniatur kommentieren links: »Haltet euch rein, denn ihr tragt die Geräte des Herrn« (Jes 52,11) sowie rechts: »Gegen Abend soll die ganze versammelte Gemeinde Israel die Lämmer schlachten« (nach Ex 12,6). Die beiden Randbordüren beziehen sich auf den 1. Brief der Korinther: »Denn als unser Paschalamm ist Christus geopfert worden« (1 Kor 5,7) sowie »Wer also unwürdig von dem Brot isst […] macht sich schuldig am Leib und am Blut des Herrn« (1 Kor 11,27).

Wandlung in Literatur

Anna Katharina Hahn

Das *Wunderbuch* des Konrad Kelterer

Hamburg, Staats- und Universitätsbibliothek, Codex 8a ex terra, nunc in scrinio

BESCHREIBUNG DER HANDSCHRIFT UND KURZE EINFÜHRUNG VON ANNA K. HAHN, M.A., HAMBURG

Beschreibung: Sammelband mit theologischem Inhalt
Tübingen und Hoheneck bei Ludwigsburg, 1751 und später

Provenienz: Konrad Kelterer – Johan Melchior Goeze
Papierhandschrift in 2° – 603 Bll. – 49 × 37,5 cm – insgesamt 532 eingeklebte oder auf dem Papier befestigte Objekte – brauner Ledereinband auf Pappe aus dem 18. Jahrhundert, starke Benutzungsspuren

ZUM GELEIT

Das *Wunderbuch* des Arztes und Gelehrten Konrad Kelterer (1730–1771)[1] gehört zu den besonderen Schätzen der Staats- und Universitätsbibliothek Hamburg (SUB). Durch die schiere Merkwürdigkeit seines Inhalts hat es vom ersten Augenblick an für Aufregung gesorgt. Die Aufmerksamkeit selbst der internationalen Presse war dem *Wunderbuch* zunächst aufgrund der abenteuerlichen Umstände sicher, unter denen es in den Besitz der SUB gelangte: In der Nacht vom 31. Oktober auf den 1. November 2012 waren die beiden Studenten Franz D. und Leon B. auf dem Heimweg von einer Halloween-Party in der Speicherstadt. Vor dem Hauptportal von

1 Allgemeine Deutsche Biographie, Bd. 14, Leipzig 1880, S. 524–529; Christian Stintfang: *Wahrhaftige Nachricht von Konrad Kelterers Leben und Gesinnungen*, Hamburg 1801.

St. Katharinen wurden sie auf »leises Gebimmel, wie von kleinen Glocken« aufmerksam. Beide berichteten übereinstimmend von silbernen Lichtbahnen, die hinter der Kirche in den Nachthimmel stiegen. Die Studenten, noch in Feierlaune, waren schnell bereit, der Sache auf den Grund zu gehen. Sie folgten Geräuschen und Lichterglanz bis zu einem Ahornbaum hinter dem Gotteshaus. Obwohl die Temperaturen in der Hansestadt in dieser Nacht deutlich unter dem Gefrierpunkt lagen und nur eine plattgetretene Bierdose als Grabungsinstrument zur Verfügung stand, gab die Erde nach »wie Butter«. In kürzester Zeit förderten sie eine Holzkiste zutage, in der ein großformatiger Codex lag, von dem »voll das krasse Licht« ausging. Kaum hielten die Schatzgräber den Band in Händen, verstummte das Schellengetön und das Leuchten wurde schwächer. Als pflichtbewusste Jungakademiker führte sie der erste Weg am nächsten Morgen in die Handschriftenabteilung der Staats- und Universitätsbibliothek, wo sie ihren Fund ablieferten.[2]

Es kann ohne Übertreibung gesagt werden, dass das *Wunderbuch* inzwischen eine der Hauptattraktionen des Hauses geworden ist.[3] Dennoch wird es von Menschen des 21. Jahrhunderts weitgehend als Kuriosum wahrgenommen. Mit dieser Einführung soll allen interessierten Besuchern des Hauses ein Werkzeug für ein besseres Verständnis dieses faszinierenden Objekts und wahren Bücherschatzes an die Hand gegeben werden.

2 Vgl. BILD (2.11.2012): Gruselbuch sendet Klingeltöne aus Grab!; FAZ (7.11.2012): De profundis – Paranormale Lichterscheinung führt zu vergrabenem Bücherschatz; taz (11.11.2012): Beam me up, Scotty. Schatzgräber-Studenten zweifeln nicht: Das Licht kam aus der Erde; Le Monde (1.12.2012): Une cité protestante et son miracle; The New York Times (6.12.2012): A light for the misbegotten. Miraculous book stuns German librarians; El País (23.12.2012): La luz de Hamburgo; auf Al-Dschasira wurde am 25.12.2012 ein Dokumentarfilm über die Vorgänge gezeigt.

Um eine wissenschaftliche Darstellung der Vorgänge hat sich die Verfasserin bemüht; vgl. Anna K. Hahn: *Ex terra nigra – Über die Wiederauffindung einer Handschrift aus dem Besitz Johan Melchior Goezes*, in: *Auskunft. Zeitschrift für Bibliothek, Archiv und Information in Norddeutschland* 33.2013, Heft 1, S. 25–35. Die Verfasserin ist außerdem Leiterin des DFG-Projekts »Der romantische Aufklärer – Historisch-kritische Edition von Konrad Kelterers *Wunderbuch*«.

KONRAD KELTERER – DER SCHÖPFER DES *Wunderbuchs*

BIOGRAFISCHER ABRISS

Konrad Caspar Kelterer, geboren am 20. Oktober 1730 in Rohracker bei Stuttgart, lebte nach seinem Medizinstudium an der Tübinger Universität als Arzt in Hoheneck bei Ludwigsburg und wurde, wie er in seinem Vorwort zum *Wunderbuch* erklärt, »schon als kleiner Bub angezogen vom Glauben der Katholschen, ihren bunten Heiligen und deren Mirakeln.«[4] Auch wenn er zeit seines Lebens gut evangelisch blieb, ließ ihn die Auseinandersetzung mit der Gegenkonfession nicht los. Was mit einem geschenkten Votivbildchen begann, das der neugierige Knabe von einem Franziskaner erhielt,[5] gipfelte in der Erschaffung des *Wunderbuchs*. Ohne die offizielle Theologie seiner Zeit zurate zu ziehen, begab sich Kelterer selbstständig auf eine lebenslange Suche nach der »Wahrheit im Wunder«.[6]

Auf ausgedehnten Reisen, die ihn über Schwaben und Bayern bis nach Oberitalien und in die Schweiz führten, brachte er aus Bibliotheken, Wallfahrtskapellen, Dorfkirchen und Trödelläden eine reiche Sammlung an katholischen »Merkwürdigkeiten« zusammen, nicht immer auf legale Weise.[7] Was er an Bildern, Textilien und Kleinreliquien zusammentragen

3 Schon eine kleine Ausstellung zur Feier der Auffindung der Handschrift konnte mit über 40 000 Besuchern zu den Rekordveranstaltungen der SUB gezählt werden. Seit mit freundlicher Unterstützung der Diözese Rottenburg einige faksimilierte Seiten des *Wunderbuchs* im oberen Lesesaal als Dauerexponate ausliegen, reißt der Besucherstrom aus aller Welt nicht ab. Die hausinterne Statistik der SUB verzeichnet allein für das vierte Quartal 2012 über 3000 schriftliche Anfragen zum *Wunderbuch* (vgl. Hausmitteilungen. Das interne Blog der StaBi, 01. 01. 13). Täglich kommen im Durchschnitt etwa 180 Besucher in die SUB, deren Interesse allein Cod. 8a in scrin. gilt; vgl. auch Edda Tersteege: *Öffentliche Bibliothek oder Wallfahrtsort? Herausforderungen im bibliothekarischen Alltag durch Konrad Kelterers ›Wunderbuch‹*, in: *Auskunft. Zeitschrift für Bibliothek, Archiv und Information in Norddeutschland* 33.2013, Heft 1, S. 51–73.

4 Cod. 8a in scrin., fol. 5r–12v: »*Praefatio de causis*, dies Buch zu beginnen.«

5 Ebd., fol. 6r.

6 Ebd., fol. 5v: »Als ein freier Christenmensch will ich prüfen, was es auf sich habe mit der Wahrheit im Wunder.«

7 Ebd., fol. 287r. Hier beschreibt Kelterer, wie er am Bodensee die Bibliothek des Pfarrers von Langenargen besucht und dabei in einem unbeobachteten Moment mit Hilfe eines feuchten Bind-

konnte, versammelte Kelterer in seinem *Wunderbuch* – einem Museum in Codexform. Es lässt sich am besten als Materialcollage beschreiben, die verschiedene Aspekte des Katholizismus umfasst. Kelterer selbst erklärt seine Arbeit so: »Ich bin kein Fürst, der einen köstlichen Schrank mit vielerlei Laden und Kläpplein sich kann anfertigen lassen zur *praesentatio* all seiner Schätze. Da mir meine Fundstücklein aber nicht weniger lieb und teuer sind als derlei hohen Herren ihre Schatzkammern, hab ich mir mein Wunderbuch binden lassen, das mich im Schnappsack begleitet hat bis über die Alpen und in dem ich alles bewahre, was *sub specie aeternitatis* haltbar erscheint.«[8] Seine Sammlung und die zahlreichen Reisen finanzierte Kelterer durch seine ärztliche Tätigkeit.

Als Mediziner genoss Kelterer einen ausgezeichneten Ruf. Besonders auf seinem Spezialgebiet war er offenbar sehr erfolgreich tätig.[9] Im Februar 1771 wurde er an den Hof Carl Eugens von Württemberg gerufen, den er von einer schmerzhaften Furunkulose kurierte.[10] Doch mit der einträglichen Nähe zum Mächtigsten seines Landes kam auch die Gefahr. Carl Eugens eifersüchtige Leibärzte streuten beim Herzog Gerüchte über den unliebsamen Konkurrenten aus, die sich schnell zu einer veritablen Bedrohung für Kelterers Leib und Leben auswuchsen.[11] Um der drohenden Verhaftung und Einkerkerung auf dem berüchtigten Asperg zu entgehen,

fadens »einige *Folia* besonders krauser Bildlein« aus einem *Speculum humanae salvationis* und einem *Marienleben* des Bruder Philipp heraustrennt. Dass er viele seiner Objekte nur durch Diebstahl an sich bringen konnte, war ihm selbst wohl bewusst, zeigt doch sein Exlibris eine Elster *(Pica pica)* mit folgender Bildunterschrift: *Qui volet amore scientiae non peccat;* vgl. Cod. 8a in scrin., vorderer Spiegel.

8 Cod. 8a in scrin., fol. 8r.

9 Im Jahre 1751 wurde Kelterer in Tübingen promoviert. Schon in seiner Dissertation beschäftigte er sich mit Hautkrankheiten; vgl. Konrad Kelterer: *Dissertatio Inauguralis Medica. De multis malis cutis,* Tübingen 1752.

10 Adolf Osterberg (Hg.): *Tagebuch der Gräfin Franziska von Hohenheim,* Stuttgart 1913, S. 74; vgl. auch S. 120 ff., wo Franziska berichtet, der »gute Doctor Kelterer« habe für sie »ein trefflich Wesserlein gebrauhet, das den Täng pfingstlich erstrahlen lässt«.

11 Über diese Intrige vgl. Theodor Schön: *Geschichte der Leibärzte der Grafen und Herzöge von Württemberg,* in: *Medizinisches Correspondenzblatt des württembergischen ärztlichen Vereins* 66.1896, S. 312–388.

floh Kelterer am 12. August 1771 auf dem damals noch lebensgefährlich wilden Neckar, »festgeklammert auf einem Floße, gefügt aus dem schweren Tann des Schwarzwaldes, das seinen Weg nach Holland hinauf nehmen sollte«.[12] So gelangte er mehr tot als lebendig bis nach Mannheim und schlug sich, verkleidet als wandernder Quacksalber, nach Hamburg durch. Er wollte Friedrich Gottlieb Klopstock, dessen »Messias« er als »heiliges Öl auf seiner wunden Zweiflerseele« verehrte, bitten, sich beim dänischen König für ihn zu verwenden.[13] Sein Plan war es, dort als Hofmedicus mit seiner Familie ein neues Leben zu beginnen. Die Briefe des flüchtigen Vaters an Frau und Töchter gehören zu den bewegendsten Zeugnissen empfindsamer Briefkultur.[14]

Kelterers prekäre Lage schien nur von kurzer Dauer, denn Klopstock war tatsächlich bereit, seinen schwäbischen Verehrer zu unterstützen. Das Empfehlungsschreiben des Dichters an Christian VII. zeigte Erfolg. Anfang Dezember erhielt Kelterer 1771 eine Einladung nach Kopenhagen.[15] Als jedoch der Arzt sein Leben zum zweiten Mal dem Wasser anvertraute, hatte er kein Glück. Die »Mette Marit« geriet auf der Ostsee in einen schweren Sturm und ging am 21. Dezember 1771 mit Mann und Maus unter.

Kelterers *Wunderbuch* hat seinen Besitzer überlebt. Unsicher über den Ausgang der Verhandlungen in Kopenhagen, hatte er seine Bücher und Schriften bei einem Hamburger Bekannten untergebracht, von dem er wusste, dass »niemand ein wachsameres und treueres Aug' auf meine Schätze haben wird denn er«[16] – der Hauptpastor von St. Katharinen,

12 Vgl. Stintfang 1801 (wie Anm. 1), S. 144.

13 Ebd., S. 189.

14 Juliane Klaiber (Hg.): *Die Zärtlichkeiten des abwesenden Vaters. Konrad Kelterers Familienbriefe*, Edition und Kommentar, Tübingen 2001.

15 Friedrich Gottlieb Klopstock: *Werke und Briefe. Historisch-kritische Ausgabe* (Hamburger Klopstock-Ausgabe), Bd. 27, Ergänzungen zu den Briefen 1768–1772, hg. von Margarete Moller, Hamburg/New York 2010, S. 111 f.

16 Klaiber 2001 (wie Anm. 14), S. 227.

Johan Melchior Goeze.[17] Der streitbare Theologe erwies sich dieser Einschätzung als würdig. Mit rührender Fürsorge engagierte er sich nach Kelterers Tod beim Herzog von Württemberg für Witwe und Kinder des Flüchtigen. Das *Wunderbuch* wollte er mit Erlaubnis Käthe Kelterers in seine berühmte Bibelsammlung aufnehmen,[18] wozu es jedoch nicht kam. Schon im März 1772 schrieb Goeze an Gebhard Friedrich August Wendeborn: »Heute morgen habe ich den milden Sonnenschein dazu genutzt, ein Flecklein Erde hinter meiner lieben Kirche mit der Harke zu lockern, justament rings um jene fünf Sträucher Johannisbeerlein, welche Ihnen bei Ihrem letzten Besuch im Sommer so gemundet haben. Diese Ackermannspflicht verband ich damit, *in ipso loco* ein gar schaudervolles papistisches Machwerk zu vergraben, welches ich nicht länger in meinem Bücherschranke zu dulden bereit bin. Aus Ehrfurcht vor dem geschriebenen Wort, die mir als *bibliophilus* innewohnt, und aus Rücksicht auf jenen Unglücksvogel, der es mir zu treuen Händen übergab, ließ ich ein hölzern Kästlein anfertigen, das den papiernen Leib wohl bewahren mag, auch wenn er jetzt in *terra nigra* versenkt ist. Aber, hilf mir Gott, ich konnte *librum illum horribilem* nicht länger im Hause behalten, wo es mich und die Meinen des Nachts durch Leuchten, Glimmen und Schellengeklingel im Schlafe störte und meine gute Hausfrau närrisch vor Schrecken machte, da sie fürchtete, es möge uns noch das Dach über dem Kopfe anstecken.«[19]

Nach diesem Begräbnis durch einen der bekanntesten Theologen seiner Zeit hat das *Wunderbuch* über 240 Jahre in der Erde geruht, bis es wieder in eine Bibliothek zurückkehren durfte, wo es jetzt unter den besonders kostbaren Codices in scrinio eingestellt ist.[20]

17 Zu Goezes guten Seiten vgl. Ernst-Peter Wieckenberg: *Johan Melchior Goeze*, Hamburg 2007.

18 *Johann Melchior Goezens Verzeichnis seiner Samlung seltener und merkwürdiger Bibeln in verschiedenen Sprachen mit kritischen und literarischen Anmerkungen*, Halle 1777.

19 Vgl. Johan Melchior Goeze: *Homilien, Briefe und Miscellanea*, Aschersleben Ausgabe, Bd. 4, 1983, S. 345. Herausgeber August Büttenwolfer nimmt in seinem sonst so verdienstvollen Kommentar irrtümlich an, der Zionswächter beziehe sich hier auf Werke seines Widersachers Lessing, vgl. Ascherslebener Ausgabe, Bd. 7, 1987, S. 234.

AUFBAU UND STRUKTUR DES *Wunderbuchs*

Das *Wunderbuch* ist in drei Unterabteilungen gegliedert: Von den Heiligen (fol. 13r – 250v), Von Jesus und Maria (fol. 251r – 390v), De eucharistia (fol. 391r – 580v).

Aus den über 500 Stücken, die der unermüdliche Sammler seiner kleinen Wunderkammer einverleibte, seien hier nur ein paar herausgegriffen, um einen ersten Eindruck zu vermitteln.

Es finden sich (in dünne Scheiben geschnittene und getrocknete) Äpfel und Blumen, die Dorothea dem Theophilus aus dem Paradies schicken ließ (fol. 24r), ebenso wie Brotkrümel und Rosenblätter der Elisabeth von Thüringen (fol. 123v), eine knusprige Heuschrecke aus dem Vorratsbeutel Johannes des Täufers (fol. 247v) und ein Büschel Kornähren von Boas' Acker (fol. 45r). Kelterer besaß goldschimmernde Federn aus der Schwinge des Erzengels Gabriel (fol. 233r) ebenso wie die winzigen Nester jener Zaunkönige, die auf den Schultern des Franz von Assisi Platz genommen hatten (fol. 129r), Hobelspäne aus Josefs Werkstatt, die noch Zederndufte ausströmen (fol. 204v), Fellfetzen aus dem Schurz der Stammmutter Eva (fol. 86r), ein Speichenstück von Katharinas Rad (fol. 238v) sowie pechverklebte, schweflige Schuppen aus dem Schwanz des Georgsdrachen (fol. 77v). Besonders beeindruckt eine dicke, glänzend kastanienbraune Flechte, sorgfältig festgeklammert auf fol. 90r: Haar der Maria Magdalena.

Unter der Rubrik »Jesus und Maria« versammeln sich Nähnadeln, Besenborsten und ein Mundtuch aus dem Haushalt der Gottesmutter, dazu kommen Windelbänder Jesu und diverse *arma Christi* – insgesamt 54 Nägel, dazu Schwammstücke, Dornen und geflochtene Geißelriemen.

Für Konrad Kelterer bedeutete die Beschäftigung mit diesen Erscheinungen zeitgenössischer und historischer Frömmigkeit nicht nur wahlloses Zusammenraffen von Kuriosem. Er testete seine Objekte am eigenen Leib. Dabei half ihm die naturwissenschaftliche Ausbildung; das *Wunder-*

20 Vgl. Tilo Brandis: *Die Codices in scrinio der Staats- und Universitätsbibliothek Hamburg 1 – 110*, Hamburg 1972.

buch ist voll von Protokollen und Tabellen, in denen der kritische Sammler seine Ergebnisse dokumentiert. Als ein Beispiel unter Hunderten möchte ich Kelterers Aufzeichnungen zum Blasiussegen herausgreifen: »Habe glücklich zween Kerzlein an mich gebracht – möge mein Herrgott mir auch dies Mal vergeben – die der Pfaff von St. Maria di Carona am dritten Februarius kreuzweis vor die Hälse der Leut hielt. Eine schwere *inflammatio* meines Rachens damit auskuriert. Trug die beiden Wachsstümpflein über sieben Tage im Wickel um die wehe Gurgel und verzichtete auf jegliches *medicamen* anderer Art.«[21]

PANIS ANGELORUM

Als evangelischer Christ war Kelterer fasziniert und abgestoßen zugleich von der katholischen Lehre der Realpräsenz Christi in der konsekrierten Hostie. Er brachte eine reiche Auswahl an bizarrem Bildmaterial zusammen:[22] Christus in der Kelter, blutsprudelnde Seitenwunden, die von Engeln gehaltene Messkelche füllen, und mit Rotschimmel überzogene sogenannte Bluthostien, die häufig genug Anlass zu einem der verabscheuungswürdigsten Kapitel des Katholizismus boten: den zahlreichen, von angeblichen Hostienfreveln ausgelösten Judenpogromen.[23] Kelterers Meinung dazu war deutlich: Seine Anmerkungen am Rande sind sämtlich knapp und äußerst ungehalten.[24]

Doch das ist nicht alles. Ich möchte noch auf den Schluss des *Wunderbuchs* zu sprechen kommen. Fol. 580r ist die vorletzte Seite des Bandes. Ihr folgen nur noch eine Anzahl leerer Blätter sowie das Inhaltsverzeichnis. Kelterer hat das gesamte Blatt mit einer Tinte auf Rußbasis eingeschwärzt,

21 Cod. 8a in scrin., fol. 199r.

22 Ebd., fol. 391r–580v.

23 Zu diesem erschütternden Thema vgl. Miri Rubin: *Gentile Tales. The Narrative Assault on Late Medieval Jews*, New Haven / London 1999.

24 Vgl. Cod. 8a in scrin., fol. 413r: »Wie soll mir Trost quellen aus solchem Gemetzel?« Vgl. ebd., fol. 445v: »Mater ecclesia, wie häßlich ist hier dein Antlitz!«

die im Laufe der Jahrhunderte nichts von ihrer Farbkraft verloren hat, sodass der Hintergrund, auf dem die Objekte angebracht wurden, wie die allertiefste Nacht wirkt. Umso transparenter, ja strahlender treten die zwei Gegenstände aus dieser Dunkelheit hervor. Es handelt sich um eine dünne, ovale Scheibe schlichten Weißbrotes allerfeinster Backart mit zarter Krume. Im locker aufgegangenen, gut durchgebackenen Teig ist nicht die Andeutung einer Spelze oder sonstiger Mahlrückstände zu sehen. Auch geht von dem Brotstück ein köstlicher, warmer Duft aus, als wäre es erst vor Kurzem aus dem Ofen gezogen worden. Daneben befindet sich, mit feinem Silberdraht im Papier verankert, eine flache, außerordentlich kunstvoll geschliffene Kristallphiole von 7 cm Länge und 2 cm Dicke, zur Hälfte gefüllt mit tiefroter Flüssigkeit und mit Bienenwachs verschlossen. Für den Inhalt des kleinen Gefäßes – Burgunder aus der Straßburger Gegend[25] – gilt das Gleiche wie für die Brotscheibe: Aus dem pechschwarzen Hintergrund funkelt die Granatröte des Weins so prächtig hervor, dass er zu glühen scheint und sein Betrachter unweigerlich die Hände ausstreckt wie nach einem wärmenden Herdfeuer. Der Effekt dieser beiden einfachen Stücke wird durch keinerlei Erklärungen oder Zusätze gestört. Der Leser wird meiner Beschreibung anmerken, wie stark die Aura dieses Anblicks auch nach dutzendfachem Betrachten immer noch ist. Wissenschaftliche Terminologie hat sich in Poesie aufgelöst. Fol. 580r besitzt eine Strahlkraft, die kein anderer Gegenstand im *Wunderbuch* für sich beanspruchen kann. Es ist mir selbst ebenso wie diversen Kolleginnen und Kollegen geschehen, dass wir nach dem Aufschlagen dieser Seite die Zeit vergaßen und versunken in die stundenlange Betrachtung von Brot und Wein erst vom abendlichen Wach- und Schließdienst aus dem Magazin geschickt wurden. Ich selbst fand mich auf Knien vor dem *Wunderbuch* wieder. Auch die Lesesaal-Aufsicht verzeichnet täglich derartige Reaktionen vor der Vitrine mit dem

25 Die chemische Analyse wurde am 6. Dezember 2012 vom Institut Dr. Seni in Rotenburg an der Wümme verfertigt.

Faksimile. Unbeschreibliche Ruhe und Tröstlichkeit gehen vom Anblick dieser 240-jährigen Brotscheibe und des kleinen Weinrestes aus. Sie können nicht erklärt, nur erfahren werden. Aus unermesslichem, unbeschreiblichem, unstillbarem Verlangen habe ich ein winziges Krümelchen von der Kruste des Exponats gelöst und verzehrt. Augenblicklich breitete sich ein tiefes Gefühl des Friedens in meinem Inneren aus und wunderbar gestärkt setzte ich meinen nicht sonderlich erfreulichen Alltag fort. Um das Ausstellungsstück nicht zu gefährden, versuchte ich in den folgenden Wochen, meinen Drang nach dem Brot zu unterdrücken, konnte mich aber nicht beherrschen. Dabei stellte ich zu meiner großen Erleichterung fest, dass die von mir verzehrten Teile, immer nur allerkleinste Brosamen, sich in Kürze erneuerten.

In der Nachfolge Kelterers wagte ich zu Hause selbst den Versuch, mit Hilfe von Tinte aus der Restaurierwerkstatt, dem hervorragenden Weißbrot der Bäckerei Oertel und Lübecker Rotspon das Bild nachzustellen und seinen Effekt zu überprüfen. Doch vergebens! Weder sandte das von mir veranstaltete Arrangement irgendeine Kraft aus noch beeindruckte es durch besondere Schönheit. Es blieben zwei in Mitteleuropa außerordentlich gebräuchliche Nahrungsmittel, die eine 42-jährige, kinderlose Bibliotheksangestellte mit generalisiertem Angstsyndrom auf künstlich eingeschwärztem Papier auf dem Schreibtisch ihrer Wohnung im Bahrenfelder Kirchenweg 24 A zu Hamburg garniert hat. Das Experiment endete schnell damit, dass ich das profane Brotstück verzehrte und mit Rotspon hinunterspülte. Am nächsten Morgen war nichts davon nachgewachsen. Es fanden sich lediglich die am Abend zuvor nachlässigerweise nicht weggefegten Krümel auf dem Fußboden.[26]

In der Bibliothek jedoch wiederholte sich das Wunder vom Vortag. Mutiger geworden, brach ich größere Brotstücke ab, die eine ebenso herr-

26 Seit ich die vierzig überschritten habe, nehme ich es mit dem Putzen nicht mehr so genau. Es gilt, die Zeit, die mir noch bleibt, bevor ich vor unseren Herrn trete, sinnvoller zu nutzen. Siehe Anm. 1.

liche Wirkung zeitigten wie der allererste Bissen. Stets wuchs es über Nacht nach, stets tröstete und belebte mich diese Communio, die nun zu einer lieben Gewohnheit geworden ist.

Konrad Caspar Kelterer macht, ganz gegen seinen sonstigen Usus, keinerlei Angaben zu Fundort, Datierung und Wirkung dieser bemerkenswerten Stücke. Lediglich auf der Rückseite (fol. 580v) findet sich der Eintrag: *Ecce panis angelorum.*

Norbert Hummelt

relief

hoch im weinberg über ediger-eller im eichwald jenseits der
haarnadelkurve liegt auf dem vorsprung die kreuzkapelle
vierzehn stationen führen dorthin. jetzt in der späten nach-
mittagsstunde fällt das licht auf ein steinrelief nahe der tür
die hellste stelle. christus steht da geschraubt in die kelter
hände u. füße vom kreuz losgebunden blutet er stark aus
allen fünf wunden tropft in den bottich gefüllt mit trauben
rinnt das für uns vergossene blut ausgeschüttet damit
wir glauben aber wir glauben schon lange nicht mehr.
sind keine beter die ihn betrachten kommen aus zufall
von überall her. jetzt fällt das licht auf den keltertreter.
schutzlos stellt er den blicken sich dar. ist er so in sein
treten versunken daß er darüber die schmerzen vergißt
ist er nur einer unter den winzern blöde fast oder tanzt er
gar. wir können dieses gesicht nicht deuten. wir kommen
von weit u. wir wissen von nichts. wir hören von unten
die glocke läuten. ein einzelner vogel im weinberg singt
jetzt fällt das licht auf den späten ginster leuchtet über
den schiefersteinen. wenn nur ein einziger tag uns gelingt.

Norbert Hummelt

der schmerzensmann

aus dem gesicht des tagtraums riefen mich geräusche ..
nichts ahnend bog ich durch die seitentür – da trat
der schmerzensmann hervor aus einer nische. wir hatten

ungefähr dieselbe größe. sofort erkannte ich die dornen-
krone, die fesseln u. den knappen lendenschurz. wie waren
seine adern angeschwollen, sogar die seite war bereits

durchstochen .. so standen wir uns schutzlos gegenüber
ich fragte mich, was mit den augen war .. sie sahen aus,
sein mund halb offen .. ich hätte ihn beinahe angesprochen

doch in der bank gleich neben mir hantierte jemand mit
der kamera – das objektiv war in den leeren raum gerichtet.
da war der kurze augenblick vernichtet. das blut in seinen

wunden war geronnen, ein dunkler farbton nur im lindenholz.
aus dem gesicht des tagtraums riefen mich geräusche: am
rhein die schiffe knarrten an den tauen, die deutzer brücke

querte eine bahn, u. eine ringeltaube rief wie manches mal
ich drehte mich u. ging zurück ins helle u. tauchte mein
gesicht in flieder, der über nacht hervorgebrochen war.

Norbert Hummelt

Der helle Strom

Er ließ mich wissen, er könne nicht kommen, bitte mich aber um Mitteilung, inwiefern ich den Eindruck heute noch für nachvollziehbar halte, den er vor über dreißig Jahren an eben dieser Stelle in sich aufgenommen hat. Ich schreibe es Dir, damit Du Dir selbst ein Bild machen kannst von den Erinnerungen, die unseren Freund so beherrschen, dass mir seine Aufnahmefähigkeit für die Gegenwart manchmal dadurch beeinträchtigt erscheint.

Die Stelle liegt eine gute Autostunde von hier flussaufwärts, ich habe sie heute Morgen passiert, falls es die Stelle ist. Ich bin mir nicht sicher. Dieser Fluss hat so viele Schleifen. Was ich sah: Schieferwände, ziemlich steil ansteigend, Hänge voll blühender Rebstöcke, den Fahrradweg und das hohe, gebleichte Gras, Disteln und Brennnesseln zu beiden Seiten der Fahrbahn und Mohnblumen, seiner Beschreibung entsprechend. Die Landstraße gehörte am frühen Sonntagmorgen den ausschwärmenden Motorradfahrern. Auf dem Fluss schipperten einige Lastkähne und die Ausflugsschiffe der Weißen Flotte. Die großen Steine am Ufer und die kleinen Kiesel, allerhand Strandgut, die Wasservögel: So sieht es hier überall aus. Er aber besteht darauf, dass es diese eine bestimmte Stelle ist, an der sie damals von den Rädern stiegen, er habe sich doch genau den Stromkilometer gemerkt, um später noch einmal zurückkehren zu können. Es sei ein Sonntagvormittag gewesen, der zweite Tag ihrer Reise, vermutlich hätten sie nach dem Frühstück in der Pension zuerst die Heilige Messe in der örtlichen Pfarrkirche besucht, aber daran könne er sich nicht genau erinnern. Es entspreche jedoch den aus seiner Kindheit vertrauten Abläufen, dass es sich eben genau so und nicht anders verhalten habe, und dieser Umstand könne auf das, was dann folgte, nicht ohne Einfluss gewesen sein. Seit Jahren erzählt er mir immer wieder, wie die Sonne schien, als sie von den Rädern stiegen, es sei sogar schon richtig heiß gewesen, obwohl noch deutlich vor Mittag, daran könne er sich bestimmt erinnern. Und wie der Kohlweißling sich auf seiner Armbanduhr niederließ und das Zifferblatt ganz bedeckte. So habe er das Vorrücken des Sekundenzeigers nicht beobachten können, wie es sonst in dieser Phase seines Lebens zu seinen ständigen Angewohnheiten gehörte. Weil er am Handgelenk schwitzte und es nicht länger aushalten konnte, habe er das Armband ein Loch weiter machen wollen und sich dabei ruckhaft bewegt, sodass der Kohlweißling fortgeflogen sei. Doch sei er noch einmal zurückgekommen und auf der Fahrradklingel gelandet, die in der Sonne blitzte, und mehrere Augenblicke dort geblieben.

Auf dem Radweg, der die Landstraße säumte, hätten sie noch eine Weile gestanden und die Felswand betrachtet. Die Räder habe man nirgendwo anlehnen können, aber die Fahrradständer hätten trotz der Taschen auf den Gepäckträgern gehalten und dies habe er als gutes Zeichen gedeutet. Wie es aber gekommen sei, dass sie so früh schon pausierten, nur wenige Kilometer nach Beginn dieser zweiten Etappe, das frage er sich oft. Sie seien vermutlich ins Schwitzen geraten und hätten deshalb diese kurze Rast eingelegt. Sein Vater habe sehr schnell geschwitzt. Mein Gott, ist das heiß, könne sein Vater in diesem Moment gut gesagt haben, falls sich nicht alles wortlos abgespielt habe. Bestimmt sei sein Vater zu warm angezogen gewesen, er wollte die Jacke ausziehen, darin habe der Anlass für ihre Fahrtunterbrechung gelegen. Oder einer von ihnen wollte einen Schluck Wasser trinken, sicher seien sie beide ganz ausgedörrt gewesen. Er könne so lange Zeit danach aber nicht mit letzter Gewissheit sagen, ob sie überhaupt mit Wasservorräten ausgerüstet gewesen seien. Eine Feldflasche falle ihm ein, und die verbinde er mit dem Fahrtenmesser, das er immer am Gürtel getragen habe. Aber ob sie die Feldflasche wirklich dabei gehabt hätten, daran erinnere er sich nicht, es sei möglich, dass hier ein Bild von einer ihrer Wanderungen in seine Erinnerung an die Fahrradtour mit eingegangen sei.

Sein Vater habe wahrscheinlich schon immer zu wenig getrunken, aber es könne auch sein, dass sich hier wiederum Erinnerungen an seine Mutter einmischten, von der er genau wisse, dass sie zu jeder Zeit zu wenig Flüssigkeit zu sich nahm, besonders aber auf Reisen. Statt einer Flasche Wasser oder der von ihr spät entdeckten Apfelschorle, die ihr für ihre Handtasche zu unförmig, für die Tragetasche hingegen zu schwer erschien, habe sie gegen den Durst auf ihren gar nicht so seltenen Bahnreisen immer nur grüne Weintrauben dabei gehabt, von denen sie von Zeit zu Zeit einige aus ihrer Handtasche hervorholte, die Beeren bedächtig von den Stielen streifte und sie vor den Augen der Mitreisenden verzehrte, nicht ohne ihrem Sohn oder einem anderen Familienmitglied, so sich eines an ihrer Seite befand, womöglich aber auch fremden Fahrgästen davon angeboten zu haben. Aber er schweife ab, sie seien ja damals eben nicht mit der Eisenbahn, sondern mit den Fahrrädern unterwegs gewesen und nur zu zweit, und ob auch dieser Umstand, also die Abwesenheit seiner Mutter, etwas mit dem Erlebnis an der genannten Stelle zu tun gehabt habe, darüber müsse er noch nachdenken. Natürlich, mit dem Zug seien sie schon auch gefahren, auf der Hinreise eben bis Trier, von wo aus man die Mosel abwärtszufahren sich vorgenommen hatte. Sie seien dann aber nicht bis Koblenz, was ihrer ursprünglichen Absicht entsprach, sondern nur bis zum Bahnhof Bullay gekommen und hätten von dort wieder den Zug genommen. Warum, das tue nichts zur Sache; er sei des Fahrradfahrens eben noch nicht lange mächtig gewesen. Dass er jedoch stolz gewesen sei, es endlich zu können, auch das gehöre mit zu dem Erlebnis, dem nachzuforschen er mich herzlich bitte.

Ich habe ihm also gesagt: Ich fahre hin, ich suche die Stelle auf, ich werde an diesem Streckenabschnitt ganz langsam fahren, um sie keinesfalls zu verpassen, dann steige ich aus und nehme mir Zeit, herauszufinden, ob etwas in der Beschaffenheit der Felsen, etwas im Biegungsgrad des Flusses, etwas in der Wärme, die sich an einem Sonntag im Juni in diesem Winkel zwischen den Felsen staut, ob in der Anlage der Rebterrassen etwas liegen kann, das zu deinem Eindruck damals beigetragen hat. Ich fügte hinzu: Am liebsten wäre mir, du kämest selbst und wir könnten die Stelle gemeinsam betrachten. Aber jetzt hat er mir ohne Angabe von Gründen mitgeteilt, dass er nicht kommen kann.

Mein Pensionszimmer ist einfach und rustikal, ohne im Mindesten anheimelnd zu sein. Die Möbel, ich schätze, sie sind aus den sechziger Jahren, kein Teil gut in Schuss, stehen so im Raum verteilt, dass man sich möglichst oft an ihnen stößt. Den Blick auf die Wände versuche ich zu vermeiden, die Tapete löst sich schon an vielen Stellen. Die Federbetten sind schwer und werden viel zu warm sein. Ich fühle mich nicht wohl und befürchte eine schlaflose Nacht. Aber da er solche tristen Unterkünfte liebt, weil sie ihn an die Reisen mit seinem Vater erinnern, habe auch ich nun ein solches Quartier bezogen.

Ich habe mir vorhin aus der Gaststube noch einen Pokal Wein mit hoch genommen, von dem Weinberg, der gleich hinter dem Haus ansteigt. Es ist jetzt dunkel, ich habe keinen direkten Blick auf den Fluss, weiß nicht, ob noch Lichter an sind auf den Schiffen, der Lärm, der von der Gaststube heraufdringt, ist gedämpft. Ich habe die alte Reiseschreibmaschine auf den schmalen Tisch gestellt, den ich mir hereintragen ließ anstelle einer Spiegelkommode, an der ich nicht hätte arbeiten können. Einige der Lettern sind, wie Du siehst, verklebt und der Wagen transportiert nicht gut, aber ich hänge an dieser Maschine.

Gestern war ich in Trier in einem Antiquariat und habe zwei Bände über die Mosel mit Schwarz-Weiß-Fotos gekauft. Sein Hang zur Schwarz-Weiß-Fotografie ist Dir ja bekannt. Er sagte mir einmal, wenn er solche Bilder betrachte, habe er, anders als bei Farbfotos, das Gefühl, in den gezeigten Landschaftsausschnitt hineinschlüpfen und dort umhergehen zu können, besonders dann, wenn es sich um eine Flusslandschaft im Mittelgebirge handele, und manchmal beschäftige ihn die Vorstellung, er könne eines Tages ganz in so einem Schwarz-Weiß-Foto verschwinden. Überhaupt stehe es für ihn in solchen Momenten des Betrachtens außer Frage, dass die Welt früher einmal schwarz-weiß gewesen sein müsse, und dieser Gedanke gefalle ihm. Den bewegten Bildern des Films gelte seine Vorliebe nicht in gleicher Weise, betonte er immer wieder, denn nur das Foto handele vom Augenblick. Der Film aber zeige nur umso deutlicher das Verstreichen der Zeit und darum gehe er auch nicht gern ins Kino. Auf die Augenblicke komme es ihm an.

Gerade ist ein Tier gegen die Fensterscheibe geflogen, irgendein Nachtflügler, vielleicht ein Maikäfer. Wenn ich darüber nachdenke, dass mich hier niemand kennt und es draußen dunkel ist, wird mir so unheimlich, als wäre ich das erste Mal allein verreist. Heiß ist es, stickig, aber ich wage nicht, das Fenster zu öffnen, wegen der vielen Mücken, und das Licht kann ich nicht löschen, weil ich Dir schreiben will.

Heiß sei es damals gewesen, aber nicht stickig. Eine leichte Brise vom Fluss her habe die Glieder gekühlt und auch diese Kühle habe ihn beglückt. Denn das sei es eigentlich, was er mir sagen wolle, dass er in diesem Augenblick glücklich gewesen sei, unbeschwert glücklich, als sie vom Fahrrad stiegen und dort standen und die Felswand betrachteten, warum eigentlich die Felswand, warum sahen sie nicht auf den Fluss, der im Sonnenlicht geschimmert haben wird. Und er könne sich mit absoluter Sicherheit an diesen einen Gedanken erinnern: Jetzt bin ich so glücklich wie zuletzt vor zwei Jahren.

So waren sie also vom Fahrrad gestiegen, und er sah, wie der Kohlweißling sich auf seiner Armbanduhr und auf der Fahrradklingel niederließ, er sah die Felswand, und er fühlte sich unbeschwert glücklich, und dieser Zustand erschien ihm so ungewöhnlich und bemerkenswert, dass er ihn lebensgeschichtlich sofort einordnen konnte. Ich frage mich, ob man denn glücklich sein und es gleichzeitig wissen kann und ob nicht diese Art des Nachdenkens über das Glück, zumal bei einem Kind, denn wenn ich richtig rechne, war er zu diesem Zeitpunkt elf Jahre alt, geradewegs auf die klare Abwesenheit von Glück schließen lässt, aber das sagte ich ihm nicht, und ich werde es auch nicht tun.

Was denn zwei Jahre zuvor gewesen sei, das habe ich ihn immer wieder gefragt, wenn er mir von dieser Begebenheit erzählte, worauf er mir aber lange Zeit nie eine bestimmte Antwort gab. Ob ich es mir denn nicht denken könne. Ich versuchte es mit Ereignissen der damaligen Zeit, lag aber immer wieder falsch, was ihn verstimmte. Erst kürzlich hat er mir fast beiläufig erzählt, dieser glückliche Tag, zwei Jahre vor ihrer Fahrradtour, sei der Tag seiner ersten Heiligen Kommunion gewesen, und an diesem Tag sei er in vollem Sinne glücklich gewesen, er sagte wirklich: in vollem Sinne. Was das bei einem Kind bedeuten kann, das frage ich mich, und das fragte ich ihn. Er antwortete, ob ich denn wisse, was von Napoleon Bonaparte erzählt wird. Nun, von dem wird sicher manches erzählt, sagte ich. Napoleon Bonaparte, erwiderte er, sei es gewesen, der auf die Frage, welches der glücklichste Tag seines Lebens war, geantwortet haben soll: Der glücklichste Tag meines Lebens war der Tag meiner ersten Heiligen Kommunion.

So gesehen hätte der sich seine Feldzüge dann ja schenken können, sagte ich. Unsinn, sagte er. Denn das würde bedeuten, dass Napoleon Krieg geführt hätte, um noch einmal so glücklich zu sein wie bei seiner Erstkommunion, ob das mein Bild von Napoleon sei und von seinen Feldzügen, wollte er etwas gereizt von mir wissen. Dann wäre es für Napoleon doch wohl einfacher gewesen, die Kommunion möglichst oft zu empfangen. Aber dass es früher einmal üblich, was heißt üblich, dass es verpflichtend gewesen sei, vor dem Empfang der Kommunion zu beichten, und dass einem dies nicht zu allen Zeiten gleich leicht falle, davon wisse ich natürlich nichts. Ob ich mich da überhaupt nur ansatzweise hineindenken könne, wie es sei, sich etwas von der Seele zu reden und sich danach so rein und leicht zu fühlen wie … wie … nein, ein Vergleich falle ihm da nicht ein, und ob ich in der Lage sei zu ermessen, was es bedeute, dieses Gefühl rein in der Vergangenheit zu wissen. Ob ich denn jemals darüber nachgedacht hätte, wie man einen Glücksmoment wiederholen kann, und wie einfach oder wie schwer ich mir ebendies vorstellte.

Ich verstand seine Erregung nicht recht, erwiderte aber nichts und ging der Sache für mich nach. Ich hatte keine Biografie Napoleons zur Hand und gab der Einfachheit halber Suchworte ein, aber erst, als ich es auf Englisch probierte, wurde ich fündig, ohne indes zu erfahren, worin das Glück der Erstkommunion für Napoleon genau bestanden hat oder wer ihm wann und in welcher Lage diese Frage stellte. Lediglich als vielfach kolportiertes Zitat begegnete mir Napoleons Abendmahlsglück und eben nur auf Englisch und somit auf mehrfache Weise entrückt, verschwommen, unwahr. Womöglich hat Napoleon diesen Ausspruch nie getan. Womöglich war es von Anfang an bloß eine Legende. Mag sein, er gab diese Antwort, um Erwartungen des Fragestellers zu durchkreuzen, der mit dem Tag gerechnet hatte, als Napoleon sich selbst zum Kaiser krönte, oder mit einer gewonnenen Schlacht – aber: Der glücklichste Tag in meinem Leben war der Tag meiner ersten Heiligen Kommunion. Schreiben Sie das ruhig auf.

Über Napoleons Erstkommunion wird es Aufzeichnungen geben in französischen Kirchenbüchern. Vielleicht empfing er den Leib des Herrn unter beiderlei Gestalt. Aber vielleicht war Napoleon dabei nicht glücklich oder er erinnerte sich später falsch daran, vielleicht war Napoleon niemals glücklich.

Im Grunde interessierte ich mich aber doch nicht für das Glück Napoleons, sondern für seines. Da er sich jedoch nur ausweichende Sätze entlocken ließ und allenfalls erklärte, am Tag seiner Erstkommunion empfangene Geld- und Sachgeschenke wie eine bestimmte Armbanduhr seien für seine Gefühlslage schlechthin unerheblich gewesen, gab ich das Fragen auf und versuchte mir anhand der von diesem Fest erhaltenen Fotografien ein Bild von dem Glück zu machen, das ihn an diesem Tag so hell durchströmte. Die Bilder sind in seinem ersten Album, er hat es mir auf meine mehrfache Bitte hin aus dem Schrank geholt, mich aber dann damit allein gelassen.

Das Album enthält Farb- und Schwarz-Weiß-Bilder in loser Folge. Auf dem ersten Foto sieht man ihn vor dem Hauseingang stehen, der von zwei Topfpflanzen flankiert ist, die ihn deutlich überragen; er hält die weiße

Kommunionkerze fest in der rechten Hand und steht in seinem Anzug so unbeweglich wie ein Wachsoldat. Dann sieht man ihn auf dem Bürgersteig zwischen den Eltern gehen, die Kerze wieder fest in der Hand, weitere Familienmitglieder folgen in lockerem Abstand. Das schwarze Kleid der schwarzhaarigen Großmutter, ihr Hut mit dem weißen Band, die kurzen, weißen Röcke der Schwestern; die Kommunionkinder in Zweierreihen, alle mit großen, weißen Kerzen in den Händen, beim Verlassen der Kirche. Die meisten halten ihre Kerzen schief wie eine Fackel beim Schützenzug, nur er hält seine Kerze ganz gerade. Auf allen Bildern schaut er ernst. Auf einem der Farbfotos steht er allein neben einem blühenden Goldregenstrauch und hält statt der Kerze das Gebetbuch fest in der rechten Hand und blickt unbeweglich hin zum Fotografen. Gruppiert um eine Gartenbank sieht man die ganze Familie. Sie sehen fröhlich aus, einige halten einander Zeige- und Mittelfinger der rechten Hand von hinten über die Köpfe. Und noch ein Bild aus dem Wohnzimmer habe ich mir gemerkt, darunter steht in Kinderschrift: Am Abend des zweiten Tages. Er ist nicht mit drauf, vielleicht hat er selbst dieses Foto gemacht: Zwei weiß gedeckte Tische stehen übereck; lauter Erwachsene sitzen dort und blicken mit verschränkten Armen in die Kamera, keiner redet, keiner lacht. Es wird mir hier in dieser Zimmerluft langsam unerträglich und gleich mache ich doch das Fenster auf.

Ich habe mich zwischendurch aufs Bett gelegt und in den Fotobänden von der Mosel geblättert. Es fällt mir immer wieder auf, wie menschenleer diese Landschaften sind. Natürlich liegt es an den gewählten Perspektiven, an den fast durchgängigen Totalen, die sich an der Kontur der Höhenzüge, an den Windungen des Flusses ausrichten. Dieser Turm muss noch drauf und ein Stück Himmel, entsprechend stellte der Fotograf seine Kamera ein. Die Türme der Kirchen, die Burgruinen, die Fachwerkhäuser stechen heraus, als wäre die ganze Landschaft ein Freilichtmuseum. Die Rebterrassen wirken wie mit dem Bleistift schraffiert, die Ufer des Flusses haben etwas Weiches, die Linien zwischen Wasser und Land sind nicht hart gezogen. Es sind Bilder aus der Zeit, bevor die Mosel kanalisiert wurde, und natürlich sieht man heute hier keine Aalfischer mehr, die ihre Reusen ins Wasser stellen. Aber mir kommt es jetzt so vor, als wäre auf diesen Bildern etwas festgehalten, das nicht nur weit entfernt ist, abgesunken, unserer Wahrnehmung entrückt, sondern etwas, das es niemals gegeben hat, auch nicht zu der Zeit, als diese Fotografien gemacht wurden. Und ich vermute, es ist genau das, was ihn zu diesen Bildern zieht. Das Unwirkliche. Es muss am Sommer liegen. Die meisten Bilder sehen aus, als wären sie im höchsten Sommer aufgenommen, wenngleich man es nicht zweifelsfrei erkennen kann. Man glaubt aber, dieses Flirren wahrzunehmen, wie man es kennt, wenn man im Sommer den Blick entlang der Eisenbahnschienen ins Ferne, Grenzenlose gleiten lässt und dann sieht, wie diese Linien weich werden und sich aufzulösen scheinen in der heißen Luft. So eine Auflösung sehe ich nun in den alten Schwarz-Weiß-Bildern. Ich sehe eine Aufschmelzung, ich kann es nicht genauer fassen. Als hätte in dem Moment, als der Fotograf den Auslöser drückte, eine Wandlung stattgefunden, und etwas aus der Zeit ist in den Raum gerutscht. So könnte ich es mir vorstellen: dass in diesen Bildern etwas festgehalten ist, das man eigentlich nicht greifen kann.

Ich denke an seine Finger, wie sie die Kommunionkerze umklammern, an seine Hände, wie er die Armbanduhr lockert. Und ob man aus der Haltung, der Körperhaltung etwas ablesen kann. Und dass er auf all diesen Bildern so ernst blickt, an diesem glücklichsten Tag seines Lebens. Eine Art heiliger Ernst. Vielleicht war da eine Anwesenheit, die sich der Kamera entzog, und der Anblick der Weinreben an jenem Sonntagmorgen beschwor sie wieder herauf. Vielleicht war für ihn die Vorstellung, das Brot werde wahrhaft Fleisch und der Wein werde wahrhaft Blut, an diesem Tag kein auswendig gelernter Satz aus dem Katechismus, keine Absurdität, kein theologischer Streitfall, sondern eine ihn von innen ergreifende Tatsache. Und er fühlte sich in einem namenlosen Wunder geborgen, während rings um ihn ein ganz gewöhnliches Familienfest ablief, ein Film, dem er nur mit Ernst und starrer Haltung begegnen konnte, um das Wunder in seinem Innern dagegen abzuschirmen.

Nun habe ich doch das Fenster geöffnet und die Mücken sind gleich ins Zimmer und die Fliegen sitzen auf meinem Weinglas. Apropos. Eines der Moselbilder zeigt eine seltsame Christusdarstellung, Christus in der Kelter. Christus steht da in einer Kelter, er stampft die Weintrauben mit den Füßen wie ein einfacher Erntearbeiter und hat dabei das Kreuz noch im Rücken, aber Arme und Beine sind frei, und aus seinen Wunden tropft das Blut in die Kelter und vermischt sich mit dem Traubensaft. Ich kann mir nicht vorstellen, dass dieses Bild jemanden glücklich machen kann, ihn vielleicht schon, mich nicht. Aber vielleicht sind das alles nur vorgeschobene Sachen, diese Bilder aus seiner Kindheit und die alten Möbel in Gasthöfen und die Religion, und er versteckt sich dahinter. Ich erinnere mich, wie er mir einmal von einem Film erzählte, der habe ihn sehr beeindruckt. Tatsächlich ein Film, kein Foto, aber immerhin schwarz-weiß, und darin habe ein Kind in einer leeren Kirche neben seiner Mutter gekniet und die Hände vors Gesicht geschlagen, doch so, dass man durch die Finger hindurch die Augen sah, und dabei so inbrünstig, so flehentlich gebetet, dass er beim bloßen Zuschauen erzittert sei.

Auch die Flügel des Kohlweißlings hätten gezittert, als er sich auf seiner Armbanduhr niederließ und dann noch auf der Fahrradklingel. Er sei leuchtend weiß und ganz leicht gewesen, und immer wenn er seither einen Kohlweißling gesehen habe, und es gebe nichts, das ihn stärker berühre als der Anblick eines Kohlweißlings, habe er in Gedanken Vergleiche angestellt, das leuchtende Weiß und das Leichte betreffend, und sei zu dem Schluss gekommen, dass der Kohlweißling an dem Sonntagmorgen, als sie von den Rädern stiegen, einer heute nicht mehr existenten Art angehört habe.

Sie hätten ihre Rast schon nach wenigen Minuten beendet, und gesprochen hätten sie, soweit er sich erinnere, nicht oder nicht viel, auch sei er ja mit seinen erwähnten Gedanken beschäftigt gewesen, und dann seien sie wieder in die Sättel gestiegen und hätten beschwingt in die Pedale getreten und immer wieder den Fahrtwind gespürt. Am Abend dieses Tages hätten sie Beilstein erreicht.

Ulla Hahn

Licht vom Licht

EIN AUGENZEUGENBERICHT AUS DEM JAHRE 2101

Es war die Großmutter, eine praktische, resolute Person, die dafür sorgte, dass meine Mutter als eine der ersten Katholikinnen Hamburgs in der neuen ökumenischen Kapelle die Taufe empfing, während mein Vater im fröhlich-katholischen Rheinland zwar mit dem bibelfesten Dreierpack Peter Paul Anton versehen wurde, aber – aus Kölner Perspektive – mit Wasser zweiter Klasse, nämlich evangelischem. Beide mithin qua Sakrament Kinder der Diaspora und vielleicht gerade deswegen an den Unterschieden und Gemeinsamkeiten ihres angetauften Glaubens interessiert. Wie auch immer: Die Ökumene führte die beiden zusammen. In einem der diesbezüglichen Internetforen fanden sie, wie das damals üblich war, twitternd und skypend aneinander Gefallen, die leibhaftigen Treffen überstiegen alle virtuell generierten Erwartungen, und bald kam wieder die ökumenische Kapelle ins Spiel: Die beiden heirateten dort. Taufe und Heirat und natürlich Beten und Singen, all das war ja vor hundert Jahren schon miteinander möglich. Doch die beiden wollten mehr.

Nur die Älteren unter uns wissen wohl noch, wie es ist, mit dem geliebten Menschen in einer von Gott gesegneten Lebensgemeinschaft Tisch und Bett und Glauben zu teilen, aber nicht das Brot am Tisch des Herrn und den Weg dorthin. Wie es ist, wenn sonntags die Glocken läuten, in Hamburg etwa die katholischen von St. Elisabeth und die evangelischen der Nikolaikirche – dort in der Nähe wohnten meine Eltern und wuchs ich auf –, und sie entscheiden müssen, ob sie gemeinsam einen Gottesdienst besuchen oder getrennte Wege gehen, um den kirchlich erlaubten Platz am kirchlich zugewiesenen Tisch des Herrn einzunehmen. Auch würde es einmal sehr schwierig werden, zu beschließen, wie man ein Kind später taufen würde, evangelisch oder katholisch. Zwar wurde die jeweilige Taufe von den Kirchen nun gegenseitig anerkannt, doch für eine der beiden Konfessionen musste man sich entscheiden.

Gott sei Dank, so erzählte mir die Mutter später einmal, habe sie wenigstens nicht mehr befürchten müssen, exkommuniziert zu werden, wenn sie mich evangelisch hätte taufen lassen, so wie das noch zu Urgroßmutters Zeiten der Fall war. Doch dass sie ihre tiefe Verbundenheit nicht vollenden konnten in der Gemeinschaft mit dem göttlichen Mysterium, der Eucharistie, sei ein ständig spürbarer Stachel gewesen. Nicht einmal dieses Wort, Eucharistie, so die Mutter, habe der Vater am Anfang in den Mund nehmen wollen: Abendmahl heiße das, habe er beharrt.

Ohnehin war es ihm, einer rheinischen Frohnatur, zunächst schwergefallen, sich den kühleren Temperamenturen der Hanseaten anzupassen. Doch sein menschenfreundlicher Humor und seine nie versiegende Zuversicht trugen gewiss mit dazu bei, dass sich die verschiedenen Konfessionen immer näher kamen. Wie Geschwister, Cousinen und Cousins, Neffen und Nichten, die sich in den unterschiedlichsten Berufen, Ortschaften und Erdteilen aufgehalten haben und irgendwann, nicht zuletzt unter dem Druck von außen, den Wunsch verspüren, ein weithin sichtbares Zeichen ihrer Verbundenheit zu setzen. Für die Hamburger Ökumene hieß das, sich nicht länger mit der wunderschön gestalteten, gleichwohl bescheidenen Kapelle zufriedenzugeben.

Niemand weiß heute noch genau, es muss so in den Fünfzigerjahren des 21. Jahrhunderts gewesen sein, also noch einige Jahrzehnte vom Tag der Großen Freude entfernt, niemand also weiß heute mehr, wer damals die freie Fläche, das Grundstück im Herzen der Stadt auf dem Geestrücken zwischen Alster und Elbe, ins Spiel brachte. Dort, wo einst eine mächtige Domkirche im gotischen Stil gestanden hatte, bevor der Senat sie 1805 abreißen ließ. Dort sollte er entstehen: der erste ökumenische Dom Deutschlands. Ich selbst bin genau zu Beginn dieses Jahrzehnts geboren, im April 2050, sozusagen ein Kind der Bewegung Pro Öku Dom und mit der Bewegung groß geworden.

Im Senat fand das Bauvorhaben der Hamburger Ökumene, sicher auch aufgrund des überwältigenden Medienechos, offene Ohren. Den Ausschlag aber gab mit Sicherheit die Tatsache, dass eine gewaltige Spendenaktion und mehrere großzügige ungenannte Stifter die nötigen Mittel aufbrachten. Und war nicht das Grundstück wie durch Vorsehung über die Jahrhunderte unangetastet geblieben? Sodass die Stadt sich nicht länger sperren konnte – und wohl auch nicht wollte, schließlich war sie ja selbst bislang davor zurückgeschreckt, den einstmals gottgeweihten Platz dem Mammon zu überlassen. Sie gab das Grundstück frei. Für lau, wie man in Hamburg sagt. Um Gotteslohn.

Doch noch einmal gingen Jahrzehnte ins Land bis zum Tag der Großen Freude. Sie ahnen es, wir nähern uns der Einweihung dieses Gebäudes. Wer einmal ein Haus gebaut hat, weiß ein Lied zu singen von den zahllosen Plagen, die dem Bauherrn auf dem langen Weg bis zum Einzug widerfahren. Und das, obwohl er alleiniger Bauherr ist. Hier hingegen gab es 19 Bauherren und -frauen, dazu noch die Hauptsponsoren!

Den Namen des Doms hingegen hatte man gefunden, noch bevor der Grundstein gelegt war. Ich unterrichtete damals an der Siegfried-Lenz-Schule Deutsch und Religionslehre und beteiligte mich mit meinem Leistungskurs an der Namensfindung. Wir hatten den heiligen Werner ins Spiel gebracht, nach dem gottesfrohen ehemaligen Hamburger Erzbischof, von dessen wohlgemutem Temperament die Großmutter geradezu wie ein Teenager geschwärmt hatte, nicht zuletzt, weil ihm, so wie ihr, die Ökumene eine Herzensangelegenheit gewesen war. Und Luther musste sein, klar. Also Martin-Werner-Dom. Verkürzt zu MaWe. Nochmals verkürzt zu Ave. Der Hamburger Ave Dom. Ein wahrhaft ökumenischer Prozess, diese Verschmelzung und Verwandlung beider Namen, der sich zudem in der Reduktion auf das Wesentliche, den Segensgruß, sinnfällig widerspiegelt.

Am Sonntag nach Pfingsten ein Jahr nach der Wende zum 22. Jahrhundert war es dann endlich so weit. Ein schöner Morgen zog herauf, so frisch und licht und leicht in seinem Anfang, dass alles Lust machte auf den neuen Tag. Noch in der Nacht war ein Gewitter niedergegangen, die Straßen blank wie mit Wasser und Seife gewaschen, sonnenbeglänzt und tieflaubgrün die Linden, Platanen, Kastanien der Stadt. Aus allen Himmelsrichtungen strömten die Prozessionen hierher zusammen, buchstäblich mit Pauken und Trompeten, Schalmeien, Trommeln und Gitarren, Gesängen aus aller Herren Länder näherte man sich dem neuen Gotteshaus. Ein mächtiger Kuppelbau, ähnlich dem Pantheon in Rom. Doch während dort nur ein Portal ins Innere leitet, waren es hier elf Türen, die weit offen standen. Nur die zwölfte, die größte und höchste, dem Hafen zugewandt, war verschlossen.

Innen fiel das Licht durch runde Glasfenster, die an Bullaugen erinnerten und in den Farben der Weltmeere schillerten, was dem Besucher das Gefühl gab, im Bauch eines riesigen Schiffes zu sein, auf hoher See, auf großer Fahrt, furchtlos ins Offene. Denn zudem wurde der Blick, wo immer man stand, in die Höhe gezogen, der kreisrunden Öffnung, dem blanken Himmel entgegen, dem Himmelszelt, unter dem sich bei Regen und Schnee ein Glasdach schloss.

Außen auf dem Kuppelrund erhob sich ein Stahlgestänge, einem Schiffskran nicht unähnlich, an dem das Domgeläut befestigt war. Die größten freischwebenden Glocken des Erdkreises gaben in der Hansestadt von nun an den Ton an.

Noch strahlten die Wände weiß, sollten vielleicht auch so bleiben, da man je nach Anlass und Belieben Gemälde alter Meister oder junger Künstler darauf projizieren, vor allem aber mit 3-D-Animationen sich jederzeit Gottes Welt von überall her in Sein Haus holen konnte.

Doch wie vor Jahrhunderten brauste die Orgel und die Chöre jubilierten ihr vereintes Halleluja in die Runde. Hinter einer schier endlos langen Reihe von Jungen und Mädchen in rotweißen Chorhemden, die fröhlich ihre Schellen und Weihrauchfässchen schwangen – auch die Kinder der evangelischen Bischöfin waren eifrig dabei –, hinter Frauen und Männern, die gewichtig die Fahnen, Banner und Standarten ihrer Gemeinschaften trugen, zogen die Vertreter der Kirchen in festlichen Gewändern, allen voran der katholische Erzbischof und die evangelische Bischöfin. Ein schönes Paar. Galant bot der männliche der weiblichen Würdenträgerin das silberne Aspersorium dar, damit diese das Aspergill hineintauchen und im Fortschreiten nach allen Seiten ausschwenken konnte, eine Segensgeste, die ihr offensichtlich noch ungewohnt war. Ganz so wie dem Erzbischof seine dienende Handreichung, die ihm gewöhnlich ein Ministrant abnahm.

Schließlich war man in der Mitte des Kirchenrunds angelangt und umkreiste nun den Altar, bis jeder seinen Platz gefunden hatte, der, nach langen Diskussionen, so festgelegt worden war, dass niemand sich benachteiligt fühlen musste.

Nicht weiter eingehen will ich auf die Zeremonie, die Raffinessen eines ökumenischen Rituals, das so viele verschiedene christliche Kirchen zufriedenstellen musste, zudem noch aus einem solch exorbitanten, noch nie da gewesenen Anlass. Denn ich möchte ja nach dieser langen Vorgeschichte nun schließlich zum Kern und Höhepunkt meines Berichtes kommen. Der, wie Sie mir jedoch am Ende sicher zugeben werden, ohne diese Vorgeschichte gar nicht möglich gewesen wäre.

Über die liturgischen Kniffligkeiten der Feier werde ich mich also im Einzelnen nicht verbreiten. Nur so viel noch: Der Festakt hatte sich immer wieder verzögert, weil man den letzten Unterschied nicht hatte ausräumen können: den Unterschied im Verständnis – und damit der Feier – der Eucharistie. Ich sagte ja schon, dass selbst mein toleranter Vater dieses Wort nur ungern in den Mund nahm. Heute, im 22. Jahrhundert, können Sie, verehrte Leserinnen und Leser, sich wohl kaum noch vorstellen, worüber man sich damals die Köpfe heißredete. Meine Eltern vor Augen, rückten mir diese Debatten, die ich, gerade auch als Religionslehrerin führen musste, immer mehr in die Nähe jener scholastischen Diskussionen des Mittelalters, als man sich darüber stritt, wie viele Engel auf einer Nadelspitze Platz fänden oder ob Gott gleichzeitig groß und klein sein könne. Ich hatte meine liebe Not, den Schülern die unterschiedlichen Auffassungen der Kirchen darzustellen, ohne das Ganze ins Spitzfindige oder Fanatische kippen zu lassen. Grob gesprochen, lief ja alles auf den Unterschied hinaus, wie man die Worte Jesu vom Gründonnerstag interpretierte. Hatte Jesus beim letzten Abendmahl nicht unmissverständlich gesagt: Das IST mein Leib? Waren Hostie und Messwein also nun tatsächlich verwandelt in Fleisch und Blut? Oder wird diese Wandlung nur symbolisiert? Unglaublich allein die vielen unterschiedlichen Auffassungen der evangelischen Kirchen. Aber das ist ja nun Gott sei Dank Geschichte.

Nur eins noch: Ich sagte »Hostie«. So als wäre das selbstverständlich. Monatelang wurde um die ökumenische Gestalt des Abendmahlbrotes gerungen. Und konnte man es bei der Hostie oder beim Brot belassen? Musste nicht auch Wein beziehungsweise Traubensaft gereicht werden? Damit Christus in beiderlei Gestalt empfangen werden könnte?

Schließlich – die Diskussion schien wieder einmal unrettbar festgefahren – zog man erneut den Rabbi zurate, der schon einmal die Rolle des Schlichters übernommen hatte. Damals war es um die Form des Altars gegangen.

Kreisrund, so seine salomonische Lösung, sollte er sein, kreisrund, also sozusagen rangstufenlos. Und aus unbehauenen Steinen, Steinen, die kein Eisen berührt hat; darauf hatte er bestanden. Die Bibelfesten unter Ihnen wissen warum. (Entschuldigung, ich war nun einmal Lehrerin und kann es nicht lassen!)

Diesmal saß ich dabei, als der Rabbi sich wieder und wieder den schwarzkrausen Bart strich: Ihr feiert so viel gemeinsam, wie ihr verantworten könnt. Gemeinsam an euerm runden Altar. Dann nimmt jeder sein Brot und seinen Wein und weiht oder segnet diese wie immer: Es ist, es bedeutet, wie's beliebt. Und für eure Anhänger stellt ihr euch gesondert auf, jeder bei seiner Kirchenfahne oder seinem Kreuz oder Tisch, egal. Jedenfalls für eure Schäflein gut erkennbar.

Begeistert nahmen wir alle diesen Vorschlag an.

Der Rabbi blinzelte listig. Gern geschehen, lachte er. Aber dafür müsst ihr mir eine Bitte erfüllen. Am Abend vor der Einweihung lade ich euch alle zu mir ein. In die Synagoge und zu mir nach Hause. Zum Schabbat.

Natürlich stimmten wir wiederum freudig zu und ich spüre noch heute den Widerhall dieser ergreifenden Begegnung: hier die um ihre Einheit ringende Christenheit, dort der Stamm Davids, mit dem wir so vieles teilen und ohne den es Jesus, den Juden, nie gegeben hätte, aus dem doch all unsere Christenkirchen gewachsen sind.

Kraftvoll erhob der Rabbi in der Synagoge seine Stimme zu einem Psalm Davids: *Adonaj roi lo echssar bin'ot desche jarbizeni, al mej menuchot j'nahaleni,* der Ewige ist mein Hirte, mir fehlt nichts. Auf grüner Wiese lässt er mich lagern, an ruhige Wasser führt er mich.

Dann bedeutete er dem Erzbischof, weiterzusprechen: Meine Seele erquickt Er, Er leitet mich auf rechten Pfaden – um Seines Namens willen. Auch wenn ich in der Schlucht des Todesschattens gehe, fürchte ich das Böse nicht, denn Du bist bei mir. Dein Stecken und Dein Stab – sie trösten mich. Dann war die Bischöfin an der Reihe: Du wirst mir den Tisch vor meinen Feinden richten; Du hast mein Haupt mit Öl gesalbt, mein Becher ist reichlich gefüllt. Nur Gutes und Liebes seien meine Begleiter alle meine Tage, und möge ich weilen in des Ewigen Haus für die Länge der Tage …

Und schließlich nahm wieder der Rabbi das Wort: Bereitet das Mahl des vollkommenen Glaubens, zur Wonne des heiligen Königs …

Später saßen wir am Tisch in der Wohnung des Rabbi bei einem Imbiss, der mit der Challah begann, einem kunstvoll geflochtenen Brot, ähnlich einem Hefezopf, aber ohne Butter und Milch. Der Rabbi brach es und reichte jedem davon, wir streuten Salz darauf, tauchten es in die Suppe mit den Matzeklößen. Dazu brannten die Kerzen, die der Rabbi unter Segenssprüchen angezündet hatte, bevor er das Tischgebet sprach.

Dies alles war ganz sicher in den Köpfen all derer, die an dieser Vorabendfeier teilgenommen hatten, jetzt, hier am Morgen im Ave Dom noch lebendig.

Alles ging gut. Die Liturgie war bis zur Wandlung ohne Stocken vorangeschritten, ein würdiger Reigen kirchlicher Oberhäupter und frommer Laien. Auf den hohen weißen Wänden 3-D-Einspielungen von ökumenischen Feiern der christlichen Kirchen weltweit. Im Mittelpunkt die Übertragung aus dem Petersdom. Wobei man sich in Rom wie in Hamburg bemühte, den liturgischen Ablauf dergestalt aufeinander abzustimmen, dass der Höhepunkt der Feierlichkeit, die Eucharistie, an beiden Altären zusammenfiel. Sodass der Papst, ein hochgewachsener, schlanker Massai, die Hostie im selben Augenblick emporhob wie der katholische Erzbischof in Hamburg und seine christlichen Kolleginnen und Kollegen ihr jeweiliges Wandlungsbrot.

Es hoben und senkten rund um den runden Altar ihre Oblaten, ihre Brote und Kelche: der römisch-katholische Erzbischof und die alt-katholische Bischöfin, die evangelisch-lutherische Bischöfin und die Bischöfe der evangelisch-methodistischen und der evangelisch-freikirchlichen Gemeinschaft, Letzterer besser bekannt als Bischof der Baptistengemeinde. Aus dem Danilow-Kloster bei Moskau war der Patriarch herangereist, um die russisch-orthodoxen Christen zu repräsentieren; die griechisch-orthodoxen Christen vertrat der Ökumenische Patriarch und Bartholomaios von Konstantinopel aus Istanbul. Ebenso prominent glänzte die anglikanische Kirche durch den Erzbischof von Canterbury persönlich. Zugegen waren der Kirchenpräsident der evangelisch-reformierten Kirche, der Pastor der Dänischen Seemannskirche und die Pastorin der Mennonitengemeinde, der ältesten Freikirche Deutschlands: Sie alle sprachen ihre altgewohnten Worte in altgewohnter Weise über die altgewohnte Materie aus Wasser und Mehl.

Sekunden später, die Kelche waren gerade wieder abgestellt, begann es. Das Unvorhergesehene. Das Unbegreifliche. Oder soll ich gleich sagen: das

Wunder. Das sich, wie einige später zu deuten versuchten, allerdings schon vorher angekündigt hatte. Auch mir war die ungewohnte Harmonie in Gebet, Gesang, Lesung und Verkündigung seit Beginn dieses Gottesdienstes aufgefallen; der Fortschritt von Wort zu Wort, wie ein Wort sich dem anderen gab, diese eine einzige große Verkündigung des einen Wortes Gottes aus den Mündern seiner vielen Kinder, ein Brot und ein Wort des Lebens: Nahrung, Trost, Ermutigung.

So, ging es mir durch den Kopf, mochten die Urgemeinden das Mahl gefeiert haben, das Brot gebrochen und miteinander geteilt, einander geschenkt haben, in Jubel und Freude. So wie die Jünger zu Emmaus gejubelt haben mochten, als sie Jesus am Brotbrechen erkannten.

Hier im Ave Dom hob nun, abweichend vom geplanten musikalischen Programm für Chor und Orchester, plötzlich die Orgel an: Befiehl du meine Wege und führe mich, und wir alle fielen ein. Die Worte erhoben sich aus den Zeilen, verließen die Bücher, liebkosten die Münder, wundersame Wortvermehrung, Brotvermehrung, Herzensbrot. Wer mein Fleisch isst und mein Blut trinkt, der hat das ewige Leben und ich werde ihn auferwecken am Jüngsten Tage.

Und wir sangen und brachen auf, um an den gut gekennzeichneten Anlaufstellen der jeweiligen Kirche den Leib des Herrn, wahrhaftig oder symbolisch, als Hostie oder gebrochenes Brot in altgewohnter Weise zu empfangen. So, in dieser Bewegung, diesem allgemeinen Aufbruch, mag wohl vielen entgangen sein, was in der Mitte rund um den Altar geschah. Dort wandte sich der Erzbischof mit seiner Hostie – Leib Christi – der evangelischen Bischöfin zu, die ihre Hände zur Schale formte, die Hostie empfing und sich – Amen – zwischen die Lippen schob. Worauf sie dem Erzbischof ihren Kelch darbot, der trank, dankte und ihn dem Ökumenischen Patriarchen zureichte. Der sein geweihtes Brot an den Erzbischof von Canterbury weitergab und der dem Moskauer Kloster-Patriarchen, während die alt-katholische Bischöfin der Mennonitin eine Hostie auf die Zunge legte, der Kirchenpräsident den Kelch aus der Hand des Dänen-

Pastors empfing, der Bischof der Baptisten sein Brot mit Bartholomaios von Konstantinopel teilte, der in dankbaren Jubel ausbrach: Das Heilige den Heiligen!

Darum prüfe ein jeder selbst und esse so von diesem Brot und trinke aus diesem Kelch mit Gott und den Menschen versöhnt.

O heiliges Mahl, in dem Christus unsere Speise ist: Gedächtnis seines Leidens, Fülle der Gnade, Unterpfand der künftigen Herrlichkeit, sang ein fülliger Mönch im Dominikanerhabit, später wollte man Thomas von Aquin in ihm erkannt haben, aber auch zu Beginn des 22. Jahrhunderts war derlei Re-Creation dann doch noch nicht möglich. Ein' feste Burg ist unser Gott, stimmten die evangelischen Bischöfinnen an, Tantum ergo sacramentum, schmetterte der Erzbischof, veneremur cernui, fiel die altkatholische Bischöfin ein; Kyrie eleison, dröhnte der Bass des Kloster-Patriarchen; In darkness let mee dwell, grollte der erzbischöfliche Canterbury-Bass; Exultate jubilate, schwang über allem der feine Sopran der Mennoniten-Pastorin, und doch klang es, als sängen sie in tausend Zungen wie aus einem Munde alle nur das eine: Dein Wort ist meines Fußes Leuchte und ein Licht auf meinen Wegen.

Eine große Bewegung war da vorne entstanden, ein Tanz, ein Reigen, schwerelos und sicher wie von langer Hand entworfen und einstudiert, ehe ein jeder seine Schale, seinen Korb und Kelch nahm und zu seiner Ausgabestelle eilte. Wirklich zu den vorgeschriebenen Orten?

Ich selbst, inmitten der singenden, pilgernden Menge, weiß es nicht und es ließ sich auch nachher nicht mehr feststellen. Weil es vollkommen gleich gültig war. Wir machten es wie die vorne am Altar, empfingen Jesus, wo Er uns am nächsten war, ungeachtet unserer amtlich beglaubigten Kirchenzugehörigkeit. War das Brot verwandelt? Der Wein? Bedeutete es Verwandlung? Sieh, mit ganzem Herzen schenk ich dir mich hin, weil vor solchem Wunder ich nur Armut bin.

Geheimnis! Durch den Verstand nicht auflösbar. Der Wald ohne Geheimnis ist stehendes Holz. Das Meer ohne Geheimnis ist salziges Wasser.

Ohnehin, das hatte ich meinen Schülern immer wieder versichert, findet die wahre Verwandlung seit eh und je allein in den Herzen der Menschen statt. Mit dem Wort Gottes, so versuchte ich ihnen das Geheimnis des christlichen Glaubens näherzubringen, ist es ähnlich wie mit dem Gedichtelesen. Da lesen wir gemeinsam ein Gedicht. Aber damit es DEIN Gedicht wird, Paul, oder deines, Miriam, dazu müsst ihr es in euerm eigenen Kopf zu Ende schreiben. Überspitzt gesagt: Es gibt so viele Gedichte, wie es Köpfe gibt. Und alle aus EINER Wurzel, EINER Quelle. Und diese Quelle, dieses Gedicht, bleibt, wie es ist seit Anbeginn. Ihr, die Leser, existiert nicht ohne Gedicht. Aber das Gedicht auch nicht ohne seine Leser.

Eucharistie, pflegte ich alsdann kühn zu schlussfolgern, heißt ja nichts anderes als Danksagung. Danksagung für das Wunder der Vielfalt. Der Vielfalt der Herzen in der Einheit des Lobpreises des einen Gottes.

Im Herzen der Menschen musste das Wunder der Wandlung geschehen, dort musste das Wunder vollendet werden, sonst konnten die Würdenträger am Altar, war der nun rund oder eckig, tun und sagen, was sie wollten, konnten noch so viele Worte über Hostien, Brot und Kelchen machen: Es bliebe Stückwerk. Geste. Papier.

Doch hier, an diesem nachpfingstlichen Sonntagmorgen? Als hätte man einen Neckerwürfel gekippt, wurde das Trennende als das Verbindende, das Spaltende als das Grundlegende begriffen. Ein-gesehen. Es war der Menschengeist, der das Trennende hervorgebracht hatte. Nicht Jesu Wort. Das Wort sie sollen lassen stan. Das IST mein Leib. Gottes Wort, im Herzen eines jeden Menschen zu Ende geschrieben.

Ja, wir waren alle verwandelt. Unsere Verwandlung war offenbar. Offenbart worden. Befiehl du meine Wege, hatten wir gesungen. Und Er HATTE uns befohlen und Er HATTE uns geführt. Gott selbst hatte die Initiative ergriffen. Er hatte uns wieder einmal gezeigt: Nicht wir können alles selbst und alles besser machen, sondern allein Er. Keine der Kirchen hatte den Frieden gestiftet. Christus allein hielt die Christen zusammen. Wir alle nur Hausgenossen in dem einen, in Seinem Haus.

Außen-Stehenden, was durchaus wörtlich zu verstehen ist, mag es wohl wie ein orientierungsloses, planloses Wirrwarr erschienen sein, unser von jedem von uns so überaus sinnvoll empfundenes Streben nach dem Akt der Kommunion, der Vereinigung. Jeder von uns seiner selbst und seines Fühlens und Denkens so sicher wie nie in seinem Leben. Wann hatte ich mich zuletzt so fraglos angenommen gefühlt? Damals, als die Großmutter mir vom Schutzengel erzählt hatte, so sicher geleitet und geschützt fühlte ich mich, fühlten wir uns alle. Glücklich wie nach einem unerwarteten Geschenk, einem Losgewinn oder als hätte einer einfach nur einen guten Witz erzählt und uns voller Übermut in den Arm gekniffen, so malte sich die bloße Freude am eigenen Leben in den Gesichtern, die Freude, den Körper in Fleisch und Blut zu spüren. Da sein. Hier sein. Jetzt. Wie verschworene Kinder, die vom selben Süßen genascht, lächelten wir einander zu, warfen Lächeln wie Bälle uns zu durch das lächelnde Licht; so konnte man die Hamburger sonst nur antreffen, wenn die Alster zugefroren und fürs Feiern freigegeben war.

Und dann sah ich sie, Vater und Mutter, nun schon hoch in den Achtzigern. Um die beiden strahlte die Luft und das Licht nahm sie bei der Hand. Licht vom Licht umgab die beiden, wahrer Gott vom wahren Gott, vom Leib Christi ganz und gar umhüllt von der Wunde, die sich geschlossen hatte im Licht vom Licht, Licht das floss in die Körper der Frau und des Mannes und durch ihre Leiber hindurch, lächelndes Licht, das sie endlich vereinigte über den Tod hinaus.

Mit dem Licht kamen die Töne, die wir alle vernahmen und keiner wusste woher sie kamen von weither, darüber waren wir uns einig, Schalom sangen wir, der Friede sei mit dir und mit deinem Geiste und aus deinem Geiste es beugt mich es sprengt mich das Licht umzittert von Tönen unter Seinen Schritten mitten unter uns ein jeder von uns bei seinem und Seinem Namen gerufen. Mitglieder einer Familie, ein Leib mit vielen Gliedern. Jauchzende Rufe wurden laut, Jubel, Juchzen, Halleluja, machtvolle Gesänge Veni creator spiritus, Glory glory hallelujah, Xristos

Anesti, es brauste die Orgel in allen Sprachen in das Geläut aller Hamburger Kirchen, das Tuten der Schiffe von Alster und Elbe, when the saints go marching in.

Unvergesslich, wie auf all unseren Gesichtern die Freude eines tiefen, gestillten Genießens lag. Nicht nur ich, da bin ich sicher, spürte diese Zuneigung zwischen uns allen, die ein Teil der Wahrheit war, die alles von Grund auf verwandelt hatte. Alithos Anesti!

Hand in Hand, so wie sie durchs Leben gegangen waren, bahnten sich der Vater und die Mutter ihren Weg durch die Menschen. Bereitwillig, fast ehrfürchtig machten diese dem alten Paar Platz, das nun vor dem Erzbischof niederkniete, der dem Mann und der Frau die Hostie auf die Zunge legte. Das Paar erhob sich, dankte und ging weiter zur Bischöfin, die beiden ein Stück des Brotes reichte, worauf die Mutter es für den Vater und der für die Mutter brach. Auch zu all den anderen gingen sie, und wo sie ankamen, empfingen sie das Brot und teilten es miteinander, wie sie alles geteilt hatten im Leben. Und jetzt ein Leib geworden waren in Christus. Und dann kamen sie zu mir und nahmen mich bei der Hand und in ihre Mitte, als wäre ich, die alternde Lehrerin, ihr ganz kleines Kind.

Niemand mochte nach diesem Freudenfest, diesem Hochfest der Wiedervereinigung, gleich nach Hause gehen. Aber als dann die elf kleinen Türen geschlossen waren und zum ersten Mal die zwölfte Tür, das große Portal zum Hafen, geöffnet wurde und wir im Gefolge der kirchlichen Würdenträger – so viel Ordnung muss sein – ins Freie zogen, wartete auch draußen eine Überraschung.

Der blaue Himmel nun über und über getupft mit neugeborenen Wölkchen. Aus den Kastanien glühten die Kerzen, und tausend kleine grüne Taschentücher winkten uns aus den Zweigen an die langen Tische, wo das weltliche Mahl bereitet war. Ein Festkomitee von Hamburgern aller Glaubensrichtungen hatte diese Nachfeier vorbereitet, eine Vielfalt, die sich in den Speisen, die jede der Gruppen mitgebracht hatte, verlockend widerspiegelte. Alle Menschen werden Brüder, brauste es aus den Lautsprechern über den Platz: ... droben überm Sternenzelt muss ein lieber Vater wohnen.

Hier nun standen und saßen auch alle die beisammen, die an der Ökumene wenig oder gar kein Interesse hatten, einfach nur neugierig waren, was diese Christen denn nun wieder aufführten. Sogar fast der gesamte Hamburger Senat war vertreten. Für ihn würde die Spende des Grundstücks bald hundertfältige Frucht tragen, oder, in der Sprache der Politik: sich gehörig auszahlen. Der Ave Dom: DIE touristische Attraktion!

An diesem Mittag nun versuchte der Rabbi zunächst, noch so etwas wie eine Tischordnung aufrechtzuerhalten, doch bald quirlten wie zuvor im Dom auch auf dem Platz davor alle durcheinander. Juden, Christen, Muslime, Buddhisten, Zweifler, Agnostiker, Atheisten (sogar die von der Humanistischen Union) ließen sich die irdischen Leckerbissen gemeinsam schmecken. Nichts Besonderes, meinen Sie? Ein Volksfest wie jedes andere? Auf den ersten Blick mochte das so scheinen, doch es war auch mehr: Die Freude aller, die im Dom dabei gewesen waren, strahlte aus. Weckte in jedem und jeder hier draußen dieses Bedürfnis, das wir im Gotteshaus so innig gespürt hatten: einander an der Hand zu fassen, die eigene Haut in der Berührung mit der des anderen zu spüren, zu ahnen oder doch zumindest zu ersehnen: Brüder, überm Sternenzelt muss ein lieber Vater wohnen.

Gott hat uns gelenkt, hieß es später immer wieder, wenn Teilnehmer der festlichen Einweihung zu schildern versuchten, was ihnen widerfahren war. Andere erzählten, sie hätten plötzlich eine Hand unter ihrem Kinn gespürt, leichte, feine Finger, die ihr Gesicht der sonnenglänzenden Öffnung des Kirchendachs entgegengehoben hätten, kühl und sanft wie die Hand der Mutter, wenn man sich Knie oder Ellenbogen aufgeschlagen hatte und sie einem in die Augen blickte: Alles wieder gut?

Wieder andere wollten einen Händedruck gefühlt haben, als besiegelten sie einen Vertrag, manche Finger gespürt haben, die ihnen liebevoll durchs Haar fuhren; einige, und zwar durchaus gestandene Männer, versicherten, ihnen seien die Tränen nur so herabgelaufen, Tränen reiner Wonne und Glückseligkeit. Überhaupt kam dieses Wort, diese Glückseligkeit, immer wieder in den Berichten vor, die ohnehin von alten, nur noch selten gebrauchten Wörtern, wie Glückseligkeit eben, aber auch wie Gotteskinder, Äonen, Hingabe geradezu überquollen. Und ich fürchte, auch dieser Augenzeugenbericht ist nicht frei von derlei Sentimentalitäten. Mir selbst war, verrate ich Ihnen nun, als hätte mich ein unsichtbarer Tanzpartner liebevoll im Arm gehalten und geführt.

Sogar von höchst sonderbaren Begegnungen war die Rede, wunderbaren Gemeinschaften zwischen Lebenden und Toten, Gläubige aller Zeiten und Zonen schlossen ihre Seelenmelodien zu einem großen Lobgesang zusammen. Das Internet quoll über von Beiträgen. Allein der Clip der Heavy-Metal-Gruppe Holy Meal wurde innerhalb weniger Tage millionenfach angeklickt: Ein Brot ist es / darum sind wir viele ein Leib / denn wir alle haben teil / an dem einen Brot / Der Verstand verstummt beklommen / nur das Herz begreift's allein … Dazu in raschen Schnitten Porträts des Apostels Paulus und des Thomas von Aquin.

Noch später, als die Legendenbildung begann, behaupteten einige, der Heilige Geist in Gestalt einer Taube sei durch das offene Dach herabgeschwebt, andere wollten Engel von Raffaels Putten bis zu furchteinflößenden Erzengelgeschwadern gesehen haben. Was immer ihnen erschienen sein mag: Viele, auch ich, können bestätigen, dass ein Lichtbündel durch das Kreisrund direkt auf das Haupt des Herrn am Triumphkreuz fiel, dem Kreuz aus dem Mariendom, das an einem hohen Metallstab gleichsam aus dem Altar herauswächst und sich in 24 Stunden einmal um sich selbst dreht.

Auch hat bereits eine wissenschaftliche Aufarbeitung des denkwürdigen Vorgangs begonnen. Analog zum Zeitalter der Aufklärung spricht man schon vom Beginn eines Zeitalters der Erleuchtung.

Tatsache ist, dass nach diesem Sonntag, der als Tag der Großen Freude, als *dies magni gaudii*, in die Geschichte, nicht nur die Kirchengeschichte eingegangen ist, nichts mehr war wie zuvor. Die Ökumene entwickelte sich wie von selbst. Pardon, wie von Gott, meine ich natürlich: Ein für alle Mal hatten wir begriffen, begriffen von allen Seiten und dieses Begreifen ständig vertieft: dass die Basis der Einheit die Vielheit ist. Nicht die Vielheit der Lehrmeinungen, die waren in den Flammen nachpfingstlicher Feuerzungen aufgegangen. Auf die Bereitschaft der Herzen kam es an. Die Vielheit der Herzen war die Grundlage der Einheit des Wunders. Des Glaubens. Denn auch darüber waren sich alle einig: Es war ein Wunder. Und Wunder können genauso aufschlussreich sein wie Wissen und Wissenschaft. Oder lassen Sie es mich, Lehrerin, wie Sie wissen, mit einem Wort des Philosophen Pierre Teilhard de Chardin sagen: Die moderne Physik lehrt uns, dass im kosmischen Maßstab nur das Phantastische die Möglichkeit hat, wahr zu sein.

So ungefähr diskutierte ich es auch mit meinen Schülerinnen und Schülern. Gelungen, das betonte ich immer wieder, war dies alles nur, da sich alle, so wie Abraham, Mühe gegeben hatten, sich auch Gottes verborgenen Ratschlüssen mit ganzer Seele zu unterwerfen. Und da, versicherte ich meinem Leistungskurs, kommt noch einiges ans Licht an Freude und Hoffnung, *gaudium et spes*.

Arnold Stadler

INTROIBO

Wie ein kleines Roadmovie

»Du hättest mich nicht gesucht,
wenn ich dich nicht gesucht hätte.«

Er war unterwegs nach Fallingbostel. Am Steuer seines komfortablen Mercedes der E-Klasse. Niemand sah dem Fahrzeug an, dass es aus zweiter oder dritter Hand war. Und Salvatore? Salvatore enthielt ein ganzes Heilsprogramm. Dagegen Fallingbostel, was für ein Wort. Schon halb eine Sünde.

Immer noch wollte er etwas sein in der Welt. Unterwegs zu einem Lügentermin, zu einem Frühstücksbrunch mit toleranten Gleichgesinnten in der Heidestraße, der sollte um elf beginnen. Wie früher die heilige Messe.

Er fuhr durch die Lüneburger Heide, die auch nicht mehr recht in diese Zeit passte – und nicht einmal mehr in den Roman eines Schriftstellers, der noch etwas werden wollte; so wenig wie der Tag, der im Kalender immer noch »Christi Himmelfahrt« hieß.

Auch die Mütter sagten nun »Vatertag« und waren froh, einmal einen Tag für sich zu haben. Er hatte ausdrücklich freibekommen von ihr. Wie sonst nur noch im Karneval. Was er aber dann am Telefon schon wieder vergessen hatte. Da hatte er noch von einem Vortrag bei den Rotariern in Lüneburg gesprochen, ihr sogar das Thema genannt und die Höhe des Honorars, nicht von Fallingbostel, der Lüneburger Heide, wo es ihn immer wieder hintrieb, wenn er in der Gegend war.

Neben den Grabreden war sein zweites Standbein das Schreiben von Festreden geworden. Auch als Ghostwriter und als Festredner hatte er sich einen Namen gemacht, sodass er schließlich über Deutz und Mülheim hinaus auf dem Weg der Empfehlung auch bei den Rotariern bis in die Lüneburger Heide hinauf seine Auftritte hatte. Sein aktuelles Vortragsthema: »Vom Menschen zum Verbraucher«.

Er fuhr leicht bergauf.

»Bergauf« war das Hauptwort von allen, die die Hoffnung eigentlich schon aufgegeben hatten und ihren Menschen mit der Wahrheit das Leben nicht noch schwerer machen wollten.

Auch wenn Salvatore ein Lügner war, liebte er seine Frau sehr. Das war der Beweis, dass auch Lügner wahre Gefühle haben konnten.

Ein riesiger Schuldenberg hatte sich da auch noch angehäuft. Salvatore hatte ihr »Es geht wieder bergauf« gesagt. Und noch ein nach Erlösung klingendes »Bald bin ich schuldenfrei« hinzugefügt. Von der Schufa kein Wort.

Sie liebte prinzipiell – und ihren Mann ganz besonders. Auch wenn es schwer war, mit seinen Lebenslügen immer zurechtzukommen.

»Du schaffst es!« Das war der Hauptsatz von allen, die gar nicht mehr so recht daran glaubten. Er hatte im Grunde keine Ahnung von dem, was er schaffen sollte. Er wusste nur, dass er es nicht geschafft hatte. Bisher.

Brigitta neigte eher zur Wahrheit, entschied sich aber im Zweifelsfall, dann wenn sie genauso gut »bergab« hätte sagen können, immer für »bergauf«.

Schulden aller Arten, Schulden hatte Salvatore vielleicht auch noch bei Gott.

Vielleicht war es aber gerade die Sehnsucht eines Sünders, der in fast allen Kapiteln des Beichtspiegels tätig war, Einträge hatte, davon loszukommen. Und der unter der Sünde gegen das achte Gebot, »Wahrhaftigkeit und Ehre«, vielleicht am meisten litt.

»Ehre«? – Ja, er erinnerte sich. Das Wort kam damals noch im Beichtspiegel vor und wurde mittlerweile, wie fast alles, wie »Christi Himmelfahrt«, wie der in Tagen, Monaten, Jahren – vielleicht auch Lichtjahren – berechnete »Sünden-Ablass«, schamhaft aus dem Verkehr gezogen.

Ein Schufa-Eintrag war in der Geldzeit, in der er lebte, praktisch noch die einzige Möglichkeit, mit dem Wort »Ehre« konfrontiert zu werden. Das Ansehen und die Ehre waren nun eine Frage des Kontostandes und der Finanzfrische.

Die Schufa-Zeit war ja demnächst auch abgelaufen. Das stimmte. Vielleicht war es mit seinen in Zahlen und in Wörtern kaum auszudrückenden Schulden ebenso.

Dass es nun wieder so langsam bergauf gehe, das war der Schlusssatz in fast jedem Telefongespräch, auch mit seiner Frau.

Die Wahrheit konnte jedoch so gemein sein, dass sie einer Sünde gleichkam. Der Sünde der Lieblosigkeit. Aus Liebe wurde ja am meisten gelogen. Wenn Liebe im Spiel war, dann war das Lügen die verzeihlichste seiner Sünden. Das wusste er ja schon von seiner Frau.

Wie jeden Morgen, wenn er im Außendienst war, telefonierte er mit seiner Frau, und wie er ihr am Telefon erklärte, war er zu einem schwierigen Termin unterwegs.

Eine Lüge sei glaubwürdiger als zwei, hatte ihm einst ein alter Lügner verraten. So weit die Wahrheit eines alten Lügners. Eines im Lauf der Jahre alt gewordenen Lügners. Das stimmte. Der hatte sein Leben damit bestritten.

Sein Wagen war selbstverständlich mit einer Freisprechanlage ausstaffiert. »Fallingbostel … wo ist das?«

»Irgendwo in der Lüneburger Heide.«

»Ist heute nicht auch in Niedersachsen Christi Himmelfahrt?«, fragte sie.

»Doch, doch.«

Es gelang ihm gerade noch, sie von seiner aktuellen Lüge zu überzeugen.

Mehr als eine Lüge sollte pro Satz nicht vorkommen. Das galt allenfalls für einen Roman. Doch in einem gewöhnlichen Gespräch ließ sich das nicht durchhalten. Schon gar nicht am Telefon, wo das Lügen einerseits leichter war, denn sie sah gar nicht, wie er errötete. Immer noch errötete er und das nach Millionen von Lügen. Andererseits war das Lügen am Telefon schwieriger, wegen der Stimme. Aber da war er glaubwürdiger, am Telefon beherrschte er das Lügen besser. Er war ein virtuoser Stimmenimitator, aber kein so guter Schauspieler. Sie hatte ihn wohl durchschaut, aber auf seine Stimme war sie von Anfang an hereingefallen. Und wäre es einmal zu einer Scheidung gekommen, hätte Brigitta ins Scheidungszimmer hineinrufen müssen: »Dieser Mann war ein einziges Lügengebäude.« Doch so weit würde es wohl nie kommen. Wahrscheinlich würden sie noch einmal goldene Hochzeit feiern, ein Ereignis, das in seiner Welt immer seltener vorkam. Und dankbar für alles sein. Und irgendwann mit dem Wort »dennoch« auf den Lippen oder im Kopf sterben.

Salvatore: das klang. Das war eine Verheißung. Wer weiß, vielleicht hatte Brigitta ihn nur wegen seines Namens genommen. Und wegen seiner Stimme. Er wusste es nicht.

Lügner glauben nämlich Menschen nicht, die die Wahrheit sagen. Ein richtiger Lügner glaubte dem Menschen nie ganz.

Sie sagte immer noch: »Ich liebe dich.« Er sagte es auch und fügte ein »immer mehr« hinzu und es war die Wahrheit. Auch wenn er es nicht glaubte, da er wusste, dass er ein Lügner war. Das war paradox.

Aber wenn sie »Ich liebe dich« sagte, vermutete er immer noch etwas anderes dahinter. Vielleicht auch nur aus Angst, weil er glaubte, sie mehr zu lieben als sie ihn. Es war bei einer Lüge auch immer eine Angst dabei. Es war die Angst, enttäuscht zu werden.

Was hieß eigentlich »Ich glaube«? War das nicht das Gegenteil von lügen? War das nicht eine Antwort? Dass die Lüge hier keinen Platz hatte? So war es vielleicht auch mit der Liebe zu Gott? Fragte er sich. Von Gott selbst erhielt er ja nicht so schnell eine Antwort.

Salvatore: so stand das im Pass. Und von seiner Frau ließ er sich auch so nennen. Nach außen hin, im Berufsleben führte er seinen Zweitnamen Thomas, zu Tom verkürzt, mit dem Kürzel S. dazwischen, als gäbe es auch noch eine Verbindung in die USA: Tom S. Boeing, Unternehmensberater, Köln, so stand das auf seiner Visitenkarte.

Die Berufsbezeichnung »Unternehmensberater« war ungeschützt. Und dann war er auch noch Grabredner und Autor. Das waren alles ungeschützte Namen und Berufsbezeichnungen.

Als Familiennamen führte Salvatore den seiner Mutter. Denn sie war eine geborene Boeing aus Westfalen und weitläufig, aber tatsächlich mit dem Gründer des gleichnamigen Flugzeugherstellers verwandt. Aber das wusste nur der Familienzweig, der jetzt in Neuss und Kalk sowie in Köln am Ring wohnte. Salvatore erhoffte sich von diesem Namen einen Vorteil bei seinen diversen Geschäften. Er selbst lebte seit einigen Jahren in der Zülpicher Straße in Köln, in einer gar nicht so unkomfortablen Dreizimmerwohnung, ohne Aufzug, mit seiner Frau, gar nicht so weit vom Melatenfriedhof, einem seiner Arbeitsplätze.

Das Licht der Welt hatte Salvatore in Neuss erblickt, was ihm auch auf den zweiten Blick, in der Erinnerung, kein allerschönster Anblick war. Vielleicht wäre auch er lieber an einem schöneren, wenigstens wohlklingenden Ort geboren worden. »Nüüs« klang irgendwie nicht gerade wohlriechend, und der Mensch, der dieses Wort richtig aussprach, musste bei diesem Wort zwangsläufig ein verdrießliches Gesicht machen.

Dagegen Salvatore: Was für ein Wort! Da fiel dem Menschen etwas Schönes ein.

Doch sein Name passte schon gar nicht mehr in seine Zeit, so wenig wie zu ihm. Auch in dieses Leben passte sein Name nicht so recht. Vor Jahren war das noch anders gewesen, als ihn seine Frau noch dabei erwischte, wie er mit betenden Händen eingeschlafen war. Ja, »erwischt« war genau das richtige Wort, dachte Salvatore, denn Brigitta war, im Gegensatz zu ihm, in ihrem Leben bisher niemals fromm gewesen oder gar gläubig.

Der Name Salvatore deutete auf eine Vorgeschichte: Er musste Eltern haben, die noch so fromm gewesen waren oder von Menschen abstammten, die einst so fromm gewesen waren, dass sie ihr Kind Salvatore nannten, getauft auf den schönsten Namen Jesu.

Salvatore war ein Name mit einer Adresse, die einem irgendwann weiterhelfen konnte, anders als Mandy oder Jeff. Salvatore. Sein Name gefiel ihm. Er klang. Doch manchmal, bei den Gebildeten, den Intellektuellen, in deren Kreisen er durchaus verkehrte, zu denen sie, die mit ihm nichts zu tun haben wollten, ihn durchaus rechneten, schämte er sich auch seines Namens, denn er verwies auf eine Herkunft, mit der man in letzter Zeit nichts mehr werden konnte. Daher Tom S. Boeing.

Salvatores Vater, der aus einer Höhlengegend stammte, das war im tiefen, damals noch tiefgläubigen Süditalien, hatte diesen Namen gewollt. Schon sein Großvater hatte Salvatore geheißen, doch der hatte sein Leben noch in einer anderen Welt verbracht, wo die Namen noch etwas bedeuteten, und keiner besser passte als Salvatore. Und man sich etwas vorstellen konnte, vielleicht sogar etwas erwarten, vielleicht eine Zuflucht und Hilfe in schweren Tagen, die, das wusste so ein Mensch, der nicht in den Tag hinein lebte, irgendwann kommen würden.

Ja, vielleicht gab es den Himmel nur für solche, die an ihn glaubten?

Und so ein Tag war vielleicht heute gekommen, kurz vor Fallingbostel. Christi Himmelfahrt, die meisten sagten längst »Vatertag«.

Auch in diese Gegend, die längst wieder heidnisch geworden war, nach einem erst katholischen, dann evangelischen Intermezzo, passte Salvatore nicht.

Christus kam bekanntlich nur bis Hildesheim.

Fast jedes Telefongespräch endete mit ihrem »Du schaffst es«.

Daran sollte er auch noch glauben! Und jetzt wieder, dieser blöde Satz, ... dieser blöde Satz, den er nun wieder im Radio hörte, wenn das kein Zufall war!, in der Predigt, im Deutschlandfunk, in der Himmelfahrtsmesse: »Du schaffst es.« Was für ein grober Satz, gemessen an der Größe und Unübersichtlichkeit seiner Sorgen. Und noch etwas störte ihn: Die Stimme dieses Predigers sagte Salvatore, dem Lügner, geschult im Hinhören, dass dieser Stimme das peinlich war, wovon sie sprach, und nicht einmal sie selbst mehr glaubte, wovon sie sprach: Christi Himmelfahrt. Ja, dass sie log. Was war lügen? War es schon: nicht mehr so recht glauben?

Es war im Deutschlandfunk, der jeden Sonntag von zehn bis elf einen Gottesdienst übertrug, mit oftmals haarsträubenden Predigten und einen Menschen wie Salvatore abschreckenden Beispielen aus dem täglichen Leben. Nur das Evangelium des Tages mussten sie so stehen lassen, ob katholisch oder evangelisch. Dann konnten sie daran herumpfuschen …

Das war verschuldet durch die modernen Theologen, die wie Automechaniker den Text zerstört hatten, auseinandergenommen wie ein altes Auto und gerade noch zwei Wörter Jesu waren übrig geblieben, die sie als »echt« gelten ließen, »Abba« und »Amen« – das war alles. Diese zwei Wörter blieben aus allen Evangelien zusammen übrig. Glaubte man den Theologen. Das war Salvatore entschieden zu wenig. Und gerade jetzt wieder.

Manche (darunter auch die Myriaden von Theologen, die das Evangelium an sich gerissen hatten und sich nun über es hermachten) begingen die Sünde der Lieblosigkeit. Nur ein Buchstabe lag zwischen »grob« und »groß« und auch zwischen »Gras« und »Grab.« Und manchmal nicht einmal soviel … auch gefiel ihm überhaupt nicht, wie dieser Mensch so kumpelhaft von Gott redete. Denn Salvatore war Gott bisher nicht begegnet und konnte nicht Du sagen zu jemandem, den er überhaupt nicht kannte, wenn er sich auch nach ihm sehnte wie nach niemandem sonst.

Manchmal jedoch hörte er auch in einer solchen Predigt einen unvergesslichen Satz, ja ein Wort. Wie er »Komm!« sagte. »Ich werde bei euch sein« … Das verfolgte Salvatore bald wie ein Ohrwurm.

Zurück zu den Anfängen!

Ab den Tagen nach Mariä Lichtmess ging es wenigstens nach außen hin wieder bergauf. Es wurde immer heller. Und um Christi Himmelfahrt war es immer am hellsten.

Salvatore hatte sich nach seinem gescheiterten, das heißt abgebrochenen Theologiestudium, dem ein Abbruch des Glaubens vorangegangen war, zunächst als Grabredner versucht. Grabredner war sozusagen die natürliche Lösung, und er war immer mehr zu einem Lügner geworden. Sein Name passte weniger als je zu ihm.

Und jetzt schaute er auf die Uhr und es war schon wieder Himmelfahrt. Und als alter Kalendermensch, der stets einen zweiseitigen Kalender im A4-Format mit sich führte, vorne Januar bis Juni, auf der Rückseite Juli bis Dezember, wusste er, dass er bald wieder umdrehen musste. Das wusste er auch deswegen so genau, weil er am ersten Juli Geburtstag hatte, das Licht der Welt erblickt hatte. Es war in einem Kreißsaal und das Licht war eher ein grelles Blenden, das Sehen kam ja erst ein paar Tage später hinzu, so der aktuelle Stand des Wissenschaftsglaubens, der nun weltweit herrschte, mehr als dies anderen Herrschern über den Glauben je geglückt war.

Und nun?

Salvatore hatte es aufgegeben, in Gesellschaft mit jemandem über Gott reden zu wollen, ja, gar nicht erst begonnen damit. Selbst als Grabredner, an manchem Grab stehend seither, hatte er es vermieden, von Gott zu sprechen. Stattdessen variierte er in Endlosschleifen, die aber zehn Minuten nicht überschreiten sollten, sonst wurde es teurer, den Satz »Es wird alles gut«. Um nicht »Es ist alles aus« sagen zu müssen, was der Glaube der Ungläubigen geworden war. Aber eine solche Wahrheit verschwieg man lieber und am besten. Also starben die Grabredner langsam aus und wurden stattdessen zu Event-Managern und Plattenauflegern bei diesem und jenem Grab-Event.

Da standen sie dann in immer kleiner werdenden Formationen in den Friedhofskapellen zwischen Kalk und Buchforst herum und hörten auf Wunsch des Verstorbenen, des Einzigen, der es nicht mehr hörte, oftmals die abenteuerlichste Musik, die vom Band kam: »Imagine there's no heaven«, eine schauerliche Musik unter freiem Himmel am offenen Grab, aus einem batteriebetriebenen Kassettenrekorder, der auf einem mitgebrachten Küchenstuhl stand. Es konnte auch »My Way« sein oder »New York«, etwas von Frank Sinatra, zum Beispiel, warum nicht! Womit sie zeigten, dass ihre Sehnsucht groß war, es aber nicht anders sagen konnten, dass es nichts geworden war.

Dass er, der Grabredner, dieses Leben, das als Glück gedacht war, eigentlich als Unglück hätte beschreiben müssen in seiner Lebenslaufskizze.

Gerade vor ein paar Tagen hatte er auf dem Melatenfriedhof, seinem Hauptarbeitsplatz, den sich nur privilegierte Traueradressen leisten konnten, für die auch ein 1-a-Grabredner erschwinglich war, gehört, wie Andrea Berg »Die Gefühle haben Schweigepflicht« sang. Freilich vom Band, es war nichts als eine zusätzliche Leere, wie ein Loch … Und wie ein zusätzlicher Beweis, dass dies nicht alles sein konnte.

Dieses Lied war aber der letzte Wunsch eines Managers eines börsennotierten Unternehmens gewesen, das war Heinz gewesen, der als Renate gestorben war … Renate hatte sich freilich verbrennen lassen, was niemand sah, außer dem Arbeiter, der mit dem Sarg zwischen Kühlkammer und Ofen unterwegs war.

Die Feier in der Halle hätte durchaus würdig sein können … mit dem Sarg in der Mitte, der, anders als die Trauergäste dachten, anschließend gar nicht in den Ofen geschoben wurde, sondern noch zwei Wochen in die Kühlkammer kam und dann von einem sogenannten Mitarbeiter im Schichtdienst (der Ofen arbeitete rund um die Uhr) ganz ohne weitere Zeugen und Gebete in den Ofen geschoben wurde. Ein Sarg nach dem anderen. Ach, der Mensch.

Trotzdem war er nun unterwegs zu Gleichgesinnten in der Lüneburger Heide. Es hätte auch der Teutoburger Wald sein können.

Ihm, Salvatore, war als Einzigem zum Heulen gewesen, was selten noch vorgekommen war. Ein solcher Mensch musste das gewesen sein, den Salvatore freilich nie im Leben gesehen hatte, dass er sich diese drei Lieder gewünscht hatte: »Imagine«, »My Way« und »Die Gefühle haben Schweigepflicht« als letztes, von Andrea Berg, die Heinz ja auch nur aus der Glotze kannte und aus YouTube. Die Angehörigen waren zum Vorgespräch gekommen, zwei Töchter, die weiterhin von »Vater« sprachen und sich einredeten, das alles sei ganz natürlich, dieses Leben und Sterben. Und Salvatore hatte aus diesen Notizen heraus und von diesen Liedern her eine entsprechend ansprechende Grabrede auf Renate versucht, die einst auf den Namen Heinrich getauft worden war.

Sein Geschäft wurde immer schwieriger, zumal in Zeiten des Utilitarismus, der auch die Kirchen erfasst hatte, der sogenannte Trend danach ging, gar keine Beerdigung mehr zu veranstalten, als wäre auch der Tod aus der Welt geschafft. Friedwälder gab es auch schon.

Gerade nach der Beerdigung von diesem Heinz hatte er daran gedacht, ganz aufzuhören. Denn so ein Leben mit einem solchen Ende war doch eher sprachverschlagend.

Doch wenn er nun an sein Theologiestudium – an damals – zurückdachte, so konnte er sich, jene Zeit vergegenwärtigend, so gut es ging (das meiste war ja vergessen), auch an kein einziges Gespräch erinnern: »Wo zwei oder drei in meinem Namen versammelt sind«: Das hatte es nie gegeben. Über Gott reden? Da wäre er ausgelacht worden, gerade von den Theologen. Das wäre zu laienhaft gewesen.

Selbst da – unter den Theologen – wurde niemals über dieses sprachverschlagende Ding gesprochen, auf die Weise von Menschen, die erfüllt waren von diesem Glauben, von ihrem Glauben.

Selbst die Kirche – vertreten im Rundfunkrat und in manchem Wort zum Sonntag, das sich als Pinkelpause etabliert hatte – traute sich nicht mehr, über Gott zu sprechen und den Himmel. Gerade an einem Tag wie diesem nicht. »Wovon das Herz voll ist …«

Aber wäre so ein Tag nicht so ein Tag gewesen, an dem der Mensch über alles hätte reden können, ja müssen, ohne ausgelacht zu werden, selbst von den Gläubigen der neuesten Generation?

Der Prediger, … er hätte über das Evangelium des Tages sprechen müssen, wie er vor ihren Augen verschwand mit dem Versprechen: »Und seid gewiss: Ich bin bei Euch alle Tage bis zum Ende der Welt.«

Das hatte er im Radio gehört. Das hätte eigentlich jeden Menschen umhauen müssen. Aber an diesem blauen Tag war es wahrscheinlich nur Salvatore, den es umhaute. Stattdessen sprach dieser Mann über John Lennon, der einst gesagt hatte, dass er berühmter als Jesus Christ sei.

Selbst an Christi Himmelfahrt traute sich keiner mehr so recht, von diesem Evangelium zu sprechen, von der Himmelfahrt Christi. Nur keine Wunder wie diese! Als wäre nicht Gott selbst das größte Wunder gewesen, die Mutter aller Wunder. Am Anfang jedes Glaubens, vom brennenden Dornbusch an.

Selbst Gott musste nun in ein aktuelles Beispiel auf der Höhe der Zeit eingebettet sein, vielleicht sogar in einen Witz. Schlechte Zeiten für Mystiker. Christi Himmelfahrt?

Der arme Prediger! Das war ja noch peinlicher!

Nun hörte er einen Menschen, wie er anhand von »Imagine there's no heaven« eine Himmelfahrtspredigt versuchte, als wäre auch er ein Grabredner, ein Grabredner auf den Glauben. Wie er Worte suchte für sich und seine Zuhörer, einen Sinn aus diesem Lied herauszufinden, und er kam schließlich bei einer Deutung an, die eigentlich das Gegenteil davon war, wie der arme Mensch mit gesundem Menschenverstand dieses schöne, gottlose Lied verstand, dessen Botschaft war, dass der Mensch davon träumen sollte, dass es keinen Himmel gab, nur weißblaue Wolken vielleicht, die eine Zeit lang schön anzusehen waren.

Der Radiomensch deutete schließlich auch »Imagine« ins Gegenteil um: als Beweis eines tiefen Glaubens, der sich auf die Suche gemacht habe. So kehrten sie nun fast jede Äußerung des Unglaubens in ihr Gegenteil und landeten doch nur an den Gräbern dieser Welt und sagten »Es ist alles gut«, weil sie sich nicht »Es ist alles aus« zu sagen trauten. Stattdessen faselten sie von »Imagine« und nahmen dem Wort »Hoffnung« jeglichen Sinn.

An einem Tag wie diesem hatte sich Jesus einst mit den Worten »Und seid gewiss: Ich werde bei euch sein bis zum Ende der Welt« verabschiedet von seinen Menschen und ward seither nur noch von ihnen, die es glaubten und wirklich selig wurden, seliger als sonst etwas, gesehen.

»Ich werde bei euch sein« – hatte er gesagt. Das hatte er doch gerade wieder gehört. Und damit waren jenes Buch und jene Geschichte zu Ende, die mit Moses begonnen hatte, wie der gesagt bekam, wer das war – aus dem Dornbusch heraus –: Jahwe, das heißt »Ich bin der für euch da ist.«

Die Menschen wollen ja immer alles wissen, und Moses war auch so einer und hatte, nach einem ersten Schreck über dieses Feuer und Licht im Dornbusch, gefragt und immer alles wissen wollen.

Fast wie Onkel Willy, dachte Salvatore, der die unmöglichsten Fragen mit seinem »Man wird ja mal fragen dürfen« verteidigte. Es gab ja Menschen, die reagierten auf alles mit einem Witz, andere mit einer Anekdote, andere, Trittbrettfahrer des Lebens, mit ihren »Das-kenne-ich-auch«-Geschichten, wieder andere mit Tränen, noch andere wiederum gar nicht, als wäre ihr Leben nur ein Mitläuferleben und sie würden nur durch das Leben geschleust. Wie schon damals vielleicht durchs Rote Meer und die Jahre in der Wüste.

Doch es waren von Anfang an auch Menschen dabei, die es wirklich wissen wollten. Denen Moses dann Rede und Antwort stehen musste, als er von seinem brennenden Dornbusch zurückkam. Und auch nichts anderes melden konnte als das, was er vernommen hatte.

So kam Salvatore von Moses am brennenden Dornbusch zu Christi Himmelfahrt …

Mit dem Himmel dieses Himmelfahrtstages, wie er ihn gerade im Matthäusevangelium gehört hatte, wollte kein Radioprediger dieser Welt noch etwas zu tun haben. Salvatore aber träumte nun piano piano wieder davon.

Warum wollten selbst die Kirchen den Menschen die schöne Vorstellung, dass ein Mensch in den Himmel gekommen war, wegnehmen und wegerklären, als wären sie der Aufklärung, mehr dem »sky« verpflichtet und den neuesten Forschungsergebnissen, als gäbe es keinen »heaven« mehr.

Bitte keine Wunder! – als wäre die Tatsache, dass der Mensch hier war und sehen konnte, und an Gott glauben oder nicht, nicht das größte Wunder gewesen.

Der gute Mann sprach auch noch – als wäre es ein Potpourri, das er bieten musste – von der »embryonalen Stammzellenforschung« und vom Schwarzen Loch. Und auch noch das Ozonloch streifte er. Als wäre er mit allem per Du. War das den Menschen mittlerweile verständlicher als Christi Himmelfahrt und andere Wunder? Ihnen, den Menschen, und Salvatore war auch so einer, blieb doch gar nichts anderes übrig, als all die neuesten Forschungsergebnisse anzunehmen wie früher einen Glauben.

Christi Himmelfahrt war eine schöne Vorstellung. Ein schöner Genitiv – oder nicht?

Arme Kirche: Wie sollte einer noch Heil bei ihr finden, die ihr Heil nun bei Unternehmensberatungen suchte … und kostspielige Studien in Auftrag gab, die mit den banalen Ergebnissen von Unternehmensberatern, die mit etwas gesundem Menschenverstand und Nachdenken auch umsonst zu haben gewesen wären. Bald würde es mehr Unternehmensberater als Unternehmen geben.

Alles sprach von »vernünftig« – aber die Welt und die Menschen, die sie regierten, sahen gar nicht danach aus. Weniger als je. Ein Wunder, dass es sie trotz allem immer noch gab.

Auch die Welt war, so wenig wie er, wie sie sein sollte und gedacht war. Bei diesen Menschen! Salvatore hatte sein Leben führen müssen und lebte in einer Welt, in der das Wort »vernünftig« regierte.

Er wäre ausgelacht worden, wie er sich nun langsam seinem Ziel wie seinem alten Glauben wieder näherte, außer von Brigitta, die gar nicht an Gott glaubte, sondern vielleicht immer noch an ihn und daran, dass es Salvatore schaffte.

Bald würde er sein Tagesziel erreicht haben.

Mitten in dieses Leben hinein traf ihn … dieser Satz. Der Himmelfahrtssatz. Dieser Satz der Sätze. Einst hatte er eine Seminararbeit über »Ich werde bei Euch sein alle Tage bis zum Ende der Welt« geschrieben. Seine Mutter hatte noch geglaubt, es noch geglaubt … Und ihn von seinem wachsenden, der Theologie verdankten oder sich immer mehr in ihn hineinfressenden Unglauben abbringen wollen. Aber der Unglaube war auch nur ein Glaube. Du weißt doch nicht mehr als sie! Sagte er sich nun …

Von den Philosophen vergangener Zeiten sagt man, sie hätten ihre besten Gedanken beim Gehen (leicht bergauf) gehabt. Bei ihm war es beim Fahren auf einer Landstraße – zwischen Gifhorn und Uelzen – mit 110.

»Was ist der Mensch, dass du an ihn gedacht hast? Das Menschenkind, dass du es machen lässt?«, hatte einer vor mindestens 2500 Jahren gefragt.

Und du? Was ist mit dir? Fragte er sich mit einem Mal. Da er niemanden hatte, den er dies hätte fragen können, fragte er sich selbst.

Er brauchte keinen Kumpel, sondern einen, der ihn liebte, einen, zu dem er »Du« sagen konnte. Einfach so: »Du«. Wie in der Liebe. Zu dem er nicht mehr sagen musste als »Du«. Wie einst am Weißen Sonntag.

Doch er fehlte. Einer wie er fehlte. Wie er nun fehlte! An einem solchen Tag wie Himmelfahrt, der ihm sagte, dass er nicht mehr da war. Er war im Himmel.

Doch – hatte er nicht gesagt: »Ich werde bei euch sein«? Hatte er sich nicht mit einem Versprechen wie diesem verabschiedet? Und das wurde zu einem ungeheuren Verlangen nach dem Himmel und ihm. Es war Dazugehörigkeitsverlangen.

Wie er sich nun wieder nach einem solchen Menschen sehnte, der mit Gott per Du war!

Da fiel ihm wieder Pater Tutilo, sein alter Priester, ein. Pater Tutilo war noch der Einzige, der in seinen Augen zu Recht mit Gott »per Du« sein konnte: »Lieber Gott, ich kann nicht mehr, ich schaffe es nicht mehr. Jetzt bist Du an der Reihe!«, und jeder, der es hörte, glaubte ihm.

Damals war er bis in die Seele hinein ergriffen von diesen Worten und Zeichen und Wundern und Dingen. Doch das war lange her. Salvatore hatte in all den Jahren vielleicht noch einmal im Jahr eine Sehnsucht danach, ergriffen zu sein. Er konnte sich noch daran erinnern, wie es war, auch an jene Sehnsucht nach dem Ergriffensein, die mit dem Ergriffensein zusammenfiel.

Wie er die beiden nun vermisste! Und Salvatore hätte nicht sagen können, Gott oder jenen Menschen. Der längst tot war. Mit dem Anderen hätte er noch ins Gespräch kommen können. Das war, wie ein Wunder, nicht ausgeschlossen, solange er lebte und sich den Kopf zerbrach, der weniger war als Terracotta, so zerbrechlich.

Salvatore hatte vielleicht schon damals, als Kind, Mitleid mit seinem alten Priester, der vielleicht sechzig Jahre älter war als er und blieb; wie er noch auf seine alten Tage die neue Messe einüben musste, ungelenk, wie sie alle sehen konnten, und wohl schweren Herzens, denn bald war die alte lateinische Messe verboten, und er musste nun vom Allerheiligsten abgewandt Mahl halten, und das, was ihm lieb war, war ihm verboten.

So herzlos war die Kirche mit ihm. Er schlurfte dann noch ein paar

Jahre zum Altar wie Onkel Hannemann zu seinen Pizzeria-Tischen, der eine vom übrig gebliebenen Tischwein, der andere vom Messwein Alkoholiker geworden, aber seine Gäste waren nicht mehr zufrieden mit der neuen Art: Es schmeckte ihnen nicht. Also blieben sie bald weg, wie damals, als Onkel Hannemann aufhörte oder aufgab und durch einen Albaner ersetzt wurde, der schon durch sein falsch ausgesprochenes »prego« als Mogelpackung durchschaut wurde.

Und der Priester starb, mehr ein Martyrer als sonst etwas.

Bald nach dem Tod von Pater Tutilo sagten selbst solche, die bei seinen unsäglich einfältigen Predigten – vielleicht auch nur aus einem Wohlgefühl wie in Zeiten an der Mutterbrust und vielleicht auch von der täglichen Arbeit müde – eingeschlafen waren: »Der konnte predigen!« – und Salvatore hätte dieses »der« mit drei »e« schreiben müssen und das Wort »predigen« auch. Und das Ausrufungszeichen hörte er nun auch fast wieder.

»Komm her!« Damals war es Pater Tutilo, lächelnd wie ein Abwesender, wie ein Verrückter, wie ein Heiliger, der seine Erscheinungen hatte, während er sprach und Dinge sah und gleichzeitig hier und dort war … in unsäglich einfältigen, das Herz ergreifenden Predigten, Dinge, als sagte er sich das selbst, nicht wie die anderen, die Theologen, die ihre Weisheiten aus den Büchern nahmen.

Die Erinnerung war ein Loch. Er fehlte nun. Aber zum ersten Mal war es nun, dass Salvatore empfand, dass ihm einer wie Pater Tutilo fehlte, ja seit Jahrzehnten gefehlt hatte.

Nie wieder hatte er eine solche Predigt gehört, so einfältig, so klein, so groß … »Nicht mehr daran zu denken lag nicht in meiner Macht« (die kleine Therese …). Wie er »Kommt her, ihr Mühseligen, die ihr es nicht geschafft habt, – ihr Lügner, ihr Sünder« …, vielleicht hatte er auch »Lumpenpack« gesagt in seiner Predigt, und es gab Menschen, die waren rot geworden an der Stelle, wo andere eingeschlafen waren.

Pater Tutilo hatte die Bibelstelle in seiner Predigt richtig übersetzt, es war Lumpenpack gewesen, mit dem sich Jesus abgegeben hatte, freilich nicht nur. Doch in den salbungsvollen Übersetzungen, die Salvatore damals in die Hände bekam, stand es anders, denn die Übersetzer trauten sich wieder einmal nicht. So wenig wie bei der »Sünderin«, eigentlich hätte es ein anderes Wort sein müssen. Dachte ein Sünder und Lügner wie er.

Vielleicht hatte Pater Tutilo gerade »Schuld und Sühne« von Dostojewski gelesen, wie der Säufer Marmeladow endlich am Ende seiner Karriere angekommen war im Souterrain, bei den Säufern, bei der leeren, letzten Flasche (»er wollte sich wieder einschenken, doch es war nichts mehr da«) und wie nun das Verlangen eines Säufers nach Erbarmen, nach der Vereinigung mit Gott, nach einem, der Erbarmen hatte mit ihm, nie größer war als jetzt.

Und wenn er schon nicht glaubte, so glaubte er an das Erbarmen. Am Ende blieb keiner, außer Ihm.

Komm her! – Auch ich verurteile dich nicht! (So stand es bei Johannes und bei Dostojewski, so schrie es Marmeladow seinen Zuhörern an den Kopf, die ihn auslachten in diesem Sankt Petersburger Säuferkeller, der zu einem Auferstehungskeller wurde.)

Komm her! – Diese Stelle hatte er immer am meisten geliebt, als wäre es möglich, sich aus seinem Leben hinauszumogeln mit der Flucht in einen hoffnungsvollen Satz, der als Einziges noch übrig blieb.

Salvatore beschloss, sein Fahrtziel zu ändern, abzulassen von seinen Tageslügen.

Mit Pater Tutilo und dem Säufer Marmeladow, mit seiner Auferstehungsrede im Ohr fuhr er auf Fallingbostel zu und führte nun schon Selbstgespräche (die Folge eines einsamen, auf Mitteilung angelegten Lebens): »Ich sag es Dir doch: Lies Dostojewski!«

Brigitta hörte aber nie auf ihn und irgendwann würde es auch für

Dostojewski zu spät sein – und er fuhr und fuhr und war bald an seinem Tagesziel.

Es war nun fast elf. Und statt »Heidestraße« gab er nun »katholische Kirche Fallingbostel« in sein Navigationssystem ein. Er hoffte, dass um elf Uhr eine heilige Messe stattfinde. Denn ausgetreten aus seiner Kirche war Salvatore nie.

Nun begann im Radio das Herzstück der heiligen Messe, die Eucharistie.

Damals, lange her, war es noch nicht das hässliche Wort »Gottesdienst«, sondern eine einzige Danksagung: das Messopfer, die heilige Messe. Das deutsche Wort »Gottesdienst« hatte ihm nie gefallen. Er hatte den Verdacht, dass es so beliebt war, weil es immer noch einen Rest an Preußischem, Militärdienst, Pflichterfüllung, Staatsdienst mit sich transportierte. Freilich stammten auch die römisch-lateinischen Wörter der katholischen Kirche aus dem Militär, aus der Verwaltung, das altehrwürdige Wort »Bischof«, die Diözese, Verwaltungssprache von einst. »Wie auch immer«, dachte Salvatore.

Das Wort »Gottesdienst« hatte jedenfalls mit dem Wort »Evangelium« nichts zu schaffen und erinnerte Salvatore an Wilhelm II., der ja auch evangelischer Bischof gewesen war, was, wie das meiste, kaum einer noch wusste. Und mit dem Unwissen des Menschen, der Größe der Welt und der Kürze seines Lebens konnte der Mensch in Schach gehalten, ausgebeutet und regiert werden. Und Salvatore sagte sich: Niemals mehr Gottesdienst, nur noch Eucharistie.

Mittlerweile war die Radiomesse bei der Wandlung angekommen, er hörte die Wandlungsschellen … und sah Pater Tutilo, selig lächelnd, wie er »nahm er diesen wunderbaren Kelch in seine heiligen und ehrwürdigen Hände« sagte. Er hörte aus dem Lautsprecher die Wandlungsworte, zwischen den Eichen auf der Landstraße bald am Ziel.

Nun war er schon fast wieder zurück, versehen mit einer an diesem Himmelfahrtsmorgen zurückgekehrten Sehnsucht, einer Sehnsucht nach dem ganz Anderen, wie er sie einst in der heiligen Messe erlebt hatte, einst, als das Verlangen mit der Erfüllung zusammenfiel.

Es war eine Tatsache, dass der Mensch Sehnsucht hatte. Unabhängig davon, ob das Ersehnte einen Sinn hatte, und auch davon, ob es das überhaupt gab, wonach sich einer sehnte. Sodass es zu erreichen gewesen wäre mit etwas Glück, wie beim Fischen.

Er hatte nun Zeit zum Träumen gehabt. Mehr als auf den Fahrersitzen dieser Welt wurde ja überhaupt nicht geträumt auf der Welt. Ein Wunder, dass bei all diesem Träumen auf den Straßen nicht noch mehr passierte. Es war aber, als kehrte er wieder einmal gar nicht nach Fallingbostel zurück, sondern in sein erstes Leben.

Als er in Fallingbostel in die Heidestraße einbog, kamen die Elf-Uhr-Nachrichten: Gesamtmetallpräsident Kannegießer war hinsichtlich der Tarifverhandlungen optimistisch. Und die Militärausgaben wuchsen auf 858 Milliarden Euro im vergangenen Jahr. Grubenunglück im Ural. In 750 Meter Tiefe entdeckten die Rettungstruppen ein Todesopfer. Erdbeben in Griechenland. Das Epizentrum lag nahe der Stadt Patras. Zwei Astronauten hatten ihre Wartungsaufgaben erfolgreich durchgeführt und kehrten morgen zur Erde zurück.

»Sie haben Ihr Ziel erreicht!«, las er im Display, als er auf dem ziemlich leeren Parkplatz zu stehen kam. Und so auch, als müsste er dieser Tatsache doppelt versichert werden, die synthetische Stimme im Navigationssystem: »Sie haben Ihr Ziel erreicht!« Gerade noch rechtzeitig. Er hatte also die Kirche gefunden, auch wenn sie nicht so schnell zu finden gewesen war.

Auch hier feierte die Welt nun den Vatertag, zumal sonst nicht viel los war in dieser Gegend zwischen militärischem Sperrgebiet, Treffs für tolerante Gleichgesinnte und Heide.

Die Kirche stand in einem Neubaugebiet, gebaut für die katholischen Flüchtlinge und Vertriebenen, so stand sie vor ihm, mehr ein Würfel als ein Haus, im Treppenhausstil, ein Post-Mies-van-der-Rohe (der eigentlich nur Mies hieß, seinen Namen aber mit dem Instinkt für den Klang aufstockte), der wenig Hoffnung ausstrahlte. Ach. Auch diese Kirche, die keine Geschichte haben würde, wer weiß, vielleicht war sie schon wieder abgerissen oder verkauft, verdankte ihre Existenz der Tatsache, dass die Welt voller Flüchtlinge und Vertriebene und Mitläufer war. Und voller Menschen, die nicht wussten, wo sie hingehörten, und trotz allem noch etwas suchten, auf etwas warteten und immer noch die Hoffnung nicht aufgegeben hatten. Unglückliche Menschen gab es genug auf der Welt. In diesem Fall waren es wohl nur noch wenige, die meisten waren wohl schon tot oder hatten aufgegeben oder waren von hier weggezogen oder weitergezogen. Anders konnte sich Salvatore nicht erklären, dass nur fünf Fahrzeuge auf dem also ziemlich leeren Parkplatz standen, die Kleinwagen des Priesters, des Küsters und der Organistin wohl mitgezählt, die sich hier eingefunden hatten, um Christi Himmelfahrt zu feiern.

Und doch. Und Ja.

Diese Liebe stellte sich nicht wie sonst im Leben als das Warten auf die Liebe heraus. Diese Liebe: das war Communio, das war: zwei, die eins waren. Eucharistie.

Er hatte es gerade noch geschafft, rechtzeitig zum Beginn der Messe angekommen zu sein. Es war sein Dazugehörigkeitsverlangen, das ihn hierher geführt hatte.

Dies war nun wieder sein Kinderglaube und der stand nicht zur Disposition. Er war »zurückgekehrt.« Das klang aber sehr ebenerdig.

Doch seine Sehnsucht hatte nun wieder eine andere Richtung. Es war eine Himmelsrichtung. Sie hatte eine Himmelsrichtung.

INTROIBO, sagte er sich nun wieder: Ich gehe hinein. Werde hineingehen. Hineingegangen sein.

Die schönste Richtung war die Himmelsrichtung. Das wusste er von früher. Von einst, als die Sehnsucht seine Zukunft war. Nun war die Erinnerung sein Heimweh. Und auch sein Heimweh ging nun wieder nach oben.

Es war am Tag einer Himmelfahrt, der Himmelfahrt Christi im Jahr 33 nach der Mondlandung. Um elf Uhr begann die heilige Messe. Schon hörte er sie Kyrie eleison singen.

Norbert Scheuer

Wandlungen

Mira hörte das leise, silbrige Tschripen der Uferschwalben, die hinter dem Haus oben in den Sandsteinfelsen nisteten und bald nach Afrika aufbrechen würden. Sie hatten im bröckligen Sandstein ihre Höhlen gegraben, in denen sie jetzt im Spätsommer die zweite Brut aufzogen. Paul hatte ihr erzählt, sie brüteten an dieser Stelle, weil vor 300 Millionen Jahren ein breiter Strom durch das Tal geflossen sei. Vielleicht waren die Schwalben wegen ihres Großvaters so aufgeregt, der gerade zur Grotte hinaufkletterte. Jasper glaubte, dort Echos von Stimmen zu hören. Vor einiger Zeit hatte er Stufen in den Fels gehauen, die bis zum Eingang der kleinen Grotte führten. Der Großvater hatte ein Glasauge, seit Tagen war es spurlos verschwunden. Vielleicht hatte er es in der Grotte zurückgelassen, damit es alles beobachten konnte, was in seiner Abwesenheit dort passierte. Jasper kam in letzter Zeit häufig auf verrückte Ideen. Mira lag noch im Bett, sie hatte die Augen geschlossen, breitete vorsichtig ihre Arme unter der Decke aus, überall am Körper spürte sie ein wohliges Kribbeln, stellte sich vor, eine Larve zu sein, die gerade aus dem Wasser gekrochen war, Flügel bekommen hatte und nun reglos an einen Schilfhalm geklammert wartete. Als Miras Mutter das letzte Mal zu Besuch da gewesen war, hatte sie unten im Hof gestanden und mehrmals nach ihrem Vater gerufen. Jasper hatte sich ins Innere der Höhle zurückgezogen und nicht geantwortet, sie hatte auf seinem Schoß gesessen. Großvater hatte ihr den Mund zugehalten, leise gesummt, nur um sie zu beruhigen. Ihre Mutter war nicht in der Verfassung gewesen, zu ihnen hinaufzuklettern, wer weiß, ob sie es überhaupt gewollt hatte.

Mira öffnete die Augen, wunderte sich über diese Welt, umgeben von Buchen, Birken und Fichtenwäldern, von Nebel, der geschmeidig auf das

Flusstal und das noch schlaftrunkene Städtchen sank, Nebel, den die Sonne im Laufe des Tages auflösen würde. Jasper konnte nachts nicht mehr schlafen, geisterte durch das Haus, nahm Schrauben, Unterlegscheiben und Schweißdrähte in allen Größen, Materialien und Farben aus den Schubladen im Eisenwaren- & Werkzeugladen, verschwand damit im Keller, wo er sich eine kleine Werkstatt eingerichtet hatte. Gertrud konnte ihn nicht festbinden, eine unbestimmte Unruhe trieb Jasper immer wieder aus dem Bett. Wach in den Kissen liegend, redete er mit sich selbst, sodass auch Gertrud nicht schlafen konnte. Erst als Mira aus dem Heim zu ihren Großeltern gebracht worden war, hatte sie von ihnen erfahren. Sie erinnerte sich an das Kinderheim, in dem sie während der ersten Schuljahre gelebt hatte, und auch an den kleinen Balkon des Hochhauses, wie sie über die Brüstung auf eine Vorstadt geblickt hatte. Auf diesem Balkon lagen zerbrochene Stühle, leere Flaschen, aufgeweichte Pappkartons, mit Müll vollgestopfte Plastiksäcke, neben denen Tauben nisteten. Ihre Mutter hatte im Wohnzimmer vor einem Spiegel gestanden, trug Männerkleidung, Ohrringe und ein Piercing in der Lippe und hatte eine blauschwarze Tätowierung am Oberarm. An mehr erinnerte sich Mira nicht, auch nicht an ihr Gesicht. Immer wenn Mira nach ihrer Mutter fragte, sagte Gertrud, die habe sich verwandelt, sei jemand anderer geworden. Ihre Mutter hoffte, sie könne in einer anderen Gestalt glücklicher sein, wusste aber nicht, warum sie das eigentlich glaubte. Manche Dinge dachte sie einfach, ohne zu wissen warum. Gertrud befürchtete vielleicht, dass Mira einmal wie ihre Tochter werden würde. Als man Mira mit fünf Jahren allein in der Wohnung gefunden hatte, gab es dort keine Lebensmittel, nur eine Zuckerdose im Küchenschrank. Der Zucker, den die Mutter Mira zu essen gegeben hatte, ließ ihre ersten Zähne verfaulen.

Über die Straße vor dem Haus brausten Lastwagen Richtung Autobahnauffahrt und PKWs, die zum Pendlerparkplatz am Bahnhof abbogen. Straße und Bahnstrecke nach Köln verliefen nebeneinander, bildeten zusammen einen dicken Strich, der das Städtchen an einem Rand durchschnitt. Jaspers Urgroßeltern hatte die Eisenwarenhandlung bereits gehört, bevor die Straße und die Eisenbahnlinie gebaut worden waren. Sie verkauften immer schon Schrauben jeder Art und Größe sowie Gewindemuttern, Dübel, große und kleine Ofenrohre, Befestigungsschellen, Werkzeuge, Bleche und vieles mehr. Jasper hatte immer genau gewusst, wo jedes einzelne Teil im Lager aufbewahrt wurde. Vor drei Jahren hatte er sich plötzlich verändert. Er konnte die Rechenmaschine, die im Laden auf der Theke stand, bei der man noch Schieber und Register benötigte, um Dezimalstellen zu übertragen, nicht mehr bedienen. Einen Computer wollte er nicht. Nach dem Krieg, als Jasper aus russischer Gefangenschaft zurückgekehrt war, hatte er das Geschäft übernommen. Damals war er im Opel Kapitän seines Vaters zu den Tanzbällen der umliegenden Dörfer gefahren, um eine Frau kennenzulernen. Jasper hatte Gertrud auf einem Kostümfest getroffen. Er war als Seeräuber verkleidet gewesen, trug seine Augenklappe, ein Hemd mit weiten Puffärmeln, eine schwarze Samtweste und hatte ein mit Totenköpfen bedrucktes Tuch um den Kopf geschlungen. Es war wegen Gertrud zu einer Keilerei gekommen, in die schließlich alle Anwesenden verwickelt waren. Später hatte Gertrud mit Jasper zusammen im hawaiiblauen Opel gesessen, seine Oberlippe war von einem Faustschlag aufgeplatzt. Sie hatten sich zum ersten Mal geküsst. »Jasper hat mich mit dieser Augenklappe hinters Licht geführt, wer weiß, ob ich sonst überhaupt mit ihm getanzt hätte«, hatte Gertrud Mira einmal erzählt. Jasper war dabei gewesen und hatte scherzend erwidert, sie habe ihm schließlich nur so gut gefallen, weil er mit seinem einen funktionierenden Auge nur die Hälfte von ihr erkennen konnte. Das war einer der seltenen Momente gewesen, in denen ihre Großmutter ein wenig fröhlich gewesen war. Meist war Gertrud verbittert, zeigte ihr durch herablassende Blicke, dass sie nicht viel von ihr hielt. Mira wagte kaum, etwas zu sagen in ihrer Gegenwart.

Wenn keine Lastzüge am Haus vorbeiratterten, hörte Mira das durchdringende Schreien der Uferschwalben. Bis vor Kurzem hatte sie nicht einmal gewusst, um welche Vogelart es sich handelte. Erst Paul hatte ihr von den Uferschwalben erzählt. Sie dachte gern an Paul, der drei Jahre älter als sie war, und stellte sich vor, von ihm geküsst zu werden, obwohl das ein verrückter, unmöglicher Gedanke war. Sie blickte auf ihr Handy, da sie hoffte, Paul würde ihr eine Nachricht schreiben. Er hatte nichts mehr von sich hören lassen, seit er vor einigen Wochen in ihrem Garten hinter dem Haus gesessen hatte. Sie hatte sich gewundert, dass er überhaupt mit ihr geredet hatte, ihren Namen kannte, wusste, wo sie wohnte. Paul hatte gefragt, ob er von ihrem Hof aus die Uferschwalben beobachten dürfe. Er sagte, es sei die einzige Kolonie, die in der Gegend nistete. Da Gertrud niemals einverstanden gewesen wäre, hatte sie Paul heimlich hereingelassen. Das Hoftor war lange nicht mehr geöffnet worden, es lagen dicke Steine davor, eine Wassertonne und alte Reifen. Die Scharniere quietschten verräterisch, als sie das Tor einen Spalt aufzog, um Paul hineinzulassen. Auf einer Seite des Hofs stand der rostige Opel mit den Achsen auf Steinen aufgebockt. Gertrud hatte die Räder abmontieren lassen, weil sie befürchtete, Jasper könne losfahren, dabei einen Unfall bauen oder mit dem Auto im Fluss landen. Vor den Zäunen wuchsen Astern und Ringelblumen, die Gertrud vor vielen Jahren gesät hatte, Brombeerhecken kletterten die rissigen Felsen empor. Sand bröckelte herunter. Sie schämte sich wegen des Durcheinanders, des alten, rostigen Autos, auf dessen Rücksitz leere Bier- und Schnapsflaschen lagen. Paul interessierte sich aber ausschließlich für die Uferschwalben, die in den tiefen, armdicken Löchern brüteten, die sie in den weichen, bröckligen Sandstein gegraben hatten. Die Bruthöhlen befanden sich zwei Meter unterhalb der Grasnarbe. Die gesamte Kolonie war jetzt im Spätsommer noch anwesend gewesen, etwa fünfzig Brutpaare jagten den ganzen Tag durch die Luft, fingen Insekten und fütterten ihre Jungen. Mira hatte auf einem alten Klappstuhl gesessen, während Paul die Schwalben beobachtete, mit seinem Handy Fotos von den Nisthöhlen machte, um dann auf den Fotografien die Höhlen zu zählen.

Gertrud war wie immer auch an diesem Morgen früh aufgestanden, in die Kirche gegangen. Nachdem sie vom Gottesdienst zurück war, öffnete sie den Laden. Mira musste jetzt unbedingt aufstehen, sie schlug die Bettdecke zur Seite, blickte an sich hinab, betrachtete ihre spitzen Knie, ihre dürren Beine, die so weiß waren, dass man die blauen Äderchen an den Oberschenkeln deutlich sehen konnte. Ihre Hände zitterten, als sie sich dort berührte. Sie stand auf, zog sich an und ging nach unten in die Küche. Gertrud war bereits im Laden, bediente Handwerker oder Leute, die ihre Häuser renovierten und Schrauben, Dübel, Scharniere oder Werkzeuge benötigten. Gertrud trug immer, wenn sie im Laden bediente, einen grauen Kittel, in dessen Brusttasche ein Kugelschreiber und ein kleiner Block steckten. Es war immer wieder dasselbe: Jasper war noch nicht da. Mira lief nach draußen in den Hof, um ihn zum Frühstück zu holen. Er saß in seinem aufgebockten Kapitän, hatte Angst, auf seiner Fahrt von der Polizei, von dem Polizisten Sartorius, der längst gestorben war, erwischt zu werden. Jaspers Lid hing schlaff über der leeren Augenhöhle. Mira hatte überall nach dem verschwundenen Glasauge gesucht, es aber nicht gefunden. Seit sie nicht mehr zur Schule ging, war es ihre Aufgabe, aufzupassen, dass ihr Großvater nichts anstellte. Manchmal schlug Jasper mit dem Kopf auf den Lenker, bis er an der Stirn blutete. Aber gerade war der Großvater ruhig und die Situation nicht so nervenaufreibend wie sonst. Sie saß neben ihm im schaukelnden Auto. Er erzählte ihr unentwegt Geschichten, während sie auf den Felsen zufuhren, ihm immer näher kamen und ihn doch niemals erreichten. Die Konturen wurden deutlicher, jedes einzelne Sandkorn begann zu glitzern. Jasper brabbelte, ahmte beim Schalten Motorgeräusche nach, erzählte, wie er mit Miras Bruder herumgefahren war. Gertrud tat das als dummes Geschwätz ab, sagte, Mira habe nie einen Bruder gehabt.

Jasper hatte sich geweigert, zum Frühstück ins Haus zu kommen. »Wenn er nicht will, dann eben nicht«, sagte Gertrud, sie räumte Jaspers Gedeck wieder ab und schickte Mira später zum Einkaufen in den Supermarkt. Sie überquerte die Straße vor dem Haus, ging durch eine Bahnunterführung, an deren Wände bunte Graffiti gesprüht und Schmierereien gekritzelt waren. Mehrere Jungen hockten auf der Treppe, die zum Stellwerk führte. Mira lief am Bahnhofsgebäude vorbei, das Ende des 19. Jahrhunderts errichtet worden war, als Kall noch ein bedeutender Standort für Eisenverhüttung gewesen war. Nur der große Bahnhof, eine alte Bergwerkssiedlung und das Spundloch zu einem der Stollen, das allerdings zugemauert war, erinnerten noch daran. Jaspers Großonkel hatte in den Erzstollen gearbeitet und war darin verschollen geblieben. Direkt an den Bahnhof grenzte der Parkplatz des Supermarkts. Sie holte einen Einkaufswagen, schob ihn durch die Drehtür. In der Vorhalle war ein türkischer Imbiss eingemietet und eine Bäckerei mit einer kleinen Cafeteria. Pauls Mutter arbeitete als Aushilfe in der Bäckerei, daher war Paul hin und wieder nach der Schule dort. Mira hoffte, ihm zu begegnen, auch wenn sie nicht wusste, was sie mit ihm reden sollte, sie war immer nervös, wenn sie ihm gegenüberstand, und sie wusste dann nichts zu sagen. In der Cafeteria saßen alte Männer, die täglich hier anzutreffen waren. Sie hatte Jasper früher häufig hierher begleitet, hatte neben ihm gesessen und den palavernden Rentnern zugehört. Sie lief durch die Regalreihen des Supermarkts und kaufte ein, was Gertrud aufgeschrieben hatte.

Obwohl sie nicht lange weggeblieben war, nirgendwo getrödelt hatte, fragte Gertrud, wo sie so lange gesteckt habe. Sie war einfach schlecht gelaunt und meckerte herum. Jasper sei unten in seiner Werkstatt, die Tür habe er abgeschlossen, er arbeite wieder mit seinem Schweißgerät, das sie ihm schon längst hätten abnehmen müssen. Gertrud befürchtete, er könne das Haus damit abbrennen. Mira lief in den Keller, rüttelte an der Tür, doch der Großvater öffnete auch ihr nicht. Im Hof lugte sie durch das vergitterte, mit staubigen Spinnweben verhangene Kellerfenster. Sie sah Jasper an seiner Werkbank sitzen, er hatte ihr den Rücken zugewandt und arbeitete an einer schönen, tellergroßen, blank polierten Scheibe aus zusammengeschweißten Unterlegscheiben, Schrauben und kleinen Gewindemuttern, die im Licht der durch die Fenstergitter fallenden Sonnenstrahlen wie Edelsteine schimmerten. Mira lief zurück und versicherte Gertrud, es sei alles in Ordnung. Sie erzählte ihr nichts von der Scheibe. Sie bereiteten gemeinsam das Mittagessen zu, Mira schnitt Paprika und Zwiebeln für ein Ratatouille. Als die Ladenglocke bimmelte, zog Gertrud ihren Kittel an, schlurfte von der Küche durch den dämmrigen Flur zum Laden. Miras Augen tränten vom Zwiebelschneiden, tränenblind rührte sie im Gemüse, regelte die Herdplatte herunter, damit nichts anbrannte. Ihre Großmutter war hinter der Theke verschwunden, ihre Stimme klang unfreundlich und herrisch, als wäre der Kunde, der gerade ihren Laden betreten hatte und nun vor der Theke stand, nicht erwünscht. Sonst war Großmutter stets freundlich zu Kunden, selbst wenn sie nichts oder nur einige Unterlegscheiben kauften. »Wo hast du die ganzen Jahre über gesteckt?«, hörte Mira. »Da und dort, bin im Ausland gewesen.« Miras Augen tränten noch immer, je mehr sie rieb, umso verschwommener nahm sie alles wahr. Die Stimme kam ihr bekannt vor, aber sie wusste nicht, ob die Stimme einer Frau oder einem Mann gehörte. Draußen donnerten Lastwagen vorbei, sie konnte nichts mehr verstehen. Sie war zu ihrer Großmutter hinter die Ladentheke getreten, erkannte aber trotzdem nur die Umrisse der Person. Ihre Augen tränten noch immer. Gertrud schickte sie schroff hinaus. »Hol deinen Großvater, hier ist jemand für ihn«, befahl sie mürrisch. Mira wusste, dass sie nicht widersprechen durfte, obwohl sie es gerne getan hätte und zurück in den Laden gegangen wäre – irgendetwas hatte sich verändert, etwas, das wichtig für sie war, aber sie hatte keine Erklärung dafür, nur ein beunruhigendes Gefühl. Jasper war nicht mehr im Keller, die Tür stand offen, die schöne Scheibe, die auf der Werkbank gestanden hatte, war verschwunden. Auch im Hof, in seinem Auto hockte der Großvater nicht. Vorsichtig kletterte Mira die Sandsteinfelsen hinauf, die Stufen waren locker, immerzu kullerte Geröll die Felsen hinunter. Sie hielt sich an Krampen fest, die Jasper vor Jahren in den Fels geschlagen hatte, und musste aufpassen, sie nicht herauszureißen.

Die Uferschwalben schrien lauter, je näher sie ihren Bruthöhlen kam. Sie hatten kleine, rote Schnäbel, ihr zirrendes Kreischen beunruhigte Mira. Sie hielt sich krampfhaft am Vorsprung eines Felsabsatzes fest, zog sich das letzte Stück hoch und kniete nun vor dem Grotteneingang. Der Großvater saß auf einem alten Campingstuhl. Sein Kopf war nach vorne geneigt, sodass sein bartstoppliges Kinn seine Brust berührte, er schien vor sich hinzudämmern. Auf einem Felsabsatz in der Höhle glitzerte die Scheibe aus der Werkstatt, in deren Zentrum Großvaters Glasauge eingefasst war, daneben standen kleine Heiligenbilder und Figuren aus den Wallfahrtsorten Banneux und Xanten, zu denen Jasper einmal mit Gertrud gepilgert war. Mira hockte sich auf den Boden, ihre Hände griffen in den herumliegenden Quarzsand, der ihr langsam durch die Finger rieselte. Ihr Blick war immer noch vom Zwiebeldampf verschleiert. Sie sah über Dächer und Straßen hinweg zum Fluss, der an einigen Stellen zwischen den Häusern zu sehen war. Großvater redete jetzt wieder mit fremden Stimmen, von denen keine für sie zu hören war. Sie musste ihn nach unten bringen, wusste jedoch nicht, wie ihr das gelingen sollte. Vielleicht genügte es, einige Zeit zu warten.

Navid Kermani

Monstranz

KÖLN, UM 1400.
SILBER VERGOLDET, EMAIL, BERGKRISTALL, EDELSTEINE, PERLEN, MÜNZEN, HÖHE 88,5 cm, KÖLN, KOLUMBA.

In so einem gläsernen Rohr, einem Rundumschaufenster sozusagen, das auf einem goldenen Podest steht, hätte ich als Kind einen seltenen Fund aus dem Wald aufbewahren mögen, einen Schmetterling, einen Kristall oder eine besonders schöne Murmel, zwischen fünf und sechs sogar das Sammelbild eines Fußballspielers, das perfekt zwischen die beiden Scheiben der Lunula gepasst hätte. Kaum gestehe ich meine kindliche Assoziation, fällt mir auf, dass der Deckel wie ein aufgeschnittener Fußball aussieht und die sechs Apostel die Größe und Kniestellung von Tippkickfiguren haben. Nein, das meine ich nicht ernst, keine Sorge, sehe selbst ein, dass meine Vergleiche nicht einmal als Kindereien zu entschuldigen wären. Und doch kann ich mir nicht helfen: Für meine Begriffe hat die Monstranz, die ein Kölner Meister um 1400 für die Gemeinde St. Kolumba anfertigte, mehr von einem Spielzeug als von einem Behälter, der sie ihrem Zweck nach ist, von einem besonders kostbaren Spielzeug wohlgemerkt, das von Vater zu Sohn weitervererbt wird. Die zinnenartigen Türmchen auf dem Deckel etwa muten so zweckfrei, so rein dekorativ an, dass ein Kind sie für seine Sandburg nicht origineller entworfen haben könnte, und wie erst die Münzen, die wie Goldmedaillen der Schulmeisterschaft herabhängen. Als Ganzes hat die Form auch etwas von dem Brummkreisel, der kreuz und quer durch mein Kinderzimmer rotierte.

Ich fürchte, die Monstranz, die durchs Spielzimmer kreiselt, mutet genauso ehrfurchtslos an wie das Sammelbild in der Lunula, die – o Gott, die Assoziation sollte ich lieber nicht auch noch erwähnen, allein, es ist eben nicht nur eine Assoziation, die Lunula sieht nun einmal exakt so aus – an den islamischen Halbmond also mehr als nur erinnert. Aber was soll ich denn tun, ich glaube nun einmal nicht an so etwas, und wenn ich überhaupt etwas zur Eucharistie zu sagen hätte, was nicht despektierlich klingt, ist es das Staunen und intuitiv auch die Zustimmung, mindestens das Einverständnis, dass andere Menschen in einem Plättchen Brot tatsächlich den Leib Christi sehen, schmecken, zerbeißen, hinunterschlucken, verdauen, ausscheiden, und zwar nicht nur symbolisch, das wäre ja erst recht Firlefanz, insofern das offensichtlich Unglaubwürdige, ja Unmögliche auch noch durch einen billigen Kniff intellektuell sanktioniert wäre, sondern mit eigenen Augen, auf der eigenen Zunge, zwischen den eigenen Zähnen, durch die eigene Kehle, im eigenen Magen, durch den eigenen Darm: den Leib eines Menschen – eines Gottmenschen, gut, aber das macht es für den unbeteiligten Verstand noch weniger plausibel –, der vor zweitausend Jahren in Jerusalem starb.

Mir scheint, der Katholizismus macht sich keine Vorstellung davon oder hat verdrängt, wie abwegig für Juden und Muslime, zu einem gut Teil selbst für Protestanten alles ist, was ihn vom Monotheismus unterscheidet. Halt!, würden Katholiken darauf bestehen, dass sie selbstverständlich nur an einen Gott glauben. Das stimmt, riefe ich zurück, aber es stimmt für meine Begriffe, die mit dem gleichen Recht, nicht mehr, nicht weniger, Gültigkeit beanspruchen wie ihre, es stimmt nur im Kern, im Grundsatz, im Ursprung: Fast alles, was um den Kern des Eingottglaubens gelegt, an Grundsätzen ergänzt, bereits in den ersten Jahrhunderten hinzugefügt wurde, weist mindestens Spuren, wenn nicht offenkundige Züge des Heidnischen auf. Jetzt klingt es doch wieder despektierlich, ich merke es selbst, aber so ist es nicht gemeint, oder anders gesagt: So, wie es gemeint ist, würde ich es für einen gut Teil der islamischen, speziell der iranischen Volksfrömmigkeit ebenfalls sagen. Die Heiligenverehrung, der Märtyrerkult, der schiitische Erlösungsgedanke, die Fürbitten, die Amulette, die ekstatischen Rituale sind mit einem strikten Monotheismus nicht wirklich vereinbar, nicht einmal der Satan, als wäre er nur bildliche Verkörperung des Bösen, für manche Sufis nicht einmal Himmel und Hölle, obwohl sie im Koran so eindrücklich beschrieben werden. Prinzipien, wenn sie nur abstrakt sind und nicht sinnlich, also auch mit Augen, Zunge, Zähnen, Kehle, Magen, Darm erfahrbar, genügen den wenigsten Menschen, um ihr Leben danach auszurichten, und wenn doch, wird es oft gefährlich wie im Fundamentalismus, der zum Ursprung zurückzukehren meint, zum Kern, zum Grundsatz, obwohl darin – für meine Begriffe, gut, gut, nur für meine – erst recht eine Anmaßung, ja eine Selbstvergötterung liegt.

Indes ist der Katholizismus gerade keine oder nicht nur Volksfrömmigkeit, sondern hat sich zu einem intellektuell hoch anspruchsvollen, bis in die Nuancen begründeten, eben nicht nur erlebten, sondern durchdachten, dogmatisch fest verankerten und zivilisatorisch erst recht grandiosen Glaubensgebilde mit einer strengen theologischen Hierarchie entwickelt. Zu einem Glaubensgespinst? An Wunder glauben viele, wenn nicht die meisten Konfessionen, aber nur der Katholizismus, weil er sich so vernünftig, geordnet, wissenschaftlich gibt, erzeugt in mir jenes ungläubige Staunen, das Caravaggio dem Thomas ins Gesicht malte. Denn es hat durchaus einen Sog, einen Sog selbst für Andersgläubige wie mich, wenn so viel zeremonieller, bis in die unscheinbarsten Bewegungen geordneter als in jeder Volksreligion, seit so viel längerer Zeit, an so viel mehr Orten, von so viel mehr Menschen täglich oder einmal die Woche oder sei es nur noch jährlich im Weihnachtsgottesdienst das Unmögliche mit völliger Selbstverständlichkeit für tatsächlich erklärt wird: »Nehmet, esset; das ist mein Leib.« (Mk 14,22) Nur vermittelte der sich mir nie durch die Objekte, so prächtig auch immer, so wenig wie durch Räume, berückend schöne Kirchen, herrliche Altäre, sondern angesichts des Vorgangs selbst, des Ernstes und der Feierlichkeit, der Spannung vorher und des Friedens danach, den ich so konkret wie einen Windhauch oder einen wärmenden

Sonnenstrahl spürte, obwohl ich es nicht glauben kann. Die Behälter sind nur Behälter. Wenn es die Menschen sind, die das Brot in Fleisch verwandeln, den Wein in Blut, können auch nur sie mich überzeugen.

Allerdings sah ich die Behälter auch immer nur aus der Ferne, bin ich als Andersgläubiger doch schon dankbar, überhaupt einer Messe beiwohnen zu dürfen, und setze ich mich, um den gebührenden Abstand zur Kommunion zu wahren, gewöhnlich in eine der letzten Reihen. Erst jetzt, da ich im Museum einmal auf die Gebrauchsgegenstände achte, geht mir auf, dass jedenfalls die Monstranz, aus der die Gemeinde St. Kolumba ab dem 15. Jahrhundert das Brot nahm, mehr ist als nur ein Behälter. Von Romano Guardini gibt es ein Buch, in dem er die Liturgie ausdrücklich als Spiel würdigt, vergleichbar dem Spiel des Kindes oder dem Schaffen des Künstlers. Der Zweck der Opferhandlung und des geistigen Mahls könnte so viel schneller vollzogen werden, die Weihung mit so viel weniger Worten vor sich gehen, die Sakramente als schlichte Handreichung gespendet werden – wozu das große Aufgebot eines levitierten Amtes, wozu all die Gebete und Gebräuche, die penible Ordnung der Geräte, Gewänder, Bewegungen, Farben, Abfolgen und Zeiten? »Die Liturgie hat keinen ›Zweck‹«, bemerkt Romano Guardini, »kann wenigstens vom Gesichtspunkt des Zweckes allein nicht begriffen werden.«

Wenn ich die Tochter beobachte, die selbstvergessen ihre Sammelbilder ordnet, wenn ich mich selbst beobachte, wie ich nächtens über einer Satzstellung oder einer Absatzmarke brüte, obwohl ich sicher bin, dass keinem einzigen Leser, nicht einmal einem Redakteur oder Lektor der Unterschied auffällt, könnte ich mich ebenfalls fragen: Wozu das alles? Und weiß doch genau, dass der Sinn ihrer und meiner Handlung darin besteht, die Frage nach dem Zweck als unwichtig oder jedenfalls nachrangig zu erweisen. Gilt das nicht ebenso für andere, selbst alltägliche Handlungen? Ja, für meinen Begriff des Heiligen durchaus. Deshalb wetterten jene Sufis gegen Paradies und Hölle, damit niemand mehr Gott liebe, Gott diene, um Lohn zu erwerben oder Strafe abzuwehren. Gott lieben, Gott dienen wir aber, wo und wodurch immer wir jemanden um seiner selbst willen lieben, eine Sache um ihrer selbst willen tun.

Und so stelle ich mir vor, dass der Kölner Goldschmied, der um 1400 den Auftrag der Gemeinde St. Kolumba erhalten hatte, genau wusste, dass niemand je die Feingliedrigkeit jener Apostel bemerken wird, die hinter Säulen versteckt sind, oder die Äderchen auf den Flügeln würdigt, auf denen die Lunula schwebt, weil selbst die Gläubigen die Monstranz nicht aus unmittelbarer Nähe zu sehen bekommen und auch der Priester während der Liturgie an anderes denkt, an anderes denken muss als an die kunsthandwerkliche Pracht. Schon gar nicht ist auf dem Foto zu sehen, welche Mühe sich ein Kölner Goldschmied um 1400 mit den Äderchen der Flügel gemacht hat, die zu einem Schwan oder einem ähnlichen Tier gehören, was einem nur auffällt, wenn man an die Monstranz unmittelbar herantritt, und an den Schwan oder das ähnliche Tier klammern sich winzig klein drei eben Entschlüpfte, die nun wirklich nicht notwendig sein können, damit sich das Brot in Fleisch verwandelt. Aber überzeugend sind sie schon.

Hostie & Körper

Dem Entsinnlichten Sinne verleihen

VOM PRODUKTIVEN PARADOX DER EUCHARISTIE IM SPÄTEN MITTELALTER

Thomas Lentes

Größer könnte die Paradoxie kaum sein, die in der Theologie des 13. Jahrhunderts formuliert wurde und die eucharistische Frömmigkeit bis in die Gegenwart zutiefst prägt: Das sinnlichste Ereignis des Christentums – Abendmahl und Kommunion, das Ritual der Wandlung von Blut und Wein in Leib und Blut Christi sowie sein Verzehr – führten den Verstand an seine Grenzen und verweigerten den menschlichen Sinnen die Einsicht. Die erste Nokturn des Fronleichnamsfestes brachte es in den Worten des Thomas von Aquin († 1274) auf die Formel: *visibile invisibiliter sumitur* – die sichtbaren Zeichen von Brot und Wein bergen das Unsichtbare, setzen den Leib Christi präsent, doch bleibt er gleichzeitig unter den Gestalten von Brot und Wein auch verhüllt *(sub specie velatur)*.

Mit der Transsubstantiationslehre, die das vierte Laterankonzil 1215 – wenn auch noch vage – formulierte, war diese Paradoxie geradezu zur Leitdoktrin der westlichen Kirche geworden. Anknüpfend an das Lateranum verfestigte die Scholastik des 13. Jahrhunderts mithilfe der aristotelischen Kategorien von *forma* und *materia*, Substanz und Akzidenz, die Lehre: Die äußere Form von Brot und Wein (die Akzidentien) bleibe bei der Wandlung zwar gewahrt, ihr inneres Wesen, ihre Substanz *(forma)*, jedoch werde in Leib und Blut Christi verwandelt. Gegenüber den in früheren Abendmahlsstreitigkeiten siegreichen Positionen stellt die Transsubstantiationslehre eine hohe Abstraktionsleistung wie auch eine Entsinnlichung der Eucharistielehre dar. Beharrten die früheren Jahrhunderte noch darauf, dass die Wahrheit des Körpers Christi nur in einem körperhaften Verständnis der Eucharistie zu finden und nichts Bildhaftes an ihr sei, so bahnte sich im 12. Jahrhundert der Umbruch an. Hugo von St. Viktor († 1141) war der erste, der angesichts der Eucharistie fragte: Warum soll denn, was Wahrheit ist, nicht auch Bild sein? Die Vertreter der Transsubstantiationslehre folgten ihm darin. Bis in die Liturgie des Fronleichnamsfestes hinein formulierten sie: Die Eucharistie ist *veritas et imago*, Wahrheit und Bild, zugleich.

Die Folgen für Liturgie und Frömmigkeitspraxis lassen sich nur zu leicht erahnen: Die solchermaßen der sinnlichen Evidenz beraubte Eucharistielehre bedurfte eines gesamten Apparates an sinnlichen und affektiven Plausibilisierungsstrategien. Religionen – so hat es der amerikanische Anthropologe Roy Rappaport in seinem *Ritual and Religion* formuliert – müssen dann, wenn sie Wahrheiten behaupten, die intellektuell kaum einsehbar sind und jeder sinnlichen Evidenz entbehren, durch Rituale und Kunst affektiv-sinnliche Evidenz erzeugen. Das Unsinnliche der Wahrheitsbehauptung erhält im Ritual, in Werken der Kunst und Poesie, im Gesang und in der Gruppe sein sinnliches Substitut und wird so doch erfahrbar. Nichts anderes geschah während des 13. bis 15. Jahrhunderts in der eucharistischen Frömmigkeit. Kaum war die neue abstrakte Eucharistielehre vom vierten Laterankonzil (1215) formuliert, finden sich nachhaltige Veränderungen in der rituellen wie auch der Frömmigkeitspraxis.

Innerhalb der Liturgie entstehen die Elevation und sie begleitend die Wandlungsglocken und Wandlungskerzen. Bald wird das Fronleichnamsfest erfunden und in seiner Folge die Fronleichnamsprozessionen und neue Formen der Verehrung der Eucharistie, wie etwa die sichtbare Aussetzung der gewandelten Hostie, der Segen mit dem Sakrament, kollektive und private Sakramentsandachten, regelmäßige Messen zur Sakramentsverehrung sowie die Sakraments-, Fronleichnams- oder Corpus-Christi-Bruderschaften und -Gilden. Damit einher geht eine der wohl nachhaltigsten Kunstproduktionen: Sakramentshäuser und Tabernakel erhalten neue und zum Teil monumentale Formen und werden zu bevorzugten Orten auch der kollektiven Sakramentsverehrung. Monstranzen aus Kristall erlauben das sichtbare und unverhüllte Zeigen und Anbeten der konsekrierten Hostie. Neue Bilder, Bildformen und Bildorte entstehen oder erhalten eine neue Bedeutung. Gesänge und Hymnen – etwa das *Pange lingua* (Preiset, Lippen [...]) beziehungsweise *Tantum ergo* (Lasst uns tiefgebeugt verehren ein so großes Sakrament [...]) – im Dienst des Fronleichnamsfestes und der Verehrung der Eucharistie werden eigens gedichtet. Gleichzeitig mehren sich Wunder- und Visionsberichte, die immer wieder die Wahrheit der Präsenz Christi unter den Gestalten von Brot und Wein behaupten. Die Paradoxie der Transsubstantiationslehre scheint so geradezu zum Motor der eucharistischen Frömmigkeit mit all ihren neuen Medien – Ritualen, Kunstwerken und Literatur – seit dem 13. Jahrhundert geworden zu sein.

Wie sehr das in der Transsubstantiationslehre geschaffene mediale Problem innerbildliche Medienreflexionen auslöst, beweist eine *Gregorsmesse* des Kupferstechers Israhel Abb. S. 302 von Meckenem († 1503) aus dem ausgehenden 15. Jahrhundert. Darin verbindet er die wichtigsten von der eucharistischen Frömmigkeit des späten Mittelalters beförderten

Ikonografien: den *Schmerzensmann*, das Kreuz, die *arma Christi* und die *vera icon*. Israhel gruppiert sie so, dass sie sowohl die Transsubstantiationslehre als auch die Lehre von den drei Körpern Christi illustrieren. Ins Zentrum setzt er die *imago pietatis* und ummantelt sie mit allen übrigen Bildkörpern Christi: im oberen Teil das *corpus Christi historicum*, sein historischer Körper (das Kreuz, die *arma* und schließlich die *vera icon*), und im unteren Teil seine beiden irdischen Repräsentationskörper – das *corpus sacramentale* auf dem Altar sowie in Gestalt des Papstes und der ihn umstehenden hierarchisch geordneten Stände der Kirche das *corpus Christi mysticum*. Alle drei Körper Christi – das war gängige Eucharistielehre seit dem frühen Mittelalter – trafen bei der Messfeier zusammen und wurden im Sakrament der Eucharistie repräsentiert. Doch geht Israhel einen Schritt weiter. Die *imago pietatis*, der unverhüllte Christus-Körper, repräsentiert im Bild das *verum corpus*, das in den eucharistischen Gaben auf dem Altar lediglich verhüllt dargereicht wird. Das *invisibile* aus dem Paradox des Thomas von Aquin sowie die den Sinnen entzogene Glaubenswahrheit der Transsubstantiationslehre erhielten so ihre Sinnlichkeit zurück.

WEISEN UND BEWEISEN: DIE ELEVATION

Wie die Kunst so war die Liturgie selbst an dem Projekt der sinnlichen Evidenzerzeugung beteiligt. Die erste liturgische Neuerung, welche die eucharistische Frömmigkeit nachhaltig prägen sollte, entstand fast gleichzeitig mit der Ausformulierung der Lehre von der Transsubstantiation: die Elevation, das sichtbare Erheben der geweihten Hostie gleich nach den Wandlungsworten des Priesters, dem *Hoc est corpus meum* (Dies ist mein Leib). Sie verdrängte frühere Formen der Elevation und wurde in der Bildkunst des späteren Mittelalters geradezu zum Signum der Messe schlechthin. Zwar lassen sich ihre genauen Anfänge nicht mehr rekonstruieren, doch erscheint sie kaum zufällig kurz vor dem Lateranum in ersten Quellen. In der Theologie- und Liturgiegeschichtsschreibung des 20. Jahrhunderts galt sie als Paradebeispiel für eine geradezu magisch anmutende Schaufrömmigkeit, ja Schausucht, sowie als Zeichen von Verfall und Zersetzung der mittelalterlichen Liturgie.

Die frühen Quellen zur Elevation freilich sprechen eine ganz andere Sprache. Nicht um das Schauen der Hostie ging es zunächst, sondern um das Zeigen und Weisen, die Ostentation. Nach der Wandlung sollte es zur Weisung der geweihten Hostie kommen im Sinne eines Beweises, dass nun – nach dem Sprechen der Einsetzungsworte – das Brot wahrhaft in den Leib Christi gewandelt worden sei. Schon die früheste Quelle zur Elevation hebt auf ihren ostentativen Charakter ab. Der Pariser Bischof Odo von Sully († 1208) ermahnt in Synodalstatuten die Priester, vor der Konsekration die Hostie lediglich bis zur Brust zu erheben, damit sie vom Volk nicht gesehen werde. Erst mit der Konsekration sollen die Priester sie so erheben, »dass sie von allen gesehen werden kann *(ut possit ab omnibus videri).*« Geradezu formelhaft sollte fortan dieses ostentative Weisen der geweihten Hostie immer wiederkehren. Odo von Sully wie seine Nachfolger griffen dabei eine Analogie zur Königsweihe auf: Schon Widukind von Corvey berichtet von der Weihe Ottos des Großen in Aachen, dass Otto im Anschluss an die Zeremonie die Empore des Aachener Münsters bestieg, »damit er alle sehen und von allen gesehen werden konnte«. Es war die Weisung des Herrschers, die nicht einem volksfrommen Schaubedürfnis entsprang, sondern als Akt herrschaftlicher *apparitio* (Erscheinung) galt.

Entsprechend die Elevation: Nicht um das Schauen des Volkes ging es dabei, sondern um den Gestus von *ostentatio* und *apparitio* des himmlischen Herrschers. Mit dem Weisen sollte die Erscheinung und wahre Gegenwart Christi geradezu bewiesen werden. Entsprechend verbieten andere Quellen, wie etwa die Londoner Diözesanstatuten von 1215 bis 1222, eine vorhergehende Weisung der Hostie: Durch eine Weisung vor der Konsekration bestehe die Gefahr der Idolatrie, weil das Volk dann die Kreatur (das Brot) anstatt des Schöpfers anbete. Die Elevation nach der Konsekration dagegen galt als Akt des Beweises, dass nun das Brot wahrhaft der Leib Christi auch sei. Thomas von Aquin schrieb den Herrschaftsaspekt gar noch der Liturgie des Fronleichnams ein: Im *Pange lingua* lässt er den *rex gentium* (König der Völker) besingen und seine Vita berichtet, dass er bei der Elevation den sakramentalen Leib Christi mit den Worten grüßte: »Du bist der König der Herrlichkeit. O Christus, du des Vaters ewiger Sohn.«

Die Elevation war somit – zunächst jedenfalls – ganz Teil einer Inszenierungsstrategie, die der an sich unsinnlichen Transsubstantiationslehre Evidenz zu verleihen und von der Präsenz Christi in Brot und Wein sinnlich zu überzeugen versuchte. Um die Sakralität des Aktes noch zu steigern, wurde die Elevation schließlich im Ritual von anderen Neuerungen gerahmt. Die geweihte Hostie erhielt dabei geradezu einen Klang- und Lichtkokon. Damit auch alle in der Kirche Anwesenden vom Akt der Wandlung Kenntnis erhielten und die gewandelten Gaben verehrten, sollten die sogenannten Wandlungskerzen entzündet werden sowie Glocken den Akt der Wandlung verkünden. Zudem sollten noch Gesten der Ehrbezeugung durch die Priester, deren Verneigungen und Kniebeugen wiederum den Akt des Vollzugs der Wandlung bezeugen. Klang und Licht sowie die Gebärden des Verneigens und Niederkniens verliehen dem Akt der Wandlung die Aura der Heiligkeit. Zugleich sollte sie die geglaubte, wenn auch den Sinnen entzogene Präsenz des Körpers Christi bezeugen und sinnlich erfahrbar machen.

PRÄSENZ UND REPRÄSENTATION: FRONLEICHNAM

War mit der Elevation für die tägliche Messe ein Ritus der Ostentation im Sinne eines sichtbaren Beweises der Lehre gefunden, so fand das Paradox der Transsubstantiation in der ersten Hälfte des 13. Jahrhunderts gar noch sein eigenes Fest: das *festum corporis Christi* oder auf Deutsch Fronleichnam, zusammengesetzt aus dem mittelhochdeutschen *fron* (zum Herrn gehörend) und *lichnam* (Leib). Medienhistorisch gesprochen war damit nichts anderes als ein Fest der Medialität und Repräsentation geschaffen. Gleich mit doppelter Autorität wurde es legitimiert: päpstlich und visionär. Es geht wohl zurück auf eine Vision der Nonne Juliana von Lüttich († 1258), der Christus den strahlenden Mond mit einem Riss in dessen Scheibe zeigt. Kirche und Kirchenjahr – gedeutet als Mond – fehle ein Fest, von dem Christus selbst wünsche, dass die Gläubigen es feierten. Zunächst 1246 lokal in Lüttich begangen, griff der früher ebenda tätige Papst Urban IV. (1261–1264) die Vision der Juliana auf und rief in seiner Bulle *Transiturus* (1264) Fronleichnam als Hochfest der universalen Kirche aus. Auch wenn seine allgemeine Durchsetzung erst im beginnenden 14. Jahrhundert gelang: Hier wurde zum ersten Mal ein kirchliches Hochfest päpstlich verordnet und zudem durch die Vision einer Nonne legitimiert.

Zudem aber wurde ein Fest in das Kirchenjahr eingeführt, das kein historisches Ereignis – des Lebens Jesu, Mariens oder der Heiligen – beging, sondern eine Doktrin ins Zentrum der Feier rückte. Da die Erinnerung an die Einsetzung des Abendmahles – so Urban in seiner Bulle – am Gründonnerstag nicht wirklich zentral sei, fehle der Kirche ein Fest, das die sakramentale Gegenwart des Herrn in den Mittelpunkt rücke und ein »immerwährendes Andenken an das hochheilige Sakrament bewahre«. Nicht also eigentlich der Einsetzung des Abendmahles wurde mit Fronleichnam gedacht, sondern das sakramentale Geschehen und die mediale Vermittlungsleistung der Kirche in der Messe wurden gefeiert. In ihm kulminierte fortan geradezu das gesamte Kirchenjahr: Da Fronleichnam am Donnerstag nach der Pfingstoktav gefeiert wird, schließt es den Zyklus der Herrenfeste im Kirchenjahr ab. Da aber die sakramentale Vermittlungsleistung der Kirche an Fronleichnam im Vordergrund stand, war es weit mehr als lediglich ein Herrenfest. Vielmehr feierte an Fronleichnam auch die Kirche – wenn nicht gar das Papsttum – sich selbst. Entsprechend reflektieren schon die frühen Texte der Liturgie von Fronleichnam immer und immer wieder die priesterliche Sakramentenverwaltung sowie die Kirche als das im Abendmahl konstituierte *corpus Christi mysticum*.

Zur Feier des Festes wurden im Laufe des 13. und beginnenden 14. Jahrhunderts unterschiedlichste Offizien und Messformulare mit Hymnen, Lesungen und allen benötigten Gesängen ausgearbeitet. Wie wichtig den Päpsten diese waren, zeigt sich nicht zuletzt daran, dass sie mit der Ausarbeitung führende Theologen ihrer Zeit wie etwa Thomas von Aquin betrauten. Schon in den frühesten Texten deutet sich der Grundtenor an: die Auseinandersetzung mit der sakramentalen Repräsentation. Die Lektionen zur Matutin lesen sich geradezu wie ein einziger Traktat zur Medialität. Alles wird darin auf das eine Ziel ausgerichtet, »die unaussprechliche Weise der göttlichen Präsenz im sichtbaren Sakrament zu verehren«. Unter dieser Prämisse werden alle weiteren medialen Probleme behandelt: das eine Opfer Christi am Kreuz und seine rituelle Wiederholung in der Messe; die priesterliche Vermittlungsleistung bei der Wandlung; die vollkommene Verzehrung durch die Gläubigen, ohne dass an Christus etwas abnehme; das Brot, das geteilt wird und dennoch Christi Präsenz in all seinen Teilen gleichermaßen enthalte. Geradezu als Leitthema erscheint dabei das Paradox von Unsichtbarkeit und Sichtbarkeit: Obschon Christus unsichtbar sei, werde er sichtbar bei der Kommunion verzehrt. Um dieses Mysterium zu begründen, werden schließlich im Rückgriff auf die im zeitgenössischen Kunstdiskurs gängigen Diskussionen über das Verhältnis von Kunst und Natur die Wandlung und die Natur miteinander verglichen. Die *consecratio* wird dabei als Überbietung der Natur bestimmt: Was in der Wandlung geschieht, »ist nicht, was die Natur geformt hat, sondern was die Segnung konsekriert: größer nämlich ist die Kraft der Weihe als die der Natur, weil die Weihe selbst noch die Natur zu verändern vermag« (4. Lesung der Matutin an Fronleichnam).

Diese wenigen Beispiele schon genügen um zu belegen, wie auch bei Einführung und Liturgie des Fronleichnamsfestes das Paradox der Transsubstantiationslehre die Feder führte und das Fest nichts anderes feierte als gerade dieses Paradox. Die Liturgie des Fronleichnamsfestes gab so der entsinnlichten Lehre Sinne und Sinnhaftigkeit zurück und verlieh durch Lektionen und Gesänge der Eucharistie poetische Leuchtkraft. Mancher Text wie etwa das *Pange lingua* dürfte nicht zuletzt aufgrund seiner poetischen Qualität bis in die Gegenwart überlebt haben. Wo die Behauptung der theologischen Doktrin den Verstand an seine Grenzen führte und sich sinnlicher Einsicht verschloss, erfüllte die Liturgie die Aufgabe, das Mysterium sichtbar und affektiv plausibel zu machen und zugleich seine Heiligkeit zu verstärken.

Das Fronleichnamsfest schließlich löste noch weitere sinnhafte Formen der Evidenzerzeugung und der Verehrung des Sakramentes aus. Erst nach seiner Einführung konnten sich im Laufe des 14. Jahrhunderts Sakramentsandachten, Formen der Anbetung des ausgesetzten Sakramentes sowie Sakramentsbruderschaften etablieren. In der Buchmalerei wurden im Laufe der Zeit Darstellungskonventionen gefunden, die als ikonografisches Signal für Fronleichnam fungierten: wiederum die Elevation und der *Schmerzensmann*, dann aber auch ganze typologische Zyklen, die die Wahrheit des Sakramentes gegenüber den abgeschatteten Bildern des Alten Testaments – etwa des Mannas
Abb. S. 179 in der Wüste Sinai oder des Königs und Priesters Melchisedek – belegen sollten, oder ein-
Abb. S. 309 fach nur eine Monstranz mit der Hostie.

Die sichtbarste und bis heute anhaltende Folge des Fronleichamsfestes besteht in der Fronleichnamsprozession, die frühere Formen der Reliquien- und Bildprozessionen beerbte. Der früheste Beleg dafür findet sich für das Gereonsstift in Köln in einer Urkunde aus den 1260/70er-Jahren. Die Feier des Fronleichnamsfestes sollten die Stiftskleriker mit einer Prozession im Stift und durch die benachbarte Pfarrei verbinden und dabei die Eucharistie sowie die Kopfreliquie des heiligen Gereon und die Krone der heiligen Helena mit sich führen. Im Laufe des 14. Jahrhunderts dann wurde die Prozession zu Fronleichnam, bei der das Sakrament in der Regel sichtbar in Monstranzen durch Städte und Dörfer getragen wurde, weithin üblich. So eroberte die Lehre von der Präsenz Christi auch noch den städtischen Raum. Unübersehbar ist dabei jedoch der bereits erwähnte ekklesiologische Charakter. Die oftmals nach Ständen geordneten Prozessionen trugen das sakramentale *corpus Christi* durch die Stadt und bildeten zugleich dessen sichtbare Gestalt als *communio* seines *corpus mysticum* ab. Abb. S. 310

MÜNZE UND BROT – NAME UND BILD: DIE HOSTIE

Logische Konsequenz der Transsubstantiationslehre war es, dass mit ihr die Hostie in all ihren Qualitäten ins Zentrum theologischer Überlegungen wie auch der sich bildenden Rituale rückte. Die Elevation, Fronleichnam, alle sich anschließenden Riten und Andachten, die neuen liturgischen Geräte und Ikonografien scheinen nichts anderes als die große rituell-inszenierende und sinnlich-sichtbare Umbauung dieses einen Objekts. Der gesamte sinnliche Apparat erhob sie zu kaum überbietbarer Heiligkeit. Nach Ausweis der Offizien zum Fronleichnamsfest galt sie als *animarum cibus, medicina, remedium* und *viaticum* zugleich; sie sollte geistliche Speise für die Seelen sein, heilen und Heil spenden, erlösen und Wegzehrung sein für die Gläubigen auf ihrer letzten Reise. Und mehr: Nicht nur ein Zeichen für Christus war sie, sondern er selbst wurde mit ihr dargereicht.

Als Objekt freilich war die Hostie – ganz so, als wäre ihr das Paradox der Transsubstantiation geradezu eingeschrieben – höchst widersprüchlich. Zwar war sie das am höchsten mit Sakralität aufgeladene Objekt, das die Geschichte des Christentums je kannte, doch konnte sie als Objekt kaum unscheinbarer sein. Seit dem hohen Mittelalter bildete sich die heute noch zu findende Form der kleinen, flachen, kreisrunden und weißen Oblate heraus. Aus dem 13./14. Jahrhundert hat sich in England ein entsprechender Merkvers erhalten: *Candida, triticea, tenuis, non magna, rotunda, / Expers fermenti, non mixta sit hostia Christi […] / Inscribatur aqua non cocta, sed igne sit assa / Mentis ut adorem signet Dominique timorem.* (Weiß, aus Weizen gemacht, dünn, nicht groß, rund, ungesäuert, unvermischt sei die Hostie Christi […] gebrannt soll sie werden, nicht mit Wasser gekocht, sondern im Feuer gebacken soll sie sein, damit sie das Feuer des Geistes und die Furcht des Herrn einpräge.) Als Objekt war die Hostie im Grunde eine völlig abstrakte Form, die mit dem, was sie darstellen sollte, nichts gemein hatte: Kaum war sie als Brot zu erkennen, und schon gar nicht als Körper.

Etliche Male wird entsprechend im Fronleichnams-Offizium die Frage verhandelt: »Ich sehe etwas anders. Wie kannst du behaupten, dass ich den Leib Christi empfange?« Alle möglichen alt- und neutestamentlichen *figurae et imagines,* Vorbilder und Bilder, werden schließlich beschworen, um dem Unbildlichen Bildhaftigkeit zu verleihen.

Insofern war die Hostie als Objekt zwar keine ikonisch-bildhafte oder gar mimetische Darstellung dessen, was die Theologen ihr zuschrieben – eben Körper Christi zu sein. Aber sie war viel mehr: nämlich geradezu die Ikone schlechthin der Transsubstantiationslehre in all ihrer Paradoxie. Das Objekt der Hostie brachte zur Darstellung, was Thomas von Aquin in seinem Hymnus *Pange lingua* als Herausforderung für den Glauben besang: *et si sensus deficit [...] sola fides sufficit* ([...] und wenn der Sinn scheitert [...] genügt der Glaube allein). An der Form der Hostie scheiterten die Sinne; gefordert waren vielmehr – so der formelhaft immer wiederkehrende Aufruf – die Augen des Glaubens, die allein das sichtbare Objekt auf seine unsichtbare Wirklichkeit hin zu durchschauen vermochten.

Reflektierten die Theologen die Medialität der Oblate, verglichen sie diese entsprechend keineswegs mit einem menschlichen Körper. Im Gegenteil stellten viele Theologen – wie etwa Thomas – Wunderberichte, bei denen sich die Oblate in ein menschliches Wesen verwandelt haben sollte, unter den Verdacht der Idolatrie. Als Objekt sahen sie die Oblate vielmehr in medialer Verwandtschaft zur Münze. Zwar beklagte mancher Theologe noch des 11./12. Jahrhunderts, dass die Hostie mehr einer Münze als einem Brot glich, doch sollte dies schon am Ende des 12. Jahrhunderts gerade als produktives Argument auch genutzt werden. Von Honorius Augustodunensis († um 1157) bis zu Wilhelm Durandus († 1334) unterstrichen Kommentatoren der Liturgie, dass die Hostie nach Art einer Münze geformt sei, weil Christus selbst für Geld ausgeliefert worden und die wahre Münze sei, mit der die Arbeiter im Weinberg belohnt würden. Zudem spiegele sich in der Form der Münze auch das Wesen der Feier: nämlich die Darbringung der Opfergaben durch die Gläubigen. Zudem seien das Bild und der Name des Herrn in die Hostie gepresst, wie das Bild und der Name des Kaisers in die Münze. Schließlich sollen ja die Empfänger der Hostie durch sie in das Bild Gottes umgestaltet und ihre Namen in das Buch des Lebens eingeschrieben werden. Name und Bild machen die Hostie so – wie die Münze – zu einem hoheitlichen Objekt. Sie teilte dies zudem mit der Ikone der Ostkirche; auch bei ihr wurde die Präsenz des Heiligen in seinem Bild durch sein Abbild und die Inschrift seines Namens gesichert.

DAS SICHTBARE UNSICHTBAR VERZEHREN: ESSEN UND SCHAUEN – KOMMUNION UND INKORPORATION

Schon die Vorstellung von der Reform des inneren Menschen durch den Empfang der Kommunion deutet an, wie mit der Heiligkeit der gewandelten Hostie auch die Heiligkeit ihres Empfanges gesteigert wurde. Zwar verlor im Westen schon seit der Spätantike das Abendmahl zunehmend seinen Mahlcharakter. Bereits im frühen Mittelalter konzentrierten sich alle theologischen Bemühungen stattdessen auf den Akt der Konsekration, die Hostie und ihren medialen Status. Dennoch gingen weder die Vorstellung von der

Kommunion als Nahrungsaufnahme noch deren gemeinschaftsstiftender Charakter verloren. Vielmehr wurden beide sakral und institutionell überhöht.

Der Empfang der Hostie geriet dabei geradezu zu einem heilsentscheidenden Akt. Wer sie unwürdig, gar in Todsünde empfing, dem gereichte sie zur Verdammnis. Dem, der sie dagegen würdig und rein zu sich nahm, war sie geistliche Stärkung. Mehr noch: Der Akt des Essens selbst wurde zu einem Akt der Einverleibung in den Körper Christi. Wilhelm Durandus brachte dies mit Rückgriff auf Augustinus († 430) auf die paradoxale Formel, dass im alltäglichen Leben derjenige, der etwas isst, sich das einverleibt, was er isst. »Hier aber – bei der Eucharistie – werden wir dem einverleibt, den wir essen.« Im Offizium zu Fronleichnam wird dies noch gesteigert: Das Responsorium *Vere mira* besingt die Vergöttlichung des Menschen durch die Kommunion und verheißt, dass die Eucharistie, das himmlische Gastmahl, den Gläubigen die Teilhabe an der göttlichen Substanz gewähre *(cum eo dii erimus [...] Hoc celesti convivio divine substantie participes efficimur).*

Freilich beschränkte sich die Inkorporation nicht auf das Verhältnis von Individuum und Christus. Vielmehr geschah mit dem Verzehr der Kommunion auch eine Inkorporation in den Institutionskörper der Kirche, das *corpus Christi mysticum*. Prediger wie etwa der Nürnberger Dominikaner Gerhard Comitis (15. Jahrhundert) lehrten die sakramentale Kommunion als eine doppelte Einverleibung: »Wenn wir dies Sakrament empfangen, so nehmen wir vom Leib des Herrn, damit wir vereinigt werden mit Gott und einverleibt werden der Kirche.« Zugehörigkeit zur Kirche oder Ausschluss entschied sich – wie ja schon das Wort Exkommunikation andeutet – am Ritus der Kommunion. Schon Urban IV. hatte das Fronleichnamsfest entsprechend als ausdrücklich antihäretisches Fest konzipiert und mit der Feier die Einheit und Universalität der Kirche beschworen. Die theologisch durchkomponierte Liturgie für Fronleichnam folgte ihm darin und ließ die Lektionen der Woche nach Fronleichnam in einem Lob der *unitas* des *corpus Christi mysticum* münden. Im Fest der Eucharistie wie in ihrer Verehrung wurde mithin nicht nur des *corpus Christi* gedacht, vielmehr feierte sich darin die Kirche als sakramentale Vermittlungsinstanz auch selbst.

Doch wiesen die Theologen selbst einen Weg, auch jenseits kirchlich-priesterlicher Sakramentenspendung in den Genuss der Kommunion zu gelangen. Ihre Unterscheidung von drei Formen der Kommunion – der *manducatio sacramentalis* (leibliche Kommunion), leiblichen und geistigen *(sacramentalis et spiritualis)* sowie der rein geistigen *manducatio spiritualis* – führte zu dem, was von Theologen des 20. Jahrhunderts als Augenkommunion bezeichnet wurde. Die meisten Scholastiker betrachteten die *manducatio sacramentalis et spiritualis* als die angemessene Weise der Kommunion. Eine nur körperliche dagegen hielten sie für gefährlich, wenn nicht gar für schädlich und erlaubten die *manducatio spiritualis* ähnlich der Begierdetaufe lediglich in Extremsituationen. In mystischen Kreisen ging man weiter. Heinrich Seuse († 1366) sah die sakramentale und geistige

Kommunion als gleichwertig an und Johannes Tauler († 1361) lehrte gar, dass die nur geistige Kommunion in bestimmten Fällen hochwertiger als die leibliche und sakramentale sei.

Sozial folgenreich wurde diese Unterscheidung vor allem in Städten, die einem Interdikt und dem damit einhergehenden Verbot der Messfeier unterlagen. Oftmals stellte man dort das Sakrament für alle sichtbar auf den Altären aus, sodass seine Anbetung als Ersatz für die kirchlich-sakramentale Gnadenvermittlung gelten konnte. Gleiches gilt für die Frömmigkeitspraxis. War die Elevation zunächst als Akt der Weisung gemeint, so verselbstständigte sie sich im Laufe des 14. Jahrhunderts. Das Sehen der geweihten Hostie rückte zunehmend ins Zentrum und ersetzte den Akt der Kommunion. Schließlich konnte »in die Messe gehen« bedeuten, einfach nur bei der Elevation anwesend zu sein. Entsprechend führten gerade die Reformprediger des 15. Jahrhunderts auch Klage: »Sie kommen«, so der Augustinereremit Gottschalk Hollen († 1481), »wenn sie die Glocke hören; dann treten sie ein, sehen die Elevation, und ist sie vorüber, gehen sie davon, laufend und fliehend, als ob sie den Teufel gesehen hätten«. Oftmals waren die Reformer gar darum bemüht, die Sichtbarkeit der Hostie überhaupt zu verhindern. Bei seinen Legationsreisen etwa versuchte Nikolaus von Kues († 1464) durchzusetzen, dass die Eucharistie nur noch verhüllt gezeigt werden durfte; sei sie doch vornehmlich »Speise, nicht aber Schaumittel«. Wie sehr aber die Theologen durch ihre beständige Betonung der Paradoxie von Sichtbarkeit und Unsichtbarkeit das Schaubedürfnis förderten, erfuhr Nikolaus selbst: Schließlich führte er in Magdeburg 1451 eine Fronleichnamsprozession mit Monstranz an und spendete mit ihr gar noch den Segen. Die Paradoxie der Transsubstantiation hatte eben auch zu einer neuen Rezeptionshaltung geführt. Das Sehen trat nicht nur neben das Essen; gerade zu Zeiten eines sehr seltenen leiblichen Kommunionempfangs galt es als die eigentlich sinnliche Form des Verzehrs.

Literatur: Rubin 2004; Walters [u. a.] 2006; Lentes 2007; Browe 2008; Kumler 2011.1; Datenbank: Missa Mediaevalis – Eine Darstellung der mittelalterlichen Messe (http://www.uni-muenster.de/Kultbild/missa/)

Schmerzensmann und Gregorsmesse

Christian Hecht

Die Messe ist das Opfer Christi. Christus wird auf dem Altar wirklich geopfert – nicht bloß symbolisch dargebracht. Das Opfer der Messe ist eine unblutige Wiederholung des Kreuzesopfers und damit auch dessen Nachbild. So formulierte es im 4. Jahrhundert der heilige Gaudentius, Bischof von Brescia.[1] Christus selbst ist derjenige, der dieses Opfer durch den Dienst des Priesters darbringt und der zugleich die dargebrachte Opfergabe ist, wie es das Konzil von Trient (1545–1563) sagt. Kein noch so komplexes Bildformular könnte diese Opfertheologie wiedergeben. Im ersten Jahrtausend beschränkte man sich daher vor allem auf die Darstellung des Opferlammes, das Christus als die Opfergabe der Messe zeigt. Erst das spätere Mittelalter fand mit dem Bildthema des *Schmerzensmanns* eine Möglichkeit, die Theologie der Messe auf eine geradezu handgreifliche Weise ins Bild zu setzen: Christus, der als lebender Toter, nicht als verherrlichter Auferstandener, die Wundmale der Kreuzigung trägt, aber nicht ans Kreuz genagelt ist.[2]

Die Varianten sind vielfältig: Christus als Halb- oder als Ganzfigur, mit geschlossenen oder offenen Augen, mit unterschiedlichen Armhaltungen. Ebenso variantenreich sind die Beigaben. Das Kreuz hinter dem Körper dürfte das älteste Attribut sein, etwas jünger sind der offene Sarkophag sowie die Leidenswerkzeuge, vor allem Nägel, Speer, Essigschwamm, Geißel und Geißelsäule. Jedes einzelne Bildelement entstammt zwar der Überlieferung zur Passion Christi, dennoch soll kein bestimmter Moment der Leidensgeschichte gezeigt werden, ja diese ist nicht einmal das eigentliche Thema des Bildformulars – gemeint ist ja Christus als die immerwährende Opfergabe. Daher wird der *Schmerzensmann* meist in eucharistischen Zusammenhängen gezeigt, zum Beispiel an Sakramentshäusern. Viele Darstellungen machen die eucharistische Bedeutung des Themas augenfällig, indem sie der Gestalt des von seinen Wunden gezeichneten Christus Kelch und Hostie beigeben. Wie konkret der Gedanke des eucharistischen Opfers verstanden wird, belegt eine spätestens um 1250 entstandene Patene aus der Johanniskirche in Werben an der Elbe.[3] Wenn in der Messe die gebrochene Hostie auf die flache Hostienschale gelegt wurde, ergab sich eine bildhafte Übereinstimmung zwischen der Darstellung des toten Christus und dem eucharistischen Brot. Die zugehörige Inschrift kann man sowohl auf die Hostie beziehen als auch auf den *Schmerzensmann:* »Hier wird Christus gegessen und er bleibt ganz, nachdem er gegessen wurde.«[4]

Abb. S. 165

Wo aber kam dieses Bildthema her? Lange suchte man seine Ursprünge in der byzantinischen Kunst.[5] Da es aber auch sehr frühe westliche Darstellungen des *Schmerzensmanns* gibt, wird man diese Ansicht vielleicht modifizieren müssen. Einen Hinweis auf die Entstehung des paradoxen Bildtyps könnte ein Text sein, in dem der französische Ritter Robert de Clari seine Erlebnisse auf dem vierten Kreuzzug schildert. Er schreibt im Zusammenhang mit der Eroberung Konstantinopels – das war am 12. April 1204 – über die bis heute existierende Marienkirche der Blachernen (Theotókos tôn Blachernôn): »Unter anderem gibt es noch ein anderes Kloster, das man Unsere [Frau] Sankt Maria von Blacherne nennt, wo das Leichentuch war, in das Unser Herr eingehüllt wurde und das sich jeden Freitag ganz gerade aufrichtete, weshalb man gut die Gestalt Unseres Herrn sehen konnte; doch niemand, weder ein Grieche noch ein Franzose, weiß, was mit diesem Leichentuch geschehen ist, als die Stadt eingenommen wurde.«[6]

Bis heute wird heftig diskutiert, welche Reliquie Robert de Clari meint und wo sie sich befand. Doch ist das nicht entscheidend für unsere Frage. Denn trotz aller Probleme ist es leicht sich vorzustellen, was der Ritter gesehen hat, nämlich das aufrecht stehende Bild des auf dem Grabtuch liegenden toten Christus – gewissermaßen das Urbild eines *Schmerzensmanns*. Man kann nichts darüber sagen, wie dieses Urbild dann tatsächlich verbildlicht wurde. Vielleicht war es zuerst als Ersatz für die verschwundene Grabtuchreliquie gedacht, von der Robert de Clari sprach, denn die anfängliche Übereinstimmung zwischen *Schmerzensmann* und Grabtuchchristus ist offenkundig. Darauf deutet auch ein wichtiges Detail hin: der für viele Darstellungen charakteristische Kreuzbalken. Die Balken entsprechen ziemlich genau den typischen Streifendekorationen eines byzantinischen Grabtuchs[7] – wenn man sich dieses aufrecht denkt. Und noch einen weiteren Hinweis gibt es: Die frühen byzantinischen Ikonen des *Schmerzensmanns* zeigen diesen meistens vor einem Kreuz, das mit der griechischen Inschrift »König der Herrlichkeit« versehen ist, genau wie bei vielen Grabtuchdarstellungen.

DIE WANDLUNG

Im 13. Jahrhundert bildeten die östliche und die westliche Kunst noch eine große Einheit. Beide wurzelten in der Kunst der christlichen Antike. Es überrascht also nicht, wenn das neue Bildthema sowohl in Konstantinopel als auch in Rom heimisch wurde. Doch während im byzantinischen Bereich die Ikone des *Schmerzensmanns* als *Ikone des Karfreitags* wie eine Zusammenfassung der Passion verstanden wurde,[8] stellte man im Westen schon Abb. S. 165 früh einen eucharistischen Bezug her. Das zeigt schon die Patene aus Werben. Das neue Bildformular kann also nur richtig gesehen werden, wenn man es im Licht der klassischen

Eucharistietheologie betrachtet, die sich intensiv bemüht hat, ein Verständnis der Wandlung von Brot und Wein in Leib und Blut Christi zu gewinnen. Der entscheidende Begriff ist die Transsubstantiation. Die *Sub-stans* ist das immaterielle *unter den Erscheinungen stehende Trägerprinzip,* vergleichbar der Seele des Menschen. Dieses nicht sinnlich erfahrbare Trägerprinzip wandelt sich, aber nicht die äußere Erscheinung von Brot und Wein. Daher kann die Transsubstantiation auch nicht von den menschlichen Sinnen festgestellt werden. Von zentraler Bedeutung für diese Lehre waren die Aussagen des vierten Laterankonzils, das 1215 definiert hatte: »Eine einzige ist die umfassende Kirche der Gläubigen. Außerhalb von ihr wird niemand gerettet. In ihr ist Jesus Christus zugleich der Priester und das Opfer. Sein Körper und sein Blut sind im Altarsakrament wahrhaftig enthalten in der Gestalt von Brot und Wein. Verwandelt durch die göttliche Macht wird das Brot zum Körper und der Wein zum Blut, damit wir zum Vollzug des Geheimnisses der Einheit von dem seinen erhalten, was er von dem unseren erhalten hat.«[9] Gleichzeitig betont die Theologie die Anwesenheit des ganzen Christus, so wird es 1555 noch das Konzil von Trient definieren.

VOM *SCHMERZENSMANN* ZUR *GREGORSMESSE*

Das Bildformular des *Schmerzensmanns* zeigt also den eucharistischen Christus wirklich als denjenigen, der sich mit Leib und Blut opfert. Das Bildformular tut das in einer realitätsnahen Weise, die scheinbar der Transsubstantiationslehre entgegengesetzt ist, weil diese ja die Nicht-Sichtbarkeit der Wandlung erklärt. Das Medium des Bildes erlaubt es aber, das Eigentliche der Wandlung – das heißt, die tatsächliche Anwesenheit des ganzen Christus – ins Bild zu setzen. Der *Schmerzensmann* ist somit der theologischen Lehre komplementär und macht gewissermaßen die Nicht-Sichtbarkeit als solche sichtbar.

Ein solches Bild wurde sofort mit der Erhebung der Hostie in Beziehung gesetzt, wie sie bei der Feier der Messe spätestens seit dem Beginn des 13. Jahrhunderts üblich geworden war.[10] Nach der Wandlung erhebt der Priester die Hostie hoch über seinen Kopf, um sie allen Anwesenden zu zeigen Diese Elevation der Hostie wurde als zentrales Abb. S. 306
Geschehen der Messe verstanden, bei dem die Gläubigen das Opfer Christi auf einen Blick wahrnehmen konnten. Eine Seite der 1414/15 entstandenen *Mettener Armenbibel* macht diese Abb. S. 90
geistliche Bedeutung der Elevation anschaulich. Man sieht den Priester, der die Hostie erhebt, während gleichzeitig über dem Altar Christus als *Schmerzensmann* erscheint. Was die Miniatur zeigt, konnte man auch an vielen Altären sehen, an denen Retabel mit *Schmerzensmann*-Darstellungen angebracht waren.[11] Wenn die konsekrierte Hostie erhoben wurde, so bildeten der Körper des *Schmerzensmanns* und das eucharistische *corpus Christi,* also die Hostie, eine Einheit. Im Großen geschieht hier dasselbe wie bei der Werbener Patene.

Die eucharistische Interpretation des *Schmerzensmanns* war demnach schon längst selbstverständlich, als das Thema im späten 14. Jahrhundert nochmals neu akzentuiert wurde. Am Beginn dieser neuen Entwicklung stand ein konkretes Ereignis: 1385/86 stiftete Raimondo (Raimondello) Orsini del Balzo († 1406), einer der mächtigsten italienischen Feudalherren seiner Zeit, eine kostbare *Schmerzensmann*-Ikone in die römische Kirche Santa Abb. S. 298 Croce in Gerusalemme.[12] Das Werk, das sich bis heute an diesem Ort befindet, ist eine 19 cm mal 13 cm messende Mosaikikone, die seit Langem das Zentrum eines kleinen Reliquienaltärchens bildet.[13] Der genaue Entstehungsort der Ikone ist nicht bekannt. Vielleicht entstammt sie einem Kunstkreis, in dem sich östliche und westliche Einflüsse begegneten. Jedenfalls konnte Raimondo Orsini del Balzo das Stück im Katharinenkloster auf dem Sinai an sich bringen. Er schenkte die Ikone nach Santa Croce, weil diese Kirche damals eine Art Familienheiligtum der Orsini war, gleichzeitig war sie auch die Stationskirche des Karfreitags, das heißt, die Kirche, in der traditionsgemäß der päpstliche Karfreitagsgottesdienst stattfand. Außerdem befinden sich hier seit der Spätantike viele wichtige Passionsreliquien.

In Santa Croce behielt der *Schmerzensmann* seine eucharistische Bedeutung, doch wurde diese neu interpretiert, als man die Ikone mit dem heiligen Papst Gregor dem Großen (590–604) in Verbindung brachte. Das dokumentiert zum Beispiel ein um 1495 Abb. S. 299 entstandener Kupferstich des Israhel van Meckenem († 1503). Auf dem Blatt findet sich auch die ausdrückliche Benennung der Darstellung als *ymago pietatis*, das heißt, als »Bild der Frömmigkeit«. »Dieses Bild ist gemacht nach der Gestalt und dem Vorbild jenes ersten ›Bildes der Frömmigkeit‹, das in der Kirche des Heiligen Kreuzes in der Stadt Rom aufbewahrt wird, das der sehr heilige Papst Gregor der Große nach einer ihm zuteilgewordenen und aus der Höhe gezeigten Vision malen ließ.«[14]

Weitere Texte und Inschriften aus anderen Schrift- und Bildquellen machen deutlich, wie man sich die Vision vorzustellen hat, die dem heiligen Gregor hier zuteil geworden sein soll.[15] Eine recht frühe Quelle ist ein Text aus dem *Libricto* des Franziskaners Antonio da Stroncone († 1461): »Dem seligen Gregor, als er *Summus Pontifex*, d. h. Papst, war, erschien, als er einmal die Messe feierte, unser leidender Herr Jesus Christus – unter dem Bild der Frömmigkeit. Und wegen dieser Erscheinung gewährte er [der Papst] jedem, der wahrhaft Buße tut, bereut und gebeichtet hat, und der in Gegenwart des besagten Bildes auf der Erde kniend die oben aufgeschriebenen Gebete zusammen mit fünf Vaterunsern und ebenso vielen Ave Marias spricht, Ablässe von vierzehntausend Jahren […].«[16]

Dieses Ereignis findet sich nicht in den frühen Lebensbeschreibungen und Legenden des heiligen Gregor. Vermutlich ist also die Bildüberlieferung älter als die ersten legendarischen Texte, die von dieser Vision sprechen. Es scheint trotz aller Unwägbarkeiten immer noch möglich, eine Vorstellung davon zu gewinnen, wie das ursprüngliche Bild aussah, das später als Visionsgeschehen interpretiert wurde.[17] Die Annahme eines solchen römischen Urbildes, das direkt und indirekt oftmals rezipiert wurde, könnte wohl am besten erklären, wie sich das Bildformular der *Gregorsmesse* entwickelte und wieso man die Vision des Papstes nach Santa Croce lokalisierte.[18] Zu denken wäre an eine Darstellung, auf der ein Papst und ein Bischof oder Kardinal den über einem Altar gezeigten *Schmerzensmann* verehren. Ein solches Bild, dessen Typus im Rom des späten Mittelalters öfters anzutreffen war,[19] ist gut als Stifterbild Raimondo Orsini del Balzos denkbar. Auf diesem Urbild der *Gregorsmesse* wäre also nicht einmal Gregor der Große gezeigt worden, sondern am ehesten der damalige Papst Urban VI. (1378–1389). Ihn hatte Raimondo Orsini del Balzo 1385 aus dem belagerten Nocera befreit. Als Kardinal beziehungsweise Bischof kämen die Kardinäle Poncello Orsini und besonders Tommaso Orsini von Manupello (Kardinal wohl seit 1383, † 1390) infrage.

Aber ein solches Stifterbild gehört immer nur in einen bestimmten Zusammenhang. Sobald das Bildformular in eine neue Umgebung versetzt wurde, erhielt es notwendigerweise eine neue Deutung. Dabei wurde das ehemalige römische Stifterbild zum Bild einer Messe, zelebriert von Gregor dem Großen. Diese Entwicklung war nur folgerichtig, denn der *Schmerzensmann* wurde ja eben schon längst als der in der Messe geopferte Christus verstanden. Was lag näher, als die Geistlichen, die sich vor ihm verneigen, als den Zelebranten der Messe und seine Assistenten zu deuten. Und wenn hier ein Papst gezeigt wurde, dann dachte man an den heiligen Gregor, dessen Name bis heute eng mit der Liturgie der Messe verbunden ist. Sollte die zweite Person ein Kardinaldiakon gewesen sein, wie es Tommaso Orsini war, dann wäre hier ein Geistlicher zu sehen gewesen, der sowohl das Gewand eines Diakons trug, nämlich die Dalmatik, als auch die Mitra eines Bischofs. Man konnte diesen zweiten Geistlichen also einfach zu einem nicht weiter bestimmten Bischof machen. Oder man verstand ihn als Diakon, der an der Messe teilnimmt. Ein einzelner Diakon ist allerdings liturgisch kaum denkbar, zu ihm gehört immer ein Subdiakon, den man beim ausgebildeten Bildformular der Gregorsmesse auch findet – das anfangs recht statische außerliturgische Geschehen wird also zur Feier der Messe, und zwar zu einer Messe, wie man sie in jeder Kirche erleben konnte. Abb. S. 302–305

Die *Gregorsmesse,* wie man sie vor allem im 15. und frühen 16. Jahrhundert darstellte, zeigt trotz des Rombezugs keineswegs eine Papstmesse. Es fehlen alle Besonderheiten der päpstlichen Liturgie, wie sie bis in die Mitte des 20. Jahrhunderts gefeiert wurde. Nicht einmal die Gewandung des Papstes wird richtig wiedergegeben, so fehlt der Fano, also der nur dem Papst zukommende, mit Streifen verzierte Schulterumhang. Dafür entsprach das Bildformular aber der liturgischen Praxis, mit der jedermann vertraut war. Im Zentrum dieser Praxis steht das eucharistische Opfer, so wie der *Schmerzensmann* im Zentrum der *Gregorsmesse* steht. Die *Gregorsmesse* verbildlicht also den zeitlosen gesamtkirchlichen Rahmen, in dem sich das Opfer Christi beständig erneuert.

1 Gaudentius von Brescia, *Sermo* II, Migne, PL, Bd. 20, Sp. 852 – 861.

2 Grundlegend Vetter 1972, S. 172 – 242; vgl. Hecht 2006 (mit weiteren Belegen).

3 Vgl. Fuhrmann 2001.

4 · *EDITVR · HIC IHESVS · ET · P[ER]MANET · INTEGER · ESVS.*

5 Erwin Panofsky: *Imago Pietatis. Ein Beitrag zur Typengeschichte des Schmerzensmanns und der Maria Mediatrix,* in: *Festschrift für Max J. Friedländer zum 60. Geburtstag,* Leipzig 1927, S. 261 – 308.

6 Robert de Clari: *La conquête de Constantinople,* hg. von Philippe Lauer (Les classiques français du Moyen Age, 40), Paris 1925 (Nachdruck 1974), XCII, S. 90. Deutsche Übersetzung bei: Gerhard E. Sollbach: *Chroniken des Vierten Kreuzzugs (1202 – 1204). Die Augenzeugenberichte des Geoffroy de Villehardouin und Robert de Clari* (Bibliothek der Historischen Forschung, 9), Pfaffenweiler 1998, S. 134.

7 Vgl. die Beispiele bei Hecht 2006.

8 Demetrios I. Pallas: *Passion und Bestattung Christi in Byzanz. Der Ritus – das Bild,* Diss. Phil. München 1965, besonders S. 197.

9 Antonius García y García (Hg.): *Constitutiones Concilii quarti Lateranensis una cum Commentariis glossatorum* (Monumenta iuris canonici, Ser. A: Corpus Glossatorum, 2), Città del Vaticano 1981, S. 42.

10 Vgl. Meyer 1963, besonders S. 164.

11 Beispiel: *Schmerzensmannkreuz* in Würzburg, Neumünster, vgl. Christian Hecht: *Das Schmerzensmannkreuz,* in: Jürgen Emmert / Jürgen Lenssen (Hg.): *Das Neumünster zu Würzburg. Baugeschichte – Restaurierung – Konzeption,* Regensburg 2009, S. 33 – 43.

12 Carlo Bertelli: *The Image of Pity in Santa Croce in Gerusalemme,* in: Douglas Fraser [u. a.] (Hg.): *Essays in the History of Art* (Essays Presented to Rudolf Wittkower on His Sixty-fifth Birthday), Bd. 2, Bristol 1967, S. 40 – 55; Serena Romano: *Reliquiario di S. Gregorio Magno,* in: Giovanni Morello (Hg.): *Splendori di Bisanzio. Testimonianze e riflessi d'arte e cultura bizantina nelle chiese d'Italia,* Mailand 1990, S. 110.

13 Raimondo Besozzi: *La storia della Basilica di Santa Croce in Gerusalemme,* Rom 1750, S. 149 – 150.

14 *Hec ymago contrefacta est ad instar et similitudinem illius prime ymaginis pietatis custodite in ecclesia sancte crucis in urbe romana quam fecerat depingi sanctissimus gregorius pontifex magnus propter habitam ac sibi ostensam desuper visionem.*

15 Vgl. Vetter 1972, S. 215 – 220; Mario Sensi: *Dall'Imago pietatis alle cappelle gregoriane. Immagini, racconti e devozioni per la visione e la cristomimesi,* in: *Collectanea franciscana* 70.2000, S. 79 – 148, besonders S. 132 – 148.

16 Original abgedruckt bei: Giovanni M. Boccali OFM: *Il »Libricto« del Beato Antonio da Stroncone conservato a San Damiano. Studio e edizione integrale,* in: Mario Sensi (Hg.): *Il Beato Antonio da Stroncone,* Atti delle giornate di studio. Stroncone, Porziuncola 1993, S. 87 – 153, hier S. 135.

17 Die älteste bekannte Darstellung, die mit dem Bildformular der *Gregorsmesse* in Verbindung gebracht wird, ist das Tympanonrelief am Südportal der Zisterzienserklosterkirche von Heilsbronn in Mittelfranken; vgl. Hecht 2006, S. 27 – 29.

18 Vgl. Rudolf Berliner: *»Arma Christi«,* in: Robert Suckale (Hg.): *Rudolf Berliner (1886 – 1867). The Freedom of Medieval Art und andere Studien zum christlichen Bild,* Berlin 2003, S. 97 – 191, hier S. 135.

19 Vgl. Stephan Waetzoldt: *Die Kopien des 17. Jahrhunderts nach Mosaiken und Wandmalereien in Rom* (Veröffentlichungen der Bibliotheca Hertziana, 18), Wien / München 1964, S. 34 (Nr. 116 und Abb. 70).

Die Transsubstantiation in der Legendenbildung

Karl-Georg Pfändtner

Die Lehre von der Transsubstantiation besagt, dass das eucharistische Brot sich im Verlauf der Messfeier in den Leib Christi verwandelt und der Wein in sein Blut. Allein der Glaube kann diese Wandlung nachvollziehen, denn die Gestalten von Brot und Wein wandeln sich nicht. So bemerkt auch Thomas von Aquin in seiner Fronleichnamssequenz *Lauda Sion:* »Sehen kannst du's nicht, noch fassen; Starker Glaube wird's nicht lassen, trotz Natur und Augenschein.«[1] Schon seit karolingischer Zeit hat diese Unmöglichkeit der sinnlichen Wahrnehmung immer wieder Berichte und Legenden über Hostienwunder provoziert, um dem Glauben an das unfassbare Wunder der eucharistischen Wandlung Nahrung zu geben und dem immer wieder auftretenden Zweifel entgegenzutreten.

FRÜHE HOSTIENWUNDERLEGENDEN

Bereits der langobardische Geschichtsschreiber und Mönch Paulus Diaconus († 797/99) und Paschasius Radbertus, von 843/44 bis 851 Abt des Klosters Corbie, berichten von Fällen des Zweifelns an der Eucharistielehre unter Papst Gregor dem Großen (590–604). Beide überliefern ein Wunder, das sich während einer Messe des Papstes ereignet haben soll.[2] Die Erzählung fand im 13. Jahrhundert auch Aufnahme in die *Legenda aurea:*[3] Eine Frau hatte Brot für die Messe gebacken. Als sie dasselbe bei der Kommunion als Leib Christi empfing, lachte sie laut auf und bekundete so ihren Zweifel an der Wandlung. Auf das Gebet Gregors hin erschien auf der Patene ein blutiger Finger (oder ein blutiges Stück Abb. S. 319 Fleisch) und die Zweiflerin wurde bekehrt. Durch ein zweites Gebet Gregors verwandelte sich das Fleisch wieder in die Gestalt des Brotes zurück. Laut *Legenda aurea* wurde dieses Brot nicht verzehrt, sondern in die Gregorius-Kapelle von Santa Croce in Gerusalemme in Rom gebracht und von dort unter Papst Benedikt VIII. 1020 nach Bamberg, dann im Jahre 1182 nach Kloster Andechs am Ammersee (Bayern). Mit demselben Kirchenlehrer ist auch die viel bekanntere sogenannte *Gregorsmesse* verbunden, die im Spätmittelalter wohl häufigste Darstellung eines eucharistischen Wunders, der in dieser Publikation ein eigenes Kapitel gewidmet ist.[4]

Einige dieser frühen Wundererzählungen wurden nicht nur in die *Legenda aurea,* sondern auch in spätere Predigtsammlungen aufgenommen. Ergänzt durch eine Fülle weiterer Legenden über Hostienwunder und -frevel finden sie sich auch unter dem Stichwort »Eucharistie« in der homiletischen Enzyklopädie *Summa Praedicantium*[5] des englischen Dominikaners Johannes von Bromyard († nach 1409) sowie unter den 49 Hostienlegenden, die der Nürnberger Dominikanerprior Johann Herolt († 1468) in seiner 1434 verfassten Predigtsammlung *Promptuarium exemplorum secundum ordinem alphabeti* überliefert. Beide Texte haben im Spätmittelalter eine weite Verbreitung erfahren, zunächst in einer großen Anzahl von Handschriften, später durch mehrere Druckausgaben, und waren mehrfach auch Grundlage für bildliche Darstellungen der Geschichten.[6]

HOSTIENWUNDERLEGENDEN DES HOCH- UND SPÄTMITTELALTERS

Eine neue Qualität und fast massenhafte Verbreitung erreichen die Hostienwunder insbesondere in der zweiten Hälfte des 13. und zu Beginn des 14. Jahrhunderts, ohne auf umfangreiche Vorläufer zurückgreifen zu können. Sie treten annähernd zeitgleich an verschiedenen Orten auf, im 16. Jahrhundert auch in protestantischen Gebieten. Stets erscheinen auf Hostien rote Blutspuren, die man seinerzeit nur als Wunder interpretieren konnte und die fast durchgehend eine Wallfahrt nach sich zogen. Schon als im 11. Jahrhundert Berengar von Tours († 1088) die Lehre von der Transsubstantiation bestritt, waren solche Bluthostien zu einer Art Gottesurteil über die »wahre Lehre« herangezogen worden.[7] Diese Phänomene sind keinesfalls als frömmelnde Fantastereien abzutun und jedenfalls nicht ausschließlich visionären Erscheinungen zuzuschreiben, wie wir heute wissen. In den meisten Fällen wurden sie wohl durch blutähnliche Erscheinungen auf und an konsekrierten Hostien ausgelöst, die durch die Bildung von rötlichen Bakterienkolonien hervorgerufen wurden. Derlei »blutiges Brot« entsteht durch einen Mikroorganismus, der auf kohlehydrathaltigen Lebensmitteln – somit auch Brot – bei Zimmertemperatur ein blutrotes Pigment *(Prodigiosin)* bildet.[8] Bereits Alexander der Große sah sich, als er 332 v. Chr. Tyros in Phönikien belagerte, vor dem Problem, dass die Brote seiner Soldaten blutähnliche Flecken aufwiesen, was diese in panischen Schrecken versetzte.[9]

Das gehäufte Auftreten von Bluthostien seit dem 12./13. Jahrhundert hängt wohl vor allem mit zweierlei Faktoren zusammen: der Aufbewahrung der Hostien in feuchten Sakristeiräumen oder Tabernakeln und deren Zubereitung aus Weizenmehl. Dies waren ideale Bedingungen für das *Bacterium prodigiosum,* das unter diesen Umständen sowohl einen stärkereichen und säurearmen Nährboden als auch die bevorzugten klimatischen Bedingungen vorfand, um blutstropfenähnliche Kolonien zu bilden.[10] Diese »Blutstropfen« erschienen zudem, wenn man sie wegwischte, auf »wundersame Weise« nach einigen Tagen wieder.[11] Die wissenschaftliche Erklärung dieses Phänomens erfolgte erst 1819 nach dem Auftreten »blutender« Polenta in Legnano bei Padua. Der hinzugerufene Bezirksarzt Dr. Sette erkannte als erster das »Blut« als übertragbare Pilzwucherung. Der sich in der Folge mit diesem Phänomen beschäftigende Prof. Bartolomeo Bizio von der Universität Padua fasste die tröpfchenartigen Gebilde, die wir heute Bakterienkolonien nennen, erstmals als stengellose Pilzköpfchen auf.[12]

Wichtige »Bluthostien«-Legenden und -Wallfahrtsorte lassen sich nahezu überall in Europa nachweisen: in Italien, Burgund, Frankreich, Spanien, Deutschland, Österreich und der Schweiz. Nicht selten gruppieren sich mehrere solcher Wallfahrtsorte um ein Zentrum, wohl weil das Bakterium durch die Visitationen der örtlichen Pfarrer und Bischöfe, wie sie häufig überliefert sind, verbreitet wurde. In Österreich sind als wichtige Wallfahrtsorte etwa Pulkau zu nennen, Korneuburg, Laa an der Thaya und Seefeld in Tirol; in Deutschland Andechs, Augsburg, Deggendorf, Passau, Regensburg, Wilsnack oder Sternberg. Am berühmtesten ist jedoch wohl das »Wunder von Bolsena«. Der böhmische Priester Peter von Prag soll dort im Jahre 1263 trotz seiner Zweifel an der Wandlung in der Eucharistiefeier die Hostie gebrochen und dabei Blutstropfen darauf entdeckt haben.[13] Der Überlieferung nach gestand er seine Zweifel ein und zog mit den Hostien nach Orvieto zu Papst Urban IV. Der Legende nach ist daraufhin das Fronleichnamsfest eingeführt worden.[14]

Allein aus dem deutschsprachigen Raum lassen sich bis zum Jahre 1500 circa vierzig solcher Erzählungen und daran anschließende Blutwallfahrten nachweisen, die sich im Ablauf alle sehr ähneln. Häufig schürten sie antijüdische Propaganda und begünstigten Pogrome, wenn in ihnen – was oft der Fall war – Mitglieder der jüdischen Gemeinden des Hostienfrevels angeklagt wurden.[15] Im Wiener Raum sind zum Beispiel Pulkau, Klosterneuburg, Korneuburg und Wien selber Schauplätze solcher Legenden. Sie erzählen vom Diebstahl der in einer Kirche aufbewahrten Hostien, die anschließend mit Messern oder Ahlen gemartert wurden und daraufhin anfingen zu bluten. Auch in Sternberg in Mecklenburg wurden die Hostien angeblich mit Ahlen gestochen,[16] während sie den Legenden nach in Deggendorf an der Donau auf einem Amboss geschlagen[17] und in Passau, St. Salvator, mit Dolchen traktiert wurden. Doch zeichnen die Legenden auch andere, häufig sehr drastische Wege, durch die Hostienfrevler an das gewünschte Gut gekommen sein sollen. Werner von Oberwesel († 1287) soll nach Empfang der Kommunion an den Füßen aufgehängt worden sein, damit seine Peiniger an die herausfallende Hostie gelangen konnten.[18] Eine andere Erzählung zeichnet ein noch dramatischeres Bild: Ein Priester, der gerade kommuniziert hatte, sei auf dem Heimweg gefragt worden, wo jetzt der Leib Christi sei, den er soeben zu sich genommen habe. Auf seine Antwort, er sei in seinem Herzen, sollen die daran zweifelnden Fragesteller ihn aufgeschnitten haben, um an sein Herz zu gelangen. Darin sei dann das Christkind erschienen und nach großem Tumult in den Körper des wieder zum Leben erwachten Priesters zurückgekehrt.[19]

Doch nicht alle Hostienwunder haben einen antisemitischen Hintergrund und auch die Marter des geraubten Leibes Christi ist nicht der alleinige Auslöser einer Wundererscheinung. Häufig ranken sich die Geschichten um den Zweifel an der Transsubstantiation oder den Raub der wertvollen Hostienbehältnisse, dem zwangsläufig auch
Abb. S. 316–317
die darin enthaltenen Hostien zum Opfer fielen. Auch die meisten der von den Dominikanern Bromyard und Herolt überlieferten Wunder haben die Bekehrung des Unglaubens zum Inhalt, der durch die Erscheinungen in Glauben gewandelt wird. Bromyard erzählt folgende Geschichte: Diebe hatten eine wertvolle Hostienpyxis gestohlen und versteckten deren Inhalt in einem Bienenstock. Daraufhin entstand ein lieblicher Gesang und die Bienen schufen eine wunderbare *camera* um das eucharistische Brot herum.[20]
Abb. S. 320
Bekannt und häufig dargestellt ist das Hostienwunder des heiligen Antonius von Padua: Antonius zeigte das geweihte Brot einem Esel, der bereits drei Tage nichts zu fressen bekommen hatte. Statt sich hungrig über die Speise herzumachen, beugte das Tier davor die Knie. Darauf bekehrte sich dessen Besitzer, dessen Unglauben der Anlass dieser Erscheinung war.[21]

Gewaltlos verliefen auch folgende Legenden, die eine Kirchengründung oder Wallfahrt zur Folge hatten. Die Gründungsgeschichte des Heiliggrabklosters in Bamberg berichtet, ein fahrender Schüler habe aus Geldnot eine Pyxis mit Hostien geraubt. Den für ihn nicht brauchbaren Inhalt schüttete er auf einem Feld aus, auf dem dann der Magd des Küsters von St. Gangolph in Bamberg ein Jesuskind erschien. Nach vergeblichen Versuchen, die Hostien zu bergen, soll dies erst dem Bischof gelungen sein. An der Stelle der Auffindung wurde das Kloster gegründet.[22] Die berühmte blutende Hostie von Dijon verdankt ihre Existenz der theologischen Unbedarftheit einer Frau. Im Jahre 1430 soll sie bei einem Händler eine vermutlich gestohlene Monstranz gekauft haben, die noch eine konsekrierte Hostie enthielt. Als sie versuchte, diese mit einem Messer zu entfernen, soll darauf das Bild Jesu auf einem halbrunden Thron umgeben von Passionswerkzeugen erschienen sein. Die erschrockene Frau brachte die Hostie zu einem Kanoniker. Papst Eugen IV. (1431–1447), der von der Wunderhostie erfuhr, schenkte sie daraufhin Herzog Philipp von Burgund (1396–1467), der sie wiederum der Stadt Dijon zur Gabe machte. Dort war sie bis 1794 in der Kirche Saint-Michel ausgestellt.[23] Eine weitere Bluthostie hat in Seefeld ihre Spuren hinterlassen. Der mächtige und reiche Ritter Oswald Milser, der Pfleger auf Burg Schlossberg war, wollte am Gründonnerstag 1384 die heilige Kommunion in Form einer großen Hostie zu sich nehmen, die nur den Priestern vorbehalten war. Nach Erhalt der Hostie gab der Boden unter ihm nach und er versank darin; selbst der Altar, an dem er sich festhalten wollte, gab nach. Erst als der Pfarrer die Hostie aus seinem Mund nahm, soll sich der Boden wieder geschlossen haben. Die Hostie habe Blutspuren bekommen.[24] Für das Blutwunder von Siena schließlich, das sich im Jahre 1330 ereignete, ist der heilige Simon Fidati da Cascia (um 1285–1348) Zeuge. Ein Priester legte die konsekrierte Hostie für einen Versehgang zwischen die Seiten seines Breviers. Als er im Haus des Sterbenden das Buch öffnete, blutete die Hostie und hatte die beiden Buchseiten, zwischen denen sie lag, ebenfalls mit Blut gefärbt. Verwirrt und reuig soll der Priester in das Augustinerkloster nach Siena gegangen sein und dort dem heiligen Simon Fidati das Ereignis geschildert haben. Dieser erbat sich die beiden blutgetränkten Brevierseiten, die er auch erhielt. Eine davon nahm er später mit nach Perugia, die andere – an welcher die konsekrierte Hostie haftete – nach Cascia. Dort wird die Reliquie noch heute in der Unterkirche von Santa Rita verehrt.[25]

HOSTIENWUNDER IN BILDERN

Darstellungen von Hostienwundern und -freveln finden sich vor allem im fortgeschrittenen Mittelalter und in der Neuzeit in der Tafel-, Glas- und Buchmalerei, auf großformatigen Tapisserien[26] und im Buchdruck.[27] Dabei können ganze Legenden illustriert sein,[28] aber auch Einzelszenen kommen vor, vor allem in der Buchmalerei, wie die *Gregorsmesse* zum Beispiel als Illustration zu den *Sieben Versen des heiligen Gregor* oder das Eselswunder des heiligen Antonius von Padua, das beispielsweise in einigen Stundenbüchern aus der Werkstatt Simon Benings als Miniatur zum Suffragium des Heiligen gewählt wurde.[29] In flämischen Stundenbüchern findet man zudem häufig die Darstellung der blutenden Hostie von Dijon.[30] Ein lokaler Bezug spiegelt sich vielfach auch in den öffentlich zugänglicheren Bildern der Tafel- und Glasmalerei, so auf einem um 1470 entstandenen Flügelaltärchen aus Korneuburg,[31] auf dem Hochaltar im nahen Pulkau aus dem Jahre 1515[32] oder auf einem 1460 datierbaren Glasfenster in der Kirche zu Heiligenblut bei Melk, das den *Erbärmde-Christus* mit Kelch und Bluthostie abbildet.[33] Im Germanischen Nationalmuseum Nürnberg befinden sich zwei Tafeln aus einem großformatigen Altarzusammenhang mit der Darstellung des Regensburger Hostienfrevels. Auch aus Italien,[34] dem heutigen Belgien,[35] Frankreich[36] und Spanien[37] haben sich Beispiele solcher Lokaltraditionen erhalten.

Abb. S. 302–305
Abb. S. 320
Abb. S. 316–317

Kaum bekannt sind die umfangreichen Illustrationen zum Corpus-Christi-Offizium im Gebetbuch des Johann Siebenhirter (1420–1508), der seit 1469 als Hochmeister des damals von Kaiser Friedrich III. zur Abwehr der Türkenstürme neu gegründeten Sankt-Georg-Ritterordens fungierte.[38] Acht ganzseitige Miniaturen illustrieren die Gebetsstunden von der Vesper bis zur Non. Den Anfang macht die Darstellung des Abendmahles, auf der nur Brot (in Gestalt von Hostien) gereicht wird. Kein Lamm, kein Wein- oder Wassergefäß lenkt von der hier wichtigen Thematik ab. Vor dem Abendmahlstisch kniet Judas, ganz in Gelb, der Schandfarbe des Mittelalters. Ihm wird gerade von Christus eine Hostie gereicht. Es folgt zu Beginn der Komplet die Darstellung einer Messe, in der vor den Augen eines Bischofs (des heiligen Syrus?) ein Glaubender, ein

Abb. S. 318

Zweifler und ein Häretiker die Kommunion empfangen Der erste sieht auf der Hostie das Christkind, der zweite das Brot, der dritte eine Kröte. Zu Beginn der Matutin folgt die Darstellung eines Priesters, den ein Narr vom Altar wegführen will, weil er in der Hostie das Christkind sieht. Der Prim ist die Geschichte des blutigen Fingers zugeordnet, der – Abb. S. 319 wie oben beschrieben – in einer Messe Papst Gregors des Großen auf der Patene erscheint. Abb. S. 319 Zur Terz wird die Bluthostienvision eines Priesters dargestellt, zur Sext sieht man eine Szene mit drei Juden, die auf einem Amboss eine Hostie blutig schlagen, und zur Non Abb. S. 319 eine Miniatur, in der ein Jüngling eine Totenwache ermordet hat, um dem Verstorbenen den Magen aufschneiden zu können. Er will an die Hostie gelangen, die der Priester offenbar beim Versehgang kurz zuvor gereicht hatte. Abgeschlossen wird der Zyklus von der Darstellung einer von zwei Engeln gehaltenen Monstranz. Welche Legenden hier im Einzelnen dargestellt sind und ob es sich um die Illustration einer oder mehrerer Legenden handelt – Letzteres ist anzunehmen –, ist bisher nicht erforscht. Siebenhirter hatte Güter in Laa an der Thaya, wo er vermutlich seine Jugend verbracht und die Bluthostienverehrung eine Tradition hatte.[39] Da von dem Vorfall, der im Jahre 1294 zu einer Anklage wegen Hostienfrevels führte, nur sehr summarisch in den *Annales Zwetlenses* berichtet wird und die Wallfahrtskapelle nicht mehr existiert, lässt sich kaum etwas über den Tathergang und die diesen illustrierenden eventuell vorhandenen Bilder sagen.[40]

HOSTIENWUNDER, DIE THEOLOGIE UND DIE STIMME DER AMTSKIRCHE

Die Amtskirche nahm die Bluthostienwunder sehr ernst. Dies zeigen nicht nur die vielen Visitationen der Wunderhostien und der zugehörigen Kirchen, wie sie etwa für Korneuburg bei Wien detailliert überliefert sind.[41] Viele der damit verbundenen Wallfahrten wurden reich mit Ablässen belohnt.[42] Doch gab es immer wieder auch kritische Stimmen. Albertus Magnus († 1280) hielt die Wunder für Visionen. Kardinal Nikolaus von Kues († 1464), Kirchenrevisor und päpstlicher Legat, verfasste 1451 ein Rundschreiben an alle Erzbischöfe, Bischöfe, Äbte und den gesamten Klerus seines Legationsbezirks gegen die Bluthostienverehrung. Die Priester sollten die Hostien verzehren und nicht zur Verehrung darbieten; alle derartigen Bilder, zu denen das Volk wegen ihrer sichtbaren Gestalt in seinen Anbetungen Zuflucht nimmt, sollten dem Anblick des einfachen Volkes entzogen werden.[43] Bereits ab dem mittleren 15. Jahrhundert könnte es also in den Fällen, in welchen das Rundschreiben befolgt wurde, zu einer Reduzierung sowohl der Bluthostien als auch der die Legenden illustrierenden Bilder, ja gar zur Auflösung einer Wallfahrt gekommen sein. Ob dies auch geschehen ist, bleibt zu erforschen. Jedenfalls verschwanden im Verlaufe der Französischen Revolution und der Säkularisation viele Bluthostien, so etwa die Hostie von Dijon, und Bilder der Legenden. Die Hostien, von denen sich auffallend wenige erhalten haben, so etwa in Augsburg, Heilig Kreuz, Andechs, Seefeld

(Tirol), Cascia, sind teilweise auch auf natürlichem Weg zerfallen. Wallfahrten wurden aufgrund der antijüdischen Inhalte bis in die Gegenwart geschlossen, so zum Beispiel 1992 die Wallfahrt zu Deggendorf, und Bilder in Depots verbannt, wie diejenigen der Hostienlegende in Korneuburg bei Wien.

1 Anselm Schott: *Das Messbuch der heiligen Kirche*, Freiburg 1953, S. 548.

2 Paschasius Radbertus: *Liber de corpore et sanguine domini* (PL 120, Sp. 1317 f.).

3 *Die Legenda aurea des Jacobus de Voragine*, übersetzt von Richard Benz, Gerlingen 1993: *Von Sanct Gregorius*, S. 230 f.

4 Paschasius Radbertus überliefert noch weitere Legenden von Hostienwundern. Zwei davon handeln, wie spätere Legenden überwiegend, vom »Unglauben« insbesondere der jüdischen Bevölkerungsgruppe: Paschasius Radbertus (wie Anm. 2) (PL 120, Sp. 1317 und Sp. 1283).

5 Artikel VIII, *Exemplum* 1 und Artikel VII, *Exemplum* 5.

6 So gehen die Szenen auf dem zwischen 1505 und 1518 datierbaren Bildteppich von Ronceray, der ursprünglich an hohen Festtagen in der Klosterkirche aufgehängt wurde und heute auf mehrere Museen aufgeteilt ist, zum Teil direkt auf die *Exempla* von Herolt zurück. Vgl. hierzu Marillier 1931; zur Identifikation der Szenen nach Herolt: Guy de Tervarent: *Les Énigmes de l'Art du Moyen Âge*, 2. Série, Paris 1941, S. 9–28.

7 Stefan Winkle: *Das Blutwunder als mikrobiologisches und massenpsychologisches Phänomen. Beitrag zur Geschichte des Bacterium prodigiosum (Serratia marcescens) und zur Phänomenologie der Intoleranz*, in: *Das Medizinische Laboratorium* 7.1983, S. 143–149 (http://www.collasius.org/WINKLE/04-HTML/blutwunder.htm).

8 Zur Thematik der Blutwunder als mikrobiologisches und massenpsychologisches Phänomen der Intoleranz: Winkle 1983 (wie Anm. 7).

9 Siehe hierzu Winkle 1983 (wie Anm. 7).

10 Winkle 1983 (wie Anm. 7).

11 Winkle 1983 (wie Anm. 7) mit Verweis auf Pierre Bouchet, *Observationum medicarum et admirabilium*, Paris 1624, S. 29.

12 Winkle 1983 (wie Anm. 7).

13 Winkle 1983 (wie Anm. 7).

14 Vgl. dazu auch den Beitrag von Thomas Lentes (S. 271) mit einer abweichenden Version.

15 Vgl. zu dieser Thematik vor allem Peter Browe: *Die Hostienschändungen der Juden im Mittelalter*, in: *Römische Quartalschrift für Altertumskunde und für Kirchengeschichte* 34.1926, S. 167–197; Peter Browe: *Die Eucharistie als Zaubermittel im Mittelalter*, in: *Archiv für Kulturgeschichte* 20.1930, S. 134; Browe 1938. Zudem: Verena Fellner: *Die angeblichen Hostienfrevel der Juden in Österreich*, Diplomarbeit am Institut für Österreichische Geschichtsforschung der Universität Wien, Typoskript, Wien 1994, S. 53 ff.; Winfried Stelzer: *Am Beispiel Korneuburg: Der angebliche Hostienfrevel österreichischer Juden von 1305 und seine Quellen*, in: Willibald Rosner (Hg.): *Österreich im Mittelalter. Bausteine zu einer revidierten Gesamtdarstellung* (Studien und Forschungen aus dem Niederösterreichischen Institut für Landeskunde, 26), St. Pölten 1999, S. 309–347.

16 Hiervon gibt es sogar Holzschnitte des 15. Jahrhunderts; siehe Anm. 27.

17 Fellner 1994 (wie Anm. 15), S. 53 ff.

18 LCI, Bd. 8, Sp. 399.

19 Vgl. zu dieser Legende Miri Rubin: *Gentile Tales. The Narrative Assault on Late Medieval Jews*, New Haven 1999, S. 35.

20 Johannes von Bromyard: *Summa Praedicantium*, s. v. *Eucharistie*, Artikel IIII, *Exemplum* 3.

21 Ohne den Namen des Heiligen zu nennen, überliefert diese Begebenheit auch wieder Bromyard (s. v. *Eucharistie*, Artikel IIII, *Exemplum* 4).

22 Die Legende ist auf zwölf Holztafeln des 17. Jahrhunderts dargestellt, die sich heute noch in der Heilig-Grab-Kirche in Bamberg befinden; siehe dazu: http://commons.wikimedia.org/wiki/Gründungslegende_des_Heilig-Grab-Klosters_Bamberg. Zur Legende und dem Heilig-Grab-Kloster in Bamberg: Heinrich Mayer: *Bamberg als Kunststadt*, Bamberg 1952 (2. Aufl., Nachdruck), S. 344–345.

23 Zur Hostie von Dijon: Jean-Baptiste Sellenet: *La sainte Hostie de Dijon*, Dijon 1894.

24 Siehe hierzu: http://orawww.uibk.ac.at/apex/uprod/f?p=LLW:3:0::NO::P3_ID:664.

25 Ökumenisches Heiligenlexikon online: http://www.heiligenlexikon.de/BiographienS/Simon_Fidati_da_Cascia.html.

26 Vgl. dazu Anm. 6; Saskia Durian-Ress: *Meisterwerke mittelalterlicher Textilkunst aus dem Bayerischen Nationalmuseum*, Auswahlkatalog, München / Zürich 1986, Nr. 60.

27 Zu Holzschnitten mit Hostienfreveln und -wundern, zum Beispiel zur Hostienfrevellegende von Passau aus dem Jahre 1478, vgl. Abb. unter: http://de.wikipedia.org/w/index.php?title=Datei:Descreationofhost.gif&filetimestamp=20051121015713. Ebenso gab es mehrere Holzschnitte zur Hostienfrevellegende von Sternberg im Jahre 1492. Einer

findet sich in »die geschicht der Juden zum Sternberg ym landt zu mecklenburg«, Simon Koch, Magdeburg 1492, digitalisiert unter http://digital.staatsbibliothek-berlin.de/dms/werkansicht/?PPN=PPN656982853&PHYSID=PHYS_0005.

28 Eine ausführliche Geschichte eines Hostienfrevels zeigt das um 1349 / 50 entstandene Altarretabel aus Vallbona de les Monges im Museo Nacional de Arte de Cataluña in Barcelona (Moneo 2002 / 03), ebenso das *Carew-Poyntz Stundenbuch* (Cambridge, Fitzwilliam Museum, Ms. 48, fol. 56v), um 1350 / 60 für Sir John Carew, Lord Deputy of Ireland, geschaffen (Rubin 1999 [wie Anm. 19], Abb. 20 und Abb. 4).

29 Zu konkreten Beispielen siehe: Alfons W. Biermann: *Die Miniaturenhandschriften des Kardinals Albrecht von Brandenburg (1514 – 1545)*, in: *Aachener Kunstblätter* 46.1975, S. 15 – 310, Abb. 172 – 176.

30 Zum Beispiel im Stundenbuch der Maria von Burgund (Wien, Österreichische Nationalbibliothek, Cod. 1857), Ergänzungen aus der Zeit um 1500, Blatt 1*v (Rubin 1999 [wie Anm. 19], Abb. 23).

31 Stift Klosterneuburg, Stiftssammlungen. Das Altärchen kam erst 1821 nach Auflösung des Korneuburger Augustinerklosters nach Klosterneuburg. Zum Altärchen vgl. *Die Zeit der frühen Habsburger. Dome und Klöster 1279 – 1379*, Ausst.-Kat. Niederösterreichische Landesausstellung Wiener Neustadt, Wien 1979, S. 364, und Rubin 1999 (wie Anm. 19), Abb. 10. Die Bluthostie war teilweise in einer noch heute in Klosterneuburg aufbewahrten spätgotischen Monstranz ausgestellt. Im Stadtmuseum Korneuburg hat sich ein 12-teiliger Bilderzyklus aus dem Jahre 1660 erhalten, der ebenso diese Legende illustriert. Vgl. Eveline Brugger: *Korneuburg 1305 – eine blutige Hostie und die Folgen*, in: *Nicht in einem Bett. Juden und Christen in Spätmittelalter und Frühneuzeit*, hg. vom Institut für Geschichte der Juden in Österreich, Wien 2005, S. 20 – 26 (onlineversion unter: http://www.injoest.ac.at/upload/JudeninME05_2_19-26.pdf mit Abbildung der Gemälde im Korneuburger Stadtmuseum).

32 Anton Reich: *Pulkau. Seine Kirchen und seine Geschichte*, Wien 1963, Abb. 24.

33 Ein sich daran orientierendes Bild besitzt auch die Chor-Verglasung der nahen und für Heiligenblut zuständigen Pfarrkirche von Weiten. Siehe zu diesen und Abbildung des Glasfensters in der Wallfahrtskirche von Heiligenblut bei Melk: Karl-Georg Pfändtner: *Die Handschriften des Lehrbüchermeisters* (Codices Manuscripti Supplementum 4), Purkersdorf 2011, S. 28 und Abb. 165. Ein jüngst für das Diözesanmuseum St. Pölten erworbenes, um 1480 entstandenes Andreasretabel zeigt im geschlossenen Zustand auf der linken oberen Innentafel eine Messe mit der Elevation einer Wunderhostie, deren Blut sich auf die im darunter liegenden Bild dargestellten Auferstehenden ergießt und sie zum Einlass in das Paradies qualifiziert. Auf der rechten Tafel sind oben das Jüngste Gericht und unten die in den Höllenschlund geschobenen Verdammten zu sehen (unpubliziert).

34 In Italien sind die 1467 / 68 datierten sechs Tafelgemälde einer Hostienfrevel-Legende von Paolo Uccello in der Galleria delle Marche in Urbino die wohl bekanntesten und qualitätvollsten Gemälde dieses Sujets; vgl. Franco Borsi / Stefano Borsi: *Paolo Uccello. Florenz zwischen Gotik und Renaissance*, Stuttgart / Zürich 1993, S. 259 – 266; S. 338 – 340.

35 In der Sakramentskapelle der Brüsseler Kathedrale St. Michael und St. Gudule erzählt ein Glasgemäldezyklus des 19. Jahrhunderts in 18 Bildern die Geschehnisse des dortigen Hostienfrevels (Browe 1938, S. 277).

36 Siehe de Tervarent 1941 (wie Anm. 6), S. 22 ff.

37 Siehe Anm. 28.

38 Dazu: Pfändtner 2007; zur Illustration des Fronleichnams-Offiziums insbesondere S. 120 – 132; Pfändtner 2011 (wie Anm. 33), S. 26 – 29; zum Bild auf fol. 158v siehe auch: Jeffrey Hamburger: *Bosch's Conjuror: An Attack on Magic and Sacramental Heresy*, in: *Simiolus* 14.1984, Nr. 1, S. 4 – 23.

39 Franz Stubenvoll: *Aus dem Leben des Hanns Siebenhirter. Erster Hochmeister des St. Georg-Ritterordens (1420 – 1508)*, in: Franz Nikolasch (Hg): *Studien zur Geschichte von Millstadt und Kärnten. Vorträge der Millstädter Symposien 1981 – 1995* (Archiv für Vaterländische Geschichte und Topographie, 78), Klagenfurt 1997, S. 495 – 510, S. 497.

40 Siehe zu den angeblichen Hostienschändungen von Laa an der Thaya: Fellner 1994 (wie Anm. 15), S. 42 – 32.

41 Stelzer 1999 (wie Anm. 15) und Brugger 2005 (wie Anm. 31).

42 Browe 1938, S. 277.

43 Manfred Eder: *Die Deggendorfer Gnad*, Deggendorf 1992, S. 174 – 175; dort der vollständige Wortlaut des Rundschreibens auf Deutsch zitiert.

* Tüchlein mit der Anbetung des Kindes Umkreis Stefan Lochner, Köln, um 1450
Tüchleinmalerei auf Seide; 19,2 × 20,5 cm
Köln, Kolumba – Kunstmuseum des Erzbistums Köln, Inv. M 2

* Burse mit *Schmerzensmann* und Palla mit den *Fünf Wunden Christi* Mittelrhein, 15. Jahrhundert
Leinen, Goldwirkerei; Burse: 24 × 23 cm; Palla: 15 × 15 cm
Köln, Kolumba – Kunstmuseum des Erzbistums Köln, Inv. P 4a/b

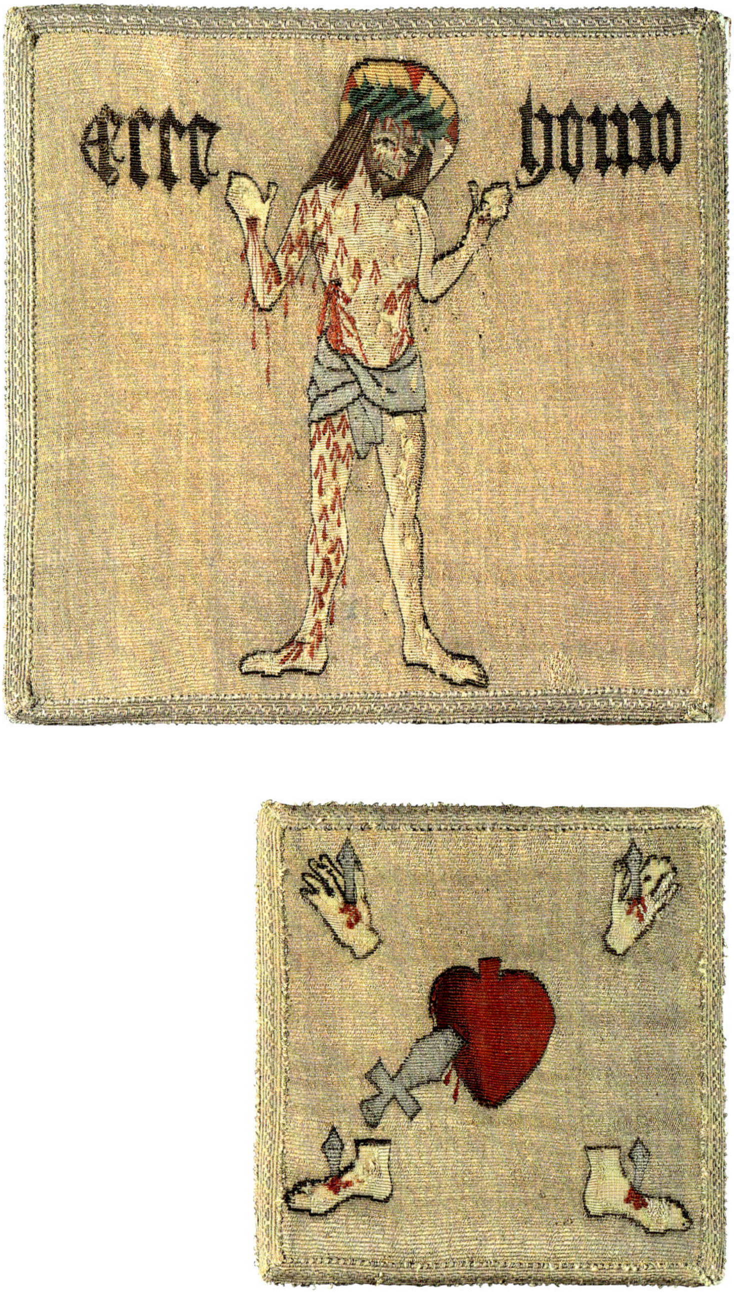

* Burse mit *fons pietatis* Lombardisch, um 1430–1450
Seidensamt, Stickerei aus Seiden- und Metallfäden, Metallpailletten; 22 × 20 cm
Bergamo, Museo e Tesoro della Cattedrale

* Palla mit der Marter der Makkabäer Köln, um 1520–1525
Tüchleinmalerei auf Seide; 15,5 × 16 cm
Köln, Kolumba – Kunstmuseum des Erzbistums Köln, Inv. M 26

zu den Abbildungen
Seite 291 – 297

291 — Das sogenannte Tüchlein aus kostbarem Seidengewebe zierte vermutlich ursprünglich den Innendeckel eines Korporalienkästchens. Darin wurde das weiße Leinentüchlein – das Korporale – verwahrt, auf dem während der Eucharistiefeier Kelch und Hostie platziert sind. Dieses Korporale ist immer bildlos, doch wurden dessen Schutzhüllen mit Illustrationen versehen, die auf seine Funktion verweisen. Die Darstellung des Kölner Tüchleins zeigt die Geburt Christi, thematisiert also die »Fleischwerdung« des Gottessohnes durch die Intervention Gottvaters, der oberhalb des Kindes am Himmel erscheint. Die Inkarnation Christi wird verstanden als Parallele zur Wandlung der eucharistischen Gaben in den Leib Christi durch das dasselbe Wirken Gottes. In der Messallegorese des Durandus († 1296) heißt es über das Korporale, es müsse von reinem Leinen sein, »das vom Bischof geweiht wurde, entstanden und gewebt aus der Erde entsprossenem Lein, so wie der Leib unseres Herrn Jesus Christus in einem reinen Linnentuch bestattet worden ist und Christus einen wirklichen Leib, leidensfähig und sterblich, von dem irdischen Leib der Jungfrau angenommen hat« (Durandus 2012, Kap. 29,2). Eine solche allegorische Deutung ist der bildlichen Darstellung unterlegt, die sich in Details wiederum an einer Vision der heiligen Brigitta von Schweden († 1373) orientiert: In einen weißen Mantel gehüllt und mit offenem Haar kniet Maria zusammen mit Josef andächtig vor dem nackten Kind, das zwischen ihnen auf einem weißen Leinentuch – dem Korporale – liegt. Ochs und Esel haben sich so neben das Kind gelagert, dass sie zusammen mit ihm eine Kreuzform bilden. In der kargen Landschaft vernehmen seitlich zwei Hirten die Nachricht von der Geburt Christi, die zwei Engel am sternenbesetzten Himmel verkünden.

292 — Bursen dienten wie die Korporalienkästchen zur Aufbewahrung des Korporales, dessen Bezeichnung sich von *corpus* (Leib) ableitet. Während der Wandlung ist es die Unterlage für den gewandelten »Leib Christi«. Mit der zur Burse gehörigen Palla wird der Kelch abgedeckt, um Verunreinigungen zu vermeiden. Der Bilddekor des Ensembles bezieht sich auf die Wandlung, führt aber ganz unterschiedliche ikonografische Topoi zusammen: Die historischen Worte des Pilatus *Ecce homo* (Siehe, der Mensch; Joh 19,5) stehen über dem zeitlosen *Schmerzensmann*, aus dessen Wunden Blut und Wasser hervorgehen (vgl. Joh 19,34), wie auch in der Eucharistiefeier Wein und Wasser vermischt werden, denn: das Brot ist »ein Sinnbild für den Leib Christi, der Wein für sein Blut, das Wasser für das Volk. […] Allein der Priester mischt dem Wein im Kelch Wasser bei […], weil allein Christus die Völker mit seinem Blut erlöst hat. Außerdem symbolisiert die Beimischung des Wassers die Vereinigung des Volkes mit Christus […]; dies kann nur durch die Gnade Christi geschehen, dessen Rolle der Priester einnimmt« (Durandus 2012, Kap. 30,15; 30,18). Die Palla wiederum greift mit den Piktogrammen der fünf Wundmale Christi möglicherweise ein Motiv der privaten Andacht auf.

293 — Die Burse aus dem Museum der Kathedrale von Bergamo trägt eine Darstellung des *fons pietatis*, der Quelle der Barmherzigkeit. Vor leuchtend rotem Samtgewebe aus Seide steht Christus neben dem Kreuz, an dem die Leidenswerkzeuge hängen: oben die Dornenkrone, seitlich an den Nägeln die Geißeln. Aus der Seitenwunde des *Schmerzensmanns* ergießen sich Blut und eine Hostie in einen Kelch, womit anschaulich gemacht wird, dass das Sakra-

ment der Eucharistie aus dem Leib Christi hervorgeht. Die Grundfarben der Bursen leiteten sich zuweilen von den liturgischen Farben des Kirchenjahres ab, die im Mittelalter allerdings noch nicht grundsätzlich normiert waren. Papst Innozenz III. (1198–1216) schrieb dazu: »Rother Kleider hat man sich zu bedienen an den Festtagen der Apostel und Märtyrer, wegen des Blutes der Leiden, das sie für Christus vergossen haben. Denn sie sind es, ›welche kamen aus großer Trübsal und ihre Kleider gewaschen haben in dem Blute des Lammes.‹ Ferner sind sie vorgeschrieben für das Fest des heiligen Kreuzes, an welchem Christus für uns sein Blut vergossen hat; darum wir bei dem Propheten lesen: ›Warum ist dein Kleid roth, wie die Füße des Kelterers?‹ […] Am Pfingstfest, wegen der Glut des Heiligen Geistes […]« (Innozenz 1857, S. 64).

294 — Das Tüchleinbild mit der Darstellung der Makkabäermarter ist heute als Palla montiert. Dabei handelt es sich wohl um eine Zweitverwendung, denn sowohl die Bordürenrahmung als auch die aufgeklebten Wappen in den oberen Ecken sind spätere Umarbeitungen. In einem großen Kessel, der unten von züngelnden Flammen erhitzt wird, werden die sieben jüdischen Makkabäer zusammen mit ihrer Mutter Salome grausam in heißem Öl gemartert, nachdem ihnen zuvor die Kopfhaut abgezogen und die Hände abgeschlagen worden waren. Dem mosaischen Gesetz entsprechend, hatten sie sich wiederholt geweigert, Schweinefleisch zu essen, und waren daraufhin zum Tode verurteilt worden (2 Makk 7). Das Leiden der sieben Brüder und ihrer Mutter gilt als alttestamentlicher Vorläufer für das christliche Märtyrertum. Auf dem Tüchlein werden sie typologisch dem Gekreuzigten und der Schmerzensmutter gegenübergestellt. Entsprechend sind es sieben Schwerter, die die Brust Mariens durchbohren. Sie gelten ihren Schmerzen, die sie durch die Leiden ihres Sohnes erfahren hat. Das Thema der Makkabäermarter findet sich vor allem in Köln, wie zum Beispiel in nahezu identischer Komposition auf einem weiteren, wohl um 1515–1520 entstandenen Tüchlein im Kölner Museum Schnütgen (Inv. M 222). Die Gebeine der Brüder waren im 12. Jahrhundert zusammen mit den Reliquien der Heiligen Drei Könige nach Köln gelangt und führten dort 1178 zur Gründung des Benediktinerinnenklosters zu den heiligen Makkabäern.

297 — Das Epitaph für Paul Strauß († 1469) verbindet auf anschaulichste Weise den Wunsch nach Erlösung mit der Gegenwart Christi im Sakrament der Eucharistie. Die wohl im Umkreis von Friedrich Herlin, der seit 1459 in Nördlingen ansässig war, entstandene Tafel zeigt den *Schmerzensmann* mit erhobenen Armen, der vor einem leuchtend roten Wandvorhang steht. Aus den Wundmalen an seinen Füßen entspringen zwei Pflanzentriebe, die sich auf Höhe seiner Waden überkreuzen und durch seine Wundmale an den Händen stoßen. Beide Triebe verzweigen sich sieben Mal. Während auf der rechten Seite Ähren hervorgehen, die das Mehl für die Hostie bereitstellen, trägt der linke Ast die Trauben für den Wein. Jeweils eine der Gaben weist auf den Kelch, der auf dem Fliesenboden neben Christus steht und über dem eine Hostie schwebt. Die nach historischem Vorbild restaurierte Inschrift verweist auf den Stifter und dessen Todestag am 9. März 1469. Auf Paul Strauß, der aus einer der ältesten und reichsten Familien Nördlingens stammte, geht unter anderem die Stiftung der »Seelhäuser« zurück, einer bis heute bestehenden Wohnanlage für »hausarme Leute« ähnlich der Fuggerei in Augsburg. Nördlingen war ein Wallfahrtsort, basierend auf einem »Hostienwunder« aus dem Jahr 1381, bei dem eine Hostie unter den Trümmern einer eingestürzten Decke in dem anschließend abgebrannten Haus unversehrt wieder aufgefunden worden war.

* Epitaph für Paul Strauß Werkstatt Friedrich Herlin, 1469
Mischtechnik auf Holz; 199 × 125 cm; Nördlingen, Stadtmuseum, Inv. 8

Imago pietatis Byzanz, um 1300
Mosaik; 19 × 13 cm; Rom, Santa Croce in Gerusalemme

Imago pietatis Israhel van Meckenem d. J., um 1495
Kupferstich; 166 × 110 mm; Berlin, Staatliche Museen, Kupferstichkabinett, Inv. 943-1

zu den Abbildungen
Seite 298–301

298 — Die vermutlich ursprünglich aus Byzanz stammende Mosaikikone gelangte 1385 / 86 durch eine Stiftung nach Santa Croce in Gerusalemme in Rom (vgl. S. 280). Mit ihrem reichen Schatz an Reliquien – darunter die Hälfte des Kreuzestitels – gehörte die Kirche zu den bedeutendsten Pilgerstätten der Stadt und zog zu allen Zeiten viele Gläubige an. Das Bild zeigt die Halbfigur des *Schmerzensmanns* mit geneigtem Haupt, geschlossenen Augen und vor dem Leib gekreuzten Armen. Die blutenden Wundmale an seiner Seite und den Händen sind deutlich sichtbar. Hinter ihm ist schemenhaft das Kreuz zu erkennen. Wie kaum ein anderes Bild hat diese Ikone die spätmittelalterliche Vorstellung von der *imago pietatis* geprägt – und ist entsprechend rezipiert worden. Der Anspruch der Authentizität, die gerade diesem Christusbild unterlegt ist, wurde dadurch gefördert, dass man die Ikone mit einer Vision Papst Gregors I. (590–604) in Verbindung brachte. Während einer Messfeier sei dem Papst der *Schmerzensmann* erschienen und diese Erscheinung habe Gregor in der Ikone darstellen lassen.

299 — Kupferstiche wie dieser um 1495 entstandene *Schmerzensmann* des in Bocholt ansässigen Israhel von Meckenem (1445–1503) trugen entscheidend zur Verbreitung des Gnadenbildes aus Santa Croce in Gerusalemme bei. In der Körperhaltung wiederholt der Stich fast identisch das Vorbild in Rom. Die unten angefügte Inschrift betont zudem nachdrücklich die Authentizität des Bildes: Es sei nach dem Vorbild der ersten *ymaginis pietatis* in Rom gemacht, die der heilige Papst Gregor nach seiner Vision habe malen lassen (vgl. S. 280).

301 — Unter der eindringlichen Darstellung des *Schmerzensmanns* im Typus der *imago pietatis*, deren Lokalisierung nach Umbrien zuletzt infrage gestellt wurde, ist der Text eines Gebetes und eines Ablassversprechens notiert. Christus steht mit leicht gesenktem Haupt als Halbfigur in einem geöffneten Sarkophag. Wie in der Vision Gregors geschildert, ist er von den *arma Christi* umgeben, die auf Szenen der Passion bezogen sind. Auf Geißelung und Verspottung verweisen zunächst links die Säule mit den Geißeln, die Faust mit dem durchgesteckten Daumen, die Hand mit dem Rohrstab, der speiende Kopf, die schlagende Hand oberhalb des Nimbus, die Faust mit dem Haarbüschel sowie die Handwaschung des Pilatus. Links oben dargestellt ist die Verleumdung Petri mit der Magd und dem Hahn auf dem Kreuzesbalken; rechts der Verrat des Judas mit den Silberlingen, der Fackel und dem abgetrennten Ohr des Malchus. Für die Kreuzigung stehen das Kreuz mit dem Titulus, dazu Hammer, Zange und Nägel sowie der Essigeimer auf dem Kreuzbalken und auf der rechten Seite der Stab mit dem Essigschwamm, die Leiter mit dem Kopf des erhängten Judas, die Würfel sowie die verfinsterten Gestirne.

Die Inschrift gibt zunächst das weitverbreitete Gebet Gregors des Großen wieder: *Signore yesu christo io te adoro in croce pendente […]* (Herr Jesus Christus, ich bete dich an, der du am Kreuze hängst […]) bis *[…] te prego che la tua morte sia remedia de l'anima mia* ([…] bitte ich dich, dein Tod möge das Heil meiner Seele sein). Es folgt dann eine Erläuterung zum Ablass *(Santo gregorio essendo papa […])*. Papst Gregor sei während der Messe Jesus Christus als Schmerzensmann erschienen. Daraufhin werde jedem reuigen Sünder, der fünf *Pater noster* und fünf *Ave Maria* betet, ein Ablass von 14 000 Jahren gewährt. Dieser habe sich durch die Hinzufügung späterer Päpste inzwischen auf insgesamt 27 000 Jahre und 36 Tage erhöht.

* Ablasstafel mit Christus als *Schmerzensmann* Umbrien (?), letztes Viertel 15. Jahrhundert
Pappelholz; 79 × 47,5 cm
Köln, Wallraf-Richartz-Museum & Fondation Corboud, Inv. WRM 744

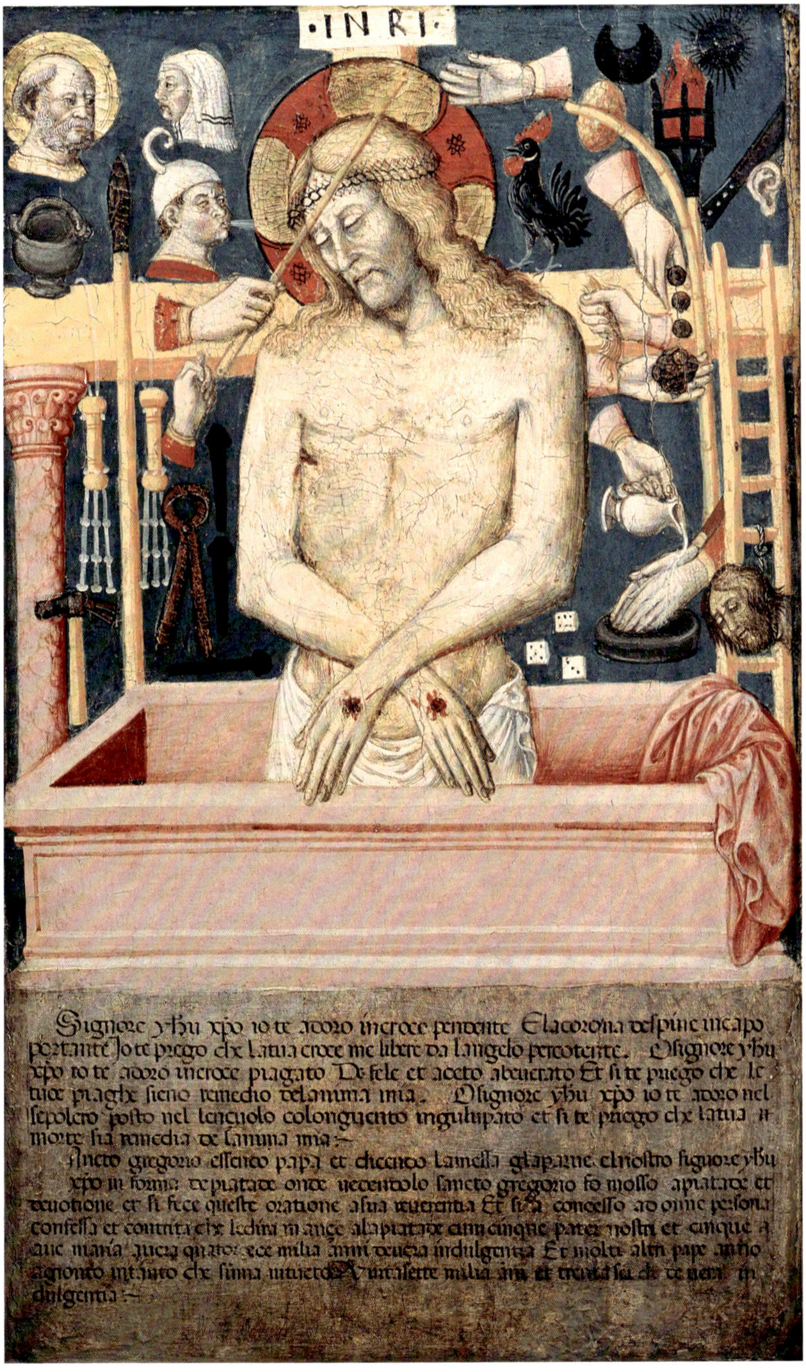

Messe des heiligen Gregor Israhel von Meckenem d. J., um 1490–1500
Kupferstich; 468 × 295 mm; Paris, Musée du Louvre, Sammlung Rothschild, Inv. 441LR

* Epitaph mit der *Messe des heiligen Gregor* Erfurt / Nürnberg, 1506
Tempera auf Holz; 180 × 170 cm; Erfurt, Dom St. Marien

* *Manderscheid-Stundenbuch* Brügge, um 1515
Pergament; 211 × 143 mm
Köln, Kolumba – Kunstmuseum des Erzbistums Köln (Leihgabe Sammlung Renate König)

fol. 119v — Messe des heiligen Gregor

* Stundenbuch der Doña Isabel Simon Bening und Werkstatt, Flandern (Gent?), um 1510–1520
Pergament; 127 / 129 × 98 mm (beschnitten)
Köln, Kolumba – Kunstmuseum des Erzbistums Köln (Leihgabe Sammlung Renate König)

fol. 267v — Messe des heiligen Gregor

fol. 170v — Elevation der Hostie in der Messfeier

zu den Abbildungen
Seite 302 – 306

302 __ Als erzählerische Visualisierung der Vision Papst Gregors des Großen von der Erscheinung Christi während der Wandlung entwickelte sich im 15. Jahrhundert der eigenständige Bildtypus der sogenannten *Gregorsmesse*. Das Thema war vor allem in der Malerei und der Druckgrafik weit verbreitet. Der hier abgebildete Kupferstich aus dem Œuvre Israhel von Meckenems (1445 – 1503) verknüpft die Messdarstellung darüber hinaus mit einem komplexen theologischen Programm: Nicht nur die Wandlung der eucharistischen Gaben in Leib und Blut Christi wird hier thematisiert, auch die Lehre von den drei Körpern Christi – dem historischen, dem sakramentalen und dem mystischen (= die Kirche) – wird angesprochen (vgl. S. 268 – 269).

Gregor kniet mit erhobenen Händen vor dem Altar, seitlich von zwei Diakonen flankiert. Sein Blick geht zu den Vertretern der kirchlichen Stände und den Laien, die sich um den Altar versammelt haben, das Wunder aber anscheinend nicht bemerken. Christus erscheint als Halbfigur in einem offenen Sarkophag vor einem aufgeklappten Retabel. Zwischen Figur und Bild ist das Kreuz aufgerichtet, das die gesamte Komposition überragt. Auf dem Retabel kann man links die Kreuztragung erkennen; Christi Oberkörper verdeckt die Kreuzigung – die aber auf der Kasel des Papstes vergegenwärtigt wird – und auf dem rechten Flügel folgt die Auferstehung. Darüber sind die Leidenswerke der Passion angebracht mit der *vera icon* als oberem Abschluss.

303 __ Das mit einer Fülle erzählerischer Details auftrumpfende Tafelbild mit der *Gregorsmesse* gehört zu einer Serie von acht zu Anfang des 16. Jahrhunderts entstandenen Epitaphien, die an den Pfeilern im Langhaus des Domes zu Erfurt angebracht sind – daher die gerundete Form. Die Tafel ist auf dem oberen Rahmen 1506 datiert; die beiden unbekannten Stifter – zwei Kanoniker – werden seitlich von den beiden Aposteln Johannes dem Evangelisten und Bartholomäus präsentiert.

Der auferstandene Christus steht aufrecht auf dem Altar, von seiner Seitenwunde ergießt sich ein Blutstrahl in den Kelch zu seinen Füßen. Um ihn herum und zwischen den Säulen des gotischen Hochchors schweben die Leidenswerkzeuge der Passion, die *arma Christi* (vgl. S. 300). Da finden sich zum Beispiel der Kopf des Judas mit einem Geldbeutel um den Hals, Schale, Kanne und Handtuch für die Handwaschung des Pilatus oder die Silberlinge als Lohn für den Verräter Judas, die seitlich vom Kreuzbalken herabrollen. Um den Altar haben sich Kleriker und Laien versammelt, die allerdings vom zentralen Geschehen weniger beeindruckt zu sein scheinen. Isoliert von den übrigen kniet Papst Gregor im Vordergrund und fixiert die Erscheinung des *Schmerzensmanns*. Mit blutigen Füßen steht Christus auf dem weißen Korporale aus Leinen, das zur Wandlung entfaltet und ausgelegt worden ist. Darauf steht auch der Kelch, während die Patene – wie es Brauch war – zur Hälfte darunter geschoben ist. Das auf eine Buchstütze gelegte Missale auf der linken Seite des Tisches ist beim Kanongebet aufgeschlagen – die Wandlung hat gerade begonnen – und die Kannen für Wasser und Wein stehen auf der anderen Seite. Zwei brennende Kerzen runden die Ausstattung des Altars ab. Diese Realien der Messfeier mischen sich mit den Realien der Passion: der Dornenkrone, dem Leichentuch, dem geöffneten Sarkophag und – auf seinem Rand – den Salbgefäßen der Frauen, die als erste von der Auferstehung erfuhren.

Ein Retabel will in diesem üppigen Bilderreigen der in der Vision geschauten Dinge aus der Vergangenheit und der gegenwärtigen Dinge keinen rechten Platz finden. Die Bilder zur Ausstattung des Kirchenraumes sind eher Randerscheinungen: an der linken Kirchenwand eine Statue des heiligen Hieronymus und darüber die heilige Cäcilia mit der Orgel sowie rechts Juliana (?) und die heilige Barbara. Auf dem prachtvollen Gewand des Papstes besetzt die Kreuzigung Christi mit der trauernden Gottesmutter und den Evangelistensymbolen das Kaselkreuz, während auf der Zierborte des Altars die heilsgeschichtliche Dimension des Geschehens thematisiert wird: Der Pelikan verweist in einem der Medaillons auf die Auferstehung und die Erlösung der Menschen (vgl. S. 160).

304 — An der Ausstattung dieses vermutlich für Graf Gerhard von Manderscheid-Gerolstein und Blankenheim († 1544) angefertigten Stundenbuchs haben mindestens sechs Buchmaler mitgewirkt. Die ganzseitige Miniatur vor den *Sieben Versen des heiligen Gregor* verlegt die Messe, in der dem Papst der *Schmerzensmann* erschien, in eine romanische Kirche mit monumentalen Säulen. Christus ist von einer Gloriole umgeben, die Vision steht hier also im Vordergrund, ohne dass die Realpräsenz Christi in dem eucharistischen Sakrament unmittelbar ins Bild gesetzt würde. Lediglich die Wandlungskerze in der Hand des Diakons, deren Flamme in die Gloriole hineinragt, macht unmissverständlich deutlich, um welchen Moment der Messe es sich handelt. Die *Verse des heiligen Gregor* setzen ein mit den Worten: »O Herr Jesus Christus, ich bete dich an, wie du am Kreuze hängst mit der Dornenkrone auf dem Haupte. Ich flehe dich an, dein Kreuz möge mich befreien vor dem Engel mit der Zuchtrute. Amen.«

305 – 306 — Die Miniaturen im Stundenbuch der Doña Isabel werden Simon Bening (1483 / 84 – 1561) und seiner Werkstatt zugeschrieben. Der in Gent und Brügge tätige Miniaturist wurde vor allem wegen seiner exquisiten Landschaften gerühmt und steht für die letzte große Blüte der flämischen Buchmalerei. Die in der Handschrift mehrfach genannte Doña Isabel ist vermutlich zu identifizieren mit Isabella von Portugal (1503 – 1539), der Tochter von Manuel I. von Portugal.

fol. 267v — Viele Bilderzyklen in Gebet- und Stundenbüchern, zumal wenn sie etwas umfangreicher ausgestattet sind, enthalten eine Darstellung der *Gregorsmesse*. Sie illustriert dort häufig, wie auch in dieser Handschrift, die *Sieben Verse des heiligen Gregor*, die sich an den *Schmerzensmann* richten. Der legendären Überlieferung nach gilt Papst Gregor der Große als deren Verfasser, ebenso wird ihm der Ablass zugeschrieben, der für diese Gebete gewährt wird. Die Miniatur im Stundenbuch der Doña Isabel scheint dementsprechend das Beten der Verse angesichts der Erscheinung Christi zu thematisieren, der sich vor den Augen des Papstes aus dem Sarkophag erhebt. Das Korporale, das für die Wandlung auf dem Altar ausgebreitet wird, ist zusammengefaltet über den Kelch gelegt – das Kanongebet scheint also noch nicht begonnen zu haben. Die Szene ereignet sich an einem Seitenaltar der Kirche bei einer eher privaten Messe ohne die Anwesenheit der vielen Gläubigen. Die sonst häufig thematisierte Diskrepanz zwischen der Ergriffenheit des Papstes und der Gleichgültigkeit der Gemeinde spielt hier keine Rolle.

fol. 170v — Das Stundenbuch enthält zusätzlich eine ganzseitige Miniatur mit der Darstellung einer Messfeier. Gezeigt ist der Moment, in dem der Priester die gewandelte Hostie erhebt, damit alle Anwesenden sie sehen können. Die beiden Diakone zu seinen Seiten mit Wandlungskerze und Weihrauchgefäß heben in zeremonieller Geste sein Messgewand an. Ort des Geschehens ist der seitlich abgeschirmte Hauptaltar einer spätmittelalterlichen Kirche, auf dem ein gotisches Schnitzretabel steht.

* *Sigmaringer Gebetbuch* Antwerpen und Brügge (?), um 1515
Pergament; 114 × 83 mm (beschnitten)
Köln, Kolumba – Kunstmuseum des Erzbistums Köln (Leihgabe Sammlung Renate König)

fol. 58v — Weisung der Hostienmonstranz durch zwei Engel

Ablassbrief des Zisterzienserinnenklosters Herkenrode Avignon und Brüssel (?), 1363
Pergament, Leinen und Wachs; 81 × 78 cm; Hasselt, Fonds Stedelijk Museum Hasselt, Depositum in Sint-Truiden, Provinciaal Museum voor religieuze Kunst, Inv. KPL/sd/251

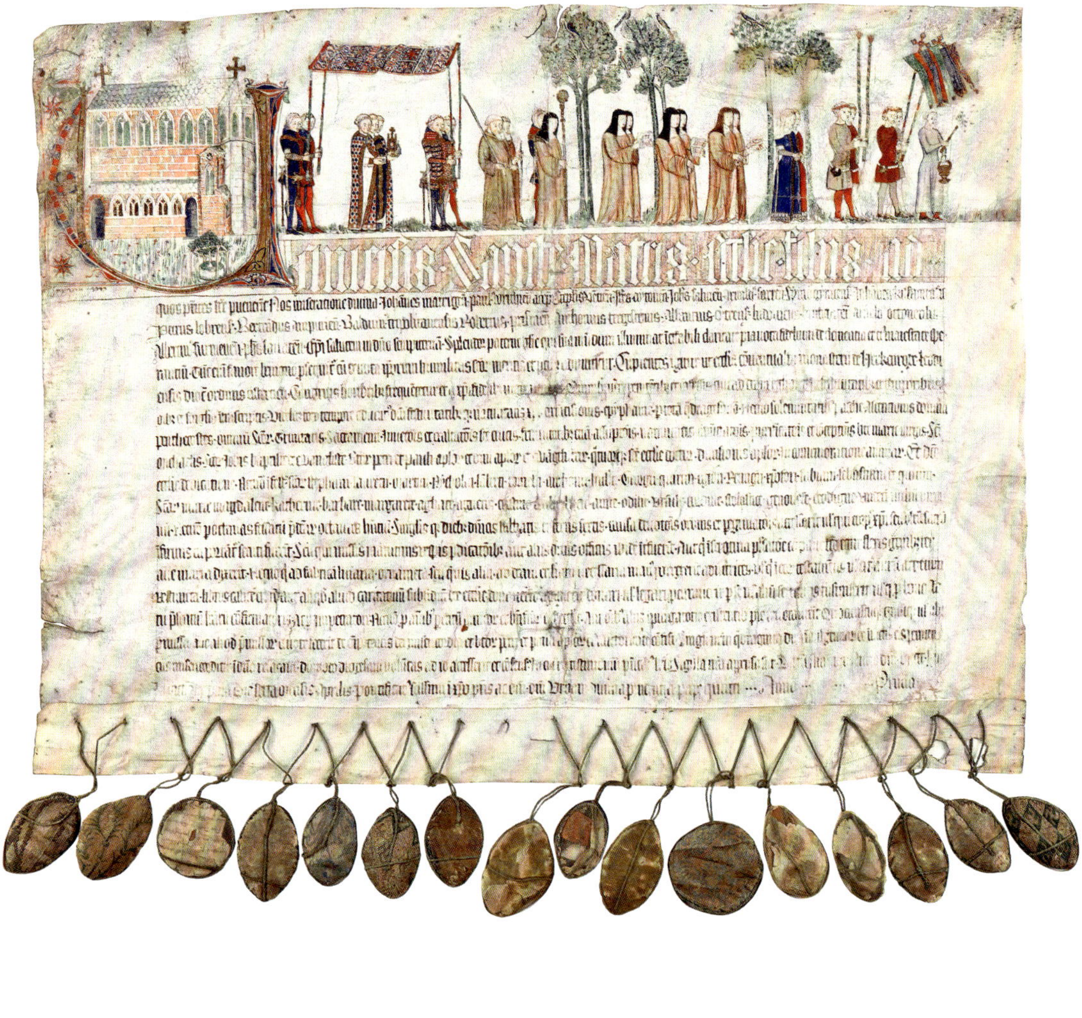

* Turmmonstranz aus der Pfarrkirche St. Kolumba Köln, um 1400 (Lunula: um 1700; Anhänger: 1736)
Silber, vergoldet, graviert, Bergkristall, Edelsteine, Perlen; 88,5 cm
Köln, Kolumba – Kunstmuseum des Erzbistums Köln (Leihgabe der Pfarrgemeinde St. Kolumba, Köln)

Hostieneisen Frankreich, 2. Hälfte 13. Jahrhundert
Eisen, gegossen; Ø 26 cm
Paris, Musée de Cluny – Musée national du Moyen Âge, Inv. CL2067

* Eucharistische Taube Limoges, um 1220–1235
Kupfer, vergoldet, graviert, Email (Kette und Krallen erneuert); 14,7 × 19,8 cm
Paris, Musée du Louvre, Département des objets d'art, Inv. OA8104

zu den Abbildungen
Seite 309 – 313

309 — Monstranzen dienen der Präsentation und Aufbewahrung von konsekrierten Hostien. Damit sind sie den *vasa sacra* zuzuordnen, den »heiligen Gefäßen«, die während der Liturgie mit den eucharistischen Gaben in Berührung kommen. In der Miniatur dieses kleinen Gebetbuchs halten zwei Engel ein solches Schaugefäß mit filigranem Aufbau empor, in dessen Innerem man deutlich die von einer halbmondförmigen Lunula gehaltene Hostie erkennen kann. Die beiden Engel tragen die Dalmatik des Diakons, sind also für die Liturgie gewandet. Das nachfolgende Gebet sollte nach der Kommunion gesprochen werden. Es gehört in den vielfältigen Schatz der privaten liturgischen Frömmigkeit. Unabhängig von den im Missale verzeichneten Texten des Priesters entwickelte sich auch für die Gläubigen eine Abfolge von stillen Gebeten, mit denen sie sich an der Messe beteiligen konnten (vgl. S. 65 – 74). Die Mehrzahl der 27 ganzseitigen Miniaturen dieser Handschrift stammt wohl von der Hand des sogenannten Gebetbuchmeisters um 1500, der um die Jahrhundertwende in Brügge eine äußerst produktive Werkstatt leitete.

310 — Die eindrucksvolle Urkunde ist ein 1363 von Papst Urban V. (1362 – 1370) bestätigter Ablassbrief für das Zisterzienserinnenkloster von Herkenrode (Limburg). Da ein Bischof immer nur einen Ablass von vierzig Jahren beantragen konnte, haben sich hier zum Unterzeichnen achtzehn Bischöfe zusammengetan, von denen sechzehn Siegel angehängt sind. An die Erwerbung eines Ablasses waren für die Gläubigen Bedingungen geknüpft, wie der Besuch einer Kirche zu bestimmten Festtagen, die Teilnahme an einer Prozession oder eine Stiftung sowie die Verrichtung einer Reihe von Gebeten. Solch aufwendig gestaltete Urkunden waren für jedermann sichtbar im Kircheninneren aufgehängt.

Die Fronleichnamsprozession von Herkenrode hat ihren Ursprung im Jahr 1317: Damals war im Haus eines Kranken die konsekrierte Hostie von einem Laien berührt worden und fing an zu »bluten«. Die Illustration der Urkunde zeigt die Prozession, die gerade die Klosterkirche verlassen hat. Angeführt wird die Gruppe von einer Laienschwester, die mit einem Aspergill den Boden mit geweihtem Wasser benetzt. Ihr folgt eine Gruppe von vier jungen Männern mit rosafarbenen Haarkränzen, die Fahnen- und Prozessionsstangen emporhalten. Es schließen sich zwei junge, vornehm gekleidete Frauen an; Kinder und unverheiratete Frauen führten gewöhnlich in vorderer Reihe solche Prozessionen an. Die sechs Zisterzienserinnen singen offenbar, denn in ihren Büchern sind Noten zu erkennen. Ihnen folgt unmittelbar die Äbtissin mit dem Krummstab in Begleitung des weltlichen Klosterverwalters. Bei den beiden Mönchen handelt es sich vermutlich um die Visitatoren der Zisterzienserinnen. Erst jetzt erscheinen unter einem Baldachin, der von vier Männern getragen wird, drei Priester mit Reliquiaren und einer Monstranz in den Händen. In dem Schaugefäß lässt sich unschwer die Monstranz aus Herkenrode erkennen, die um 1286 angefertigt wurde und zu den ältesten erhaltenen Monstranzen Europas gehört. Seit 1317 birgt sie die »blutende« Wunderhostie.

311 — Diese enorm große und auch recht schwere Monstranz (von *monstrare* = zeigen) dient der Präsentation der geweihten Hostie, die in dem Zylinder aus Bergkristall mithilfe der Lunula (kleiner Mond) fixiert werden kann. Seit dem 13. Jahrhundert hatten sich neue Formen der Hostienverehrung etabliert, die auch nach neuen liturgischen Geräten verlang-

ten. In solchen Schaugefäßen wurde der »Leib Christi« entweder auf dem Altar zur Anbetung ausgestellt oder in Fronleichnamsprozessionen durch die Stadt getragen. Bei der turmförmigen Monstranz, die um 1400 für die Kölner Pfarrkirche St. Kolumba angefertigt wurde, ist der überkuppelte Schauzylinder in eine aufwendige Architektur aus Strebepfeilern und kleinen Fialen eingebunden – eine damals in Köln gerade neu entwickelte Gefäßform. Wie auch bei den großen Gebäuden finden sich darin Statuen unter Baldachinen, zum Beispiel, in der Mitte über der Kuppel, die heilige Kolumba als Verweis auf das Kirchenpatrozinium. Auf den sechs Flächen des Standfußes sitzt jeweils ein Apostel auf einer ausladenden Thronarchitektur, die vier Segmente der Kuppel sind den Evangelistensymbolen vorbehalten. Die stilistischen Quellen dieser Figuren verweisen auf die damalige künstlerische Avantgarde an den Höfen der burgundischen Herzöge und französischen Könige. In der Pracht dieser Monstranz bindet sich das Selbstbewusstsein des städtischen Bürgertums an den Wunsch nach der angemessenen Präsentation des Allerheiligsten.

312 __ Die Oblaten für die Messfeier wurden mithilfe von Hostieneisen gebacken. Das hier abgebildete Exemplar aus dem Musée de Cluny in Paris war für die Hostie des Priesters bestimmt, die sich durch ihre Größe von den anderen unterscheidet. *Hostia* bedeutet im Lateinischen »Opfertier«, sodass schon die Bezeichnung ein Bild evoziert, doch waren dem Teig darüber hinaus häufig noch weitere Darstellungen eingeprägt, die in diesem Fall sogar sehr umfangreich sind. Im Zentrum der einen Seite thront Christus / Gottvater als Schöpfer der Welt, im umlaufenden Text als »Ursprung ohne Ursprung« bezeichnet. Ihn umgeben die zwölf Apostel, die alle einzeln benannt sind. Auf der anderen Seite thront Christus in einer gotischen Architektur als Weltenherrscher: »Dreifaltig Einer, herrsche ich über alle Kreatur«, sagt die Umschrift. Der kreisförmige Bildfries setzt mit der Verkündigung der Geburt Christi ein, die sich rechts davon anschließt. Es folgen die Taufe Christi, das letzte Abendmahl, die Kreuzigung Christi und die Frauen am Grab, denen der Engel die Auferstehung mitteilt. Auch hier sind alle Szenen im umlaufenden Text benannt, und zwar so kunstvoll, dass sie in der Aneinanderreihung einen Vers ergeben. Zur Entstehungszeit des Hostieneisens deutet der Liturgiker Wilhelm Durandus († 1296) die runde Form der Hostie als Hinweis auf Christus (Durandus 2012, Kap. 30,8): »Die Hostie wird in runder Form hergestellt, denn: ›Dem Herrn gehört die Erde und was sie erfüllt, der Erdkreis und seine Bewohner‹ (Ps 24,1), so dass gerade ihre Form jenen versinnbildlicht, der keinen Anfang und kein Ende hat, obgleich er Alpha und Omega ist, das heißt absoluter Anfang und Ende (Offb 1,8).«

313 __ Die Taube aus dem Musée du Louvre in Paris diente der Aufbewahrung von geweihten Hostien. In der Regel wurden nur so viele Oblaten konsekriert, wie nötig waren (Browe 2003). Blieben dennoch einige übrig, wurden sie von Mitgliedern des Klerus verzehrt. Natürlich war dieses Vorgehen nicht immer einzuhalten – zum Beispiel in vielbesuchten Pilgerkirchen –, sodass man eine Möglichkeit der Aufbewahrung finden musste. Häufig wurden sie zusammen mit dem *Viaticum* verwahrt, den wenigen für die Kommunion der Sterbenden beiseitegelegten Hostien. Aus dem 13. Jahrhundert haben sich vereinzelt dafür vorgesehene Gefäße in Form von Tauben erhalten, die alle in den Werkstätten von Limoges hergestellt und von dort exportiert wurden. Sie hingen ursprünglich über dem Altar, manchmal durch kleine Vorhänge aus Stoff verborgen. Solche Tauben visualisierten das »konsekratorische Handeln« des durch sie repräsentierten Heiligen Geistes (Nußbaum 1979), und mehr noch: Sie hielten es auch außerhalb der Opferfeier präsent.

* *Regensburger Hostienfrevel* Regensburg, 1476
Mischtechnik auf Holz; je 110 × 96,5 cm
Nürnberg, Germanisches Nationalmuseum, Inv. Gm 1806/1807

Gebetbuch des Johann Siebenhirter Lehrbüchermeister, Wien, vor 1469
Pergament; 235 × 170 mm; Stockholm, Kungliga Biblioteket, Ms A 225

fol. 158v — Kommunion eines Gläubigen, eines Zweiflers und eines Häretikers

fol. 173r — Messwunder des heiligen Gregor

fol. 178v — Bluthostienvision eines Priesters

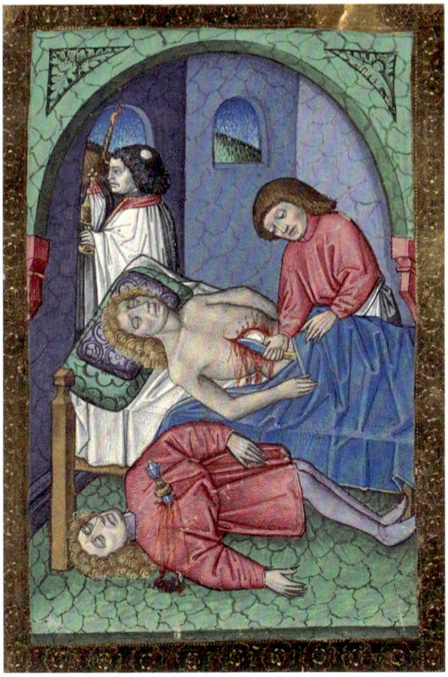

fol. 182v — Drei Juden martern eine Hostie

fol. 186v — Ein Dieb stiehlt das Viaticum

Gebetbuch des Herzogs Johann Albrecht von Mecklenburg Simon Bening u. a., um 1511
Pergament; 192 × 137 mm; Kassel, Universitätsbibliothek, Landesbibliothek und Murhardsche Bibliothek der Stadt Kassel, 4° Ms. math. et art 50

fol. 37 — Hostienwunder des heiligen Antonius von Padua

zu den Abbildungen
Seite 316 – 320

316 – 317 __ Die beiden Außenseiten eines Flügelaltars erzählen vom Diebstahl einer silbernen Pyxis mit Hostien, der sich 1476 in Regensburg zugetragen hat. Ein 13-jähriger Junge hatte das kostbare Gefäß wegen des Materialwertes an sich gebracht. Ein Topos solcher Raubgeschichten ist der anschließende Umgang mit den geweihten Hostien. Sie werden in unwürdiger Form »entsorgt«, meist wunderbarerweise wiederaufgefunden, durch den Ortsbischof geborgen und anschließend durch den Bau einer Kirche an der Stelle der Bergung geehrt (vgl. S. 286). In diesem Fall entleert der Dieb das Gefäß durch die Kelleröffnung eines Stadthauses. Der Maler integriert diesen Vorgang in das städtische Treiben und erreicht dadurch die erzählerische Qualität, die einer solch konkreten, sogar am unteren Rand mit einem Datum versehenen Geschichte ansteht: Neben dem Haus, das an der Ecke einen stilvollen gotischen Erker und einen Stein zum Schutz der Gebäudeecke zeigt, öffnet sich der Blick auf einen Platz mit einem Brunnen. Dort haben sich Bürger und Bürgerinnen der Stadt versammelt und gehen ihrem Alltag nach. Ganz anders der Vorgang des Frevels: Nur von einem Hund beobachtet, kniet der Räuber unter einem Holzdach vor der Kelleröffnung. Zwei Engel über ihm bezeugen die unversehrte Heiligkeit der eucharistischen Gaben. Im weiteren Verlauf der Geschichte, der hier nicht zur Darstellung kommt, verliert der Junge den Hostienbehälter beim Spiel und verrät sich dadurch. Nachdem er seine Tat gestanden hatte, wurde er – so die historischen Quellen – lediglich für den Diebstahl mit Auspeitschen bestraft, während auf Hostienfrevel durchaus die Todesstrafe stand.

Auf dem rechten Flügel haben sich nun in dem Kellergewölbe, in dem Weinfässer lagern, der Bischof von Regensburg und der Abt von St. Emmeram eingefunden, um die nach wie vor von den Engeln begleiteten Hostien zu bergen. Sorgfältig hat sie der Bischof, dem allein diese zeremonielle Handlung vorbehalten war, auf ein Korporale gebettet, um sie anschließend in die von dem Abt gehaltene Pyxis zu geben. Zahlreiche Domherren wohnen dem Geschehen bei, während sich die Mitglieder der Gemeinde vor der Tür drängen. Messdiener mit Fahnen machen deutlich, dass man die Hostien anschließend in einer Prozession in die Kirche zurückführen wird. Noch in demselben Jahr 1476 errichtete man an der Stelle des Hostienfrevels eine Kapelle, für die man – wie zum Beispiel auch bei dem Kirchbau anlässlich des Hostienwunders in Nördlingen (vgl. DMG 8, S. 101) – ein Salvatorpatrozinium wählte. Die beiden Tafelbilder aus dem Germanischen Nationalmuseum in Nürnberg gehörten wahrscheinlich zu einem der drei Altäre, mit denen diese Kapelle ausgestattet war.

318 – 319 __ Das kleine Gebetbuch in der Königlichen Bibliothek in Stockholm enthält ein Fronleichnams-Offizium, das mit acht ganz außergewöhnlichen Darstellungen von Hostienwundern und -legenden illustriert ist (vgl. S. 287 – 288). Auftraggeber war Johann Siebenhirter (1420 – 1508), der Küchenmeister am Hofe Kaiser Friedrichs III. Er wurde 1469 zum ersten Hochmeister des neu gegründeten St.-Georgs-Ordens ernannt, dessen Hauptsitz man in dem ehemaligen Benediktinerkloster Millstadt in Kärnten und in Wiener Neustadt einrichtete. Da bei den Wappen, die in dem Gebetbuch eingetragen sind, Verweise auf den Ritterorden fehlen, wird die Handschrift vor 1469 entstanden sein.

Die insgesamt 35 meist ganzseitigen Miniaturen werden dem sogenannten Lehrbüchermeister zugeschrieben. Dieser um 1450 bis 1469 in Wien tätige

Buchmaler, dem ein Œuvre von ca. dreißig Handschriften zugeordnet werden kann, erhielt seinen Notnamen nach drei aufwendig dekorierten Lehrbüchern, die er für den späteren Kaiser Maximilian I. (1459–1519) ausführte.

fol. 158v — Auf eine Miniatur zur Vesper mit der Darstellung des Abendmahles (fol. 153v) folgt zur Komplet des Fronleichnams-Offiziums die Darstellung einer Messe. Vor einem Altar teilen drei Diakone die heilige Kommunion aus. Während dem Gläubigen in der Hostie das Christkind erscheint, erkennt der Zweifler dort lediglich Brot und der Häretiker – mit hochrotem Kopf – sieht eine Kröte. Die Miniatur zur anschließenden Matutin (fol. 160v) zeigt einen Narren, der einen Priester vom Altar wegführen will, weil dieser in der Hostie das Christkind sieht.

fol. 173r — Die Darstellung zur Prim orientiert sich an der Legende von der Hostienbäckerin, die in der *Legenda aurea* überliefert ist: Eine Frau hatte Oblaten gebacken. Als in der Messe der heilige Gregor die Worte sprach »Der Leib unseres Herrn Jesu Christi, der helfe dir zu dem ewigen Leben«, lachte die Frau laut auf, da sie doch das Brot mit eigenen Händen gebacken hatte. »Da fiel Gregorius auf seine Knie und betete für des Weibes Unglauben; und da er aufstund, siehe, so fand er ein Stücklein des Brotes zu Fleisch worden in eines Fingers Gestalt; davon ward das Weib gläubig. Er betete zum andern Mal, das ward das Fleisch wieder Brot, und er reichte es der Frau.« (*Legenda aurea*, S. 230–231)

fol. 178v — Der Terz ist die Vision eines Priesters an einem Altar vorangestellt, auf dem zur Messe die Patene mit der Hostie sowie zwei brennende Kerzen und ein Missale bereitet sind. Durch ein Fenster erscheinen dem Zelebranten Tropfen, die sich auf der Hostie in Blutstropfen verwandeln.

fol. 182v — Zur Sext sieht man drei Juden, die auf eine auf einem Amboss liegende Hostie einschlagen. Legenden, in denen Mitglieder der jüdischen Gemeinden des Hostienfrevels beschuldigt wurden, waren im Mittelalter sehr verbreitet und führten häufig zu Pogromen.

fol. 186v — Die Illustration zur Non zeigt ein Totenzimmer, in dem ein Verstorbener von einem Priester gerade das *Viaticum* empfangen hat. Noch ist der Geistliche kaum aus der Tür, da ersticht ein Dieb den Mann, der die Totenwache hielt, und schneidet den Toten auf, um ihm die Hostie zu entreißen. Der Zyklus endet zur zweien Vesper mit einer Darstellung von zwei Engeln, die in ihrer Mitte eine Monstranz emporhalten (fol. 189v).

320 — Der Legende nach soll der heilige Antonius von Padua († 1231) in Rimini einen Häretiker bekehrt haben, der an der Gegenwart Christi im Sakrament der Eucharistie zweifelte. Er wies den Zweifler an, seinen Esel drei Tage lang hungern zu lassen. Am Morgen des vierten Tages feierte Antonius auf dem »Platz der Märtyrer« die heilige Messe, zu der viele Menschen kamen. Er zeigte dem Esel eine konsekrierte Hostie, dessen Besitzer bot ihm dagegen eine Handvoll Hafer. Der Esel aber stürzte sich nicht auf das Fressen, sondern hielt inne, beugte die Knie und sank vor der Hostie nieder.

Die Komposition des »Eselswunders« ist zu Beginn des 16. Jahrhunderts in mehreren einander sehr ähnlichen Versionen überliefert. Die hier gezeigte Miniatur wird Simon Bening (1483/84–1561) zugeschrieben, der weit über die Grenzen Flanderns hinaus für seine Malerei bekannt war und bereits von seinen Zeitgenossen hoch geschätzt wurde. Sie ist seit 1569 in das sogenannte *Gebetbuch des Herzogs Johann Albrecht von Mecklenburg* eingebunden, einem Konvolut von 44 Einzelblättern mit ganzseitigen Miniaturen unterschiedlicher Provenienz. Tatsächlich gehörte das Blatt ursprünglich zu einem Stundenbuch, das Melchior Pfinzing (1481–1535), der Sekretär und Rat Kaiser Maximilians I., um 1511 in Auftrag gegeben hatte.

Sakrament & Kirche

Signum maximae caritatis
Die Eucharistie als Sakrament der Kirche

Holger Dörnemann

»[D]ie Liturgie ist der Höhepunkt, dem das Tun der Kirche zustrebt, und zugleich Quelle, aus der all ihre Kraft strömt«, lehrte vor gut 50 Jahren das zweite Vatikanische Konzil (1962–1965) in der Liturgiekonstitution *Sacrosanctum concilium*.[1] Und weiter: »In der Liturgie, besonders im heiligen Opfer der Eucharistie, vollzieht sich das Werk unserer Erlösung«.[2] Indem es die Eucharistie als »Quelle und Höhepunkt des ganzen christlichen Lebens« in der Kirchenkonstitution *Lumen gentium* hervorhebt,[3] belebt dieses für die katholische Kirche in der Moderne so wichtige Konzil den Mahl- und Gemeinschaftscharakter der Eucharistiefeier und vollzieht eine Erneuerung der Liturgie im 20. Jahrhundert. Ganz ähnlich war das Anliegen der Kirche mehr als 400 Jahre zuvor zur Zeit des Trienter Konzils (1545–1563): die Übersetzung und Bewahrung der Eucharistie als »Zentrum, Höhepunkt und Charakteristikum des katholischen Kultus« zu sichern.[4]

Die in dieser Publikation zusammengetragenen Zeugnisse eucharistischer Bildfindungen reichen noch vor das Konzil von Trient zurück. Sie verbildlichen Aspekte mittelalterlicher Frömmigkeit und Verständnisinhalte, die sich aus der Gedankenwelt der Zeit heraus erschließen. Waren im frühen und hohen Mittelalter die Präfigurationen und typologischen Entsprechungen des Alten Testaments die primäre Quelle der eucharistischen Ikonografie, so finden sich seit dem 15. Jahrhundert neue Bildmotive, die auf unterschiedliche Weise die Sukzession von der Inkarnation Christi bis zu den Sakramenten der Kirche zum Ausdruck bringen. Das Eingangsbild zum oberrheinischen *Spiegel des Leidens* Abb. S. 350 *Christi* aus der ersten Hälfte des 15. Jahrhunderts beispielsweise zeigt den bereits am Kreuz gestorbenen Christus eingespannt in einer eng geschraubten Weinkelter. Das aus seiner Seite rinnende Blut wird in dem Kelterbecken gesammelt und verteilt sich von dort aus auf die sieben Sakramente: Priesterweihe, Taufe, Beichte, Eucharistie, Eheschließung, Firmung und Krankensalbung. In diesem Bild spiegelt sich der auf dem Konzil von Florenz (1439) gefasste Lehrentscheid für die Armenier, nach dem die Gnade durch das Leiden Christi erwirkt wurde und in die sieben Sakramente des Neuen Bundes übergeht.[5] Häufig ergießt sich der blutige Inhalt der Kelter direkt in einen Messkelch, denn seit dem vierten Abb. S. 351 Laterankonzil (1215) sagt die Kirche, dass das Blut Christi »wesenhaft« im Sakrament des

Altares enthalten sei.[6] Im ebenfalls von der Gestalt des *Schmerzensmanns* ausgehenden Bildtypus des *fons pietatis* wirkt sich das Leiden Christi als Quelle der eucharistischen Elemente schließlich unmittelbar auf die im Fegefeuer verharrenden Seelen der Verstorbenen aus, die sehnsüchtig zum Hostien- und Blutregen über ihnen und damit zum Ursprung ihrer Erlösungshoffnung aufblicken.

Abb. S. 346

Die Rückbindung der eucharistischen Gaben an die Person und das Leiden Jesu Christi führt unweigerlich zu einer Übertragung der damit verbundenen, theologisch argumentierenden Erlösungsmodelle auf das Altarsakrament und so auch zu einer Übertragung der ursprünglich auf Christi Erlösungswirken bezogenen Begriffe *Genugtuung (satisfactio)* und *Opfer (sacrificium)*, die im Begriff des Messopfers ohne adäquates Verständnis und direkten Rückbezug auf Christi Erlösungswirken aus dem Zusammenhang gerissen werden und in der Gefahr standen und stehen, sich zu verselbstständigen.

DIE EUCHARISTIE ALS MITVOLLZUG DES OPFERS CHRISTI

Ein Blick auf denjenigen Theologen des Mittelalters, der wie kein zweiter seit der Mitte des 13. Jahrhunderts bedeutsam wurde für die Entfaltung der Glaubenslehre im Allgemeinen wie die Erschließung der Eucharistie im Besonderen, vermag eine Hinführung in die Gedankenwelt der theologischen Argumentation zu ermöglichen: Thomas von Aquin (1225–1274). Für die bereits genannten Konzilien in Florenz und Trient wurde er Maßstab der theologischen Vergewisserung. In seiner *Summa Theologiae*[7] wertet Thomas das gesamte Leben Jesu soteriologisch, das heißt auf seine Bedeutung für die Erlösung hin, aus. Er verwendet dazu unter anderem den Begriff *Verdienst* und vor allem den formalen Begriff der *instrumentalen Wirkursächlichkeit*. Die Erlösungsmodelle *Genugtuung*, *Opfer* und *Loskauf (redemptio)* fokussiert er im Wesentlichen auf die Bedeutung von Kreuzesleiden und Tod Christi. Die Semantik des Begriffes *Genugtuung* scheint – wie der *Verdienst*-Begriff – zunächst dem juridischen Sprachgebrauch entlehnt, was in der Übertragung auf die Messfeier ein dinglich-juridisches Missverständnis zur Folge haben kann. Doch geht Thomas in seiner Interpretation der *Genugtuung* über das bloß juridische Verständnis hinaus: Denn genugtuend ist für ihn ein Handeln dann, wenn einem Beleidigten etwas gegeben wird, das dieser *mindestens* in demselben Maße liebt, wie er die Beleidigung hasst.[8]

Eine solche die Sünde tilgende *Genugtuung (satisfactio condigna)*, die die Möglichkeiten des Menschen übersteigt, sieht Thomas in der Passion Christi. Obgleich selbst sündenlos nimmt Christus die Strafen für die (Erb-)Sünde und die Abwendung von Gott, das heißt Leiden und Tod, freiwillig auf sich.[9] Aus thomanischer Sicht ist das Entscheidende und eigentlich »Genugtuende« aber nicht das Leiden und der Tod Christi, sondern die sich darin im höchsten Maße manifestierende übergroße Liebe *(propter magnitudinem caritatis)*.[10] Dabei ist für ein adäquates Verständnis wichtig, dass der Passion Christi keine absolute Notwendigkeit zukommt.[11] Dennoch ist sie in höchstem Maße angemessen *(convenientius)*, weil darin »viel zusammenkommt« *(plura concurrunt)*, damit Gott das Ziel mit den Menschen und die Menschen das Heil in Gott erreichen können.[12] Denn – so Thomas – indem Christus Leiden und Tod über sich ergehen lässt, zeigt er den Menschen eine größere Liebe, als wenn er nicht leiden würde.[13] Jedoch ist Christus »nicht in dem Sinn der ›eschatologische Vollender‹, der in Leiden und Tod nur zusätzlich zur Darstellung bringt, was ohne ihn immer schon offenbar war, sondern er ist der Weg, durch den sich diese Liebe Bahn bricht und in dem sie geschichtlich irreversibel offenbar wird«.[14] Durch die im Leiden und im Tod offenbarte Liebe wird die *Genugtuung* erst wirksam, indem sie den Menschen zu (Gegen-)Liebe und antwortendem Glauben provoziert.[15] Erst in Glaube und Liebe der Erlösten wird die Passion Christi effizient.

In dieses jedwede juridische Logik überwindende *satisfactio*-Verständnis lassen sich auch die beiden anderen genannten *modi efficiendi* der Passion Christi, *Opfer* und *Loskauf*, einschreiben. Thomas bezeichnet als *sacrificium* dasjenige, was Gott geschuldet ist und ihm gefällt,[16] und das Opfer Jesu Christi als dasjenige *sacrificium*, das Gott in höchstem Maße angemessen und von ihm angenommen worden ist *(fuit Deo maxime acceptum)*. Christi Leiden und Sterben wirken als Opfer, weil er sein Leben freiwillig und aus Liebe für die Menschen hingab.[17] Auch die Interpretation der Wirkweise der *passio Christi* als *Loskauf* verdeutlicht das bereits mehrfach skizzierte soteriologische Anliegen: Das erlösende Moment der unmittelbar *(immediate)* durch Christus und *principaliter* durch Gott gewirkten *redemptio* ist die Liebe *(unio caritatis)*.[18] Das Erlösungsmodell des *Loskaufs* wird in die umfassendere Sicht einer menschwerdenden und sich hingebenden Liebe eingeschrieben, einer Liebe, die erst dann ihr Ziel erreicht, wenn sie die Menschen zur Liebe herauszufordern, zur Liebe zu provozieren und zu befreien vermag.

DIE EUCHARISTIE ALS SAKRAMENT

Man muss diese Liebe und die ermöglichte antwortende Liebe des Menschen nicht Freundschaft nennen, wie Thomas es in der *Summa Theologiae* als neuen Gedanken der Erlösungslehre entfaltet.[19] Doch ist der Rückbezug des Opfergedankens auf die sich hingebende Liebe Christi entscheidend für ein adäquates Verständnis der Sakramente im Allgemeinen und der Eucharistie im Besonderen. Auch das Trienter Konzil unterstreicht den Gedanken und spricht von der »außerordentlichen Liebe Christi« *(tam eximii amoris Iesu Christi)*, »der seine geliebte Seele zum Lösegeld unseres Heils und sein Fleisch uns zu essen gab«.[20] In der frühen christlichen Theologie hieß darum das Herrenmahl *eucharistia* (Danksagung) oder auch *sacrificium laudis* (Lobopfer). Im Mittelalter wurde hingegen der Begriff *missa* namengebend, »weil unter allen Formen der Segensspende als die wichtigste und Gewichtigste diejenige erschien, die mit der Feier der Eucharistie geschah«.[21] Unter den nun üblichen Bezeichnungen *celebratio missarum, sollemnitas missae* oder besonders feierlich *missarum sollemnia* stand sie zunehmend in der Gefahr, dass »die Messe kaum mehr in einem persönlichen Eingehen in das Opfer Christi bestand, sondern in einer Reihe von Tugendakten, die nicht eigentlich aus diesem Opfer hervorgingen«.[22]

Die im 15. Jahrhundert aufkommenden Darstellungen von *Christus in der Kelter,* des *Schmerzensmanns* und des *fons pietatis* (Brunnen der Barmherzigkeit) können in dem Rückbezug auf Jesus Christus und sein Erlösungswirken das Opferverständnis vor der angedeuteten Verselbstständigung bewahren. Zugleich verweisen die neuen Bildprogramme in der zum Ausdruck gebrachten Verbindung von Passion und Eucharistie auf ein weiter entwickeltes Sakramentsverständnis, das auch auf die Fragen antwortet, warum es eigentlich der Sakramente bedarf und in welcher Weise sie heilsvermittelnd sind. Beide Überlegungen hängen eng mit der Frage zusammen, inwieweit die Bilder über eine figurative oder erzählerische Darstellung der Heilsgeschichte hinausgehen. Die Diskussion der Bildwirklichkeit muss in jeder Zeit neu geführt werden und war auch schon in vorreformatorischer Zeit ein zentrales Thema der Theologie und Frömmigkeitspraxis. Die Problematisierung dieser Frage steht im Mittelalter einerseits in Verbindung mit der Krise des neuplatonischen Bilddenkens und konkret mit der Herausforderung, die reale Anwesenheit und Wirklichkeit eines Darzustellenden in einer Darstellung zu erklären: Wie kann in einem Abbild das Urbild real präsent sein? Die Weiterführung des neuplatonischen Bilddenkens mithilfe der aristotelisch gewendeten Erkenntnislehre erschließt sich einmal mehr durch einen Blick auf die auch lehramtlich aufgenommene Argumentation des Thomas von Aquin, in dessen Perspektive der christusbezogene Ansatz sowohl der Sakramente insgesamt wie der Eucharistie im Besonderen deutlich wird.

Wie gesagt, nimmt für Thomas das Heil des Menschen in Glaube, Liebe und Hoffnung seinen Ausgang von der sich ungeschuldet mitteilenden und sinnlich wahrnehmbaren Liebe Gottes. Es ist an die Weisen gebunden, in denen Gott in der Geschichte den Glauben an Christus ermöglicht und von sich kündet, da der Mensch die göttliche Wahrheit unter den Bedingungen des jetzigen Lebens zu keiner Zeit in sich selber einsehen kann.[23] Schon die Sakramente des *Alten Bundes,*[24] so Thomas, künden den kommenden Heilsmittler Jesus Christus in sinnenhaften Zeichen an (Figuralsinn der Zeremonialgesetze).[25] Gleiches gilt in einem besonderen Maß von den Sakramenten des *Neuen Gesetzes,* in denen das Christusereignis vergegenwärtigt wird. Die Sakramente sowohl des *Alten* als auch des *Neuen Gesetzes* sind sinnlich-körperhafte Zeichen, weil ja menschliche Erkenntnis immer vom sinnlich Wahrnehmbaren ihren Ausgang nimmt und so vom Bekannten zum Unbekannten und Geistigen gelangt.[26] Darüber hinaus haben die Sakramente vor und nach der Menschwerdung Christi gemeinsam, dass sie in christlichem Verständnis nur von Christus her beziehungsweise auf Christus hin zu verstehen sind. Und doch besteht zwischen ihnen ein qualitativer Unterschied.

Anders als die nur in ihrem Bildsinn von Christus zeugenden Kulthandlungen des *Alten Gesetzes* bezeichnen die Sakramente des *Neuen Gesetzes* direkt und explizit das Christusereignis. Und in dieser expliziten Repräsentanz sind die Sakramente ein »Zeichen für eine heilige Sache, die den Menschen heiligt«.[27] Die Heiligung des Menschen bezeichnen die Sakramente auf dreifache Weise: Sie sind 1. ein erinnerndes Zeichen *(signum rememorativum)* der Ursache der menschlichen Heiligung, indem sie die Passion Christi (und damit die Liebe Gottes) vergegenwärtigen. Sie sind 2. ein hinweisendes Zeichen *(signum demonstrativum)*, denn sie bezeichnen ebenso auch das Heil, das durch das Christusereignis dem Menschen in der Gnade und den Tugenden schon jetzt zuteil werden kann. Schließlich sind die Sakramente 3. ein vorausweisendes Zeichen *(signum prognosticum)*, das die zukünftige, vollkommene Heiligung des Menschen in der Herrlichkeit ankündigt.[28]

Doch erschöpft sich der Sinn der Sakramente nicht bloß in der Bezeichnung der Heiligung, sie sind nicht einfach nur Ausdruck einer sich unabhängig von ihnen vollziehenden Erlösung. Denn nach Thomas bewirken die Sakramente immer auch zugleich, was sie bezeichnen *(sacramenta […] efficiunt quod figurant)*.[29] Sie sind in noch näher zu bestimmender Weise Ursache *(causa)* der Heiligung des Menschen. Doch ist hiermit nicht etwa eine magisch misszuverstehende Eigenwirksamkeit der Sakramente gemeint. Denn ebenso wie die Gott auf einmalige Weise verbundene Menschheit Jesu Christi als Werkzeug das Heil, die Erlösung, die Gottesfreundschaft *instrumentalursächlich* bewirkt *(instrumentum coniunctum Divinitatis)*, so wirken auch die in eben diesem Christusereignis gründenden und auf es verweisenden Sakramente in *instrumentalursächlicher* Weise. Und ebenso wie die Menschheit Jesu dadurch beim Menschen erlösend ankommt, dass das *Instrument* Jesus den Effekt des Glaubens und der Liebe zeitigt, so wirken auch die Sakramente dadurch, dass sie durch ihre zeichenhaft-erinnernde Vergegenwärtigung des Christusereignisses den Glauben der Menschen ermöglichen.

Das von Thomas aufgegriffene Diktum, dass »die Sakramente die Gnade bewirken, die sie bezeichnen«, meint also: Die Sakramente wirken durch ihre Bezeichnungsfunktion. So kann nun verständlich werden, warum Thomas auch von einer *Heilsnotwendigkeit* der Sakramente spricht. Das Heil, die Erlösung, die Gottesfreundschaft ist dem Menschen nicht anders als geschichtlich gegeben. Die in die Geschichte eingebundene Offenbarung der Liebe Gottes in Menschwerdung, Leben und Passion Christi bedarf noch einmal der zeitgenössischen Vermittlung, um beim Menschen als solche ankommen zu können. Und insofern die Sakramente diese Liebe Christi vergegenwärtigen, sich in ihnen der Glaube der Glaubenden ausdrückt (der dadurch immer wieder neu konstituiert wird), vermitteln und bewirken sie zugleich auch die Heiligung, die sie bezeichnen. Sie bewirken somit nicht in einem quantitativen oder qualitativen Sinn eine zusätzliche Gnade, die über die sich in den Tugenden der Gottesfreundschaft manifestierende heiligmachende Gnade hinausweist. Vielmehr sind sie spezielle Wirkweisen *(effectus speciales)* und eine geschichtliche Hilfe *(auxilium)*, durch die die Ursache des menschlichen Heils im Leben der Menschen gegenwärtig gehalten wird, durch die die Liebe Gottes und Gottes Freundschaft bezeichnet und immer wieder neu bewirkt wird. Damit kommen wir zu einem der zentralen Gedanken der Lehre von der Eucharistie, die sich lehramtlich bereits zu Anfang des 13. Jahrhunderts im vierten Laterankonzil ausgedrückt findet: zur Transsubstantiation, zur wesenhaften Gegenwart Christi in Körper und Blut Christi.

DIE EUCHARISTIE UND DIE AKTUAL- UND REALPRÄSENZ CHRISTI

Unser theologischer Gewährsmann Thomas von Aquin nimmt in seiner Abhandlung über die Gegenwartsweise Jesu Christi in der Eucharistie erneut auf das soteriologische Motiv der Freundschaft Bezug. Weil das Zusammenleben unter Freunden ureigenstes Charakteristikum von Freundschaft ist, verbindet sich Christus den Christen in der Eucharistie in seinem Leib und Blut in Wirklichkeit *(realiter)*. Von daher bezeichnet Thomas direkt im Anschluss an diesen Gedanken die Eucharistie als das höchste Zeichen der Liebe *(maximae caritatis signum)*.[30] Genau diese Beschreibung der realen Gegenwart Christi versucht die in scholastischer Substanzbegrifflichkeit argumentierende Lehre von der Transsubstantiation auszudrücken, nach der Brot und Wein zwar akzidentiell erhalten bleiben, aber in ihrem Wesen gewandelt werden, das heißt, in einen neuen Beziehungszusammenhang hineingestellt und zu Blut und Leib Christi werden. So kann die Transsubstantiationslehre sowohl für die damalige Zeit als auch für heute so reformuliert werden, »dass den Gaben von Brot und Wein durch die Konsekration die substantiale Eigenwirklichkeit entzogen wird, so dass sie zu reinen Zeichen der personalen Anwesenheit Jesu Christi werden. Jesus Christus selbst ist es, der seine Nähe gewährt. […] Bei der Szenerie des letzten Mahles hat Jesus nicht zuletzt deshalb ein bleibendes Denkmal seiner Freundschaft gesetzt, um den zurückbleibenden Jüngern das prekäre Interim seiner Abwesenheit – die Zeit zwischen Himmelfahrt und Parusie – überbrücken zu helfen. Brot und Wein verbürgen in Zeiten der leiblichen Abwesenheit seine Anwesenheit in Zeichen. Die Eucharistie ist so als *sacramentum caritatis* zugleich ein *signum amicitiae*.«[31] In dieser Deutung »wächst die Realpräsenz des Leibes und Blutes Christi organisch aus der Aktualpräsenz seines gesamten Heilswerkes heraus; letztere ist der übergreifende Rahmen, in dem die ganze Wirklichkeitsfülle des Sakramentes befaßt ist. […] Die beiden Aspekte, die jede Abendmahlsdogmatik zu beachten hat, nämlich die Vergegenwärtigung des Heilswerkes und die Gegenwart des Leibes und Blutes Jesu«[32] hat der Theologe Johannes Betz als beispielhaftes Charakteristikum der Eucharistielehre der griechischen Patristik herausgearbeitet und damit die Herausforderung angedeutet, vor der die Entfaltung des Eucharistieverständnisses durch die Jahrhunderte – und gerade im Mittelalter bis zum Vorabend der Reformation – gestanden hat.

1 *Sacrosanctum concilium* 1967, S. 10.

2 Ebda, S. 2.

3 *Lumen gentium* 1967, S. 11

4 Lankheit 1973, S. 154.

5 Denzinger / Hünermann 2010, S. 1311.

6 Vgl. Denzinger / Hünermann 2010, S. 802.

7 Thomas 1882 f.; Thomas 1961 / 67.

8 *[…] ille proprie satisfacit pro offensa qui exhibet offenso id quod aeque vel magis diligit quam oderit offensam.* (*Summa Theologiae* III 48,2).

9 Vgl. *Summa Theologiae* 14,1 ad 1.

10 Vgl. *Summa Theologiae* 48,2; vgl. Kessler 1971, S. 182 – 183.

11 *[…] manifestum est quod non fuit necessarium Christum pati: neque ex parte Dei, neque ex parte hominis.* (*Summa Theologiae* III 46,3).

12 Vgl. *Summa Theologiae* III 46,3.

13 Vgl. *Summa Theologiae* III 46,1 ad 3.

14 Dörnemann 2012, S. 163.

15 *[…] passio Christi sortitur effectum suum in illis quibus applicatur per fidem et caritatem* (*Summa Theologiae* III 49,3 ad 1).

16 *Sacrificium proprie dicitur aliquid factum in honorem proprie Deo debitum, ad eum placandum.* (*Summa Theologiae* III 48,3).

17 *[…] hoc ipsim opus, quod voluntarie passionem sustinuit, fuit Deo maxime acceptum, utpote ex caritate proveniens. Unde manifestum est quod passio Christi fuit verum sacrificium.* (*Summa Theologiae* III 48,3).

18 Vgl. *Summa Theologiae* III 48,4 ad 1.

19 *Cum igitur sit aliqua communicatio hominis ad Deum secundum quod nobis suam beatitudinem communicat, super hac communicatione oportet aliquam amicitiam fundari.* (*Summa Theologiae* II – II 23,1).

20 Vgl. Denzinger / Hünermann 2010, S. 1649.

21 Angenendt 1997, S. 494.

22 Ebd., S. 501.

23 Vgl. *Summa Theologiae* I – II 101,2.

24 Auf diese wird auch in dem zitierten *Dekret an die Armenier* des Konzils von Florenz (vgl. Denzinger / Hünermann 2010, S. 1310) Bezug genommen, das sich eng an Thomas von Aquin hält.

25 *Finis autem praeceptorum caeremonialium est duplex: ordinabatur enim ad cultum Dei pro tempore illo, et ad figurandum Christum.* (*Summa Theologiae* I – II 102,2).

26 *Sacramenta sunt necessaria ad humanam salutem triplici ratione. Quorum prima sumenda est ex conditione humanae naturae, cuius proprium est ut per corporalia et sensibilia in spiritualia et intelligibilia deducatur.* (*Summa Theologiae* III 61,1); vgl. *Summa Theologiae* III 60,2.

27 *Sacramentum […] est signum rei sacrae inquantum est sanctificans homines.* (*Summa Theologiae* III 60,2).

28 Vgl. *Summa Theologiae* III 60,3.

29 *Summa Theologiae* III 63,1 ad 1.

30 *[…] hoc competit caritati Christi, ex qua pro salute nostra corpus verum nostrae naturae assumpsit. Et quia maxime proprium amicitiae est convivere amicis, ut Philosophus dicit, IX. Ethic, sui praesentiam corporalem nobis repromittit in praemium. […] Interim tamen nec sua praesentia corporali in hac peregrinatione destituit, sed per veritatem corporis et sanguinis sui nos sibi coniungit in hoc sacramento. […] Unde hoc sacramentum est maximae caritatis signum.* (*Summa Theologiae* III 75,1).

31 Tück 2011, S. 316, 356.

32 Betz 1954, S. 345 – 346

Die Eucharistie in der Bildwelt der Allegorie

Esther Wipfler

Zur Veranschaulichung der Eucharistielehre wurden im Laufe des Mittelalters neue allegorische Bildmotive hervorgebracht, die dieser Gedankenwelt eine sinnlich wahrnehmbare Form verliehen. Für die Gestaltung schöpfte man zwar aus jeweils verschiedenen Text- und Bildquellen, Grundlage war jedoch die Bibel. Die zum Teil recht komplexen Darstellungen wurden den Erfordernissen der jeweiligen Zeit und Auftraggeber angepasst und fanden eine unterschiedlich weite Verbreitung.

CHRISTUS IN DER KELTER

Schon die frühesten Darstellungen des *Keltertreters*, wie die im Chor der ehemaligen Klosterkirche St. Ägidius in der Kleinkomburg nahe Schwäbisch Hall (um 1120)[1] und im Abb. S. 153 Kanonbild des sogenannten *Stammheim-Missales* (um 1170),[2] binden das Bildmotiv durch den Kontext der Kreuzigung Christi in einen eucharistischen Zusammenhang ein. Auch Abb. S. 154 das Einzelblatt aus einem Hildesheimer Missale vom Anfang des 14. Jahrhunderts greift noch auf diese Bildtradition zurück. In der um 1180 entstandenen enzyklopädischen Schrift *Hortus deliciarum* (Garten der Köstlichkeiten) der Herrad von Hohenburg († 1195), Äbtissin des Klosters auf dem Odilienberg im Elsass, bildet der *Keltertreter*, auf die Eucharistie verweisend, das Zentrum einer komplexen Kirchendarstellung.[3] In Inschriften wird die alttestamentliche Quelle des Motivs zitiert: *Torcular calcavi solus* (Ich trat die Kelter allein) heißt es in der Ankündigung des endzeitlichen Gerichts durch den Propheten Jesaja (63,3). Schon die frühchristlichen Exegeten deuteten die Jesaja-Vision unter Berufung auf weitere Schriftstellen (Offb 19,15 und Num 13,25–33) auf Christus, sein Leiden und die Eucharistie.[4] Daran knüpften die mittelalterlichen Theologen wie Rupert von Deutz († 1129) und auch die Darstellungen in der bildenden Kunst an.

In der weiteren Entwicklung verliert der Bildtypus seinen ursprünglich eher typologischen Kontext und löst sich von der Kreuzigungsszene. Der *Keltertreter* ist nun eindeutig als Christus zu verstehen, er trägt die Wundmale sowie den Lendenschurz und schultert den Balken der Kelter wie das Kreuz, während der Wein sich in einen Messkelch ergießt. Erst im 15. Jahrhundert, möglicherweise im Zusammenhang mit der Bildpropaganda gegen den von den Hussiten geforderten Laienkelch, fand das Motiv weitere Verbreitung. Dabei war das Medium des Holzschnitts wegen seiner mehrfachen Reproduzierbarkeit und seiner geringen Kosten von entscheidender Bedeutung. Der älteste bekannte Einblattholzschnitt, der *Christus in der Kelter* als selbständiges Motiv zeigt, wird um 1410 datiert.[5] Solche Blätter waren das Vorbild für viele weitere Darstellungen in unterschiedlichen Medien, die sowohl im liturgischen als auch im Kontext der privaten Andacht auftreten.

Ausführlichere Bilderzählungen waren vor allem in Regionen des Weinanbaus beliebt, wo zudem viel Wert auf die korrekte Darstellung des Keltervorgangs und der Realien gelegt wurde.[6] Wie auch bei den anderen, noch vorzustellenden Bildallegorien verdichtet sich im *Keltertreter* das komplexe Gedankengebäude der kirchlichen Sakramentenlehre. Im oberrheinischen *Spiegel des Leidens Christi* aus dem frühen 15. Jahrhundert Abb. S. 350 ist er die Quelle der sieben Sakramente und auch das rund 100 Jahre später entstandene Gedächtnisbild für den 1475 verstorbenen Matthias von Gulpen, Dekan des Stiftes St. Gumbertus in Ansbach, veranschaulicht am Vorabend der Reformation einen zentra- Abb. S. 349 len Gedanken der Eucharistie: Dort sammeln sich Hostien, nicht der Wein im Kelch, den der Papst unter den Auslass des Troges hält – das bedeutet, die konsekrierte Hostie ist nicht nur der Leib, sondern auch das Blut Christi (Konkomitanz).[7] Große Verbreitung erreichte dieses Motiv – allerdings interpretiert als Quelle der Barmherzigkeit (*fons pietatis*) – auch auf dem Titelblatt der Bibelübersetzung Luthers in der Ausgabe von 1641, der sogenannten *Kurfürstenbibel,* die von Herzog Ernst von Sachsen-Weimar in Auftrag gegeben wurde und in Nürnberg erschien.[8] Es wurde in dieser Form auf zahlreichen lutherischen Retabeln und Epitaphien dargestellt.[9] Das Blut des *Keltertreters* trifft dort unmittelbar die Häupter der Menschen. Auf den Kelch und damit auf einen explizit eucharistischen Zusammenhang wurde dabei verzichtet.

FONS PIETATIS

Der Ausgangspunkt für die Wahl des Brunnens (*fons*) als Metapher für den Erlöser sind vor allem die Aussagen Christi im Johannesevangelium: »[…] vielmehr wird das Wasser, das ich ihm gebe, in ihm zur sprudelnden Quelle werden, deren Wasser ewiges Leben schenkt« (Joh 4,14) und »Wer Durst hat, komme zu mir, und es trinke, wer an mich glaubt« (Joh 7,37–38) sowie der Verweis darauf in der Apokalypse (21,6 und 22,17). Weitreichende Wirkung hatte zudem die Interpretation des Kirchenvaters Ambrosius († 397), der den Brunnen im Garten Eden (Gen 2,9) mit Christus gleichsetzte und diesen als Quelle des Lebens, der Weisheit und der Gnade bezeichnete, aus der die Tugenden hervorgingen.[10] Die Verwendung der Begriffe *fons pietatis* und *fons misericordiae* – beides ist als »Quelle der

Barmherzigkeit« zu übersetzen – für Christus ist seit dem 6. Jahrhundert bezeugt.[11] Dabei war die Auffassung von der heilbringenden und reinigenden Wirkung des Blutes Christi grundlegend, die schon im frühen Christentum im Zusammenhang mit der Taufe zum Beispiel bei Prudentius († um 405) angesprochen wurde.[12] In der enzyklopädischen »Blütenlese« *Liber Floridus* des Lambert von St-Omer († 1125) wird die christologische Deutung von *fons* ausführlich dargelegt.[13]

In den spätmittelalterlichen Passionsandachten und Gebeten wurde mit dem Begriff *fons pietatis* häufig der Gedanke von der Erlösung der Menschheit durch das Blut Christi veranschaulicht: Mystiker wie Heinrich Seuse († 1366) sprachen davon mit Bezug auf das blutende Haupt Christi,[14] Ludolf von Sachsen († 1378) verwendete den Begriff *fontes Salvatoris* für die Wunden Christi und Konrad von Gaming († 1360) bezeichnete die Herzwunde als Paradiesesquelle.[15] Im *Zeitglöcklein des Lebens und Leidens Christi,* erstmalig gedruckt in Basel 1490, nannte der Autor Bertholdus die Blutströme Christi dann einen »süßen brunnen und bech des ewigen Lebens«,[16] ebenso wird in der mystischen Betrachtung mit dem Titel *Lüstliche Würtzgarte* der blutende Christus als »köstlicher süszer bronne« angesprochen.[17]

Zur Ausprägung eines eigenen Bildmotivs mit *fons pietatis* kam es erst in der zweiten Hälfte des 15. Jahrhunderts. In der Regel zeigen die Darstellungen den *Schmerzensmann* oder den Gekreuzigten, der in einem Brunnenbecken steht, manchmal auch das Christkind, das Lamm Gottes, die Fünf Wunden Christi oder das Herz Jesu. Aus allen Wunden oder der Seitenwunde speist Christus den Brunnen mit seinem Blut. Selten fallen stattdessen Hostien nieder.[18] Skulpturale Umsetzungen auch in Gestalt wasserspendender Figuren sind für das Mittelalter nicht sicher nachweisbar und entstanden vor allem im Zeitalter des Barock.

Im deutschsprachigen Raum findet sich *fons pietatis* zuerst unter den Illustrationen der Gebetsliteratur und den selbstständigen Andachtsbildern.[19] In der deutschen Tafelmalerei hat sich das Thema dagegen nur vereinzelt erhalten. Das kleine niederrheinische
Abb. S. 346
Andachtsbild des ausgehenden 15. Jahrhunderts in Kolumba (Köln) mit dem *Schmerzensmann,* der den Gläubigen aus seiner Seitenwunde Blut und Hostien spendet, ist daher ein seltenes Beispiel. Die meisten Tafelbilder sind im franko-flämischen Bereich entstanden.[20] In der zweiten Hälfte des 16. Jahrhunderts wurde *fons pietatis* mit dem blutenden *Schmerzensmann* in der protestantischen Druckgrafik aufgegriffen, um die Spendung des Altarsakramentes in beiderlei Gestalt an die Laien zu veranschaulichen.[21] Nachdem der Blutstrahl Christi zu einem Leitmotiv in der protestantischen Kunst als Versinnbildlichung der Gnade Gottes geworden war,[22] fand *fons pietatis* vor allem im Sinne der Rechtfertigungslehre Verwendung.[23] In der gegenreformatorischen Druckgrafik wird das Brunnenmotiv wiederum auf alle Sakramente sowie die wichtigsten Glaubenssätze bezogen.[24] Eine Variante verweist auf den Lebensbrunnen: das Bad in dem mit dem Blut

Christi gefüllten Becken, wie es beispielsweise das Jean Bellegambe zugeschriebene Retabel im Musée des Beaux-Arts in Lille zeigt.[25]

EUCHARISTISCHE MÜHLE

Als völlig neue Allegorie, die – anders als der *Keltertreter* und *fons pietatis* – nicht aus der Passionsikonografie abgeleitet wurde,[26] entsteht um 1400 das Bildthema der *Eucharistischen Mühle*, das die Inkarnation des Wortes Gottes (nach Joh 1,1) in ihrem ekklesiologischen Zusammenhang vorstellt. Die erste sicher datierte bildliche Darstellung ist die ganzseitige unkolorierte Federzeichnung in der sogenannten Mettener Armenbibel. Sie Abb. S. 87 wurde offenbar im Jahr 1415 auf einer Leerseite nach dem Johannesevangelium (Kap. 21) und vor dem *Liber de laudibus Sanctae Crucis* (Buch vom Lob des heiligen Kreuzes) des Hrabanus Maurus († 856) – also ohne Textzusammenhang – in dieses Kompendium ganz unterschiedlicher theologischer Traktate eingefügt.[27] Auch wenn die Platzierung innerhalb des Buches in diesem Fall keine inhaltliche Zuordnung zulässt, weist eine ungefähr gleichzeitige Darstellung des Motivs innerhalb der Initiale zum ersten Adventssonntag in einem Graduale aus dem Zisterzienserinnenkloster Gnadental (Aargau) durch den Textbezug auf den Inkarnationsgedanken hin, der dem Bild zugrunde liegt.[28]

Die Mettener Zeichnung ist durch einen strengen mehrzonigen Aufbau geprägt, dessen Leserichtung von oben nach unten verläuft. Die Komposition wird mit der Szene der Verkündigung eingeleitet. In ihrer Mitte sendet Gottvater den Heiligen Geist an Maria zu seiner Linken aus. Darunter füllen die Evangelistensymbole aus länglichen Säcken, die an Spruchbänder erinnern, ihre Evangelien in den Trichter einer Mühle, die im Zentrum des Bildes dargestellt ist. Mit der Wahl der Symbole anstelle der Autoren selbst wurde das Höchstmaß an Abstraktion gewählt, das auf die Evangelien und damit auf das geschriebene Wort hinweist. Die nächste Ebene der Allegorie ist den zwölf Aposteln vorbehalten, von denen die Mühle angetrieben wird. Gewissermaßen als »Erzeugnis des Mahlvorgangs« geht aus der Mühle das Christuskind hervor, das von den vier Kirchenvätern in einem Kelch empfangen wird. Zahlreiche Schriftbänder ergänzen die Allegorie, sie sind ohne Text geblieben.

Die Ebenen des Bildes lassen sich von oben nach unten als Weg der Vergegenwärtigung Gottes in der Welt und damit auch als Bild kirchlichen Selbstverständnisses lesen:[29] Inkarnation, Verkündigung und Verbreitung[30] der Frohen Botschaft und zuletzt die andauernde Präsenz der Heilsgeschichte in der Eucharistie durch die institutionalisierte Kirche. Darüber hinaus haben die Schriftbänder hier keineswegs nur eine erläuternde oder bedeutungserweiternde Funktion, sondern sind Träger des Bildgedankens, wie sonst nur selten in der bildenden Kunst.[31] Die Kirchenväter, die als Papst, Kardinal und Bischof auch gleichzeitig die Vertreter der kirchlichen Hierarchie sind, empfangen das im Mahlvorgang zur Eucharistie gewordene Wort von den Evangelisten, sind aber auch dessen zweite Exegeten – darauf deuten die Schriftbänder hin. Die Mühle selbst verweist auf einen Vers bei Lukas (17,35): »Von zwei Frauen, die mit derselben Mühle Getreide mahlen, wird die eine mitgenommen und die andere zurückgelassen«, was als Bild der Tradition zwischen Ecclesia und Synagoge interpretiert wurde.[32] Die Mühle, die zur Herstellung des grundlegenden Lebensmittels Brot dient, verweist darüber hinaus auf die existenzielle Bedeutung des gewandelten Wortes in Anlehnung an Johannes 6,51: »Ich bin das lebendige Brot, das vom Himmel herabgekommen ist. Wer von diesem Brot isst, wird in Ewigkeit leben. Das Brot, das ich geben werde, ist mein Fleisch, (ich gebe es hin) für das Leben der Welt.«

Von den insgesamt fünfundzwanzig unterschiedlichen Darstellungen der *Eucharistischen Mühle* in allen Kunstgattungen, die mittlerweile bekannt sind,[33] lassen sich lediglich zehn der Tafelmalerei und der gefassten Skulptur zuordnen. Davon sind drei Werke verloren. Im süddeutschen Raum tritt das Motiv sehr früh und vor allem in der Wandmalerei auf. Das älteste in Eriskirch erhaltene Bild wird um 1400 datiert,[34] die anderen in Loffenau, Deufringen, Malmsheim, Beinstein, Mundelsheim – alle im schwäbischen Raum – sowie in Allendorf (Hessen), Steeg (heute Ortsteil von Bacharach in Rheinland-Pfalz), Siezenheim (Österreich) und in Gryta (Schweden) sind alle um oder nach der Mitte des 15. Jahrhunderts geschaffen worden.[35] Bei den Entstehungsorten ist eine gewisse Konzentration in Südwestdeutschland zu erkennen. Von den dort bekannten Darstellungen gehört nur eine der Gattung der Tafelmalerei an, und zwar auf einem um 1470 entstandenen Retabel, das heute in Ulm aufbewahrt wird.[36] Dieser Befund lässt sich nur mit Vorsicht deuten, denn gerade in Südwestdeutschland ging durch Bildersturm und Bauernkrieg viel Inventar verloren, möglicherweise überlebten deshalb nur die Wandgemälde. In Mittel- und Norddeutschland hingegen hat sich das Motiv hauptsächlich in der Tafelmalerei erhalten, so verhält es sich bei den Retabeln in Doberan, Rostock und Retschow
Abb. S. 354
und dem Altaraufsatz aus Göttingen (Landesmuseum Hannover) sowie dem Epitaph in Erfurt,[37] deren Darstellungen große Übereinstimmungen aufweisen. Darüber hinaus wurde dort die einzige skulpturale Darstellung des Motivs geschaffen, für das Retabel von St. Thomas in Tribsees.

Das Motiv der *Eucharistischen Mühle* tritt fast ausschließlich im deutschsprachigen Raum auf.[38] Warum war dort ein neues Bild notwendig? Die ersten Darstellungen waren zum Teil von den damals wohl weit verbreiteten Mühlenliedern abhängig.[39] Allerdings setzten sie die Texte nicht wörtlich um, sondern griffen nur einzelne Motive auf. Die ausführliche theologische Argumentation vor allem in den Inschriften der Miniaturen, ihr bildbeherrschender Charakter sowie der streng symmetrische Aufbau der Mühlenallegorie zeigen einen starken didaktischen Impetus. Wer waren die Adressaten? In der Zeit, in der das Motiv entstand, werden auch *Christus in der Kelter* und die *Gregorsmesse* vermehrt dargestellt. Diese Bildthemen versinnbildlichen ebenfalls die eucharistische Lehre mit unterschiedlichen Akzenten: Beim *Keltertreter* steht die Passion Christi als Grundlage für den Erlösungsgedanken im Vordergrund, bei der *Messe Gregors des Großen* wird die Realpräsenz Christi in der Eucharistiefeier vor Augen geführt. Sicherlich ging es dabei zum einen um die Festigung der Glaubensinhalte bei den Betrachtern, zum anderen aber auch um die Selbstvergewisserung bei den Auftraggebern selbst, denn der englische Theologe John Wyclif († 1384) hatte die Transsubstantiationslehre 1379 öffentlich angezweifelt und seine Argumente in dem 1381 erschienenen Traktat *De eucharistia* zu einem umfassenden Gegenmodell des amtskirchlichen Eucharistieverständnisses formuliert. Laut Wyclif gibt es für die Transsubstantiation keine Grundlage im Evangelium; Brot und Wein der Eucharistie sind als von Christus eingesetzte Zeichen zu betrachten, in denen Christus jedem empfangenden Laien geistlich begegnen konnte.[40] Diese Argumentation wurde zwar von Jan Hus († 1415) nahezu unverändert aufgenommen, die Forderung nach der Wiedereinführung des Laienkelches formulierte dann aber Jakob von Mies († 1429). Die Umsetzung dieser Forderung in Böhmen hatte zur Folge, dass man auf dem Konstanzer Konzil (1414–1418) auch zur Frage des Laienkelches Stellung beziehen musste. Während man sich in Konstanz noch strikt ablehnend verhielt und hussitische oder verwandte Gedanken verdammte, gestand man den Anhängern dieser Forderung, den Utraquisten beziehungsweise Calixtinern, unter der Führung des Prager Erzbischofs Jan Rokyczana († 1471) auf dem Baseler Konzil 1433 bereits regional begrenzt den Gebrauch des Laienkelches zu.[41] In dieser Zeit nahmen Mönchsorden wie die Zisterzienser dagegen eine sehr zurückhaltende Haltung ein, indem sie 1437 selbst den Altardienern, denen bis dato noch außer den Priestermönchen die Kelchkommunion erlaubt war, diese untersagten. So wundert es nicht, dass gerade die Zisterzienser das Motiv der *Eucharistischen Mühle* an der Ostseeküste verbreiteten.

Sowohl die frühe Darstellung in der Mettener Miniatur als auch die Gnadentaler Initiale lassen sich aufgrund ihres stilistischen Befundes nach Böhmen lokalisieren.[42] Martin Schawe hielt daher eine böhmische Provenienz des Bildmotivs für möglich und nahm vor dem religionshistorischen Hintergrund eine Entstehung im Kreise deutscher Magister an der Prager Universität an.[43] In Böhmen selbst haben sich keine Beispiele dieser Ikonografie erhalten, möglicherweise wegen des hussitischen Bildersturms. Allerdings lässt der Stil der Malerei nicht unbedingt auf den Entstehungsort schließen, denn Bücher, deren Illustrationen als Vorlagen für andere Künste dienten, wurden häufig weitergereicht. In Prag könnte sich daher allenfalls eine Systematisierung und weitere Schematisierung des Bildmotivs vollzogen haben. Wie schon die anderen beiden Allegorien fand auch die *Eucharistische Mühle* Eingang in die protestantische Bildtradition, und zwar als Titelholzschnitt zu Martin Segers († 1560) protestantischer Streitschrift von 1521 mit Abb. S. 355
dem Titel *Göttliche Mühle*.[44] Nun steht das Wort im Vordergrund, nicht mehr der Kelch.

1 Vgl. Freerk Valentien: *Untersuchungen zur Kunst des 12. Jahrhunderts im Kloster Komburg*, Diss. Freiburg 1963, Stuttgart 1965, S. 152 – 159.

2 Teviotdale 2001, S. 63 – 65 mit Farbabb.

3 Zum Kontext der Darstellung: Heike Willeke: *Ordo und Ethos im Hortus Deliciarum. Das Bild-Text-Programm des Hohenburger Codex zwischen kontemplativ-spekulativer Weltschau und konkret-pragmatischer Handlungsorientierung*, Diss. Hamburg 2003 (online veröffentlicht: http://ediss.sub.uni-hamburg.de/volltexte/2006/2963/), Bd. 1, S. 66 – 68.

4 Einen Überblick der Quellen gibt A. Thomas: s. v. *Kelter, mystische*, in: LCI, Bd. 2, Sp. 497 – 498; zur Theologie des Bildes zuletzt: May 2010.

5 *Spiegel der Seligkeit. Privates Bild und Frömmigkeit im Spätmittelalter*, Ausst.-Kat. Germanisches Nationalmuseum Nürnberg 2000, S. 189 – 190, Nr. 25 (Yasmin Doosry).

6 Zum Beispiel Triptychon um 1500 mit Nebenszenen aus dem Küferhandwerk (München, Bayerisches Nationalmuseum); siehe Weckwerth 1960, Abb. 6. Selten und erst sehr spät ist die Darstellung außerhalb des deutschsprachigen Raums zu finden, zum Beispiel in einem Wandgemälde in der Mailänder Kirche Santa Maria Incoronata, das vermutlich Ambrogio da Fossano gen. Bergognone nicht später als 1484 ausführte; siehe Maria Luisa Gatti Perer: *Il programma iconografico dell'Osservanza agostiniana nel complesso conventuale di S. Maria Incoronata a Milano*, in: *Per corporalia ad incorporalia*, Tolentino 2000, S. 155 – 164. Zu den französischen Beispielen: Alexandre-Bidon 1990; zu den Werken in Polen: Thomas 1936 / 81, S. 153 – 154.

7 *Meister um Dürer*, Ausst.-Kat. Nürnberg 1961, Nr. 241; *Martin Luther und die Reformation in Deutschland*, Ausst.-Kat. Nürnberg 1983, Nr. 465 mit Farbabb. 86; Ausst.-Kat. Ulm 2004, S 120 – 121.

8 Reinhard Mühlen: *Die Bibel und ihr Titelblatt. Die bildliche Entwicklung der Titelblattgestaltung lutherischer Bibeldrucke vom 16. bis zum 19. Jahrhundert* (Studien zur Theologie, 19), Würzburg 2001, S. 63 – 69, Abb. 20.

9 May 2010, S. 153 – 159.

10 *Fons vitae aeternae est [...] Sicut ergo fons vitae est Sapientia, fons gratiae spiritalis* (*De Paradiso liber unus*, cap. 3, PL 14, Sp. 270 – 271).

11 So betonte Gregor der Große nach Sach 13,1: *Fons vero patens est idem Deus incarnatus [...] fons misericordiae Redemptor noster [...] lavemur in hoc fonte pietatis* (PL. 76, Sp. 1040 f.); dazu Vetter 1972, S. 296 und 305; Tammen 2006, S. 85.

12 *Peristefanon*, 8 (Maurice P. Cunningham [Hg.]: *Aurelii Prudentiis Clementis Carmina* [Corpus christianorum. Series latina, 126], Turnhout 1966, S. 325). Auf die Seitenwunde Christi bezogen, ist sie beispielsweise in einem Kanongebet des 9. Jahrhunderts belegt (Wadell 1969, S. 9).

13 *Quot sunt fontes qui ignem temporalem pariterque eternum extingunt? / Ihesus. Tres utique, fons baptismatis, fons lacrimarum penitentie, fons sudoris obedientie, qui extingunt ignem fornicationis et inferni. Addendus est quartus: fons sanguinis Christi qui etiam predictos facit utiles.* (Gent, Universiteitsbibliotheek, ms. 92, fol. 11r; Albert Derolez (Hg.): *Lamberti S. Audomari [...] Liber Floridus*, Gent 1968 [Faks.]).

14 *Minnebüchlein*, 1. Kap.: Heinrich Seuse: *Deutsche Schriften*, hg. von Karl Bihlmeyer, Stuttgart 1907, S. 542.

15 Vetter 1972, S. 296 und 305.

16 Zitiert nach Thomas Noll: *Zu Begriff, Gestalt und Funktion des Andachtsbildes im späten Mittelalter*, in: *Zeitschrift für Kunstgeschichte* 67. 2004, S. 297 – 328, hier S. 316.

17 Berlin, Staatsbibliothek zu Berlin – Preußischer Kulturbesitz, ms. germ. oct. 515, fol. 67r – 67v.

18 Beispiele für Darstellungen: Wipfler 2004, Sp. 143 – 155.

19 Als »reicher prunn der parmherzigkeit« wird in einem Gebetbuch für Frauen, Nürnberg, Ende des 15. Jahrhunderts, die Darstellung eines Brunnens mit betenden Seelen benannt, denen durch Ausflüsse in Form der Evangelistensymbole das Blut des Gekreuzigten zuteil wird (Augsburg, Universitätsbibliothek, cod. I. 3. 82); *Von der Augsburger Bibelhandschrift zu Bertolt Brecht*, Ausst.-Kat. Augsburg 1991, Abb. S. 108. Im Holzschnitt siehe Wipfler 2004, Sp. 142, Abb. 2.

20 Das früheste bekannte inschriftlich mit *fons pietatis* titulierte Tafelbild ist die ins dritte Viertel des 15. Jahrhunderts datierte Tafel im Musée Calvet in Avignon. Zu den Darstellungen: Wadell 1969; dazu Vetter, 1970, Abb. 2.

21 Zum Beispiel *Kunst der Reformationszeit*, Ausst.-Kat. Berlin 1983, S. 421, Nr. F 42, Abb. 4: *Die Spendung des Abendmahles in beiderlei Gestalt durch Luther und Hus*, drittes Viertel 16. Jahrhundert, Berlin, Staatsbibliothek zu Berlin – Preußischer Kulturbesitz [Bartsch 152].

22 Friedrich Ohly: *Gesetz und Evangelium. Zur Typologie bei Luther und Lucas Cranach* (Schriftenreihe der Westfälischen Wilhelms-Universität Münster, N. F. 1), Münster 1985.

23 Auf dem Kupferstich von Johann Christoph Hafner weist Luther auf den aus seinen fünf Wunden in die Brunnenschale blutenden Christus. Die Inschrift enthält die Legende dazu: »Mit vollem Glauben schau, / den Brunn des Lebens hier / Wann deine Sünd dich schröckt / Und stöst zur Höllen schier. /Bau nicht auf deine Werck / Wann du vor Gott willt bestehen / Glaub Pauli reiner Lehr / Sonst must zu grunde gehen«, »In Christo haben wir die Erlösung durch sein Blut nemlich die Vergebung der Sünden Eph 9« (*Gesetz und Gnade*, Ausst.-Kat. Eisenach und Torgau 1994, Nr. 55 mit Abb. S. 61). Ferner erscheint der Gnadenquell auch im Kontext protestantischer Darstellungen der Taufe, denn Luther betonte nach Rom 6,3 f. wie schon Beda Venerabilis (PL. 91, Sp. 1145), dass die Taufe an das Blutopfer Christi erinnere: »Das es nicht heisse ein gemein Wasserbad, [...] sondern eine heilsame Bluttauffe oder Blutbad, welches allein Christus Gottes Son selbs durch seinen eigen tod zugericht hat. [...] Das also nach dem tod Christi gehet durch die gantze Christenheit ein ewiger Strom aus seinem Leib gequollen,

der da mit Wasser fleusst, dadurch wir alle müssen von sünden gereinigt werden. Das machet die liebe Tauffe so tewr […]«; zitiert nach *D. Martin Luthers Werke* [WA], Bd. 21, Weimar 1928, S. 286.

24 Zum Beispiel Wadell 1969, Nr. 86; Anastasius à Cruce: *Sacrosancta Theologia universa sacris bibliorum figuris illustrata* […], Augsburg 1738, Taf. 42; *Religiöse Drucke aus Kölner Produktion. Flugblätter und Wandbilder des 16. bis 19. Jahrhundert aus den Beständen des Kölnischen Stadtmuseums*, bearb. von Bernadette Schöller, Köln 1995, Nr. 30.

25 Wadell 1969, Abb. 70, 76 und 118; vgl. auch Sleptzoff 1972, S. 55 – 57; Boëdec 2011.

26 Schawe verweist für die Tradition der Darstellung der Kirchenväter bei der Mühlenallegorie auf die Wiener *Bible moralisée* (Wien, Österreichische Nationalbibliothek, cod. 2554, fol. 20v.). Hier sind ebenfalls vier Kleriker dargestellt, die eine Hostie in Empfang nehmen (siehe Schawe 1989, S. 52 und Abb. 48).

27 Ähnlich isoliert wie die Mettener Darstellung erscheint auch eine Erfurter Miniatur, die um 1420 / 30 entstanden ist und nachträglich in ein Graduale aus dem 14. Jahrhundert gemalt wurde (Karlsruhe, Landesbibliothek, St. Peter perg. 44, fol. 9r.); abgebildet bei Felix Heinzer / Gerhard Stamm (Bearb.): *Die Handschriften von St. Peter im Schwarzwald, 2. Teil: Die Pergamenthandschriften* (Die Handschriften der Badischen Landesbibliothek Karlsruhe 10, 2), Wiesbaden 1984, Abb. 11. Ellen Beer schätzte die Darstellung der Mühlenallegorie als »Nonnenmalerei um 1420« ein (*Initial und Miniatur. Buchmalerei aus neun Jahrhunderten in Handschriften der Badischen Landesbibliothek*, Ausst.-Kat. Karlsruhe 1965, Basel 1965, S. 45, Nr. 47).

28 Luzern, Kantonsbibliothek, PMsc. 19, fol. 1r (Abb. bei Suckale 2012, S. 63).

29 Siehe Schawe 1988, S. 16 und 66 – 67.

30 Vgl. Schawe 1989, S. 16.

31 Eine derart zentrale Rolle nimmt das Wort eigentlich nur bei der Übergabe der Gesetzestafeln an Moses ein; Wenzel 2004.

32 Herbert Jochum (Hg.): *Ecclesia und Synagoga. Das Judentum in der christlichen Kunst*, Ausst.-Kat. Synagoge Essen 1993, S. 18 und Abb. 50.

33 Diese Zahl berücksichtigt lediglich die als eucharistische Allegorien anzusprechenden Werke (vgl. Schawe 1989, S. 316 – 324), weder deren Vorläufer noch deren Adaptionen, die sie mit neuem Sinn füllen. Es ist zu betonen, dass dies nicht der Zählung bei Rye-Clausen entspricht (Rye-Clausen 1981, S. 5 – 7), bei der zwei Werke fehlen und die reformatorischen Holzschnitte nur mit einem Werk berücksichtigt sind.

34 Diese Datierung wird auch in der neueren Literatur aufrechterhalten; Jürgen Michler: *Pfarrkirche Eriskirch* (Kleiner Kunstführer 507), München / Zürich 1987 (3. neubearb. Aufl.), S. 11; Schawe 1989, S. 319.

35 Siehe Michler 1980, S. 129 – 142; Schawe 1989, S. 316.

36 Siehe Gerald Jasbar / Erwin Treu, *Ulmer Museum. Bildhauerei und Malerei vom 13. Jahrhundert bis 1600* (Kataloge des Ulmer Museums I), Ulm 1981, Nr. 55 – 56, S. 88 – 91; ausführlich: Krueger 1978; Schawe 1989, S. 324.

37 Ausführlich zu den Werken in Doberan, Rostock und Retschow und Tribsees: Wipfler 2003, S. 205 – 253; ausführlich zum Göttinger Barfüßeraltar: Schawe 1989.

38 Zu nennen ist hier vor allem die nicht erhaltene Darstellung in Padua, von der noch eine Kopie der Entwurfskizze des Niccolò Pizzolo von 1466 existiert, nach der Pietro Calzetta das Mühlenbild für den Heiligblutaltar der Corpus-Christi-Kapelle im Santo zu Padua anfertigte (Biblioteca Pubblica di Padova, Ms. 71). Dazu ausführlich: Hahnloser 1962; Heimann 1982, S. 247, und Schawe 1989, S. 322. Die Übernahme der Mühlenallegorie kann auf den engen Kontakt Pizzolos zu den damals in Padua tätigen deutschen Malern zurückgeführt werden (Hahnloser 1962, S. 382).

39 Das lässt die Überlieferung einer wohl kurz nach 1410 entstandenen, heute verlorenen Wormser Darstellung erkennen (Rüdiger Fuchs: *Die Inschriften der Stadt Worms* [Die Deutschen Inschriften, 29], Wiesbaden 1991, S. 150 – 151). Zu den Mühlenliedern: Steinmann 1931.

40 Vgl. Gustav Adolf Benrath: *John Wyclif. Doctor evangelicus*, in: Ulrich Köpf (Hg.): *Theologen des Mittelalters*, Darmstadt 2002, S. 197 – 211, hier S. 207 – 210.

41 Vgl. Friedrich Baethgen: *Schisma und Konzilszeit. Reichsreform und Habsburgs Aufstieg* (Handbuch der deutschen Geschichte, 6), Stuttgart 1973, S. 71 – 72 und 130. Pius II. hob die *Compactata* titulierten Zugeständnisse zwar 1462 wieder auf, 1485 wurden sie jedoch abermals in Kraft gesetzt.

42 Zum Luzerner Graduale: Jaroslav Pešina: *Ein neuer Versuch einer Revision der Geschichte der böhmischen Malerei des 15. Jahrhunderts*, in: *Umění* 8, 1960, S. 213. Pešina zählt das Graduale zur Gruppe der westlich französisch beeinflussten Werke böhmischer Buchmalerei.

43 Schawe 1988, S. 68, und Schawe 1989, S. 67.

44 Grundlegend: Hegg 1954; Werner Hofmann (Hg.): *Luther und die Folgen für die Kunst*, Ausst.-Kat. Hamburger Kunsthalle 1983 / 84, München 1983, S. 184, Nr. 55.

* *Der Lebensbrunnen (Triumph der Ecclesia über die Synagoge)* Spanien, 1560
Mischtechnik auf Holz; 181 × 116 cm; Segovia, Museo de la Catedral

Salzburger Missale Berthold Furtmeyr, 1481 / 82
Pergament; 377 × 275 mm; München, Bayerische Staatsbibliothek, Clm 15709 (Bd. 2)

fol. 102v — Kanonbild mit Kreuzigung Christi

fol. 103r — Kanongebet *Te igitur:* Christus in der Kelter

fol. 60v — Der Baum des Lebens und des Todes

fol. 61r — Introitus zu Fronleichnam

* *Fons pietatis* Niederrhein, um 1480
Mischtechnik auf Holz; 48 × 35 cm
Köln, Kolumba – Kunstmuseum des Erzbistums Köln, Inv. 1990/57

zu den Abbildungen
Seite 341–346

341 __ Die Tafel ist eine 1560 in Spanien entstandene Kopie nach einem monumentalen Tafelbild, das sich heute in Madrid im Museo Nacional del Prado (Inv. 1151) befindet. König Enrique IV. von Kastilien (1454–1474) hatte die Madrider Tafel einst dem von ihm gegründeten Hieronymitenkloster El Parral bei Segovia gestiftet. Unabhängig von der Diskussion, ob es sich bei dem Vorbild um die Überarbeitung eines Frühwerks Jan van Eycks aus den 1420er-Jahren oder um eine spätere Arbeit aus dessen Umkreis oder Nachfolge handelt, sind die motivischen Parallelen und Bezüge zu van Eycks berühmtem Hauptwerk, dem 1432 vollendeten *Genter Altar* in St. Bavo in Gent, insbesondere in der Gruppe um Gottvater unverkennbar. Von der enormen Wirkung, die von der Madrider Tafel ausging, zeugt eine weitere Kopie, die von Spanien über Umwege nach Oberlin (Ohio) gelangte (Inv. 1952.13), während die hier abgebildete Kopie immer in Segovia verblieb.

Das ikonografisch anspruchsvolle Bildprogramm visualisiert zunächst die Vision des Neuen Jerusalem aus der Offenbarung des Johannes: »Und er zeigte mir einen *Strom, das Wasser des Lebens*, klar wie Kristall; *er geht* vom Thron Gottes und des Lammes aus« (Offb 22,1). Die in drei Zonen gegliederte Komposition wird überragt von dem unter einer aufwendigen Baldachinarchitektur thronenden Gottvater mit Maria und Johannes dem Evangelisten zu seinen Seiten. Die in die Architektur integrierten kleinen Skulpturen zeigen oben Propheten aus dem Alten Testament und an den Thronwangen die vier Symbole der Evangelisten als Verweis auf den Neuen Bund. Unter dem Lamm zu Füßen Gottvaters entspringt ein Bach mit klarem Wasser, in dem Hostien treiben. Der Wasserlauf führt im Mittelgrund weiter durch eine paradiesische Wiese, auf der Engel sitzen und musizieren, und mündet vorne in einen Wandbrunnen. Unter der Zierfigur eines Engels ergießt sich dort das Wasser mit den Hostien in ein oktogonales Becken aus Stein. Mit den Hostien, die das »Wasser des Lebens« mit sich führt, wird der Bezug zur Eucharistie und dem damit verbundenen Gedanken von der Erlösung der Menschheit offenbar.

Genau über dieses Mysterium der Eucharistie jedoch sind die beiden Gruppen im Vordergrund entzweit. Links haben sich die Repräsentanten und Stände der Christenheit versammelt – ein Papst, ein Kardinal, ein Bischof, ein Abt, ein Gelehrter sowie ein Kaiser und ein König mit ihrem Gefolge. Rechts hingegen weicht eine Gruppe von Vertretern des mosaischen Glaubens erschreckt zurück. Sie wird von einem Hohepriester angeführt, der eine gebrochene Fahnenstange in der Hand hält und als Zeichen seiner Blindheit gegenüber dem Neuen Bund eine Augenbinde trägt. Einzig der Gefolgsmann neben ihm, dessen Thorarolle zu Boden gefallen ist, scheidet aus der Gruppe aus und kniet ebenfalls nieder. Es ist der Triumph der Ecclesia über die Synagoge, wie er sich den christlichen Gläubigen im 15. Jahrhundert in Abgrenzung zum jüdischen Glauben darstellte: »[…] die Ecclesia, die Gemeinschaft der Christenheit, sieht ihr Verständnis der Eucharistie bestätigt, was sie triumphieren lässt, während die Juden Verzweiflung befällt, weil sie erkennen müssen, dass sie den Prophezeiungen ihrer eigenen Schriften keinen Glauben geschenkt haben« (Herzner 2011). Während die hebräischen Inschriften offenbar überarbeitet worden sind, zitiert das Spruchband des Engels zwischen den Pfeilern aus den Cantica (4,15): *Fons hortorum puteus aquarum viventium* (Die Quelle des Gartens bist du, ein Brunnen lebendigen Wassers).

342–345 — Ende der 1470er-Jahre gab der Salzburger Erzbischof Bernhard von Rohr (1466–1482; † 1487) ein außergewöhnlich umfangreiches Missale in fünf Bänden in Auftrag. Die Ausführung der insgesamt 680 Pergamentblätter nahm über zehn Jahre in Anspruch und wurde erst unter seinen Nachfolgern vollendet. Die künstlerische Ausstattung wurde zunächst in Band 3 von dem in Salzburg ansässigen Ulrich Schreier (nachweisbar 1457–1490) begonnen. Doch schon bald muss es zu einem Planwechsel gekommen sein; den größten Teil der Ausschmückung übertrug man dem führenden Regensburger Buchmaler Berthold Furtmeyr (um 1435 / 40 – um 1501).

fol. 102v–103r (Bd. 2) — Während ein Missale in der Regel alle Texte für den Gottesdienst in einem Kodex zusammenfasst, sind in den fünf Bänden des Salzburger Konvolutes insgesamt 22 Messformulare nach dem Lauf des Kirchenjahres aufgeführt. Jedes der 22 Kanongebete wurde ursprünglich mit einem ganzseitigen Kanonbild eingeleitet (vier sind heute verloren). Dem Kanonbild für den Gründonnerstag *(in cena domini)* ist auf der gegenüberliegenden Seite in der *Te igitur*-Initiale das auf die Eucharistie bezogene Bild des *Christus in der Kelter* gegenübergestellt.

fol. 60v–61r (Bd. 3) — Die Miniatur zu Beginn des Fronleichnamsfestes *(de corpore Christi officium)* zeigt als typologische Allegorie den *Baum des Lebens und des Todes*. Eva und Maria / Ecclesia ernten seine Früchte: Äpfel vom Baum der Erkenntnis, deren Verzehr zur Vertreibung aus dem Paradies führte (Gen 3), sowie – als deren *antitypos* – die Heil bringenden Hostien. Unter dem Bild des Totenkopfes reicht auf der rechten Seite die nackte Eva die Äpfel an eine Gruppe von Sündern, hinter denen der Tod mit einem Spruchband aus der Fronleichnamssequenz des Thomas von Aquin aufwartet: *Mors est malis, vita bonis inde* (Von dorther kommt den Bösen der Tod, den guten das Leben). Unten am Baum liegt Adam, ebenfalls mit einem Apfel in der Hand: *Serpens vicit Adam, vetidam sibi suggeret escam* (Die Schlange besiegt Adam, er führt sich verbotene Speise zu). Auf der Gegenseite steht Maria unter dem Zeichen des Kruzifixes als Neue Eva in Gestalt der Ecclesia mit Krone und Nimbus. Sie pflückt die Hostien vom Baum und verteilt sie an die Gläubigen. Das Spruchband des Engels zitiert wiederum aus der Fronleichnamssequenz: *Ecce panis angelorum, factus cibus viatorum* (Seht an das Brot der Engel, gemacht zur Speise der Wanderer). Vier Medaillons sind kunstvoll in das rahmende Astwerk integriert. Oben sind die Psalmendichter David und Asaf zu erkennen, am unteren Bildrand drei pastorale Szenen, in denen die Tätigkeiten des guten Hirten mit den Eigenschaften *Prudentia* (Klugheit), *Regalitas* (schützende Herrschaft) und *Verus Pastor* (wahrer Hirte) hervorgehoben werden.

346 — Auf diesem wohl um 1480 am Niederrhein entstandenen Tafelbild verbindet sich die Vorstellung von der »Quelle der Barmherzigkeit« *(fons pietatis)* mit ganz unterschiedlichen Bildtopoi: Das Kreuz im Hintergrund verweist auf die Passion, Gottvater mit dem *Schmerzensmann* und der (heute verlorenen) Geisttaube auf die Trinität, die Schmerzensmutter auf das Mitleiden Mariens, Kelch und Hostie auf die Feier der Eucharistie. Im Zentrum steht, nur mit einem Lendentuch bekleidet, Christus als *fons pietatis* in einer Art Kelterbecken, das sich mit dem aus seiner Seite strömenden Blut gefüllt hat. Aus derselben Quelle treten Hostien hervor, die sich zum einen in dem Becken sammeln und sich zum anderen in dem umgebenden Wasser ausbreiten. Betende Seelen Verstorbener tauchen darin auf. Um ihre Körper züngeln Flammen, es handelt sich also um das Fegefeuer. Seitlich kniet eine weiß gekleidete junge Frau, die vom Apostel Andreas der Gottesmutter am gegenüberliegenden Bildrand empfohlen wird.

Epitaph für Matthias van Gulpen Umkreis Albrecht Dürer, um 1511
Mischtechnik auf Holz; 176 × 122 cm; Ansbach, Ev.-Luth. Kirchenstiftung St. Gumbertus
(Leihgabe aus der St.-Gumbertus-Kirche)

* *Der Spiegel des Leidens Christi* Oberrhein, um 1410–1420
Pergament; 343 × 247 mm; Colmar, Bibliothèque municipale, Ms. 306

fol. 1r — Christus in der Kelter, umgeben von den sieben Sakramenten

* Triptychon mit *Christus in der Kelter* Umkreis Meister des Bartholomäus-Altars, um 1500–1510
Öl auf Holz; 33,7 × 27,7 cm (geschlossen); Koblenz, Mittelrhein-Museum, Inv. M 1979/18

zu den Abbildungen
Seite 349–351

349 — Das imposante Tafelbild mit der Darstellung des *Christus in der Kelter* basiert auf einer Skizze Albrecht Dürers, die sich im Berliner Kupferstichkabinett (Inv. 1538) erhalten hat. Das Bild war als Gedenktafel für Matthias van Gulpen († 1475) für die Schwanenritterkapelle der Stiftskirche St. Gumbertus in Ansbach bestimmt. Der Kanoniker hatte in Heidelberg Rechtswissenschaften studiert und war seit 1464 dort Stiftsdekan.

Im Zentrum der Tafel steht Christus in einem Kelterbecken, niedergedrückt durch den Kelterbalken auf seinen Schultern, den er wie das Kreuz auf dem Weg nach Golgatha umgreift. Gottvater am linken Bildrand dreht selbst an der Spindel der Kelter und erhöht dadurch noch die Last auf seinen Sohn. Vorne fängt der durch den Schlüssel identifizierte Petrus als der erste Papst die – ohne den Wein – aus dem Becken hervorgehenden Hostien in einem Kelch auf und macht so deutlich, dass in ihnen Christus ganz enthalten ist (Konkomitanz). Petrus gegenüber kniet als kleine Figur der Stifter, hinter dem die Gottesmutter in Trauer über den Tod ihres Sohnes zusammensinkt. Auf ihre Brust zeigen fünf Schwerter als Hinweis auf die fünf Schmerzens Mariens. Mit ihrer linken Hand stützt sie den Ellenbogen des Keltertreters, als wolle sie ihm einen Teil der schweren Last abnehmen.

Neben der bildlichen Darstellung dienen hier die zahlreichen Spruchbänder zur Erläuterung des komplexen ikonografischen Bildprogramms. Die beiden Spruchbänder über Christus und der Taube des Heiligen Geistes thematisieren die Darstellung: *Torcular calcavi solus et de gentibus non est vir mecum* (Ich allein trat die Kelter; von den Völkern war niemand dabei; Jes 63,3) sowie *Torcular calcavit Dominus virgini filiae Iuda* (Die Kelter trat der Herr gegen die Jungfrau, Tochter Juda; Klgl 1,15). Dazu beklagt Gottvater den Tod seines Sohnes: *Propter scelus populi mei percussi eum* ([Er wurde vom Land der Lebenden abgeschnitten und] wegen der Verbrechen meines Volkes zu Tode getroffen; Jes 53,8). Die Engel am rechten Bildrand fragen: *Quare rubrum est indumentum tuum et vestimenta tua sicut calcantium in torculari* (Warum aber ist dein Gewand so rot, ist dein Kleid wie das eines Mannes, der die Kelter tritt?; Jes 63,2). Diese Klage wird von der trauernden Maria wiederholt: *Quare o fili rubrum est indumentum tuum* (Warum, oh Sohn, aber ist dein Gewand so rot?). Das Spruchband, das dem Stifter Matthias van Gulpen zugeordnet ist, bezieht sich auf die Offenbarung des Johannes: *Redemisti nos Deus in sanguine tuo* ([…] und hast uns Gott mit deinem Blut erworben; Offb 5,9). Dies ist nach dem römischen *Canon missae* zugleich eine der Antiphone in der Messe zu Allerheiligen, was den Zusatz mit der Bitte *misere mei* (erbarme dich meiner) erläutert. Das ikonografische Programm wird schließlich abgerundet durch das Spruchband, das Petrus im Vordergrund in seiner Hand präsentiert: *Hic vite ostium posuit unde sacramenta emanant* (Diesem Leben ist die Pforte geöffnet, woher die Sakramente ausströmen; Augustinus).

350 — Der mit 141 Illustrationen reich bebilderte *Spiegel des Leidens Christi* beginnt auf der ersten Seite mit einer kolorierten Federzeichnung, die als Reaktion auf den Dogmenstreit um die Transsubstantiationslehre zu Beginn des 15. Jahrhunderts »in drastischer Weise der Überzeugung Ausdruck [gibt], daß das Blut Christi Quellpunkt der Sakramente der katholischen Kirche sei« (Weckwerth 1960). Im Zentrum steht *Christus in der Kelter*, gekleidet in ein rotes Gewand, wie es bei Jesaja (63,2) beschrieben ist. Im Kelterbecken, in dem sich das aus seinen Wunden tropfende Blut sammelt, sind einzelne Trauben zu

erkennen. Vom Ausguss des Beckens ausgehend, speisen sieben Blut- / Weinflüsse die sieben Sakramente: auf der linken Seite die Priesterweihe, darunter die Taufe und unten die Beichte; rechts folgen auf die Krankensalbung die Firmung und die Ehe. In der Mitte unten schließlich erkennt man einen Priester an einem Altar beim Austeilen der heiligen Kommunion. Diese Seite ist dem Prosatext vorangestellt, der die Passion Christi im Rahmen der Heilsgeschichte behandelt und kommentiert mit dem Ziel, den Leser von der Betrachtung zur *compassio* zu führen. In den einleitenden Worten der Abhandlung sind zwei Zitate aus dem Buch Jesaja rot hervorgehoben: *Quare rubrum est vestimentum tuum* (63,2) sowie *Torcular calcavi solus* (63,3).

351 __ Die Tafeln mit der Darstellung des *Christus in der Kelter* bilden die Außenseiten eines Triptychons, das im Inneren die Kreuzigung Christi, das Gebet am Ölberg sowie die Auferstehung Christi zeigt. Wie der Gekreuzigte nur mit einem Lendentuch bekleidet, tritt Christus die Kelter, die in der Form einem Sarkophag ähnelt. Er krümmt sich unter dem Druck des Balkens, der – angedeutet durch die Spindel der Keltervorrichtung – immer zwingender wird. Deutlicher noch als in dem Ansbacher Kelterbild (Abb. S. 349) ist hier der Bezug zur Kreuzigung Christi hergestellt. Der Kelterbalken entspricht in der Form dem Kreuz und ist zudem mit dem Titulus INRI bezeichnet. Von Christi Seitenwunde tropft Blut in das Becken. Blut und Wein vermischen sich und werden am Ausguss des Beckens in einem Kelch aufgefangen. Signifikant umschließt ein Schriftband mit einem Zitat aus dem Alten Testament die Szene: *Vide se sit dolor ut dolor meus* (Schaut doch und seht, ob ein Schmerz ist wie mein Schmerz, Klgl 1,12). Die Inschrift unten hingegen basiert auf Jesaia 63,3, allerdings – möglicherweise in sehr speziellem Bezug zum Auftraggeber – im Singular anstelle des originalen Plurals: *Nam pro te torculareum sole calcavi* (Denn für dich allein habe ich die Kelter getreten) (zuletzt May 2010).

* Epitaph mit *Eucharistischer Mühle* Erfurt / Nürnberg, 1534
Tempera auf Holz; 180 × 170 cm; Erfurt, Dom St. Marien

* Sammelband mit Schriften der Reformationszeit
»Dis hand zwen puren gemacht, furwar si hand es wol betracht«, Speyer: Johann Eckhart 1521
Holzschnitt auf Papier; 205 × 150 mm; Paderborn, Erzbischöfliche Akademische Bibliothek, Th 5975

zu den Abbildungen
Seite 354–355

354 — Das 1534 datierte Epitaph, dessen unbekannter Stifter am linken Bildrand dargestellt ist, gehört als jüngste Tafel zu einer Serie von acht Pfeilerbildern aus dem Dom zu Erfurt (vgl. S. 303). Unterstützt durch zahlreiche Schriftbänder vergegenwärtigt die allegorische Darstellung der *Eucharistischen Mühle* die Präsenz Christi im Sakrament der Eucharistie durch das Wort Gottes (vgl. S. 87). Oben erscheint Gottvater in den Wolken und wendet sich Maria zu, die über die Breite des Bildes hinweg vom Engel die frohe Botschaft der Geburt ihres Sohnes empfängt. Darunter schütten die Symbole der vier Evangelisten aus Säcken ihre Evangelien in den Trichter der Mühle, die seitlich von den Aposteln mit Handkurbeln betrieben wird. Die vier Evangelien vereinigen sich unterhalb des Fülltrichters zu dem Schriftband *Et Deus erat verbum* (Und das Wort war Gott; Joh 1,1), das sich unten am Ende des Mahlvorgangs fortsetzt *Et verbum caro factum est* (Und das Wort ist Fleisch geworden; Joh 1,14). Dort sitzt in einem goldenen Kelch das Christuskind, dessen Kopf genau zwischen die Worte *verbum* und *caro* platziert ist und damit anschaulich die Inkarnation Christi verbildlicht. Um den Kelch sind die vier Kirchenväter Gregorius, Hieronymus sowie Augustinus und Ambrosius versammelt. Auf Schriftbändern kommentieren sie die Darstellung, beginnend mit Papst Gregor dem Großen auf der linken Seite: *Angelo nunctiante et spiritu sancto adveniente mox verbum in utroque intrat uterum verbum et caro* (Mit der Botschaft des Engels und der Ankunft des Heiligen Geistes dringt das Wort sogleich beiderweise in den Mutterleib ein, als Wort und Fleisch). Dann folgt Hieronymus: *Nos itaque docemus hominem passibilem a Dei filio susceptum, ut Deitas impassibilis permaneat* (Wir lehren daher, dass der leidensfähige Mensch vom Gottessohn angenommen worden ist, damit die Gottheit in ihrer Leidensunfähigkeit bleibe). Ambrosius sagt: *Verbum est Deus, non assumpta caro, aliud enim, quod assumpsit, aliud, quod assumptum est* (Das Wort ist Gott, nicht das angenommene Fleisch; eines ist nämlich, was angenommen hat, etwas anderes, was angenommen worden ist). Augustinus schließt vorne rechts den Kreis der Kommentatoren ab: *Aliud est verbum Dei, aliud homo, sed verbum caro factum est; idem homo vero itaque alia verbi alia hominis persona* (Das Wort Gottes ist verschieden vom Menschen, aber ist daher einerseits Person des Wortes, andererseits Person des Menschen) (Rye-Clausen 1981). Thema ist also die Dualität von Fleisch und Wort, Mensch und Gott in Christus.

355 — Der Holzschnitt wurde 1521 als Titelbild für eine Reformationssatire aus dem Umkreis des Zürcher Reformators Huldrych Zwingli († 1531) entworfen und liegt in der hier abgebildeten Paderborner Variante in einer etwas vereinfachten Form vor. Der Bildtopos der *Eucharistischen Mühle* wird zu einem protestantischen Programmbild umgedeutet. Christus schüttet die Evangelistensymbole und den heiligen Paulus in den Trichter einer Mühle. Mithilfe der Taube des Heiligen Geistes füllt Erasmus von Rotterdam († 1536) als Herausgeber der neuen griechischen Ausgabe des Neuen Testaments das aus der Mühle gewonnene Mehl in einen Sack. Daraus »backt« wiederum Martin Luther († 1546) seine Bibelübersetzung, die er dem widerwilligen römischen Klerus anbietet. Ein Vogel mit Schlangenschwanz ruft den Bann aus und wird dafür von *Karsthans,* einem Bauern, mit dem Dreschflegel bedroht. Der zugehörige Text wird zwei solchen Bauern in den Mund gelegt, die die Verderbtheit der alten Tradition beklagen und ihrer Hoffnung auf die Wirksamkeit des Neuanfangs Ausdruck geben.

* Heilig-Geist-Retabel Werkstatt des Wolfgang-Retabels, Nürnberg, um 1448/49
Mischtechnik auf Nadelholz; 190 × 330 cm
Köln, Kolumba – Kunstmuseum des Erzbistums Köln, Inv. 2009/288 (2009 erworben mit Unterstützung der Ernst von Siemens Kunststiftung sowie des Freundeskreises der Kulturstiftung der Länder)

zu der Abbildung
Seite 357

357 — Mit großer Wahrscheinlichkeit wurde das Heilig-Geist-Retabel von Margarethe Valzner in Auftrag gegeben, der Witwe des Nürnberger Münzmeisters Herdegen Valzner († 1423). Es dürfte für den Apostel-Altar des Heilig-Geist-Spitals zu Nürnberg bestimmt gewesen sein, der sich in der von der Familie Valzner gestifteten Zwölf-Boten-Kapelle befand. Margarethe verstarb im Jahre 1448 oder 1449, ohne Kinder zu hinterlassen. Um ihren Nachlass musste sie sich daher früh genug selbst bemühen. Wahrscheinlich gehört auch der Auftrag für das Retabel in diese Zeit – ein Auftrag, mit dem sie die Kapellenstiftung ihrer Familie abschloss.

Das Bildprogramm des Retabels ist sehr individuell und auf die Funktion bezogen gewählt, was letztlich die Bestimmung des originalen Standorts ermöglicht. Auf den Außenseiten der Flügel sind eine Reihe von Heiligen dargestellt, die zum einen auf die in dem Altar der Kapelle geborgenen Reliquien verweisen und zum anderen als Fürsprecher bei Krankheit angerufen werden, denn die Heilig-Geist-Kirche gehörte zu einem Spital. Die Bilder auf den Flügel-Innenseiten – Verkündigung und Geburt Christi, seine Auferstehung und der Tod Mariens – thematisieren die Erlösungs- und Auferstehungshoffnung der Verstorbenen.

Das Hauptbild zeigt die Herabkunft des Heiligen Geistes zu Pfingsten. Die Gottesmutter und die Apostel haben in einem Raum zusammengefunden, der durch den architektonischen Bogen am oberen Bildrand angedeutet wird. In dessen Zenit schwebt die Taube des Heiligen Geistes und sendet Flammen auf die Köpfe der Versammelten herab. Nur Maria bedarf der Geistesgabe nicht, denn sie hat sie schon bei der Verkündigung empfangen.

Die Anordnung der Gruppe im Bild ist auffällig. Maria thront in der Mitte, die Apostel sind so um sie herum gruppiert, dass sich die Komposition nach vorne öffnet. Die Blicke der Figuren bewegen sich innerhalb des Bildraumes. Lediglich Maria und der Apostel hinter ihrer linken Schulter wenden sich nach außen dem Betrachter zu. Dadurch wird der Kreis der Beteiligten um die Gläubigen im Kirchenraum erweitert. Heilige und Gemeinde gruppieren sich gemeinsam um den Altar und das darauf stehende Altarkreuz. Beide Sphären vereinigen sich bei der Feier der Eucharistie, die am Tisch zwischen den Gläubigen und den Zeitgenossen Christi gefeiert wird. Das ist – im Bild formuliert – der Anspruch, dem die Liturgie immer wieder neu gerecht werden muss.

LITERATUR

KURZBIBLIOGRAFIE ZU DEN ABGEBILDETEN OBJEKTEN

TEXTNACHWEIS / BILDNACHWEIS

AUTOREN

IMPRESSUM

Literatur

Alexandre-Bidon 1990 — Danièle Alexandre-Bidon (Hg.): *Le Pressoir mystique*, Actes du colloque de Recloses, 27 mai 1989, Paris 1990

Andersson 1956 — Aron Andersson: *Silberne Abendmahlsgeräte in Schweden aus dem XIV. Jahrhundert*, 2 Bde., Stockholm 1956

Andrieu 1961–1985 — Michel Andrieu: *Les ordines romani du haut moyen-age* (Spicilegium sacrum Lovaniense, 11; 23–24; 28–29), 5 Bde., Louvain 1961–1985

Angenendt 1997 — Arnold Angenendt: *Geschichte der Religiosität im Mittelalter*, Darmstadt 1997

Angenendt 2002 — Arnold Angenendt: *Liturgiereform im frühen Mittelalter*, in: Martin Klöckener / Benedikt Kranemann (Hg.): *Liturgiereformen. Historische Studien zu einem bleibenden Grundzug des christlichen Gottesdienstes. Festschrift für Angelus A. Häussling* (Liturgiewissenschaftliche Quellen und Forschungen, 88), Münster 2002, Bd. 1, S. 225–238

Angenendt 2004 — Arnold Angenendt: *Liturgie im Mittelalter. Ausgewählte Aufsätze zum 70. Geburtstag*, hg. von Thomas Flammer und Daniel Mayer (Ästhetik – Theologie – Liturgik, 35), Münster 2004

Assel 2011 — Heinrich Assel: *tamquam visibile verbum. Bild versus Sakrament?*, in: Philipp Stoellger / Thomas Klie (Hg.): *Präsenz im Entzug. Ambivalenzen des Bildes* (Hermeneutische Untersuchungen zur Theologie, 58), Tübingen 2011, S. 347–371

Ausst.-Kat. Hildesheim 1993 — Michael Brandt / Arne Eggebrecht (Hg.): *Bernward von Hildesheim und das Zeitalter der Ottonen*, Ausst.-Kat. Dom- und Diözesanmuseum Hildesheim [u. a.] 1993, Hildesheim / Mainz 1993

Ausst.-Kat. Hildesheim 2001 — Michael Brandt (Hg.): *Abglanz des Himmels. Romanik in Hildesheim*, Ausst.-Kat. Dom-Museum Hildesheim 2001, Regensburg 2001

Ausst.-Kat. Illegio 2005 — *Mysterium. L'Eucaristia nei capolavori dell'arte europea*, Ausst.-Kat. Illegio 2005, Mailand 2005

Ausst.-Kat. Köln 1972 — Anton Legner (Hg.): *Rhein und Maas. Kunst und Kultur 800–1400*, Ausst.-Kat. Kunsthalle Köln [u. a.] 1972

Ausst.-Kat. Köln 1982 / 83 — *Die Messe Gregors des Großen. Vision, Kunst, Realität*, Ausst.-Kat. Schnütgen-Museum Köln 1982 / 83

Ausst.-Kat. Köln 1985 — Anton Legner (Hg.): *Ornamenta Ecclesiae. Kunst und Künstler der Romanik*, Ausst.-Kat. Köln 1985, 3 Bde., Köln 1985

Ausst.-Kat. Köln 1998 — *Glaube und Wissen im Mittelalter. Die Kölner Dombibliothek*, Ausst.-Kat. Erzbischöfliches Diözesanmuseum Köln 1998, München 1998

Ausst.-Kat. Köln 2005 — Roland Krischel [u. a.] (Hg.): *Ansichten Christi. Christusbilder von der Antike bis zum 20. Jahrhundert*, Ausst.-Kat. Wallraf-Richartz-Museum & Fondation Corboud Köln 2005, Köln 2005

Ausst.-Kat. Magdeburg 2001 — Matthias Puhle (Hg.): *Otto der Große. Magdeburg und Europa*, 2 Bde., Mainz 2001

Ausst.-Kat. Münster 2012 — *Goldene Pracht. Mittelalterliche Schatzkunst in Westfalen*, Ausst.-Kat. LWL-Landesmuseum für Kunst- und Kulturgeschichte und Domkammer der Kathedralkirche St. Paulus Münster, München 2012

Ausst.-Kat. Osnabrück 1998 — *Wiederbegegnung mit dem Sifridus-Kelch. Die Brandschatzung von 1633*, Ausst.-Kat. Domschatzkammer und Diözesanmuseum Osnabrück 1998, hg. von Marie-Luise Schnackenburg, Osnabrück 1998

Ausst.-Kat. Paderborn 1999 — Christoph Stiegemann / Matthias Wemhoff (Hg): *799 – Kunst und Kultur der Karolingerzeit. Karl der Große und Papst Leo III. in Paderborn*, Ausst.-Kat. Paderborn 1999, 3 Bde., Mainz 1999

Ausst.-Kat. Paderborn 2006 — Christoph Stiegemann / Matthias Wemhoff (Hg.): *Canossa 1077. Erschütterung der Welt. Geschichte, Kunst und Kultur am Anfang der Romanik*, Ausst.-Kat. Paderborn 2006, 2 Bde., München 2006

Ausst.-Kat. Paderborn 2009 / 10 — Christoph Stiegemann / Martin Kroker (Hg.): *Für Königtum und Himmelreich. 1000 Jahre Bischof Meinwerk von Paderborn*, Ausst.-Kat. Paderborn 2009 / 10, Regensburg 2009

Ausst.-Kat. Paris 2007 — Marie-Pierre Laffitte / Charlotte Denoël: *Trésors carolingiens. Livres manuscrits de Charlemagne à Charles le Chauve*, Ausst.-Kat. Bibliothèque nationale de France Paris 2007

Ausst.-Kat. Stuttgart 1977 — Reiner Haussherr (Hg.): *Die Zeit der Staufer. Geschichte – Kunst – Kultur*, Ausst.-Kat. Württembergisches Landesmuseum Stuttgart 1977, 2 Bde., Stuttgart 1977

Ausst.-Kat. Ulm 2004 — Oliver Seifert (Hg.): *Panis angelorum – Das Brot der Engel. Kulturgeschichte der Hostie*, Ausst.-Kat. Museum der Brotkultur Ulm 2004, Ostfildern 2004

Ausst.-Kat. Wolfenbüttel 2004 — *Divina officia. Liturgie und Frömmigkeit im Mittelalter*, Konzeption von Ausstellung und Katalog Patrizia Carmassi (Ausstellungskataloge der Herzog August Bibliothek, 83), Wolfenbüttel 2004

Baumstark 1948 — Anton Baumstark: *Antik-roemischer Gebetsstil im Messkanon*, in: *Miscellanea Liturgica in Honorem L. Cuniberti Mohlberg* (Bibliotheca Ephemerides Liturgicae, 22), Bd. 1, Rom 1948, S. 301–331

Bayer 1993 — Clemens M. Bayer: *Der Mauritius-Tragaltar in Siegburg. Bemerkungen zu Datierung, Ikonographie und Ikonologie unter besonderer Berücksichtigung der Inschriften*, in: Heimatblätter des Rhein-Sieg-Kreises / Jahrbuch des Geschichts- und Altertumsvereins für Siegburg und den Rhein-Sieg-Kreis e. V. 60 / 61.1992 / 93, S. 7–46

Beer 2005 — Manuela Beer: *Triumphkreuze des Mittelalters. Ein Beitrag zu Typus und Genese im 12. und 13. Jahrhundert*, Regensburg 2005

Bériou [u. a.] 2009 — Nicole Bériou [u. a.] (Hg.): *Pratiques de l'eucharistie dans les Eglises d'orient et d'occident* (Antiquité et Moyen Age), 2 Bde., Paris 2009

Betz 1954 — Johannes Betz: *Die Eucharistie in der Zeit der griechischen Väter, Bd. I/1: Die Aktualpräsenz der Person und des Heilswerks Jesu im Abendmahl nach der vorephisinischen Griechischen Patristik*, Freiburg im Breisgau 1954

Bloch 1956 — Peter Bloch: *Das Hornbacher Sakramentar und seine Stellung innerhalb der frühen Reichenauer Buchmalerei*, Berlin 1956

Bock [u. a.] 2000 — Nicolas Bock [u. a.] (Hg.): *Kunst und Liturgie im Mittelalter. Akten des internationalen Kongresses der Bibliotheca Hertziana und des Nederlands Instituut te Rome 1997* (Römisches Jahrbuch der Bibliotheca Hertziana. Beiheft zu Bd. 33.1999/2000), München 2000

Bock [u. a.] 2002 — Nicolas Bock [u. a.] (Hg.): *Art, cérémonial et liturgie au moyen âge* (Études lausannoises d'histoire et de l'art, 1), Rom 2002

Boëdec 2011 — Hervé Boëdec: *Allégorie et spiritualité monastique au début du XVIe siècle. Le »Triptyque du Bain mystique« de Jean Bellegambe*, in: Christian Heck (Hg.): *L'allégorie dans l'art du Moyen Âge* (Les études du RILMA, 2), Turnhout 2011, S. 345 – 370

Boespflug 2009 — François Boespflug: *Eucharistie et Trinité dans l'art médiéval d'Occident (XIIe – Xve siècle)*, in: Nicole Bériou / Béatrice Caseau / Dominique Rigaux (Hg.): *Pratiques de l'eucharistie dans l'Églises d'Orient et d'Occident (Antiquité et Moyen Âge), Vol. II: Les réceptions* (Collection des Études Augustiniennes. Serie Moyen Âge et Temps Modernes, 46), Paris 2009, S. 1111 – 1167

Botte / Mohrmann 1953 — Bernard Botte / Christine Mohrmann: *L'ordinaire de la messe. Etudes Liturgiques 2*, Louvain / Paris, 1953

Bräm 2002 — Andreas Bräm: *Bilder der Liturgie in liturgischen Handschriften bis in ottonische Zeit*, in: Bock [u. a.] 2002, S. 141 – 168

Brandt in fut. — Mirjam Brandt: *Studien zu Kelchen und Patenen des Mittelalters*, in fut.

Braun 1897 — Joseph Braun: *Die priesterlichen Gewänder des Abendlandes nach ihrer geschichtlichen Entwicklung*, Freiburg im Breisgau 1897

Braun 1907 — Joseph Braun: *Die liturgische Gewandung in Occident und Orient nach Ursprung und Entwicklung, Verwendung und Symbolik*, Freiburg im Breisgau 1907 (ND Darmstadt 1964)

Braun 1924 — Joseph Braun: *Der christliche Altar in seiner geschichtlichen Entwicklung*, 2 Bde., München 1924

Braun 1932 — Joseph Braun: *Das christliche Altargerät in seinem Sein und in seiner Entwicklung*, München 1932

Braun-Niehr 1996 — Beate Braun-Niehr: *Der Codex Vaticanus Rossianus 181. Studien zur Erfurter Buchmalerei um 1200*, Berlin 1996

Braun-Niehr 2007 — Beate Braun-Niehr: *Liturgische Handschriften des hohen Mittelalters und ihre Ausstattung*, in: Andreas Fingernagel (Hg.): *Geschichte der Buchkultur, Bd. 4/1: Romanik*, Graz 2007, S. 289 – 308

Browe 1933 — Peter Browe: *Die Verehrung der Eucharistie im Mittelalter*, München 1933 (ND Sinzig 1990)

Browe 1938 — Peter Browe: *Die eucharistischen Wunder des Mittelalters* (Breslauer Studien zur historischen Theologie, N. F. 4), Breslau 1938

Browe 2003 — Peter Browe: *Die Eucharistie im Mittelalter. Liturgiehistorische Forschungen in kulturwissenschaftlicher Absicht* (Vergessene Theologen, 1), Münster 2003

Browe 2008 — Peter Browe: *Die Eucharistie im Mittelalter*, hg. von Hubertus Lutterbach und Thomas Flammer, Münster 2008

Budde 1998 — Michael Budde: *Altare portatile. Kompendium der Tragaltäre des Mittelalters 600 – 1600*, Münster 1998

Burdach 1938 — Konrad Burdach: *Der Gral. Forschungen über seinen Ursprung und seinen Zusammenhang mit der Longinuslegende*, Stuttgart 1938 (ND Darmstadt 1974)

Buschhausen 1979 — Heide und Helmut Buschhausen: *Studien zu den typologischen Kreuzen der Ile-de-France und des Maaslandes*, in: Reiner Haussherr / Christian Väterlein (Hg.): *Die Zeit der Staufer. Geschichte – Kunst – Kultur*, Bd. 5: Supplement: Vorträge und Forschungen, Stuttgart-Bad Cannstatt 1979, S. 247 – 277

Bynum 2006 — Caroline Walker Bynum: *Seeing and Seeing Beyond. The Mass of St. Gregory in the Fifteenth Century*, in: Hamburger / Bouché 2006, S. 208 – 240

Bynum 2007 — Caroline Walker Bynum: *Wonderful Blood. Theology and Practice in Late Medieval Northern Germany and Beyond* (The Middle Ages Series), Philadelphia 2007

Bynum 2011 — Caroline Walker Bynum: *Christian Materiality. An Essay on Religion in Late Medieval Europe*, New York 2011

Capelle 1952 — Bernard Capelle: *Innocent Ier et le canon de la messe*, in: *Recherches de Théologie ancienne et médiévale* 19.1952, S. 5 – 16

Capelle 1955 — Bernard Capelle: *L'évolution du* Qui pridie *de la messe romaine*, in: *Recherches de Théologie ancienne et médiévale* 22.1955, S. 5 – 16

Capone 1998 — Laura Capone: *Ein illuminiertes Andachtsbuch in Würzburg. Studien zu M.p.th.q. 50 (Hildebert de Lavardin: De mysterio missae) der Würzburger Universitätsbibliothek*, in: *Würzburger Diözesangeschichtsblätter* 60.1998, S. 93 – 194

Caspers [u. a.] 1995 — Charles Caspers [u. a.] (Hg.): *Bread of Heaven. Customs and Practices Surrounding Holy Communion. Essays in the History of Liturgy and Culture* (Liturgia condenda, 3), Kampen 1995

Chazelle 2001 — Celia Chazelle: *The Crucified God in the Carolingian Era. Theology and Art of Christ's Passion*, Cambridge [u. a.] 2001

Décréaux 1985 — Joseph Décréaux: *Le Sacramentaire de Marmoutier (Autun 19 bis) dans l'histoire des Sacramentaires carolingiens du IXe siècle*, Città del Vaticano 1985

Delisle 1886 — Léopold Delisle: *Mémoire sur d'anciens Sacramentaires* (Mémoires de l'Académie des Inscriptions et Belles-Lettres, 32.1), Paris 1886

Denzinger / Hünermann 2010 — Heinrich Denzinger / Peter Hünermann (Hg.): *Enchiridion symbolorum, definitionum et declarationum de rebus fidei et morum / Kompendium der Glaubensbekenntnisse und kirchlichen Lehrentscheidungen*, Freiburg im Breisgau [u. a.] [43]2010

Deshusses 1992 — Jean Deshusses: *Le sacramentaire grégorien. Ses principales formes d'après les plus anciens manuscrits. Édition comparative, 1: Le sacramentaire, le supplément d'Aniane*, 3e éd. revue et corrigée (Spicilegium Friburgense, 16), Fribourg 1992

Dinkler 1962 — Erich Dinkler: *Kreuzzeichen und Kreuz. Tav, Chi und Stauros*, in: *Jahrbuch für Antike und Christentum* 5.1962, S. 93–112 (reprinted in Erich Dinkler, *Signum Crucis*, Tübingen 1967, S. 26–54)

DMG 8 — Alfred Stange: *Deutsche Malerei der Gotik, Bd. 8: Schwaben in der Zeit von 1430–1500*, München 1957

Dölger 1958 — Franz Joseph Dölger: *Beiträge zur Geschichte des Kreuzzeichens*, in: *Jahrbuch für Antike und Christentum* 1.1958, S. 5–19

Dörnemann 2012 — Holger Dörnemann: *Freundschaft. Die Erlösungslehre des Thomas von Aquin*, Würzburg 2012

Douteil 2010 — Herbert Douteil: *Die Concordantiae caritatis des Ulrich von Lilienfeld*. Edition des Codex Campililiensis 151 (um 1355), hg. von Rudolf Suntrup, Arnold Angenendt und Volker Honemann, 2 Bde, Münster 2010

Dünzl 2005 — Franz Dünzl: *Herrenmahl ohne Herrenworte? Eucharistische Texte aus der Frühzeit des Christentums*, in: Winfried Haunerland (Hg.): *Mehr als Brot und Wein. Theologische Kontexte der Eucharistie*, Würzburg 2005, S. 50–72

Dürig 1958 — Walter Dürig: *Pietas liturgica. Studien zum Frömmigkeitsbegriff und zur Gottesvorstellung der abendländischen Liturgie*, Regensburg 1958

Durandus 2012 — Wilhelm Durandus: *Rationale divinorum officiorum – »Der geistliche Sinn der göttlichen Liturgie«. Prolog. Buch IV: Über die Messe*, eingeleitet und übersetzt von Claudia Barthold, Mülheim / Mosel 2012

Ebner 1896 — Adalbert Ebner: *Quellen und Forschungen zur Geschichte und Kunstgeschichte des Missale Romanum im Mittelalter. Iter italicum*, Freiburg im Breisgau 1896

Egger 1996 — Christoph Egger: *Papst Innozenz III. »De missarum mysteriis«. Studien und Vorarbeiten zu einer kritischen Edition, mit besonderer Berücksichtigung der schriftstellerischen Persönlichkeit des Papstes*, Diss. Universität Wien 1996

Elbern 1964 — Victor H. Elbern: *Der eucharistische Kelch im frühen Mittelalter*, Berlin 1964

Elbern 1965 — Victor H. Elbern: *Über die Illustration des Meßkanons im frühen Mittelalter*, in: Peter Bloch / Joseph Hoster (Hg.): *Miscellanea pro Arte. Hermann Schnitzler zur Vollendung des 60. Lebensjahres am 13. Januar 1965* (Schriften des Pro Arte Medii Aevi, 1), Düsseldorf 1965, S. 60–67

Elbern 1995 — Victor H. Elbern: *Der eucharistische Kelch im frühen Mittelalter. Neue Funde und Forschungen*, in: *Arte medievale* 2. Ser. 9.1995, S. 1–48

Elbern 2004 — Victor H. Elbern: *Sancti Spiritus Figura Columbina*, in: *Das Münster* 57.2004, S. 182–189

Erffa 1954 — Hans Martin von Erffa: s. v. *Bursa*, in: RDK III, Stuttgart 1954, Sp. 225–231

Estivill 2007 — Daniel Estvill: *Corpo e Sangue di Cristo. Iconografia del Sacrificio Eucharistico*, in: *Arte cristiana* 95.2007, S. 465–473

Euw 1974 — Anton von Euw: *Das Sakramentar von St. Paul*, in: *Die Abtei Reichenau*, hg. von H. Maurer, Sigmaringen 1974, S. 365–387

Euw 1985 — Anton von Euw: *Liturgische Handschriften, Gewänder und Geräte*, in: Ausst.-Kat. Köln 1985, Bd. 1, S. 385–483

Euw / Bischofberger 2004 — Anton von Euw / Hermann Bischofberger: *Das Appenzeller Missale. Eine illuminierte Handschrift des 12. Jahrhunderts* (Innerrhoder Schriften, 11), Appenzell 2004

Exner 2011 — Matthias Exner: *Buchmalerei im Kloster Lorsch. Frühmittelalterliche Miniaturen aus dem Skriptorium des Reichsklosters*, in: *Kloster Lorsch. Vom Reichskloster Karls des Großen zum Weltkulturerbe der Menschheit*, Ausst.-Kat. Museumszentrum Lorsch 2011 / 12, Petersberg 2011, S. 330–356

Faupel-Drevs 2000 — Kirstin Faupel-Drevs: *Vom rechten Gebrauch der Bilder im liturgischen Raum. Mittelalterliche Funktionsbestimmungen bildender Kunst im »Rationale Divinorum Officiorum« des Durandus von Mende (1230 / 1–1296)* (Studies in the history of Christian thought, 89), Leiden 2000

Ferrari 2006 — Michele Camillo Ferrari: *Die Wende zum Körper. Dialektik und Eucharistie im 11. Jahrhundert*, in: Ausst.-Kat. Paderborn 2006, Bd. 1, S. 266–275

Fillitz 1998 — Hermann Fillitz (Hg.): *Geschichte der bildenden Kunst in Österreich. Bd. 1: Früh- und Hochmittelalter*, München [u. a.] 1998

Fransen 2009 — Bart Fransen: *Jan van Eyck, »el gran pintor del ilustre duque de Borgoña«. El viaje a la Península y la* Fuente de la Vida, in: *La senda española de los artistas flamencos*; colaboraciones de Javier Baròn et al.; Barcelona 2009, S. 105–125

Franz 1902 — Adolph Franz: *Die Messe im deutschen Mittelalter*, Freiburg im Breisgau 1902 (ND Darmstadt 1963)

Frese 2010 — Tobias Frese: *Die Maiestas Domini als Bild eucharistischer Gegenwart*, in: Martin Büchsel / Rebecca Müller (Hg.): *Intellektualisierung und Mystifizierung mittelalterlicher Kunst. »Kultbild«: Revision eines Begriffs* (Neue Frankfurter Forschungen zur Kunst, 10), Berlin 2010, S. 41–61

Frese in fut. — Tobias Frese: *Bild und Wahrheit – das eucharistische Christusbild von der Spätantike bis ins Mittelalter*, ungedr. Diss.

Fritz 1982 — Johann Michael Fritz: *Goldschmiedekunst der Gotik in Mitteleuropa*, München 1982

Fuhrmann 2001 — Hans Fuhrmann: *Bildprogramm und Inschriften des Werbener Kelchs und der zugehörigen Patene*, in: Seyderhelm 2001, S. 88–109

Gärtner 2007 — Claudia Gärtner: *Die »Gregorsmesse« als Bestätigung der Transsubstantiantionslehre? Zur Theologie des Bildsujets*, in Gormans 2007, S. 125–153

Gass 2011 __ Berit H. Gass: *Zu den Miniaturen des frühottonischen Sakramentars Inv. Nr. 469 (olim Ms. 153) im Halberstädter Domschatz*, in: Klaus Gereon Beuckers [u. a.] (Hg.): *Buchschätze des Mittelalters*, Regensburg 2011

Gatti 2010 __ Evan A. Gatti: *In a Space Between. Warmund of Ivrea and the Problem of (Italian) Ottonian Art*, in: *Peregrinations* 3/1.2010, S. 8 – 48

Gauthier 1973 __ Marie-Madelaine Gauthier: *Colombe limousine prise aux rêts d'un »antiquaire« bénédictin à Saint-Germain-des-Prés, vers 1726*, in: Peter Bloch [u. a.] (Hg.): *Intuition und Kunstwissenschaft. Festschrift für Hanns Swarzenski zum 70. Geburtstag am 30. August 1973*, Berlin 1973, S. 171 – 190

Gerhards 1983 __ Albert Gerhards: *Die literarische Struktur des Eucharistischen Hochgebets. Zu einer Studie über die alttestamentlichen Wurzeln der Anaphora und deren Entfaltung im jüdisch-christlichen Beten*, in: *Liturgisches Jahrbuch* 33.1983, S. 90 – 104

Gerhards 2000 __ Albert Gerhards: *Akklamationen im Eucharistiegebet. Funktion und Gestalt im Liturgievergleich*, in: Hans-Jürgen Feulner [u. a.] (Hg.): *Crossroad of Cultures. Studies in Liturgy and Patristics in Honor of Gabriele Winkler* (Orientalia Christiana Analecta, 260), Rom 2000, S. 316 – 329

Gerhards [u. a.] 2005 __ Albert Gerhards / Heinzgerd Brakmann / Martin Klöckener (Hg.): *Prex Eucharistica. Volumen III: Studia. Pars prima: Ecclesia antiqua et occidentalis* (Spicilegium Friburgense, 42), Freiburg / CH 2005

Gerhards 2005.1 __ Albert Gerhards: *In persona Christi – in nomine Ecclesiae. Zum Rollenbild des priesterlichen Dienstes nach dem Zeugnis orientalischer Anaphoren*, in: George Augustin [u. a.] (Hg.): *Priester und Liturgie. Festschrift Manfred Probst*, Paderborn 2005, S. 59 – 73 (Wiederabdruck in: Gerhards 2012, S. 263 – 273)

Gerhards 2012 __ Albert Gerhards: *Erneuerung kirchlichen Lebens aus dem Gottesdienst. Beiträge zur Reform der Liturgie* (Praktische Theologie heute, 120), Stuttgart 2012

Gerken 1973 __ Alexander Gerken: *Theologie der Eucharistie*, München 1973

Gesamtauslegung 1967 __ *Die älteste deutsche Gesamtauslegung der Messe (Erstausgabe ca. 1480)* (Corpus Catholicorum, 29), hg. von Franz Rudolf Reichert, Münster 1967

Gormans 2007 __ Andreas Gormans / Thomas Lentes (Hg.): *Das Bild der Erscheinung. Die Gregorsmesse im Mittelalter* (KultBild, Visualität und Religion in der Vormoderne, 3), Berlin 2007

Guster 2009 __ Holger Guster: *Die Hostienmonstranzen des 13. und 14. Jahrhunderts in Europa*, Phil. Diss. Heidelberg 2009 [elektronische Ressource]

Gy 1990 __ Pierre-Marie Gy: *La mise en page du Canon de la messe*, in: Henri-Jean Martin / Jean Vezin (Hg.): *Mise en page et mise en texte du livre manuscrit*, Paris 1990, S. 112 – 116

Hänggi / Schönherr 1970 __ Anton Hänggi / Alfons Schönherr (Hg.): *Sacramentarium Rhenaugiense. Handschrift Rh 30 der Zentralbibliothek Zürich* (Spicilegium Friburgense, 15), Freiburg / CH 1970

Häussling 1973 __ Angelus A. Häussling: *Mönchskonvent und Eucharistiefeier. Eine Studie über die Messe in der abendländischen Klosterliturgie des frühen Mittelalters und zur Geschichte der Meßhäufigkeit* (Liturgiewissenschaftliche Quellen und Forschungen, 58), Münster 1973

Hahnloser 1962 __ Hans R. Hahnloser: *Pietro Calzettas Heiligblutaltar im Santo zu Padua. Niccolò Pizzolo und das Berner Hostienmühlfenster*, in: *Scritti di Storia dell'Arte in onore di Mario Salmi*, Bd. 2, Rom 1962, S. 377 – 393

Hainaut-Zveny 2011 __ Brigitte d'Hainaut-Zveny: *L'interprétation allégorique du rituel de la messe*, in: Christian Heck (Hg.): *L'allégorie dans l'art du Moyen Âge* (Les études du RILMA, 2), Turnhout 2011, S. 111 – 123

Hamburger 2009 __ Jeffrey F. Hamburger: *»Haec figura demonstrat«. Diagrams in an Early-Thirteenth Century Parisian Copy of Lothar de Segni's »De missarum mysteriis«*, in: *Wiener Jahrbuch für Kunstgeschichte* 58.2009, S. 7 – 76

Hamburger / Bouché 2006 __ Jeffrey F. Hamburger / Anne-Marie Bouché (Hg.): *The Mind's Eye. Art and Theological Argument in the Middle Ages*, Princeton, N. J. 2006

Hanssens 1948 __ Jean Michel Hanssens (Hg.): *Amalarii episcopi opera liturgica omnia, Bd. 2: Liber officialis*, Città del Vaticano 1948

Hardison 1965 __ Osborne Bennett Hardison: *Christian Rite and Christian Drama in the Middle Ages. Essays in the Origin and Early History of Modern Drama*, Baltimore 1965

Haunerland 2005 __ Winfried Haunerland: *Das eine Herrenmahl und die vielen Eucharistiegebete*, in: Ders. (Hg.): *Mehr als Brot und Wein. Theologische Kontexte der Eucharistie*, Würzburg 2005, S. 50 – 72

Haussherr 1963 __ Reiner Haussherr: *Der tote Christus am Kreuz. Zur Ikonographie des Gerokreuzes*, Bonn 1963

Hecht 2003 __ Christian Hecht: [Rezension von:] Salvatore Baviera / Jadranka Bentini: *Mistero e immagine. L'Eucaristia nell'arte dal XVI al XVIII secolo*, Mailand 1997 [und] Heike Schlie: *Bilder des Corpus Christi. Sakramentaler Realismus von Jan van Eyck bis Hieronymus Bosch*, Berlin 2002, in: *Journal für Kunstgeschichte* 7.2003, S. 3 – 11

Hecht 2006 __ Christian Hecht: *Von der Imago Pietatis zur Gregorsmesse*, in: *Römisches Jahrbuch der Bibliotheca Hertziana* 36.2005 (2006), S. 9 – 44

Hecht 2009 __ Christian Hecht: *Der Schmerzensmann*, in: Eckhard Leuschner / Mark R. Hesslinger (Hg.): *Das Bild Gottes in Judentum, Christentum und Islam. Vom Alten Testament bis zum Karikaturenstreit*, Petersberg 2009, S. 128 – 152

Hegg 1954 __ Peter Hegg: *Die Drucke der »göttlichen Mühle« von 1521*, in: *Schweizerisches Gutenbergmuseum* 40.1954, H. 4, S. 135 – 150

Heimann 1982 __ Peter Heimann: *Mola Mystica. Wandlungen eines Themas mittelalterlicher Kunst*, in: *Zeitschrift für schweizerische Archäologie und Kunstgeschichte* 39.1982, S. 229 – 252

Heinzer 1996 — Felix Heinzer: *Ex authentico scriptus. Zur liturgiehistorischen Stellung des Sakramentars*, in: *Das Sakramentar der Fürstlich Fürstenbergischen Hofbibliothek Cod. Don. 191* (Patrimonia, 85), Stuttgart 1996

Heinzer 1999 — Felix Heinzer: *Das Berthold-Sakramentar als liturgisches Buch*, in: *Das Berthold-Sakramentar. Vollständige Faksimile-Ausgabe der Handschrift Ms M.710 der Pierpont Morgan Library New York, Kommentarband* (Codices selecti, 100), Graz 1999, S. 217–253

Herzner 1995 — Volker Herzner: *Jan van Eyck und der Genter Altar*, Worms 1995

Herzner 2011 — Volker Herzner: *Der Madrider Lebensbrunnen aus der Werkstatt Jan van Eycks und die zielsicheren Irrwege der Forschung*, in: *Kunstgeschichte. Texte zur Diskussion*, 2011-9 ‹urn:nbn:de:0009-23-28428› Zugriff am 23. 03. 2012

Herzner 2012 — Volker Herzner: [Rezension zu:] *Albert Châtelet: Hubert et Jan van Eyck. Créateurs de l'Agneau mystique, Dijon 2011*, in: *H-ArtHist*, Mar 20, 2012 ‹http://arthist.net/reviews/2949› Zugriff am 23.03.2012

Hörisch 1992 — Jochen Hörisch: *Brot und Wein. Die Poesie des Abendmahls* (edition suhrkamp, 1962), Frankfurt am Main 1992

Holböck 1941 — Ferdinand Holböck: *Der eucharistische und der mystische Leib Christi in ihren Beziehungen zueinander nach der Lehre der Frühscholastik*, Rom 1941

Hoping 2011 — Helmut Hoping: *Mein Leib für euch gegeben. Geschichte und Theologie der Eucharistie*, Freiburg [u. a.] 2011

Hourihane 2003 — Colum Hourihane (Hg.): *Objects, Images, and the Word. Art in the Service of the Liturgy* (Index of Christian Art. Occasional Papers, 6), Princeton N. J. 2003

Illing 1975 — Kurt Illing: *Alberts des Großen »Super missam«-Traktat in mittelhochdeutschen Übertragungen. Untersuchungen und Texte* (MTU, 53), München 1975

Imkamp 1983 — Wilhelm Imkamp: *Das Kirchenbild Innozenz' III. (1198–1216)* (Päpste und Papsttum, 22), Stuttgart 1983

Innozenz 1857 — Friedrich von Hurter: *Papst Innozenz des Dritten sechs Bücher von den Geheimnissen der heiligen Messe*, Schaffhausen 1857

Jakobi-Mirwald 1994 — Christine Jakobi-Mirwald: *Kreuzigung und Kreuzabnahme in den Weingartener Handschriften des 12. und 13. Jahrhunderts*, in: *900 Jahre Heilig-Blut-Verehrung in Weingarten 1094–1994*, hg. von Norbert Kruse und Hans Ulrich Rudolf, Sigmaringen 1994, Bd. 1, S. 185–208

Jungmann 1952 — Josef Andreas Jungmann: *Missarum Sollemnia. Eine genetische Erklärung der römischen Messe*, 2 Bde., Wien [3]1952

Jungmann 1958 — Josef Andreas Jungmann: *Missarum Sollemnia. Eine genetische Erklärung der römischen Messe*, 2 Bde., Wien [4]1958

Jungmann 1962 — Josef Andreas Jungmann: *Missarum Sollemnia. Eine genetische Erklärung der römischen Messe*, 2 Bde., Wien [5]1962

Kapustka 2006 — Mateusz Kapustka: *Legende und Sakrament. Die visuelle Propaganda als Abbild der Kontroversen in Wilsnack, Heiligengrabe und Breslau*, in: Felix Escher / Hartmut Kühne (Hg.): *Die Wilsnackfahrt*, Frankfurt am Main [u. a.] 2006, S. 235–258

Keltertreter 1980 — *Der Keltertreter. Über das neuerworbene Triptychon des Mittelrhein-Museum Koblenz aus der Zeit um 1500*, mit Beiträgen von Alois Thomas / Heinrich Denzer / Kurt Eitelbach, Koblenz 1980

Kessler 1971 — Hans Kessler: *Die theologische Bedeutung des Todes Jesu. Eine traditionsgeschichtliche Untersuchung*, Düsseldorf [2]1971

Klein 2007 — Bruno Klein (Hg.): *Geschichte der bildenden Kunst in Deutschland, Bd. 3: Gotik*, München [u. a.] 2007

Kosch 1998 — Clemens Kosch: *Auswahlbibliographie zur Liturgie der Bildenden Kunst / Architektur im Mittelalter*, in: Franz Kohlschein / Peter Wünsche (Hg.): *Heiliger Raum. Architektur, Kunst und Liturgie in mittelalterlichen Kathedralen und Stiftskirchen* (Liturgiewissenschaftliche Quellen und Forschungen, 82), Münster 1998, S. 305–308 (Tabernakel), 335–347 (Liturgisches Gerät / Paramente), 348–352 (Liturgische Szenen)

Kretzenbacher 1997 — Leopold Kretzenbacher: *Bild-Gedanken der spätmittelalterlichen Hl. Blut-Mystik und ihr Fortleben in mittel- und südosteuropäischen Volksüberlieferungen* (Bayerische Akademie der Wissenschaften, philosophisch-historische Klasse. Abhandlungen, N. F. 114), München 1997

Kroesen 2000 — Justin A. Kroesen: *Heiliges Grab und Tabernakel. Ihr Zusammenhang im mittelalterlichen Kirchenraum*, in: Das Münster 53.2000, S. 290–300

Krueger 1978 — Ingeborg Krueger: *Das Ulmer Hostienmühlenretabel im Zusammenhang der erhaltenen Hostienmühlendarstellungen*, in: *Ulm und Oberschwaben. Zeitschrift für Geschichte, Kunst und Kultur* 42 / 43, Ostfildern 1978, S. 60–84

Kumler 2011.1 — Aden Kumler: *Translating Truth. Ambitious Images and Religious Knowledge in Late Medieval France and England*, New Haven / London 2011

Kumler 2011.2 — Aden Kumler: *The Multiplication of the Species. Eucharistic Morphology in the Middle Ages*, in: *RES. Anthropology and Aesthetics* 59/60.2011, S. 179–191

Lambacher 2010 — Lothar Lambacher (Hg.): *Schätze des Glaubens. Meisterwerke aus dem Dom-Museum Hildesheim und dem Kunstgewerbemuseum Berlin*, Regensburg 2010

Lang 1998 — Bernhard Lang: *Heiliges Spiel. Eine Geschichte des christlichen Gottesdienstes*, München 1998

Lankheit 1973 — Klaus Lankheit: s. v. *Eucharistie*, in: RDK VI, München 1973, Sp. 154–254

LCI — Engelbert Kirschbaum / Wolfgang Braunfels [u. a.] (Hg.): *Lexikon der christlichen Ikonographie*, Bd. 1–8, Freiburg [u. a.] 1968–1976

Lentes 2006 — Thomas Lentes: *»As Far as the Eye Can See…« Rituals of Gazing in the Late Middle Ages*, in: Hamburger / Bouché 2006, S. 360–373

Lentes 2007 — Thomas Lentes: *Verum Corpus und Vera Imago: Kalkulierte Bildbeziehungen in der Gregorsmesse*, in: Gormans 2007, S. 13–35

Lentes 2009 — Thomas Lentes: *A maioribus tradita. Zur Kommunikation von Mythos und Ritus im mittelalterlichen Messkommentar*, in: Peter Strohschneider (Hg.): *Literarische und religiöse Kommunikation im Mittelalter. Altgermanistisches Symposion der DFG*, Berlin 2009, S. 324 – 370

Lentes 2010 — Thomas Lentes: *Ereignis und Repräsentation. Ein Diskussionsbeitrag zum Verhältnis von Liturgie und Bild im Mittelalter*, in: Barbara Stollberg-Rilinger [u. a.] (Hg.): *Die Bildlichkeit symbolischer Akte* (Symbolische Kommunikation und gesellschaftliche Wertesysteme – Schriftenreihe des Sonderforschungsbereichs 496, Bd. 28), Münster 2010, S. 155 – 184

Leroquais 1924 — Victor Leroquais: *Les Sacramentaires et les Missels manuscrits des bibliothèques publiques de France*, Paris 1924

Levy [u. a.] 2012 — Ian Christopher Levy [u. a.]: *A Companion to the Eucharist in the Middle Ages*, Leiden 2012

LThK — Walter Kasper (Hg.): *Lexikon für Theologie und Kirche*, Bd. 1 – 11, Freiburg [u. a.] [3]1993 – 2001

Lumen gentium 1967 — *Lumen gentium, Dogmatische Konstitution über die Kirche*, in: LThK, Bd. 12: Supplementband [Liturgie, Kommunikationsmittel, Kirche, Ostkirchen], Freiburg im Breisgau 1967

Macy 1984 — Gary Macy: *The Theologies of the Eucharist in the Early Scholastic Period. A Study of Salvific Function of the Sacrament According to the Theologians c. 1080 – 1220*, Oxford 1984

Macy 1999 — Gary Macy: *Treasures from the Storeroom. Medieval Religion and the Eucharist*, Collegeville 1999

Mariaux 2002 — Pierre-Alain Mariaux: *Warmond d'Ivrée et ses images. Politique et création iconographique autour de l'an mil*, Bern 2002

Mariaux 2004 — Pierre-Alain Mariaux: *»Faire Dieu«. Quelques remarques sur les relations entre confection eucharistique et création d'images (IXe – XIIe siècles)*, in: David Ganz / Thomas Lentes (Hg.): *Ästhetik des Unsichtbaren. Bildtheorie und Bildgebrauch der Vormoderne* (KultBild, 1), Berlin 2004, S. 94 – 111

Marillier 1931 — Henry Currie Marillier: *The Ronceray Tapestries of the Sacraments*, in: *Burlington Magazine* 1931, S. 232 – 239

Marrow 1979 — James H. Marrow: *Passion Iconography in Northern European Art of the Late Middle Ages and Early Renaissance. A Study of the Transformation of Sacred Metaphor into Descriptive Narrative* (Ars Neerlandica, 1), Kortrijk 1979

Marti 2012 — Susan Marti: *Von einem Medium ins andere: Übertragungsprozesse bei flämischen Bilderzyklen mit den Sieben Sakramenten*, in: Norberto Gramaccini / Marc Carel Schurr (Hg.): *Kunst und Kulturtransfer zur Zeit Karls des Kühnen*, Bern [u. a.] 2012, S. 225 – 249

May 2010 — Franziska May: *Golgatha – Christus in der Kelter: zu Entwicklung und Rezeption eines Bildmotives*, in: Johann Anselm Steiger / Ulrich Heinen (Hg.): *Golgatha in den Konfessionen und Medien der Frühen Neuzeit* (Arbeiten zur Kirchengeschichte, 113), Berlin / New York 2010, S. 129 – 159

Mayr-Harting 1991 — Henry Mayr-Harting: *Ottonische Buchmalerei. Liturgische Kunst im Reich der Kaiser, Bischöfe und Äbte*, Stuttgart / Zürich 1991

Mazza 2004 — Enrico Mazza: *The Eucharistic Prayers of the Roman Rite*, Collegeville 2004 (ital. Orig. 1984)

Meier 2006 — Esther Meier: *Die Gregorsmesse. Funktion eines spätmittelalterlichen Bildtypus*, Köln 2006 (Diss. Marburg 2003)

Meßner 1993 — Reinhard Meßner: *Zur Hermeneutik allegorischer Liturgieerklärung in Ost und West*, in: *Zeitschrift für katholische Theologie* 115.1993, S. 284 – 319 und 415 – 434

Meßner 1995 — Reinhard Meßner: *Einige Probleme des eucharistischen Hochgebets*, in: Reinhard Meßner [u. a.] (Hg.): *Bewahren und Erneuern. Studien zur Meßliturgie. Festschrift Hans Bernhard Meyer* (Innsbrucker Theologische Studien, 42), Innsbruck [u. a.] 1995, S. 174 – 201

Meßner 2000 — Reinhard Meßner: *Unterschiedliche Konzeptionen des Meßopfers im Spiegel von Bedeutung und Deutung der Interzessionen des römischen Canon missae*, in: Albert Gerhards / Klemens Richter (Hg.): *Das Opfer – biblischer Anspruch und liturgische Gestalt* (Quaestiones Disputatae, 186), Freiburg im Breisgau [u. a.] 2000, S. 182 – 184

Meßner / Lang 2003 — Reinhard Meßner / Martin Lang: *Die Freiheit zum Lobpreis des Namens. Identitätsstiftung im eucharistischen Hochgebet und in verwandten jüdischen Gebeten*, in: Albert Gerhards [u. a.] (Hg.): *Identität durch Gebet. Zur gemeinschaftsbildenden Funktion institutionalisierten Betens in Judentum und Christentum* (Studien zu Judentum und Christentum), Paderborn [u. a.] 2003, S. 371 – 411

Meßner 2005 — Reinhard Meßner: *Grundlinien der Entwicklung des eucharistischen Gebets in der frühen Kirche*, in: Gerhards [u. a.] 2005, S. 3 – 41

Metzger 1994 — Marcel Metzger: *Les sacramentaires* (Typologie des sources du moyen âge occidental; 70), Turnhout 1994

Metzger 2005 — Marcel Metzger: *La prière eucharistique de la prétendue Tradition Apostolique*, in: Gerhards [u. a.] 2005, S. 263 – 280

Meyer 1932 — Erich Meyer: *Spätromanische Abendmahlskelche in Norddeutschland*, in: *Jahrbuch der Preußischen Kunstsammlungen* 53.1932, S. 163 – 181

Meyer 1963 — Hans Bernhard Meyer: *Die Elevation im deutschen Mittelalter und bei Luther. Eine Untersuchung zur Liturgie- und Frömmigkeitsgeschichte des späten Mittelalters*, in: *Zeitschrift für katholische Theologie* 85.1963, S. 162 – 217

Meyer 1967 — Ruth Meyer: *Die Miniaturen im Sakramentar Bischof Sigeberts von Minden*, in: Frieda Dettweiler / Herbert Köllner / Peter Anselm Riedl (Hg.): *Studien zur Buchmalerei und Goldschmiedekunst des Mittelalters. Festschrift für Karl Hermann Usener*, Marburg 1967, S. 181 – 200

Meyer 1989 — Hans Bernhard Meyer: *Eucharistie. Geschichte, Theologie, Pastoral* (Gottesdienst der Kirche, 4), Regensburg 1989

Michler 1980 — Wiebke Michler: *Zu einer unbekannten Darstellung der Mystischen Mühle in der Hospitalkapelle zu Allendorf*, in: *Symbolon* N. F. 5.1980, S. 129 – 142

Missale Romanum — *Missale Romanum ex decreto SS. Concilii Tridentini restitutum Summorum Pontificum cura recognitum.* Editio typica 1962, ed. Manlio Sodi et Alessandro Toniolo, Città del Vaticano 2007

Mohnhaupt 2000 — Bernd Mohnhaupt: *Beziehungsgeflechte. Typologische Kunst des Mittelalters* (Vestigia bibliae, 22), Bern [u.a.] 2000

Mohrmann 1950 — Christine Mohrmann: *Quelques observations sur l'évolution stylistique du canon de la messe romain*, in: VChr 4.1950, S. 1–19

Moneo 2002/03 — Marisa Melero Moneo: *Eucaristía y polémica antisemita en el retablo y frontal de Vallbona de les Monges*, in: *Locus Amoenus* 6.2002–2003, S. 21–40

Monllau 2005/06 — Cèsar Favà Monllau: *El retaule eucarístic de Vilafermosa i la iconografia del Corpus Christi al la Corona d'Aragó*, in: *Locus Amoenus* 8.2005–2006, S. 105–121

Monllau 2009 — Cèsar Favà Monllau: *Noves consideracions entorn al joc de retaule i frontal de Vallbona de les Monges*, in: *Butlletí* MNAC 10.2009 S. 57–85

Munscheck 2000 — Hedwig Munscheck: *Die Concordantiae caritatis des Ulrich von Lilienfeld. Untersuchungen zu Inhalt, Quellen und Verbreitung, mit einer Paraphrasierung von Temporale, Sanktorale und Commune* (Europäische Hochschulschriften, Reihe 28: Kunstgeschichte, 352), Frankfurt am Main [u.a.] 2000

Neunheuser 1963 — Burkhard Neunheuser: *Eucharistie in Mittelalter und Neuzeit* (Handbuch der Dogmengeschichte, 4), Freiburg im Breisgau 1963

Nichols 1994.1 — Ann Eljenholm Nichols: *Seeable signs: The Iconography of the Seven Sacraments 1350–1544*, Woodbridge 1994

Nichols 1994.2 — Ann Eljenholm Nichols: *The Bread of Heaven. Foretaste or Foresight?*, in: Clifford Davidson (Hg.): *The Iconography of Heaven*, Kalamazoo M.I. 1994, S. 40–68

Nußbaum 1979 — Otto Nußbaum: *Die Aufbewahrung der Eucharistie* (Theophaneia, 29), Bonn 1979

Odenthal 2000 — Andreas Odenthal: *Von der Meßfeier zur Meßfrömmigkeit*, in: Bock [u.a.] 2000, S. 9–17

Odenthal 2009 — Andreas Odenthal: *»Nimm an, heilige Dreifaltigkeit«. Bischof Meinwerk und der Gottesdienst im Kontext mittelalterlicher Frömmigkeit*, in: Ausst-Kat. Paderborn 2009/10, S. 160–169

Odenthal 2011 — Andreas Odenthal: *Liturgie vom Frühen Mittelalter zum Zeitalter der Konfessionalisierung. Studien zur Geschichte des Gottesdienstes* (Spätmittelalter, Humanismus, Reformation, 61), Tübingen 2011

Officium 1954 — *Officium de Festo Corporis Christi ad mandatum Urbani Papae IV cictum Festum instituentis*, in: *Opuscula theologica II: De Re Spirituali*, hg. von Raymundi M. Spiazzi, Rom 1954, S. 275–281

Palazzo 1990 — Éric Palazzo: *Confrontation du répertoire des tropes et du cycle iconographique du tropaire d'Autun*, in: Claudio Leonardi / Enrico Menestò (Hg.): *La tradizione dei tropi liturgici* (Atti di convegno sui tropi liturgici Parigi 1985 – Perugia 1987), Spoleto 1990, S. 95–123

Palazzo 1993 — Éric Palazzo: *Histoire des livres liturgiques. Le Moyen Age: Des origines au XII. siècle*, Paris 1993

Palazzo 1994 — Éric Palazzo: *Les sacramentaires de Fulda. Étude sur l'iconographie et la liturgie à l'époque ottonienne* (Liturgiewissenschaftliche Quellen und Forschungen, 77), Münster 1994

Palazzo 2006 — Éric Palazzo: *Rom, die gregorianische Reform und die Liturgie*, in: Ausst.-Kat. Paderborn 2006, Bd. 1, S. 277–282

Palazzo 2008.1 — Éric Palazzo: *L'espace rituel et le sacré dans le christianisme. La liturgie de l'autel portatif dans l'Antiquité et au Moyen Age* (Culture et société médiévales; 15), Turnhout 2008

Palazzo 2008.2 — Éric Palazzo: *The Performance of the Liturgy in the Early Middle Ages (600–1100)*, in: Thomas F.X. Noble / Julia M.H. Smith (Hg.): *Cambridge History of Christianity, Bd. 3: Early Medieval Christianities, c. 600–c. 1100*, Cambridge 2008, S. 472–488

Pfändtner 2007 — Karl-Georg Pfändtner: *Das Gebetbuch des Johann Siebenhirter in Stockholm. Geschichte – Ausstattung – Bedeutung*, in: *Carinthia* 197.2007, S. 107–156

Pfändtner 2011 — Karl-Georg Pfändtner: *Das Salzburger Missale. Bayerische Staatsbibliothek Clm 15708–15712. Abbildungen aller Miniaturen aus der Handschrift* (Berthold Furtmeyr in München – Illuminierte Prachthandschriften, 2), Luzern 2011

PL — Jacques Paul Migne (Hg.): *Patrologiae cursus completus (Patrologia latina)*, Paris 1844–1855

RAC — *Reallexikon für Antike und Christentum*, hg. von Theodor Klauser [u.a.], Stuttgart 1950 ff.

Raible 1908 — Felix Raible: *Der Tabernakel einst und jetzt. Eine historische und liturgische Darstellung der Andacht zur aufbewahrten Eucharistie*, aus dem Nachlass hg. von Engelbert Krebs, Freiburg im Breisgau 1908

RDK — *Reallexikon der deutschen Kunstgeschichte*, hg. von Otto Schmitt [u.a.], Stuttgart 1937 ff.

Ratcliff 1957 — E. Ratcliffe: *The Institution Narrative of the Roman Canon Missae: Its Beginnings and Early Background*, in: *Studia Patristica II*, hg. von K. Aland / F. Cross, Berlin 1957, S. 64–82

Rehm 1994 — Ulrich Rehm: *Bebilderte Vaterunser-Erklärungen des Mittelalters* (Saecula Spiritalia, 28), Baden-Baden 1994

Rehm 1995 — Ulrich Rehm: *Daz was ein Dinc, daz hiez der Grâl*, in: Reinhold Baumstark / Michael Koch (Hg.): *Der Gral. Artusromantik in der Kunst des 19. Jahrhunderts*, Ausst.-Kat. Bayerisches Nationalmuseum München 1995/96, Köln 1995, S. 31–62

Reinle 1988 — Adolf Reinle: *Die Ausstattung deutscher Kirchen im Mittelalter. Eine Einführung*, Darmstadt 1988

Reudenbach 2009 — Bruno Reudenbach (Hg.): *Geschichte der bildenden Kunst in Deutschland, Bd. 1: Karolingische und ottonische Kunst*, München [u.a.] 2009

Reynolds 1971 — Roger E. Reynolds: *The Portrait of the Ecclesiastical Officers in the Raganaldus Sacramentary and its Liturgico-Canonical Significance*, in: *Speculum* 46.1971, S. 432–442

Reynolds 1981 — Roger E. Reynolds: *A Visual Epitome of the Eucharistic ›Ordo‹ from the Era of Charles the Bald: The Ivory Mass Cover of the Drogo Sacramentary*, in: M. Gibson / J. Nelson (Hg.): *Charles the Bald: Court and Kingdom. Papers based on a colloquium held in London in April 1979* (BAR, Internat. Series, 101), Oxford 1981, S. 265 – 289

Reynolds 1983.1 — Roger E. Reynolds: *Image and Text: A Carolingian Illustration of the Modifications in the Early Roman Eucharistic Ordines*, in: *Viator* 14.1983, S. 59 – 75

Reynolds 1983. 2 — Roger E. Reynolds: *Image and Text: The Liturgy of Clerical Ordination in Early Medieval Art*, in: *Gesta* 22/1.1983, S. 27 – 38

Rhein und Maas 1973 — *Rhein und Maas. Kunst und Kultur 800 – 1400, Bd. 2: Berichte, Beiträge und Forschungen zum Themenkreis der Ausstellung und des Kataloges*, hg. von Anton Legner, Köln 1973

Rohault de Fleury 1883 – 1889 — Charles Rohault de Fleury: *La messe. Études archéologiques sur ses monuments*, 8 Bde., Paris 1883 – 1889

Ronig 1963 — Franz Ronig: *Der thronende Christus mit Kelch und Hostie zwischen Ekklesia und Synagoge. Ikonographische Überlegungen zu einer Miniatur der Handschrift No. 407 des Trierer Bistumsarchivs*, in: *Archiv für mittelrheinische Kirchengeschichte* 15.1963, S. 391 – 403

Ronig 2001 — Franz Ronig: *Die eucharistischen Altargeräte in katholischer Sicht. Vasa sacra: Kelch, Patene, Ziborium, Monstranz*, in: Seyderhelm 2001, S. 64 – 72

Rubin 1991 — Miri Rubin: *Corpus Christi. The Eucharist in Late Medieval Culture*, Cambridge [u. a.] 1991

Rubin 1999 — Miri Rubin: *Gentile Tales. The Narrative Assault on Late Medieval Jews*, Yale 1999

Rubin 2004 — Miri Rubin: *Corpus Christi. The Eucharist in Late Medieval Culture*, Cambridge [u. a.] 2004

Rudolf 2010 — Hans Ulrich Rudolf (Hg.): *Das Hainricus-Missale. Vollständige Faksimile-Ausgabe der Handschrift Ms M.711 (bisher auch »Hainricus-Sakramentar«) aus The Morgan Library & Museum New York, Kommentarband* (Codices selecti, 110), Graz 2010

Rupert 1999 — Rupert von Deutz: *Liber de Divinis Officiis / Der Gottesdienst der Kirche*, auf der Textgrundlage der Edition von Hrabanus Haacke neu hg. von Helmut und Ilse Deutz (Fontes christiani, 33 / 1), Freiburg im Breisgau [u. a.] 1999

Rye-Clausen 1981 — Harald Rye-Clausen: *Hostienmühlenbilder im Lichte mittelalterlicher Frömmigkeit*, Stein a. Rh. 1981

Sacrosanctum Concilium 1967 — *Sacrosanctum Concilium, Konstitution über die heilige Liturgie*, in: LThK², Bd. 12: Supplementband [Liturgie, Kommunikationsmittel, Kirche, Ostkirchen], Freiburg im Breisgau 1967

Sanjosé Llongueras 2011 — Lourdes de Sanjosé Llongueras: *El colom eucarístic. Una obra singular del taller de Llemotges*, Castelló de la Plana 2011

Saxon 2006 — Elizabeth Saxon: *The Eucharist in Romanesque France. Iconography and Theology*, Woodbridge 2006

Schawe 1988 — Martin Schawe: *Zur »Alltagsseite« des Göttinger Barfüßeraltars von 1424. Ergebnisse einer Untersuchung*, in: *Niederdeutsche Beiträge zur Kunstgeschichte* 27.1988, S. 63 – 84

Schawe 1989 — Martin Schawe: *Ikonographische Untersuchungen zum Göttinger Barfüsser-Altar von 1424. Der geschlossene Zustand*, Göttingen 1989

Schefer 2007 — Jean Louis Schefer: *L'hostie profanée. Histoire d'une fiction théologique*, Paris 2007

Schlie 2002 — Heike Schlie: *Bilder des Corpus Christi. Sakramentaler Realismus von Jan van Eyck bis Hieronymus Bosch*, Berlin 2002 (Diss. Bochum 1999)

Schmitt 1992 — Jean-Claude Schmitt: *Die Logik der Gesten im europäischen Mittelalter*, Stuttgart 1992

Schmitz 2005 — Josef Schmitz: *Canon Romanus*, in: Gerhards [u. a.] 2005, S. 281 – 310

Schnusenberg 1981 — Christine Schnusenberg: *Das Verhältnis von Kirche und Theater dargestellt an ausgewählten Schriften der Kirchenväter und liturgischen Texten bis auf Amalarius von Metz (a. d. 775 – 852)* (Europäische Hochschulschriften, Reihe 23: Theologie, Bd. 141), Bern / Frankfurt am Main 1981

Schrenk 1995 — Sabine Schrenk: *Typos und Antitypos in der frühchristlichen Kunst* (Jahrbuch für Antike und Christentum, Ergänzungsband 21, 1995), Münster 1995 (Diss. Bonn 1992)

Semmler 2009 — Josef Semmler: *Rupert von Deutz, seine Messerklärung und sein Messordo*, in: Heinz Finger (Hg.): *Rupert von Deutz – Ein Denker zwischen den Zeiten?* (Libelli Rhenani, 31), Köln 2009, S. 57 – 80

Serra 2003 — Dominic E. Serra: *The Roman Canon: The Theological Significance of its Structure and Syntax*, in: *Ecclesia Orans* 20.2003, S. 99 – 128

Seyderhelm 2001 — Bettina Seyderhelm (Hg.): *Goldschmiedekunst des Mittelalters. Im Gebrauch der Gemeinden über Jahrhunderte bewahrt*, Ausst.-Kat. Dom zu Magdeburg [u. a.] 2001 / 02

Siede 2009 — Irmgard Siede: *Die Ausstattung der Liturgie. Bücher, Geräte und Textilien*, in: Reudenbach 2009, S. 435 – 495

Skubiszewski 1982 — Piotr Skubiszewski: *Die Bildprogramme der romanischen Kelche und Patenen*, in: Arne Effenberger (Hg.): *Metallkunst von der Spätantike bis zum ausgehenden Mittelalter. Wissenschaftliche Konferenz anlässlich der Ausstellung »Spätantike und frühbyzantinische Silbergefäße aus der Staatlichen Ermitage Leningrad« 1979* (Schriften der Frühchristlich-byzantinischen Sammlung, 1), Berlin 1982, S. 198 – 267

Sleptzoff 1972 — Lola Sleptzoff: *Fontaines mystiques et fontaines profanes dans l'art du 15ème siècle*, in: *Studies in Art* (Scripta Hierosolymitana, 24), Jerusalem 1972, S. 42 – 57

Sommer 1957 — Johannes Sommer: *Der Niellokelch von Iber. Ein unbekanntes Meisterwerk der Hildesheimer Goldschmiedekunst des späten 12. Jahrhunderts*, in: *Zeitschrift für Kunstwissenschaft* 11.1957, S. 109 – 136

Spinks 2005 — Bryan D. Spinks: *The Roman Canon Missae*, in: Gerhards [u. a.] 2005, S. 129 – 143

Springer 1889 — Anton Springer: *Der Bilderschmuck in den Sakramentarien des frühen Mittelalters* (Abhandlungen der sächsischen Gesellschaft der Wissenschaften, philologisch-historische Klasse, 11.4), Leipzig 1889

Staubach 1984 — Nikolaus Staubach: *Cultus Divinus und karolingische Reform*, in: *Frühmittelalterliche Studien* 18.1984, S. 546–581

Steenbock 1965 — Frauke Steenbock: *Eine Miniatur zur Messfeier im Berliner Kupferstichkabinett*, in: *Festschrift für Peter Metz*, Berlin 1965, S. 135–147

Steinmann 1931 — Ulrich Steinmann: *Das mittelniederdeutsche Mühlenlied. Eine allegorische Darstellung der Messehandlung aus dem 15. Jahrhundert* (Jahrbuch des Vereins für niederdeutsche Sprachforschung), Hamburg 1931

Stemmler 1970 — Theo Stemmler: *Liturgische Feiern und geistliche Spiele. Studien zu Erscheinungsformen des Dramatischen im Mittelalter* (Anglia Buchreihe, 15), Tübingen 1970

Stiegemann [u. a.] 2006 — Christoph Stiegemann / Hiltrud Westermann-Angerhausen (Hg.): *Schatzkunst am Aufgang der Romanik. Der Paderborner Dom-Tragaltar und sein Umkreis*, München 2006

Subes 2004 — Marie-Pasquine Subes: *Art et liturgie. Le flabellum et l'ostension de la patène dans le cérémonial de la messe*, in: *Bibliothèque de l'École des chartes* 162.2004, S. 97–118

Suckale 2012 — Robert Suckale: *Klosterreform und Buchkunst. Die Handschriften des Mettener Abtes Peter I. München Bayerische Staatsbibliothek, Clm 8201 und Clm 8201d*, Petersberg 2012

Suntrup 1978 — Rudolf Suntrup: *Die Bedeutung der liturgischen Gebärden und Bewegungen in lateinischen und deutschen Auslegungen des 9. bis 13. Jahrhunderts* (Münstersche Mittelalter-Schriften, 37), München 1978 (Diss. Münster 1977)

Suntrup 1980 — Rudolf Suntrup: *Te igitur-Initialen und Kanonbilder in mittelalterlichen Sakramentarhandschriften*, in: Christel Meier / Uwe Ruberg (Hg.): *Text und Bild. Aspekte des Zusammenwirkens zweier Künste in Mittelalter und früher Neuzeit*, Wiesbaden 1980, S. 278–382

Suntrup 1984 — Rudolf Suntrup: *Präfigurationen des Meßopfers in Text und Bild*, in: *Frühmittelalterliche Studien* 18.1984, S. 468–529

Suntrup 2000 — Rudolf Suntrup: *Typologische Heilsgeschichts-Konzepte in mittelalterlicher geistlicher Literatur*, in: Volker Honemann / Tomas Tomasek (Hg.): *Germanistische Mediävistik* (Münsteraner Einführung. Germanistik, 4), Münster 2000 (2., durchges. Aufl.), S. 277–308

Surmann 1990 — Ulrike Surmann: *Studien zur ottonischen Elfenbeinplastik in Metz und Trier. Nordenfalks Sakramentar- und Evangeliargruppe* (Beiträge zur Kunstgeschichte, 5), Bonn 1990 (Diss. Bonn 1989)

Surmann 1993 — Ulrike Surmann: *Der Meister der Wiener Gregortafel*, in: Franz J. Ronig (Hg.): *Egbert. Erzbischof von Trier 977–993. Gedenkschrift zum 1000 Todestag*, Tier 1993, S. 207–229

Tammen 2006 — Silke Tammen: *Blick und Wunde – Blick und Form. Zur Deutungsproblematik der Seitenwunde Christi in der spätmittelalterlichen Buchmalerei*, in: Kristin Marek (Hg.): *Bild und Körper im Mittelalter*, München 2006, S. 85–114

Teviotdale 2001 — Elizabeth C. Teviotdale: *The Stammheim Missal* (Getty Museum studies on art), Los Angeles 2001

Teviotdale 2003 — Elizabeth C. Teviotdale: *The Pictorial Program of the Stammheim Missal*, in: Hourihane 2003, S. 79–93

Thomas 1882 f. — Thomas von Aquin: *Sancti Thomae Aquinatis Opera Omnia jussu impensaque Leonis XIII edita* (= Ed. Leonina), Rom 1882 f.

Thomas 1936 / 81 — Alois Thomas: *Die Darstellung Christi in der Kelter. Eine theologische und kulturhistorische Studie, zugleich ein Beitrag zur Geschichte und Volkskunde des Weinbaus* (Quellen und Abhandlungen zur mittelrheinischen Kirchengeschichte, 37), Mainz 1981 (Neudruck)

Thomas 1938 — Thomas von Aquin: *Das Geheimnis der Eucharistie* (Vollständige, ungekürzte deutsch-lateinische Ausgabe der Summa theologica, 30), Salzburg / Leipzig 1938

Thomas 1961 / 67 — Thomas von Aquin: *Summa Theologiae*, hg. von Petrus Caramello, 3 Bde., Rom 1961 und 1967

Thurn / Wiener 1993 — Hans Thurn / Claudia Wiener: *Eine illuminierte Handschrift von Hildeberts von Lavardin »De mysterio missae«*, in: *Würzburger Diözesangeschichtsblätter* 55.1993, S. 13–35

Timmermann 2009 — Achim Timmermann: *Real Presence. Sacrament Houses and the Body of Christ, c. 1270–1600* (Architectura Medii Aevi, 4), Turnhout 2009

Tück 2011 — Jan-Heiner Tück: *Gabe der Gegenwart. Theologie und Dichtung der Eucharistie bei Thomas von Aquin*, Freiburg im Breisgau u. a. [2]2011

Turner 1965 — D. H. Turner: *The »Reichenau« Sacramentaries at Zürich and Oxford*, in: *Revue Bénédictine* 75.1965, S. 240–276

Vetter 1970 — Ewald M. Vetter: Rezension von Maj-Brit Wadell: *Fons pietatis*, Göteborg 1969, in: *Zeitschrift für Kunstgeschichte* 33.1970, H. 3, S. 232–249

Vetter 1972 — Ewald M. Vetter: *Die Kupferstiche zur Psalmodia Eucaristica des Melchor Prieto von 1622* (Spanische Forschungen der Görresgesellschaft, 2), Münster 1972

Villwock 1996 — Jörg Villwock: *Die Sprache – Ein ›Gespräch der Seele mit Gott‹. Zur Geschichte der abendländischen Gebets- und Offenbarungsrhetorik*, Frankfurt am Main 1996

Vloberg 1946 — Maurice Vloberg: *L'eucharistie dans l'art*, 2 Bde., Grenoble 1946

Vogel 1986 — Cyrille Vogel: *Medieval Liturgy. An Introduction to the Sources*, hg. von William G. Storey und Niels Krogh Rasmussen, Washington 1986

Wadell 1969 — Maj-Brit Wadell: *Fons pietatis. Eine ikonographische Studie*, Göteborg, 1969

Walters [u. a.] 2006 — Barbara R. Walters [u. a.] (Hg.): *The Feast of Corpus Christi*, University Park 2006

Warland 2002 — Rainer Warland: *Strategien der Vergegenwärtigung. Zum Verhältnis von Kunst und Liturgie in frühbyzantinischer Zeit*, in: Bock [u. a.] 2002, S. 278–292

Weckwerth 1960 — Alfred Weckwerth: *Christus in der Kelter. Ursprung und Wandlungen eines Bildmotivs*, in: Ernst Guldan (Hg.): *Beiträge zur Kunstgeschichte. Eine Festgabe für Heinz Rudolf Rosemann zum 9. Oktober 1960*, München [u. a.] 1960, S. 95–108

Welzel 1991 — Barbara Welzel: *Abendmahlsaltäre vor der Reformation*, Berlin 1991

Wenzel 2004 — Horst Wenzel: *Die Ausbreitung des ›logos‹ als Handwerk: Handschrift, Kelter, Hostienmühle*, in: Barbara Naumann / Edgar Pankow (Hg.): *Bilder-Denken*, München 2004, S. 45–65

Winterer 2007 — Christoph Winterer: *Raumsymbolik in zwei frühmittelalterlichen Liturgiedarstellungen*, in: Nikolaus Staubach / Vera Johanterwage (Hg.): *Außen und Innen* (Tradition – Reform – Innovation, 14), Frankfurt am Main 2007, S. 93–111

Winterer 2009 — Christoph Winterer: *Das Fuldaer Sakramentar in Göttingen. Benediktinische Observanz und römische Liturgie* (Studien zur internationalen Architektur- und Kunstgeschichte, 70), Petersberg 2009

Wipfler 2003 — Esther Wipfler: *»Corpus Christi« in Liturgie und Kunst der Zisterzienser im Mittelalter* (Vita regularis. Ordnungen und Deutungen religiösen Lebens im Mittelalter, Abhandlungen, 18), Münster 2003

Wipfler 2004 — Esther Wipfler: *Fons pietatis*, in: RDK X, Lief. 110, München 2004, Sp. 140–158

Wittekind 2002 — Susanne Wittekind: *Liturgiereflexion in den Kunststiftungen Abt Wibalds von Stablo*, in: Bock [u. a.] 2002, S. 503–520

Wittekind 2004 — Susanne Wittekind: *Altar – Reliquiar – Retabel. Kunst und Liturgie bei Wibald von Stablo* (pictura et poesis, 17), Köln [u. a.] 2004

Wittekind 2008 — Susanne Wittekind: *Die mittelalterliche Verwendung spätantiker Elfenbeintafeln*, in: Dietrich Boschung / Susanne Wittekind (Hg.): *Persistenz und Rezeption. Weiterverwendung, Wiederverwendung und Neuinterpretation antiker Werke im Mittelalter. Beiträge zu einem Kolloquium des Lehr- und Forschungszentrums für die antiken Kulturen des Mittelmeerraumes und des Zentrums für Mittelmeerstudien der Universität zu Köln 17.–18. Februar 2006* (Zakmira-Schriften, 6), Wiesbaden 2008, S. 285–317

Wittekind 2009 — Susanne Wittekind (Hg.): *Geschichte der bildenden Kunst in Deutschland, Bd. 2: Romanik*, München [u. a.] 2009

Wolfson 1996 — Michael Wolfson: *Der große Goldkelch Bischof Gerhards. Geschichte, Frömmigkeit und Kunst um 1400* (Der Hildesheimer Dom. Studien und Quellen, 1), Hildesheim [u. a.] 1996

Wormald 1966 — Francis Wormald: *Some Pictures of the Mass in an English XIVth Century Manuscript*, in: *Walpole Society* 41.1966/68, S. 39–45

Wright 1975 — David F. Wright: *I manoscritti del »De missarum mysteriis« de Innocenzo III.*, in: *Rivista di storia della Chiesa in Italia* 29.1975, S. 444–452

Wright 1980 — David F. Wright: *A Medieval Commentary on the Mass. Particulae 2–3 and 5–6 of the »De missarum mysteriis« (ca. 1195) of Cardinal Lothar of Segni (Pope Innocent III.)*, Ann Arbor 1980

Zika 1988 — Charles Zika: *Hosts, Processions and Pilgrimages. Controlling the Sacred in Fifteenth Century Germany*, in: *Past and Present* 118.1988, S. 25–64

Zimmermann 1997 — Andrea Zimmermann: *Jesus Christus als »Schmerzensmann« in hoch- und spätmittelalterlichen Darstellungen der bildenden Kunst. Eine Analyse ihres Sinngehalts*, Diss. Halle-Wittenberg 1997 (online publiziert: URN: http://nbn-resolving.de/urn:nbn:de:gbv:3-000000025)

Zucker 1891 — Markus Zucker: *Fragment eines Lorscher Sacramentariums in der Erlanger Universitätsbibliothek*, in: *Repertorium für Kunstwissenschaft* 14.1891, S. 34–42

Kurzbibliografie zu den abgebildeten Objekten

S. 41 — Surmann 1993; Reudenbach 2009, S. 483 – 484, Nr. 251 – 252

S. 42 — Ausst.-Kat. Paderborn 1999, S. 784 – 787, Nr. XI.3; Siede 2009, S. 438 – 439

S. 43 — Ausst.-Kat. Magdeburg 2001, Bd. 2, S. 405 – 406, Nr. VI.8; Wittekind 2008

S. 45 — Andreas Fingernagel (Bearb.): *Die illuminierten lateinischen Handschriften deutscher Provenienz der Staatsbibliothek Preußischer Kulturbesitz Berlin, 8. – 12. Jahrhundert,* Bd. 1, Wiesbaden 1991, S. 66 – 69; Ausst.-Kat. Paderborn 2009 / 10, S. 423, Nr. 153; Winterer 2009, S. 119 – 126, 379 – 383

S. 46 – 49 — Reynolds 1971; Décréaux 1985; Koert van der Horst [u. a.] (Hg.): *The Utrecht Psalter in Medieval Art. Picturing the Psalms of David,* MS't Goy 1996, S. 220 – 221, Nr. 22; Bräm 2002, S. 142 – 144; Roland Recht (Hg.): *The Grand Atelier. Pathways of Art in Europe (5th – 18th Centuries),* Ausst.-Kat. Brüssel 2007 / 08, S. 270, Nr. II.15; Winterer 2009, S. 377 – 378

S. 52 – 53 — Ausst.-Kat. Köln 1998, S. 394 – 400, Nr. 82; Winterer 2009, S. 90 – 100, 479 – 480 und passim

S. 55 – 62 — PL 217, 773 – 916; Innozenz 1857; Rehm 1994, S. 106 – 111; Hamburger 2009; Suckale 2012

S. 65 – 72 — Wormald 1966; Lucy Freeman Sandler: *Gothic Manuscripts 1285 – 1385* (A Survey of Manuscripts Illuminated in the British Isles, 5), London 1986, Nr. 58; François Avril / Patricia Danz Stirnemann: *Manuscrits enluminés d'origine insulaire VIIe – XXe siècle,* Paris 1987, Nr. 179; Jonathan Alexander / Paul Binski (Hg.): *Age of Chivalry. Art in Plantagenet England 1200 – 1400,* London 1987, Nr. 110; Kumler 2011, S. 119 – 159 und S. 256, Anm. 60

S. 75 — Adolph Goldschmidt *Die Elfenbeinskulpturen aus der Zeit der karolingischen und sächsischen Kaiser VIII. – XI. Jahrhundert,* Bd. 1, Berlin 1969 (ND), S. 78, Nr. 159; Surmann 1990, S. 100 – 102

S. 76 – 77 — Frauke Steenbock: *Das Nicasius-Diptychon in Tournai,* in: *Das erste Jahrtausend,* Textbd. II, Düsseldorf 1964, S. 1007 – 1013; Elbern 1965; Surmann 1990, S. 98 – 100; Theo Jülich: *Die mittelalterlichen Elfenbeintafeln des Hessischen Landesmuseums Darmstadt,* Regensburg 2007, S. 74

S. 78 — Budde 1998, CD 1, S. 54 – 58, Nr. 6; *Ego sum Hildensemensis,* Ausst.-Kat. Dom-Museum Hildesheim (Kataloge des Dom-Museums Hildesheim, 3), Petersberg 2000, S. 506 – 508, Nr. D 23; Lambacher 2010, S. 44 – 45, Nr. 9

S. 79 — Ausst.-Kat. Köln 1985, S. 405 – 407, Nr. F 47; Budde 1998, CD 2, Kat. 62; Wittekind 2004, S. 65, 122

S. 82 – 83 — Walter Cahn: *Romanesque Manuscripts. The Twelfth Century* (A survey of manuscripts illuminated in France), London 1996, Bd. 1, Abb. 7 – 8, Bd. 2, S. 14 – 15, Nr. 2

S. 84 – 85 — PL. 171, Sp. 1177 – 1196; Thurn / Wiener 1993; Capone 1998

S. 87 – 90 — Rehm 1994, S. 111 ff.; Hamburger 2009; Suckale 2012

S. 132 – 133 — Ausst.-Kat. Köln 1998, S. 392 – 394, Nr. 81; Ildar H. Garipzanov: *The Symbolic Language of Authority in the Carolingian World (c. 751 – 877)* (Brill's Series of the Early Middle Ages, 16), Leiden / Boston 2008, S. 325 – 345, passim; Hans-Walter Stork: *Nikolaus von Kues studiert den Codex 212 der Kölner Dombibliothek,* in: Heinz Finger (Hg.): *Mittelalterliche Handschriften der Kölner Dombibliothek, 4. Symposion der Diözesan- und Dombibliothek zu den Dom-Manuskripten,* Köln 2012, S. 297 – 298

S. 134 — Suntrup 1980, Nr. 135; Jean Nougaret: *L'iconographie du sacramentaire de Gellone,* Montpellier 1993; Barbara Baert: *Le sacramentaire de Gellone (750 – 790) et l'invention de la Croix. L'image entre le symbole et l'histoire,* in: *Arte cristiana* 86.1998, S. 449 – 460; Ausst.-Kat. Paris 2007, Nr. 7, S. 78 – 83

S. 135 — Zucker 1891; Exner 2011, S. 338 – 340; http://bibliotheca-laureshamensis-digital.de/view/uben_ms2000 (17. 07. 12)

S. 136 – 139 — Ausst.-Kat. Köln 1998, S. 400 – 405, Nr. 83; Josef Semmler: *Die Weihe des deutschen Königs und die pontifikale Meßliturgie Kölns,* in: Heinz Finger (Hg.): *Mittelalterliche Handschriften der Kölner Dombibliothek. 1. Symposion der Diözesan- und Dombibliothek zu den Dom-Manuskripten,* Köln 2005, S. 132, 134, 137; Ruth Höpfner: *Graeca in den mittelalterlichen Handschriften der Kölner Dombibliothek,* in: Heinz Finger (Hg.): *Mittelalterliche Handschriften der Kölner Dombibliothek. 3. Symposion der Diözesan- und Dombibliothek zu den Dom-Manuskripten,* Köln 2010, S. 41 – 43

S. 142 – 143 — Andreas Fingernagel: *Die illuminierten lateinischen Handschriften süd-, west- und nordeuropäischer Provenienz der Staatsbibliothek zu Berlin Preußischer Kulturbesitz, 4. – 12. Jahrhundert,* Bd. 1, Wiesbaden 1999, S. 141 – 145, Nr. 131 (Lit.); Bräm 2002, S. 151 – 152; Ausst.-Kat. Paderborn 2009 / 10, S. 471 – 472, Nr. 194

S. 144 – 146 — Palazzo 1994, S. 183 – 187; Winterer 2009, S. 235 – 241, passim

S. 147 — Joachim M. Plotzek: *Ein frühromanisches Elfenbeinrelief aus Köln* (Patrimonia, 72), Berlin / Köln 1994; Ausst.-Kat. Paderborn 2006, Bd. 2, S. 382 – 383, Nr. 478; *Auswahl eins* (Kolumba – Werkhefte und Bücher, 28), Köln 2007, S. 392, 568

S. 148 – 149 — Braun-Niehr 1996; Beate Braun-Niehr: *Unbekannte Handschriftenfragmente aus der Bibliothek des Erfurter Petersklosters,* in: *700 Jahre Erfurter Peterskloster. Geschichte und Kunst auf dem Erfurter Petersberg 1103 – 1803* (Jahrbuch der Stiftung Thüringer Schlösser und Gärten, 7.2003), S. 119 – 124; Wittekind 2009, S. 241, Nr. 39

S. 152 – 153 — Anne Karen Menke: *The Ratman-Sacramentary and the Stammheim Missal. Two Romanesque Manuscripts from St. Michael's at Hildesheim,* New Haven, 1987; Teviotdale 2001; Teviotdale 2003; Thomas Kren: *Illuminated Manuscripts of Germany and Central Europe in the J. Paul Getty Museum,* Los Angeles 2009

S. 154 — Thomas 1981, S. 111, Abb. 12; Marlis Stähli [u. a.]: *Handschriften der Dombibliothek zu Hildesheim, 1. Teil: Hs 124a – Hs 698*, Wiesbaden 1991, S. 110 – 112

S. 156 – 157 — Ausst.-Kat. Köln 1998, Nr. 93, S. 462 – 468; Johanna Christine Gummlich: *Bildproduktion und Kontemplation. Ein Überblick über die Kölner Buchmalerei in der Gotik unter besonderer Berücksichtigung der Kreuzigungsdarstellung*, Weimar 2003, S. 354 – 356, Nr. 8; Dieter Siebert-Gasper: *Der Rennenberg-Codex. Der Codex 149 der Kölner Dombibliothek und die Edelherren von Rennenberg im Kölner Domkapitel des 14. Jahrhunderts* (Libelli Rhenani, 23), Köln 2008

S. 158 – 159 — Konrad Wiedemann (Bearb.): *Die Handschriften der Gesamthochschulbibliothek Kassel, Landesbibliothek und Murhardsche Bibliothek der Stadt Kassel, Bd. 1,1: Manuscripta theologica. Die Handschriften in Folio*, Wiesbaden 1994, S. 146 – 148; Uwe Gast: *Der große Friedberger Altar*, Berlin 1998, S. 93 – 94; Klein 2007, S. 521, Nr. 250

S. 161 — Dietrich Kötzsche: *Die Kölner Niello-Kelchkuppa und ihr Umkreis*, in: *The Year 1200. Symposium held at the Metropolitan Museum of Art 1970*, New York 1975, S. 139 – 155; *Auswahl eins* (Kolumba – Werkhefte und Bücher, 28), Köln 2007, S. 396 – 397, 569

S. 162 – 163 — Sommer 1957; Skubiszewski 1982, Nr. 30; Ausst.-Kat. Hildesheim 2001, S. 192 – 193, Nr. 4.30, Abb. S. 176 – 177; Manfred Gläser [u. a.] (Hg.): *Dänen in Lübeck 1203 – 2003*, Ausst.-Kat. Lübeck 2003 / 04, S. 182, Nr. 35, Abb. 182

S. 164 – 165 — Meyer 1932; Skubiszewski 1982, S. 246, Abb. 60; Zimmermann 1997, S. 78 – 79, Nr. 6; Seyderhelm 2001, S. 188 – 189, Nr. 15 – 16; Fuhrmann 2001; Ronig 2001, S. 69 – 70; Matthias Puhle (Hg): *Aufbruch in die Gotik*, S. 234 – 236, Nr. V.25

S. 166 – 167 — Meyer 1932, S. 173, Nr. 6, Abb. 8; Skubiszewski 1982, S. 222, Abb. 25 – 26; Fuhrmann 2001; Matthias Puhle (Hg): *Aufbruch in die Gotik. Der Magdeburger Dom und die späte Stauferzeit, Bd. 2: Katalog*, Ausst.-Kat. Kulturhistorisches Museum Magdeburg 2009, Mainz 2009, S. 232 – 234, Nr. V.24

S. 170 — Skubiszewski 1982, S. 228 – 230; Fillitz 1998, S. 573 – 574, Nr. 278; Jitka Ehlers: *Formen intermedialer Text-Bild-Verbindung auf vasa sacra des 12. Jahrhunderts*, Magisterarbeit Köln 2011, S. 55 – 56

S. 170 — *Kunstdenkmälerinventare Niedersachsens, Bd. 31: Die Kunstdenkmale des Kreises Alfeld, Teil 2: Der ehemalige Kreis Gronau*, Hannover 1939, S. 96, Taf. 27b; Skubiszewski 1982, S. 239, Nr. 21, Abb. 52

S. 171 — Andersson 1956, Nr. 2

S. 172 – 173 — Wolfson 1996; Antje Krug: *Die geschnittenen Steine*, in: Wolfson 1996, S. 61 – 67; Christine Wulf: *Die Inschriften auf dem großen Goldkelch im Domschatz*, in: Wolfson 1996, S. 68 – 69; *Ego sum Hildensemensis*, Ausst.-Kat. Dom-Museum Hildesheim (Kataloge des Dom-Museums Hildesheim, 3), Petersberg 2000, S. 514 – 515, Nr. D29; Lambacher 2010, S. 122, Nr. 57

S. 174 — Fritz 1982, S. 253, Nr. 480; Ausst.-Kat. Münster 2012, S. 192 – 194, Nr. 62

S. 178 – 179 — Margit Krenn: *Heilsspiegel. Speculum humanae salvationis. Handschrift 2505 der Universitäts- und Landesbibliothek Darmstadt*, Darmstadt 2006 (Lit.)

S. 181 – 183 — Friedrich Gorissen: *Das Stundenbuch der Katharina von Cleve. Analyse und Kommentar*, Berlin 1973; Rob Dückers / Ruud Priem (Hg.): *The Hours of Catherine of Cleves. Devotion, Demons and Daily Life in the Fifteenth Century*, Ausst.-Kat. Museum Het Valkhof Nijmegen 2009 / 10, Antwerpen [u. a.] 2009; *Das Stundenbuch der Katharina von Kleve. MS M. 917 und MS M. 945, The Pierpont Morgan Library, New York, Faksimile und Kommentar*, Gütersloh / München 2009

S. 291 — Ines Schulte: *Kölner Tüchleinmalerei: Technologische, quellengeschichtliche und kunsthistorische Studie zu Kölner Tüchleinbildern der Zeit um 1450 bis um 1500*, Diss. Bonn 1995, S. 26 – 62; *Auswahl eins* (Kolumba – Werkhefte und Bücher, 28), Köln 2007, S. 196, 561

S. 292 — *Auswahl eins* (Kolumba – Werkhefte und Bücher, 28), Köln 2007, S. 395

S. 293 — Simone Facchinetti (Hg.): *Museo Diocesano Adriano Bernareggi in Bergamo. Guida storico-artistica*, Mailand 2008, S. 20 – 23

S. 294 — Ines Schulte, *Kölner Tüchleinmalerei: Technologische, quellengeschichtliche und kunsthistorische Studie zu Kölner Tüchleinbildern der Zeit um 1450 bis um 1500*, Diss. Bonn 1995, S. 176 – 197; *Auswahl eins* (Kolumba – Werkhefte und Bücher, 28), Köln 2007, S. 325, 566

S. 297 — Kretzenbacher 1997, S. 16; Andrea Kugler / Monika Nebel: *Friedrich Herlin. Eine spätgotische Bilderwelt*, Nördlingen 2000, S. 58 – 62; Ralf Krüger: *Friedrich Herlin. Maler und Altarbauunternehmer*, Rothenburg ob der Tauber 2004, Kat. 48

S. 298 — Ausst.-Kat. Köln 2005, Nr. 32; Meier 2006, S. 30 – 37; Heike Schlie: *Erscheinung und Bildvorstellung im spätmittelalterlichen Kulturtransfer. Die Imago Pietatis als Selbstoffenbarung Christi in Rom*, in: Gormans 2007, S. 59 – 121

S. 299 — Lehrs 167; F. W. H. Hollstein: *German Engravings, Etchings and Woodcuts: Israhel van Meckenem*, bearb. von Fitz Koreny, Bd. 24, Amsterdam 1986, Lehrs 167; Meier 2006, passim

S. 301 — Ausst.-Kat. Köln 1982 / 83, Nr. 16, S. 77; *Wallraf-Richartz-Museum Köln. Von Lochner bis Paul Cézanne – 120 Meisterwerke der Gemäldesammlung*, Köln / Mailand 1986, S. 38 – 39; Ausst.-Kat. Köln 2005, Nr. 36, S. 128 – 129 (Roland Krischel); Meier 2006, passim

S. 302 — Lehrs 352; F. W. H. Hollstein: *German Engravings, Etchings and Woodcuts: Israhel van Meckenem*, bearb. von Fitz Koreny, Bd. 24, Amsterdam 1986, Lehrs 352; Meier 2006, passim

S. 303 — *Die Stadt Erfurt. Dom, Severikirche, Peterskloster, Zitadelle* (Die Kunstdenkmale der Provinz Sachsen, 1), bearbeitet von Karl Becker [u. a.], Burg 1929, Nr. 62, S. 274; Verena Friederich: *Der Domberg zu Erfurt*, Passau 2001, S. 162 – 163

S. 304 — Joachim M. Plotzek [u. a.] (Hg.): *ars vivendi, ars moriendi,* Ausst.-Kat. Erzbischöfliches Diözesanmuseum Köln, München 2001, Nr. 25, S. 388 – 411; Bodo Brinkmann: *Das Stundenbuch der Grafen von Manderscheid, Gerolstein und Blankenheim – Sammlung Renate König IV* (Kolumba – Werkhefte und Bücher, 25), Köln 2008

S. 305 – 306 — James H. Marrow: *Das Stundenbuch der Doña Isabel – Sammlung Renate König VI* (Kolumba – Werkhefte und Bücher, 30), Köln 2008

S. 309 — Joachim M. Plotzek [u. a.] (Hg.): *ars vivendi, ars moriendi,* Ausst.-Kat. Erzbischöfliches Diözesanmuseum Köln, München 2001, Nr. 26, S. 412 – 429

S. 310 — Judith H. Oliver: *The Herkenrode Indulgence, Avignon, and pre-Eyckian painting of the mid-fourteenth-century Low Countries,* in: Maurits Smeyers / Bert Cardon (Hg.): *Flanders in a European Perspective. Manuscript illumination around 1400 in Flanders and abroad,* Proceedings of the International Colloquium Leuven, 7 – 10 September 1993, Löwen 1995, S. 187 – 206; *Krone und Schleier. Kunst aus mittelalterlichen Frauenklöstern,* Ausst.-Kat. Kunst- und Ausstellungshalle der Bundesrepublik Deutschland Bonn und Ruhrlandmuseum Essen, München 2005, S. 21 – 39, S. 34, Abb. S. 48; Guster 2009, S. 250 – 251

S. 311 — Heather McCune Bruhn: *The Parish Monstrance of St. Columba. Community Pride and Eucharistic Devotion in Cologne around 1400,* in: *Athanor* 25.2007, S. 17 – 27; *Auswahl eins* (Kolumba – Werkhefte und Bücher, 28), Köln 2007, S. 48, 50, 557 (Lit.); *Auswahl zwei* (Kolumba – Werkhefte und Bücher, 35), Köln 2010, S. 327, 440

S. 312 — Kumler 2011.2

S. 313 — *L'Œuvre de Limoges. Emaux limousins du Moyen Age,* Ausst.-Kat. Musée du Louvre Paris [u. a.] 1995 / 96, S. 320, Nr. 107; Sanjosé Llongueras 2011, S. 71, Nr. 7

S. 316 – 317 — Peter Strieder: *Zwei Flügel eines Altars mit Darstellung eines Hostienfrevels in Regensburg,* in: *Anzeiger des Germanischen Nationalmuseums Nürnberg* 1975, S. 149 – 152; *Martin Luther und die Reformation in Deutschland,* Ausst.-Kat. Germanisches Nationalmuseum Nürnberg, Frankfurt am Main 1983, Nr. 72, S. 64 (Hartmut Boockmann); Martin Angerer / Heinrich Wanderwitz: *Regensburg im Mittelalter. Beiträge zur Stadtgeschichte vom frühen Mittelalter bis zum Beginn der Neuzeit,* Regensburg 1995, Bd. 2, S. 439 – 442; Christoph Wagner / Klemens Unger (Hg.): *Furtmeyr. Meisterwerke der Buchmalerei und die Regensburger Kunst in Spätgotik und Renaissance,* Regensburg 2010, Nr. 307, S. 452 – 454; Susie Nash: *Late Medieval Panel Paintings. Methods, Materials and Meanings,* London 2011, S. 84 – 87; http://objekt-katalog.gnm.de/objekt/Gm1806 (März 2013)

S. 318 – 319 — Meier 2006, S. 24, Abb. 1; Pfändtner 2007; Karl Georg Pfändtner: *Die Handschriften des Lehrbüchermeisters* (Codices Manuscripti Supplementum, 4), Purkersdorf 2011, S. 26 – 29

S. 320 — Alfons W. Biermann: *Die Miniaturenhandschriften des Kardinals Albrecht von Brandenburg (1514 – 1545),* in: *Aachener Kunstblätter* 46.1975, S. 15 – 310, S. 131 – 134; *Gebetbuch des Herzogs Johann Albrecht von Mecklenburg. 4° Ms. math. et art 50 der Universitätsbibliothek Kassel, Landesbibliothek und Murhardsche Bibliothek der Stadt Kassel,* Kommentarband mit Beiträgen von Gabriele Bartz, Eberhard König und Konrad Wiedemann, Gütersloh / München 2006, S. 61 – 63 und passim

S. 341 — Elisa Bermejo Martínez: *La Pintura de los Primitivos Flamencos en España,* Madrid 1980, S. 48, Abb. 3; Sue Jones: *The Use of Patterns by Jan van Eyck's Assistants and Followers,* in: Susan Foister [u. a.] (Hg.): *Investigating Jan van Eyck,* Turnhout 2000, S. 197 – 207; Till-Holger Brochert: *Jan van Eyck und seine Zeit. Flämische Meister und der Süden 1430 – 1530,* Stuttgart 2002; Herzner 2011; Bart Fransen: *Jan van Eyck y España. Un viaje y una obra,* in: *Anales de historia del arte* 1.2012, S. 39 – 58

S. 342 – 345 — Christoph Wagner / Klemens Unger (Hg.): *Furtmeyr. Meisterwerke der Buchmalerei und die Regensburger Kunst in Spätgotik und Renaissance,* Regensburg 2010, S. 367 – 421; Pfändtner 2011

S. 346 — Wipfler 2004, Sp. 144; *Auswahl eins* (Kolumba – Werkhefte und Bücher, 28), Köln 2007, S. 394, 568 (Lit.)

S. 349 — *Martin Luther und die Reformation in Deutschland,* Ausst.-Kat. Germanisches Nationalmuseum Nürnberg, Frankfurt am Main 1983, Nr. 465, S. 349 – 350; Ausst.-Kat. Ulm 2004, S. 120 – 121; May 2010, S. 141 – 142

S. 350 — Weckwerth 1960, S. 100; Karin Jänecke: *»Der Spiegel des lidens cristi«. Eine oberrheinische Handschrift aus dem Beginn des XV. Jahrhunderts in der Stadtbibliothek zu Colmar (Ms. 306),* Hannover 1964; Gérard Cames: *Deux mille ans d'ecrits en Alsace,* in: *Scriptorium* 43.1989, S. 141 – 145, S. 143; Nichols 1994.1, S. 12 – 13; *Die deutsche Literatur des Mittelalters. Verfasserlexikon,* hg. von Burghart Wachinger [u. a.], Berlin [u. a.] 1995, Sp. 117 – 118

S. 351 — *Keltertreter* 1980; Rainer Budde / Roland Krischel (Hg.): *Genie ohne Namen. Der Meister des Bartholomäus-Altars,* Ausst.-Kat. Wallraf-Richartz-Museum & Fondation Corboud Köln, Köln 2001, S. 506 – 507, Nr. 127; *Grünewald und seine Zeit,* Ausst.-Kat. Staatliche Kunsthalle Karlsruhe 2007 / 08, München / Berlin 2007, S. 253 – 254, Nr. 71; May 2010, S. 138 – 140

S. 354 — *Die Stadt Erfurt. Dom, Severikirche, Peterskloster, Zitadelle* (Die Kunstdenkmale der Provinz Sachsen, 1), bearbeitet von Karl Becker [u. a.], Burg 1929, Nr. 70, S. 278 – 279; Rye-Clausen 1981, S. 117 – 119; Verena Friedrich: *Der Domberg zu Erfurt,* Passau 2001, S. 162 – 163

S. 355 — Hegg 1954; Rye-Clausen 1981, S. 149 – 150, Abb. 23; Werner Hofmann (Hg.): *Luther und die Folgen für die Kunst,* Ausst.-Kat. Hamburger Kunsthalle 1983 / 84, München 1983, S. 184, Nr. 55 (Lit.); *Verzeichnis der im deutschen Sprachbereich erschienenen Drucke des 16. Jahrhunderts* [= VD 16], S 5310

S. 357 — Ulrike Surmann: *Das Retabel vom Zwölf-Boten-Altar im Heilig-Geist-Spital zu Nürnberg* (Kolumba – Werkhefte und Bücher, 34), Köln 2010

Textnachweis

Der Abdruck der beiden Gedichte von Norbert Hummelt erfolgt mit freundlicher Genehmigung des Luchterhand Literatur Verlag, München. Sie erschienen erstmals in: Norbert Hummelt, *Pans Stunde. Gedichte* © 2011 Luchterhand Literatur Verlag, München, in der Verlagsgruppe Random House GmbH.

Bildnachweis

© Alunda, Alunda Församling: S. 171 — © Autun, Bibliothèque municipale, Cliché CNRS-IRHT: S. 46–49 — © Auxerre, Cathédrale St-Étienne, Foto Gilles Puech: S. 82–83; Walter Cahn: *Romanesque Manuscripts. The Twelfth Century* (A survey of manuscripts illuminated in France), London 1996, Bd. 1, Abb. 7–8 — © Bamberg, Staatsbibliothek, Foto Gerald Raab: S. 144–146 — © Bergamo, Museo e Tesoro della Cattedrale, Fondazione Adriano Bernareggi: S. 293 — © Berlin, Staatsbibliothek– Preußischer Kulturbesitz: S. 45, 142–143 — © bpk / Kupferstichkabinett, SMB / Jörg P. Anders: S. 299 — © bpk / RMN – Grand Palais / Madeleine Coursaget: S. 302 ; Grand Palais (Musée de Cluny – Musée national du Moyen-Âge): S. 312; Grand Palais (Musée du Louvre) / Martine Beck-Coppola: S. 313 — © Brauweiler, LVR-Amt für Denkmalpflege im Rheinland: S. 79 — © Cambrai, Médiathèque de Cambrai. Cliché CNRS-IRHT: S. 42 — © Cambridge, The Fitzwilliam Museum: S. 41 — © Colmar, Bibliothèque municipale: S. 350 — © Darmstadt, Universitäts- und Landesbibliothek: S. 178–179 — © Erlangen, Universitätsbibliothek Erlangen-Nürnberg: S. 135 — Erfurt, Kath. Kirchengemeinde St. Marien und St. Severi, Foto — © Passau, Kunstverlag Peda, www.kunstverlag-peda.de: S. 303, 354 — © Frankfurt am Main, Liebieghaus Skulpturensammlung, Foto Rühl & Bormann: S. 41 — © Gronau, Ev. Pfarrgemeinde St. Matthäi, Foto Thorsten Albrecht: S. 170 — © Hannover, Museum August Kestner, Foto Christian Tepper: S. 162–163 — © Hasselt, Provincie Limburg, Collectie Limburgensia van de Provinciale Bibliotheek Limburg, Foto Eddy Daniëls: S. 310 — © Hildesheim, Dombibliothek: S. 154 — © Hildesheim, Dom-Museum / Bildarchiv Foto Marburg, Foto Torsten Schoepe: S. 172–173; Foto Frank Tomio: S. 78 — © Kassel, Universitätsbibliothek, Landesbibliothek und Murhardsche Bibliothek der Stadt Kassel, Foto Heike Hage: S. 158–159; mit freundlicher Genehmigung von Faksimile Verlag / wissenmedia in der inmediaONE] GmbH, Gütersloh München, Foto Stephan Schönenberger: S. 320 — © Koblenz, Mittelrhein-Museum: S. 351 — © Köln, Erzbischöfliche Diözesan- und Dombibliothek: S. 52–53, 132–133, 136–139, 156–157 — © Köln, Kolumba, Foto Mut Duisburg, Holger Breznik: S. 304, 309; Foto Lothar Schnepf: S. 147, 161, 291, 292, 294, 305–306, 309, 311, 345, 357 — © Köln, Rheinisches Bildarchiv: S. 301 — © Krefeld, Bildarchiv Monheim, Foto Peter Eberts: S. 349 — © London, The Trustees of the British Museum: S. 75 — © Los Angeles, The J. Paul Getty Museum: S. 152–153 — © Monza, Museo e Tesoro del Duomo, Fondazione Gaiani: S. 43 — © München, Bayerische Staatsbibliothek: S. 55–62, 87–90, 342–345 — © New York, The Pierpont Morgan Libary: S. 182–183 — © Nördlingen, Stadtmuseum: S. 297 — © Nürnberg, Germanisches Nationalmuseum: S. 316–317 — © Paderborn, Erzbischöfliche Akademische Bibliothek: S. 355 — © Paris, Bibliothèque nationale de France: S. 65–72, 134 — Rathenow, Ev. Kirchengemeinde St. Marien-St. Andreas, Foto © Rudi Schröder, www.rudischroeder.de: S. 166–167 — © Rom, Biblioteca Apostolica Vaticana 2013: S. 148–149 — © Rom, Soprintendenza per i Beni et le Attività Culturali: S. 298 — © Segovia, Museo Catedralico, Foto Sistema Gramola Segovia: S. 341 — Soest, Ev. St. Petri-Pauli-Kirchengemeinde, Foto © Stephan Kube, Greven: S. 174 — © Stockholm, Kungliga Biblioteket : S. 318–319 — © Tournai, Trésor de la Cathédrale Notre-Dame: S. 76–77 — © Werben, Ev. Kirchengemeinde St. Johannis, Foto Ev. Kirchenkreis Stendal: S. 164–165 — © Wien, Kunsthistorisches Museum: S. 170 — © Würzburg, Universitätsbibliothek: S. 84–85

Alexander Arweiler (*1967) studierte Klassische Philologie, Philosophie und Katholische Theologie in Bonn und Rom. Seit 2004 ist er Professor für Klassische Philologie (Latinistik) in Münster. Er leitet seit 2007 das Forschungsprojekt *Inszenierungen politischer Autorschaft in augusteischer Zeit*.

Beate Braun-Niehr (*1956) studierte Kunstgeschichte, Historische Hilfswissenschaften und Archivkunde. Sie war an der Vorbereitung mehrerer Ausstellungen zum Mittelalter sowie an der Inventarisierung der Handschriften in der Staatsbibliothek Berlin PK beteiligt und hat einen Lehrauftrag an der Universität Kiel.

Ines Dickmann (*1959) studierte nach einer Ausbildung zur Hotelkauffrau Kunstgeschichte in Berlin und Köln und schloss ihr Studium mit einer Dissertation zur Buchmalerei der Lochner-Zeit ab. Als freischaffende Lektorin hat sie zahlreiche Publikationen zur Kunstgeschichte betreut.

Holger Dörnemann (*1967) schloss sein Theologiestudium mit einer Arbeit über *Freundschaft als Paradigma der Erlösung* bei Thomas von Aquin ab. Er ist Privatdozent für Religionspädagogik und Katechetik an der Ludwig-Maximilians-Universität München und leitet seit 2006 die Familienpastoral im Erzbistum Köln.

Albert Gerhards (*1951) ist Katholischer Theologe. 1976 wurde er zum Priester geweiht, 1984 erfolgte der Ruf auf eine Professor für Liturgiewissenschaft an der Universität Bochum, seit 1989 an der Universität Bonn. Als Berater ist er in verschiedenen Gremien für Liturgie, Kunst und Ökumene tätig.

Anna-Katharina Hahn (*1970) studierte Germanistik, Anglistik und Volkskunde in Hamburg. Ihr Romanbestseller *Kürzere Tage* stand 2009 auf der Longlist für den »Deutschen Buchpreis« und auf der »Shortlist der SWR-Bestenliste«. Zuletzt erschien 2012 ihr Roman *Am schwarzen Berg*.

Ulla Hahn (*1946) arbeitete nach ihrer Promotion in Germanistik als Lehrbeauftragte an verschiedenen Universitäten, dann als Literaturredakteurin bei Radio Bremen. Ihr erster Lyrikband, *Herz über Kopf* (1981), wurde zu einem Bestseller. Für ihren Roman *Das verborgene Wort* (2001) erhielt sie den »Deutschen Bücherpreis«.

Christian Hecht (*1965) studierte Katholische Theologie und Kunstgeschichte in Erfurt und Passau. Für seine Publikationen wurden ihm mehrere Preise verliehen. Seit 2008 nahm er verschiedene Vertretungsprofessuren wahr und lehrt nun Kunstgeschichte an den Universitäten Erlangen-Nürnberg und Bamberg.

Norbert Hummelt (*1962) lebt als Schriftsteller und Übersetzer in Berlin. Für seine Gedichte wurde er unter anderem mit dem Rolf-Dieter-Brinkmann-Preis, dem Hermann-Lenz-Stipendium und dem Niederrheinischen Literaturpreis ausgezeichnet. Zuletzt erschien 2011 sein Gedichtband *Pans Stunde*.

Navid Kermani (*1967) ist promovierter Orientalist und Mitglied der Deutschen Akademie für Sprache und Dichtung. Für sein akademisches und literarisches Werk wurde er mehrfach ausgezeichnet, zuletzt 2012 mit dem Kleist-Preis. 2011 erschien sein großer Roman *Dein Name*.

Beatrice Kitzinger (*1980) ist Mellon Postdoctoral Fellow in Scholarship for the Humanities an der Stanford University. Ihre Dissertation *Cross and Book: Late-Carolingian Breton Gospel Illumination and the Instrumental Cross* schloss sie 2012 an der Harvard University ab.

Stefan Kraus (*1960) studierte Kunstgeschichte und Germanistik in Köln und Bonn. 1991 wurde er Kurator am damaligen Erzbischöflichen Diözesanmuseum in Köln und arbeitete maßgeblich an dessen Umgestaltung zum Kunstmuseum Kolumba mit, das er seit 2008 leitet.

Thomas Lentes (*1962) ist als Theologe und Historiker Leiter der Forschungsgruppe *KultBild. Kulturgeschichte und Theologie des Bildes im Mittelalter* und Mitarbeiter mehrerer Forschungsprojekte an der Universität Münster. Er war als Gast an verschiedenen Forschungseinrichtungen des In- und Auslands tätig.

Andreas Odenthal (*1963) studierte Katholische Theologie, Philosophie, Germanistik und Pädagogik in Bonn und Freiburg. Eine Ausbildung zum Kulturpsychoanalytiker schloss sich an. 1996 erfolgte die Priesterweihe. 2006 erfolgte der Ruf auf den Lehrstuhl für Liturgiewissenschaft in Tübingen.

Karl-Georg Pfändtner (*1965) studierte Kunstgeschichte in Bamberg und München. Er war an verschiedenen Projekten zur Erforschung mittelalterlicher Handschriften beteiligt. Seit 2006 ist er wissenschaftlicher Mitarbeiter in der Abteilung für Handschriften und Alte Drucke an der Bayerischen Staatsbibliothek München.

Norbert Scheuer (*1951) studierte physikalische Technik und Philosophie in Iserlohn und Düsseldorf. Scheuer lebt als Schriftsteller und Systemprogrammierer in der Eifel. Sein Roman *Überm Rauschen* stand 2009 auf der Shortlist für den »Deutschen Buchpreis«. Zuletzt erschien 2012 sein Roman *Peehs Liebe*.

Johannes Schröer (*1963) studierte Theologie und Germanistik in Tübingen. Nach Stationen bei Radio Essen und beim WDR ist er seit 2002 stellvertretender Chefredakteur beim domradio, Köln.

Arnold Stadler (*1954) studierte Theologie und Germanistik in München, Rom und Freiburg. Mit seiner Romantrilogie *Ich war einmal, Feuerland* und *Mein Hund, meine Sau, mein Leben* wurde Stadler als Schriftsteller bekannt. Neben zahlreichen Literaturpreisen wurde er 1999 mit dem Georg-Büchner-Preis ausgezeichnet.

Ulrike Surmann (*1958) studierte Kunstgeschichte in Münster und Bonn. Seit 1993 ist sie mit dem Schwerpunkt mittelalterliche Skulptur und Buchmalerei als Kuratorin in Kolumba, dem Kunstmuseum des Erzbistums Köln, tätig.

Esther Wipfler (*1968) studierte Geschichte, Kunstgeschichte, Romanistik und Historische Hilfswissenschaften in Heidelberg und Göttingen. Seit 2001 ist sie Wissenschaftliche Mitarbeiterin in der Redaktion des Reallexikons zur Deutschen Kunstgeschichte am Zentralinstitut für Kunstgeschichte in München.

Susanne Wittekind (*1964) studierte Kunstgeschichte und Geschichte in Tübingen und München. Sie war Stipendiatin der Graduiertenkollege *Politische Ikonographie* in Hamburg und *Schriftkultur und Gesellschaft* in Münster. 2002 wurde sie als Professorin an das Institut für Kunstgeschichte in Köln berufen.

trotz Natur und Augenschein

EUCHARISTIE – WANDLUNG UND WELTSICHT

Erschienen anlässlich des »Nationalen Eucharistischen Kongresses« in Köln (5. – 9. 6. 2013) zur Sonderausstellung in Kolumba, Kunstmuseum des Erzbistums Köln (30. 5. – 15. 8. 2013), die als Teil der 6. Jahresausstellung »Art is Liturgy – Paul Thek und die Anderen« gezeigt wird.

Kolumba wird kuratiert von Stefan Kraus / Ulrike Surmann / Marc Steinmann / Barbara von Flüe

Die mit * gekennzeichneten Werke sind Teil der Ausstellung.

AUSSTELLUNG

SCHIRMHERR — Joachim Kardinal Meisner

WISSENSCHAFTLICHE BEARBEITUNG — Ulrike Surmann

AUSSTELLUNGSSEKRETARIAT / LEIHVERKEHR — Dagmar Wolff

PRESSE- UND ÖFFENTLICHKEITSARBEIT / VERWALTUNG — Anja Bütehorn / Barbara Manthey / Doris Lo Presti / Mitarbeit Sarah Meisenberg / Andrea Imig

RESTAURATORISCHE BETREUUNG — Bernhard Matthäi / Dirk Ferlmann / Mitarbeit Krystyna Daniel

HAUSTECHNIK — Bernard Hartmann / Dieter Hafke

BUCH

HERAUSGEBER — Ulrike Surmann / Johannes Schröer

REDAKTION / KATALOGTEXTE — Ulrike Surmann / Ines Dickmann

REDAKTION / LEKTORAT DER LITERARISCHEN TEXTE — Johannes Schröer / Johannes Klingen-Protti

LEKTORAT / BILDREDAKTION — Ines Dickmann

GRAFISCHE GESTALTUNG — Bärbel Messmann

LITHOGRAFIE — farbo print+media GmbH

DRUCK UND BINDUNG — Rasch Druckerei und Verlag GmbH und Co. KG, Bramsche

ISBN — 978-3-7743-0611-0

www.greven-verlag.de

www.kolumba.de